"十三五"国家重点图书出版规划项目

国家出版基金资助项目

《中国经济地理》丛书

孙久文　总主编

河北经济地理

张　贵　刘雪芹◎等著

HEBEI

经济管理出版社

ECONOMY & MANAGEMENT PUBLISHING HOUSE

图书在版编目（CIP）数据

河北经济地理 / 张贵，刘雪芹等著. —北京：经济管理出版社，2017.3
ISBN 978-7-5096-3949-8

Ⅰ.①河… Ⅱ.①张… ②刘… Ⅲ.①区域经济地理—河北省 Ⅳ.①F129.922

中国版本图书馆 CIP 数据核字（2015）第 203910 号

组稿编辑：申桂萍
责任编辑：梁植睿
责任印制：司东翔
责任校对：雨 千

出版发行：经济管理出版社
　　　　　（北京市海淀区北蜂窝 8 号中雅大厦 A 座 11 层　100038）
网　　址：www. E-mp. com. cn
电　　话：(010) 51915602
印　　刷：玉田县昊达印刷有限公司
经　　销：新华书店
开　　本：720mm × 1000mm/16
印　　张：21.25
字　　数：357 千字
版　　次：2017 年 3 月第 1 版　2017 年 3 月第 1 次印刷
书　　号：ISBN 978-7-5096-3949-8
定　　价：68.00 元

《中国经济地理》丛书

总　序

今天，我们正处在一个继往开来的伟大时代。受现代科技飞速发展的影响，人们的时空观念已经发生了巨大的变化：从深邃的远古到缥缈的未来，从极地的冰寒到赤道的骄阳，从地心游记到外太空的探索，人类正疾步从必然王国向自由王国迈进。

世界在变，人类在变，但我们脚下的土地没有变，土地是留在心里不变的根。我们是这块土地的子孙，我们祖祖辈辈生活在这里。我们的国土有960万平方公里之大，有种类繁多的地貌类型，地上和地下蕴藏了丰富多样的自然资源，14亿中国人民有五千年延绵不绝的文明历史，经过近40年的改革开放，中国经济实现了腾飞，中国社会发展日新月异。

早在抗日战争时期，毛泽东主席就明确指出："中国革命斗争的胜利，要靠中国同志了解中国的国情。"又说："认清中国的国情，乃是认清一切革命问题的基本根据。"习近平总书记在给地理测绘队员的信中指出："测绘队员不畏困苦、不怕牺牲，用汗水乃至生命默默丈量着祖国的壮美山河，为祖国发展、人民幸福作出了突出贡献。"李克强总理更具体地提出要求："地理国情是重要的基本国情，要围绕服务国计民生，推出更好的地理信息产品和服务。"

我们认识中国基本国情，离不开认识中国的经济地理。中国经济地理的基本条件，为国家发展开辟了广阔的前途，是经济腾飞的本底要素。当前，中国经济地理大势的变化呈现出区别以往的新特点。第一，中国东部地区面向太平洋和西部地区深入欧亚大陆内陆深处的陆海分布的自然地理空间格局，迎合东亚区域发展和国际产业大尺度空间转移的趋势，使我们面向沿海、融入国际的改革开放战略得以顺利实施。第二，我国各区域自然资源丰裕程度和区域经济发达程度的相向分布，使经济地理主要标识的区内同一性和区际差异性异常凸出，为发挥区域优势、实施开发战略、促进协调发展奠定了客观基础。第三，以经济地理格局为依据调整生产力布局，以改革开放促进区域经济发展，以经济发达程度和市场发育程度为导向制定区域经济政策和区域规划，使区域经济发展战略上升为国家重大战略。

因此，中国经济地理在我国人民的生产和生活中具有坚实的存在感，日益发挥出重要的基石性作用。正因为这样，编撰一套真实反映当前中国经济地理现实情况的丛书，就比以往任何时候都更加迫切。

在西方，自从亚历山大·洪堡和李特尔之后，编撰经济地理书籍的努力就一直没有停止过。在中国，《淮南子》可能是最早的经济地理的书籍。近代以来，西潮激荡下的地理学，成为中国人"睁开眼睛看世界"所看到的最初的东西。然而对中国经济地理的研究却鲜有鸿篇巨制。新中国成立特别是改革开放之后，中国经济地理的书籍进入大爆发时期，各种力作如雨后春笋。1982年，在中国现代经济地理学的奠基人孙敬之教授和著名区域经济学家刘再兴教授的领导下，全国经济地理研究会启动编撰《中国经济地理》丛书。然而，人事有代谢，往来成古今。自两位教授谢世之后，编撰工作也就停了下来。

《中国经济地理》丛书再次启动编撰工作，是到了2013年。全国经济地理研究会经过常务理事会的讨论，决定成立《中国经济地理》丛书编委会，重新开始编撰新时期的《中国经济地理》丛书。在全体同人的努力和经济管理出版社的大力协助下，一套全新的《中国经济地理》丛书计划在2018年全部完成。

《中国经济地理》丛书是一套大型系列丛书。该丛书共计39册：概论1册，"四大板块"共4册，34个省市自治区及特别行政区共34册。我们编撰这套丛书的目的，是为读者全面呈现中国分省区的经济地理和产业布局的状况。当前的中国，经济发展伴随着人口资源环境的一系列重大问题，复杂而严峻。资源开发问题、国土整治问题、城镇化问题、产业转移问题等，无一不是与中国经济地理密切相连的；京津冀协同发展、长江经济带战略和"一带一路"战略，都是以中国经济地理为基础依据而展开的。我们相信，《中国经济地理》丛书可以为一般读者了解中国各地区的情况提供手札，为从事经济工作和规划工作的读者提供参考的资料。

我们深感丛书的编撰困难巨大，任重道远。正如宋朝张载所言"为往圣继绝学，为万世开太平"，我想这代表了全体编撰者的心声。

我们组织编撰这套丛书，提出一句口号：让读者认识中国，了解中国，从中国经济地理开始。

让我们共同努力奋斗。

孙久文

全国经济地理研究会会长

中国人民大学教授

2016 年 12 月 1 日于北京

序　言

　　河北部分地区古代属于冀州，故简称"冀"。河北省地处华北地区中心地带，京津两市外围，自古就是京畿要地。河北是中华民族的发源地之一，其中，邢台市是河北省最古老的城市之一，早在商代时为都城，西周时期为燕国、邢国之地；邯郸市在春秋初期就有建制，战国时作为赵国都城历经158年，所以河北又被称为燕赵之地。在汉、晋时期河北省大部分属于冀幽二州；唐代属河北道；北宋时南部属河北路，北部属于辽；南宋即金代时属河北东路、河北西路、中都路、西重路部分，北京路部分；元代属中书省；明朝属京师；清代更名为直隶；1928年起国民政府开始称河北省。1930年11月，因河北省省会由北平迁至天津，天津直辖市改为省辖市。1935年6月，河北省省会又迁往保定，天津恢复为中央直属特别市。1958年2月，天津再改为河北省省辖市，且为河北省省会。1967年1月，天津再次恢复为中央直辖市至今，河北省省会开始迁回保定，几经周折，于次年2月省会最终迁至石家庄市至今。河北省地处中国北部、漳河以北，东临渤海，内环京津，西至太行山地，北到燕山山地，现设11个省辖设区市，172个县（市、区），面积为18.7693万平方公里，2013年末全省常住人口7300多万，地区生产总值28300多亿元，连续多年位于全国第六（不包括台湾地区），是我国重要工业基地和粮棉产区。

　　河北省是一个东部沿海省份，虽然具有外环渤海和内环京津的独特区域地理位置，但时至今日还不是一个经济发达地区，特别是20世纪60年代中期的三线建设，河北省搞"小三线"，省里军工单位全部转移到冀西山区，历经三个"五年计划"。此后很长时期，河北省都把发展的重点放在内陆地区，形成了"依矿依农、初级重化、内向循环"的产业结构和发展模式。随着资源供求形势紧张、市场变化和经济转型，这种发展模式已经远远不能满足河北省发展需求。要巩固和提升河北的经济地位，实现由大省到强省的转变，就必然要进行战略性调整。

改革开放后，河北省提出了多个促进经济增长的区域发展战略，从"山海坝"战略到 2011 年的"河北沿海地区发展规划"上升为国家战略，再到京津冀协同发展重大国家战略，实现了从均衡发展向非均衡发展的转变，大致可以分为以下四个阶段：

20 世纪 80 年代中后期的区域经济萌芽发展期。1985 年，河北省提出了改革开放后第一个区域发展思路——"山海坝"战略，该战略把河北省的重点发展区域定位在太行山、渤海和坝上草原。通过"山海坝"这些地区的经济基础可以看出，河北省提出该战略是想实现区域内经济均衡发展。但"山海坝"战略提出后并未得到实际的实施，因为该战略中未确定"山海坝"在区域经济发展中的地位以及如何实现区域经济的发展，只是个地理概念，未能充分反映河北的区域经济特点。1986 年，河北省提出了"环京津"战略，试图依托环京津的区位优势，带动全省发展。1988 年调整为"以城带乡、铁路与沿海两线展开"。1992 年又进一步明确为"一线（沿海）两片（石、廊开发区）带多点（各高新技术开发区、高新技术产业园区、旅游开发区和保税区）"。这个战略调整和演变，表明区域发展从全面开花转向集中重点地区，关注沿海。

20 世纪 90 年代初至 20 世纪末的依托京津徘徊发展期。1993 年，河北省又重新整理了"环京津、环渤海"的发展战略，1995 年正式提出"两环（环京津、环渤海）开放带动战略"（以下简称"两环战略"），该战略主要是"外向带动，两环结合，内联入手，外引突破"，借此突破带动河北发展。"两环战略"是对河北省影响最大、持续时间最长的发展战略，也成为河北省经济发展的主导战略之一。但"两环战略"提出后，由于主客观条件不成熟，一直停留在理论层面上，而且由于京津极化效应影响，在其周边的河北地区形成了环京津贫困带。理论界开始反思，当时京津两地还都在快速发展阶段，需要吸纳全国各地尤其是周边省市的优质资源，还没有出现大规模辐射河北的可能，向京津开放这条路无法走通。2001 年，为了疏解大城市的功能，调整产业布局，发展中等城市，增加城市密度，国务院再次提出京津冀区域一体化发展的思路，但对于河北省来说，这依旧是一个借力京津的方案。这一方案依然未能有新突破。2003 年，河北省提出将全省划为冀中南、保廊、张承、沿海四个功能区。2004 年，河北省委、省政府结合本省实际，进一步提出了"一线两厢"区域经济发展战略构想，以唐山、廊坊、保定、石家庄为线，将河北省划分为南北两厢。此后，"以我为主"

成为河北省的战略思想，借力京津只是手段。

21世纪初自主协同快速发展期。2006年以来，河北省在区域经济发展战略上进行了明显的转变，更加强调"沿海意识"，重视利用沿海的区位优势发展沿海经济。2006年11月，河北省第七次党代会提出了"建设沿海经济社会发展强省"的奋斗目标，报告鲜明地提出了"打造沿海经济隆起带，构筑区域发展的新格局"的重要举措，并以之作为建设沿海经济社会发展强省的突破口和战略重点，用15年时间把河北建成沿海经济社会发展强省。2009年11月，河北省在深入调研、广泛听取各方面意见的基础上，组织编制了《河北省秦唐沧地区发展规划》，并上报国务院请求将河北沿海地区发展纳入国家战略。同时河北省政府在构建沿海经济带战略方面做出了巨大的努力，大力投资沿海经济区域的基础建设。2010年10月，河北省政府常务会议研究通过《关于加快沿海经济发展促进工业向沿海转移的实施意见》，确立了以秦皇岛、唐山、沧州为重点的沿海经济发展思路，为实现河北由沿海大省向沿海强省跨越提供强大支撑。2011年3月，"重点推进河北沿海地区区域发展"的表述，出现在正式颁布的国家"十二五"规划纲要中。2010年11月，河北省在"十二五"规划中进一步提出了要"加快打造沿海经济隆起带"，推进沿海"11县（市、区）8区1路"建设，形成环渤海地区具有重大影响力的临港产业带、各具特色的滨海风光旅游带、海蓝地绿的海洋生态带和滨海城市带。2011年10月，国务院批复了《河北沿海地区发展规划》，标志着河北沿海地区发展正式上升为国家战略。促进河北沿海地区的发展，不仅关系到河北全省发展，能够形成一个带动全省发展的增长区域，而且关系到京津冀的协调发展，是国家的沿海布局的进一步完善，其将进一步增强环渤海地区辐射带动能力。

2014年以来，河北省迎来千载难逢的重大国家战略机遇期。2014年2月26日，中共中央总书记习近平专题听取京津冀协同发展工作汇报，强调京津冀协同发展是一个重大国家战略。2015年4月，中共中央政治局审议通过了《京津冀协同发展规划纲要》，进一步明确了河北省的战略定位，即"全国现代商贸物流重要基地、产业转型升级试验区、新型城镇化与城乡统筹示范区、京津冀生态环境支撑区"。河北省出台推动京津冀协同发展实施意见，梳理出64项重点工作，确定了40个承接合作平台。从2014年以来（截至2016年3月），有三元牛奶、北京现代汽车现代四工厂等80多家企业从北京搬到了河北，总投资超过 1200 亿元。

总体上看，从"山海坝"战略到"沿海经济隆起带"，到"沿海地区发展规划"的战略提出和完善，再到全面融入"京津冀协同发展"重大国家战略，河北省区域发展思路正在实现两个重大转变：一是从依从于京津，转变为自主发展。在河北省的区域发展战略中，河北省经历了长久的对借力京津发展战略的探索，其中包括环京津和环渤海两种取向的选择。1986 年的"环京津"战略是河北省借力发展的开端。但由于北京和天津特殊的地位，在借力京津的发展战略中河北一直在此区域中属于从属关系；其间，河北方面曾多次寄望于京津冀合作，然而终未实现真正的实际操作。2006 年沿海经济带的提出，使河北省发展战略转变为依靠自身的沿海地区进行自主发展阶段，正式走出"自主发展还是借力京津、环渤海还是环京津"的战略困扰，更加旗帜鲜明地在"自主发展"和"环渤海"的战略方向上寻求突破。二是从服务于京津，转变为协作共赢。在"环京津"战略、"两环开放带动"战略和京津冀一体化战略中，河北省的首要任务是为两个地区服务，如保障京津供水、空气质量、环境等，而不是经济发展。河北沿海发展战略中指出，河北沿海的战略定位是"环渤海地区新兴增长区域，京津城市功能拓展和产业转移的重要承接地，全国重要的新型工业化基地，我国开放合作的新高地和我国北方沿海生态良好的宜居区"，其体现了河北省利用环京津这一特有的区位优势并根据自己的特点和优势，通过主动对接、错位发展，与京津形成体制梯度差、政策梯度差、服务梯度差和综合环境梯度差的新优势，其中既有协作又有自主发展，使双方实现共赢。

当前，河北省处于全面建成小康社会最后冲刺时期、全面深化改革取得决定性成果时期、转变经济发展方式取得实质性进展时期。同时，京津冀协同发展、长江经济带、"一带一路"等新战略正在大范围展开，国内区域发展新格局正在逐步构建，河北省所处的京津冀区域承担着"接南促北"、"带动中西"的历史重任，既有很多战略机遇，又面临很多严峻挑战。总之，历史赋予河北省更多重大使命，这既是河北省的骄傲，也是责任，只有不畏艰险、迎难而上，才会有"经济强省、美丽河北"。

目　录

第一章　资源基础与禀赋条件 ……………………………………………… 001

　　第一节　自然条件与自然资源 ………………………………………… 001

　　　　一、地理位置 …………………………………………………… 001

　　　　二、地势地貌 …………………………………………………… 003

　　　　三、气候 ………………………………………………………… 005

　　　　四、水资源 ……………………………………………………… 007

　　　　五、矿产资源 …………………………………………………… 008

　　　　六、新能源 ……………………………………………………… 010

　　　　七、海洋资源 …………………………………………………… 010

　　　　八、土壤与生物资源 …………………………………………… 011

　　第二节　社会历史基础 ………………………………………………… 013

　　　　一、人口 ………………………………………………………… 013

　　　　二、民族 ………………………………………………………… 021

　　　　三、历史基础 …………………………………………………… 023

　　　　四、区域文化与旅游资源 ……………………………………… 025

第二章　省域演化、现状与特点 …………………………………………… 031

　　第一节　行政区划的演化过程 ………………………………………… 031

　　　　一、河北古代行政区划沿革 …………………………………… 031

　　　　二、河北近代行政区划沿革（1840~1949 年）……………… 035

　　　　三、河北现代行政区划调整（1949 年 10 月以后）…………… 036

第二节　发展现状与主要特征 ……………………………………… 041

　　一、各级行政区划现状 …………………………………………… 041

　　二、行政区划主要特征 …………………………………………… 043

第三章　存在问题与开发利用方向 ………………………………… 046

　第一节　省域开发主要问题 ………………………………………… 046

　第二节　开发战略调整与方向 ……………………………………… 047

　　一、由粗放式发展向转方式调结构转变 ………………………… 047

　　二、从传统动力向科技创新驱动战略转变 ……………………… 048

　　三、从环境污染向生态治理战略转变 …………………………… 049

　　四、从地区分割向京津冀协同发展战略转变 …………………… 049

　　五、从内陆发展向沿海经济强省战略转变 ……………………… 049

　　六、从旅游资源大省向旅游强省跨越战略 ……………………… 050

　第三节　重大建设工程 ……………………………………………… 051

　　一、港口建设 ……………………………………………………… 051

　　二、机场建设 ……………………………………………………… 057

　　三、重大水利工程 ………………………………………………… 059

第四章　经济概况 …………………………………………………… 062

　第一节　省域开发历史与阶段 ……………………………………… 062

　　一、河北省经济发展空间布局 …………………………………… 062

　　二、河北省经济开发阶段 ………………………………………… 064

　第二节　国民经济发展与特征 ……………………………………… 065

　　一、经济发展基本情况 …………………………………………… 065

　　二、三次产业发展概况 …………………………………………… 069

　第三节　现代产业体系 ……………………………………………… 078

　　一、产业发展概况 ………………………………………………… 078

　　二、各设区市的产业布局 ………………………………………… 080

　　三、京津冀协同发展产业对接进程 ……………………………… 081

第五章　主导产业与特色产业发展 ……………………………………… 084

　第一节　河北省主导产业发展与布局 ………………………………… 084

　　一、主导产业概况 ………………………………………………… 084

　　二、钢铁产业发展与布局 ………………………………………… 088

　　三、装备制造产业发展与布局 …………………………………… 091

　　四、石油和化工产业发展与布局 ………………………………… 098

　　五、食品产业发展与布局 ………………………………………… 101

　　六、信息产业发展与布局 ………………………………………… 104

　第二节　县域经济与特色产业 ……………………………………… 107

　　一、县域经济 ……………………………………………………… 107

　　二、特色产业 ……………………………………………………… 111

第六章　乡村经济发展 ………………………………………………… 118

　第一节　农业生产发展概况 ………………………………………… 118

　　一、生产规模 ……………………………………………………… 119

　　二、生产结构 ……………………………………………………… 120

　　三、生产条件 ……………………………………………………… 122

　第二节　粮食作物 …………………………………………………… 123

　　一、粮食生产概况 ………………………………………………… 123

　　二、粮食作物的生产与布局 ……………………………………… 124

　　三、存在问题与发展趋势 ………………………………………… 126

　第三节　经济作物 …………………………………………………… 127

　　一、经济作物概况 ………………………………………………… 127

　　二、经济作物的生产与布局 ……………………………………… 130

　　三、存在问题及发展趋势 ………………………………………… 131

　第四节　园艺类作物 ………………………………………………… 132

　　一、园艺类作物生产与布局 ……………………………………… 132

　　二、发展趋势 ……………………………………………………… 136

　第五节　林业 ………………………………………………………… 138

一、林业发展与构成 ……………………………… 138

二、林业发展趋势 ………………………………… 140

第六节　畜牧业 …………………………………………… 142

一、发展概况 ……………………………………… 142

二、畜牧业的生产与布局 ………………………… 143

三、畜牧业发展趋势 ……………………………… 145

第七节　渔业 ……………………………………………… 147

一、渔业发展概况 ………………………………… 147

二、渔业的生产与布局 …………………………… 148

三、渔业建设趋势 ………………………………… 148

第七章　区域空间格局与城镇体系 …………………………… 151

第一节　主体功能区与产业空间布局 ……………………… 151

第二节　主要城市发展状况 ………………………………… 153

一、石家庄市 ……………………………………… 153

二、承德市 ………………………………………… 154

三、秦皇岛市 ……………………………………… 155

四、唐山市 ………………………………………… 156

五、沧州市 ………………………………………… 157

六、衡水市 ………………………………………… 158

七、邯郸市 ………………………………………… 159

八、保定市 ………………………………………… 160

九、廊坊市 ………………………………………… 161

十、张家口市 ……………………………………… 161

十一、邢台市 ……………………………………… 162

第三节　新城新区建设与城市群体系优化 ……………… 163

一、河北省城镇体系发展历程 …………………… 163

二、河北省五大新城新区建设 …………………… 164

三、河北省三大城市群建设 ……………………… 173

第四节　区域协同发展方向 ………………………………… 176

一、河北省内部协同发展 ……………………………… 177

二、京冀区域协同发展 ………………………………… 183

三、津冀区域协同发展 ………………………………… 184

四、区域协同发展方向 ………………………………… 185

第八章 交通基础建设与公共服务建设 …………………… 194

第一节 交通基础设施 …………………………………… 194

一、港航建设 …………………………………………… 194

二、公路运输 …………………………………………… 199

三、铁路运输 …………………………………………… 204

四、航空建设 …………………………………………… 210

第二节 公共服务建设 …………………………………… 214

一、科研 ………………………………………………… 214

二、学校 ………………………………………………… 216

三、文化 ………………………………………………… 220

四、医疗设施 …………………………………………… 221

五、通信 ………………………………………………… 223

六、其他基础设施建设 ………………………………… 226

第三节 交通基础设施与公共服务的建设提升 ………… 226

一、交通基础设施方面 ………………………………… 227

二、公共服务建设方面 ………………………………… 228

第九章 新型城镇化建设与城乡统筹发展 ………………… 232

第一节 新型城镇建设现状与特征 ……………………… 232

一、河北城镇化发展三大阶段 ………………………… 232

二、河北省各设区市城镇化基本特征 ………………… 237

第二节 农村城镇化与小城镇发展 ……………………… 249

一、迁安 ………………………………………………… 249

二、景县 ………………………………………………… 251

三、藁城 ………………………………………………… 252

四、肃宁 ·· 254

五、固安 ·· 255

第三节 新型城镇化与区域城乡二元结构 ················· 256

一、新型城镇化的特点 ·································· 256

二、消除区域城乡二元结构 ···························· 258

第十章 生态环保与可持续发展 ······························· 263

第一节 生态建设 ·· 263

一、矿山 ·· 264

二、水资源 ·· 266

三、林地 ·· 269

四、农田 ·· 271

五、湖泊湿地 ·· 273

六、海洋 ·· 275

第二节 环境保护现状和趋势 ······························· 277

一、大气环境 ·· 277

二、水质量环境 ··· 281

三、固体废弃物状况 ······································ 286

第三节 京津冀生态共建共享 ······························· 289

一、京津冀环境治理协作进展 ·························· 289

二、河北省的生态环境与综合承载力 ················· 292

三、建立京津冀生态共建共享和补偿机制的思考 ···· 295

第十一章 发展战略与部署 ···································· 299

第一节 发展目标与战略定位 ······························· 299

一、发展目标 ·· 299

二、战略定位 ·· 300

第二节 空间发展思路与重大任务 ·························· 301

一、发展思路 ·· 302

二、重大任务 ·· 304

第三节　重点发展的经济核心区 ………………………………… 307

　　一、经济发展带 …………………………………………… 307

　　二、经济发展的新增长点 ………………………………… 309

第十二章　展望 ……………………………………………… 314

后　记 ……………………………………………………… 317

第一章 资源基础与禀赋条件

第一节 自然条件与自然资源

自然资源是指在自然界中一切能够为人类所利用的自然物质要素,自然资源有六大要素:土地资源、气候资源、水资源、生物资源、矿产资源和海洋资源。广义的自然条件包括自然资源,狭义的自然条件指除去自然资源以外的所有影响社会经济发展与分布的自然因素,如地质、地貌、水文、气候、土壤、生物等条件。

一、地理位置

河北省地处华北平原,因位于黄河下游以北而得名,因部分地区古属冀州,所以简称"冀",省会石家庄。河北在战国时期大部分属于赵国和燕国,所以河北又被称为燕赵之地。

河北省环抱首都北京,地处东经 113°27′~119°50′,北纬 36°05′~42°40′(见表 1-1),总面积 187693 平方公里,占全国土地总面积的 1.96%,居第 14 位。在中国所有的省份中,河北省与四川省一样,是邻居最多的一个省份,它内环京津、东临渤海,东南部、南部衔山东、河南两省,西倚太行山与山西省为邻,西北部、北部与内蒙古自治区交界,东北部与辽宁接壤(见图 1-1)。

河北省由于内环首都北京和中央直辖市天津、外环渤海,其地理位置独特而又十分重要 。京广、京九、京沈、京包、京沪、石太、石德、京通、京承、锦

表 1–1　河北省 11 个设区市经纬度

设区市名称	纬度/北纬	经度/东经
石家庄	37°27′~38°47′	113°30′~115°20′
唐山	38°55′~40°28′	117°31′~119°19′
秦皇岛	39°24′~40°37′	118°33′~119°51′
邯郸	36°20′~36°44′	114°03′~114°40′
邢台	36°50′~37°47′	113°52′~115°49′
保定	38°10′~40°00′	113°40′~116°20′
张家口	39°30′~42°10′	113°50′~116°30′
承德	40°11′~40°40′	115°55′~119°15′
沧州	37°65′~38°72′	116°07′~117°85′
廊坊	39°28′~39°32′	116°38′~116°44′
衡水	37°03′~38°23′	115°10′~116°34′

图 1–1　河北省地图

资料来源：中国地图出版社，2005 年 1 月 1 日出版。

承等铁路线从省内经过，所以河北省是首都连接全国各地的通道，也是东北地区与关内各省区联系的通道，同时还是山西、内蒙古和广大西北地区通往北方海上门户——天津、京唐、秦皇岛、黄骅、曹妃甸等港口的必经之路。

二、地势地貌

河北省地处中纬度沿海与内陆交接地带，地势西北高、东南低，从西北向东南呈半环状逐级下降（见图1-2）。河北省不同地貌海拔高度差别很大，高原海拔在1000~1500米，山峰在2000米以上，平原不足50米，渤海沿岸平原多在10米左右，部分海滨平原海拔只有5米。作为全国唯一兼有高原、山地、丘陵、平原、湖泊和海滨的省份，河北省地貌类型齐全、类型特征鲜明，境内既有巍巍的高山，又有山间盆地；既有起伏不平的高原、丘陵，又有广阔的平原；不仅如此，还有大量的洼地和湿地。复杂多样的地形地貌、完备的自然要素组合类型，为河北省多种经营、发展区域特色经济提供了有利的先天条件。

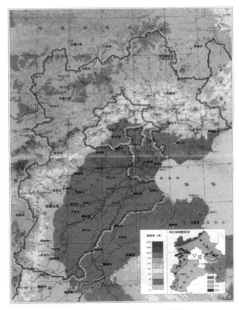

图1-2 河北省地形图

资料来源：地图出版社，1978年出版。

以形态为主要标志进行地貌分类，河北省从西北向东南依次为坝上高原、太行和燕山山地、河北平原三大地貌单元。

（一）坝上高原

河北省的高原地貌系内蒙古高原的一部分，主要分布在西北部地区，俗称"坝上"。坝上高原位于内蒙古高原与大兴安岭南麓的接壤地带，是由草原陡然升高而形成的。由于气候和植被的原因，这里形成了草甸式草原。这部分面积约为1.6 万平方公里，虽然面积很小，仅占河北省总面积的 8.5%，但是对发展河北省畜牧业具有重要意义。

坝上高原地势高耸，但是起伏不大，平均海拔在 1200~1500 米，呈现出"远看为山，近看为川"的景象。坝上高原是典型的坡状高原，疏缓低矮的丘陵为其主要地貌，谷地宽阔，岗洼起伏间湖泊滩地星罗棋布。该地湖、淖、滩、墚较多，天然草地广阔，适合发展畜牧业，河北省的皮毛、肉食、禽蛋等畜产品主要产于此地。同时，也是河北省的重要林区，围场塞罕坝一带、沽源东南部、丰宁沿坝一带为坝上天然林的主要分布区。

（二）山地

河北省的山地主要由太行山和燕山两大山脉组成，广义上还包括丘陵和盆地，总面积约为 9.01 万平方公里，是河北省地表总面积最大的一部分，占全省地表总面积的 48.1%。太行山脉北起北京市西山，绵延至河北省西部，山脉地质条件复杂，所以这里的地表形态不尽相同。这里水质条件较好，适合森林和多种生物生长，喜暖灌木草丛为山地植被，矿产资源十分丰富。燕山山脉横亘于北部，为东西走向。山地由于岩性的复杂多样而形态各异，形成的奇峰异石姿态万千。燕山山脉水资源丰富，河北省的天然林、天然草场多集中于此，更是河北省木材、水果以及畜产品的重要产区。盆地主要分布在张家口市，是山区农业比较发达的地区，因为洋河流域和桑干河流域分布于此，使其土肥、水利条件好。丘陵主要分布在太行山东麓和燕山南麓，有良好的水肥条件，为干鲜果品的集中产区，矿产资源在此分布比较集中。

河北省山地地势的海拔一般在 1000~2000 米，按其海拔高度可以分为高山、中山、低山和丘陵。中、高山的海拔一般在 2000 米以上，呈现孤山状分布，范围较小，如河北省的第一高峰小五台山为 2870 米、大海坨山为 2285 米、雾灵山为 2116 米等。中山多分布在崇礼、隆化一线以北，深源、阜平一线以西的地方，且多为河流的上源区，是河北省森林的主要分布地带。低山海拔在 500~1000 米，相对高度小于 500 米，主要分布在阜平以南的太行山，承德、平泉一线以南的燕山地区。低山因其山势低缓，地面开阔，河谷宽广，适合农林牧业综合经营。丘陵的海拔一般在 500 米以下，相对高度不到 200 米，主要分布于燕山南麓和一些盆地周围及太行山东侧，是和平原相互交错的地方，其地形切割破碎，风化较深，黄土堆积普遍。

（三）河北平原

河北平原为华北平原的一部分，在太行山以东和燕山以南，总面积约为 8.16 万平方公里，占河北省地表总面积的 43.4%。河北平原上洼地很多，总面积达 1000 平方公里，在保定与天津大沽之间是河北平原北部低洼地分布中心，如著名的白洋淀、文安洼和大洼等均集中于此。

根据平原的成因与分布，可以将河北平原分为三种类型，分别为山麓洪冲积平原、泛滥冲积平原和滨海淤积平原。山麓平原排水良好，地下水资源丰富，是河北省农业生产条件最好的地区，河北省的棉油以及瓜果的重要产区即在此，其分布在太行山东麓京广铁路沿线两侧和燕山南麓公路两侧。冲积平原主要由古黄河、海河、滦河等水系冲积而成，是河北省的主要农区，棉花生产发展较为迅速，然而由于干旱缺水，其农业生产条件相对山麓平原较差。滨海平原大体位于京沪铁路以东，唐海、丰南等地以南，沿渤海海岸呈半环状分布，主要适合水产品和畜产品生产，也是盐业发展的良好基地。

三、气候

（一）四季分明、南北温差大

河北省地处中国东部沿海，属温带半湿润半干旱大陆性季风气候，大部分地区四季分明，南北温差大，温度变化比较剧烈。

河北省由于地处中纬度，南北纬度相差 6°32′，太阳高度角在一年四季中变化较大，从而形成了河北省大部分地区寒暑变化显著，冬冷夏热，雨量集中，四季分明的气候特征。春季冷暖多变，干旱多风；夏季炎热潮湿，盛行暖湿的东南和西南气流，降雨日数增多，雨量集中，强度大；秋季风和日丽，凉爽少雨，冷暖适中，是一年中最好的季节；冬季盛行西北气流，由寒潮产生低温、大风、风雪等天气。

河北省四季长短不一。就冬季而言，平原区、山区、坝上依次渐长，分别为 5 个月、6 个月、7~8 个月；夏季多地均为 2~3 个月，北部山区为 1 个月，坝上则无夏季；与冬夏不同，春秋两季均较短，一般为 2 个月左右。在地形特征等因素影响下，河北省境内坝上与坝下地带、山区与平原地带的平均气温均有差异，并且始终介于 4℃~13℃。大部分中南地区年平均气温均在 12℃以上，处于北部的坝上地区在4℃以下。河北省全年1月为最冷月份，除北部坝上草原气温最低可降至-21℃外，其余大部分地区平均在-3℃左右；7月则为最热月份，西南部平原地区为气温最高地带，最高可至39℃~40℃，其余大部分地区平均气温均保持在18℃~27℃。

综合其特点，河北省雨热同季，日照充足，冬季寒冷少雪，夏季炎热多雨，良好的气候适合多种农、林作物生长。

（二）日照充沛、热量丰富

河北省全年阳光总辐射量为112~146千卡/平方厘米，年实际日照时数2450~3100小时，仅次于青藏高原、西北高原，可见其丰富的光能资源为农作物的生长提供了先天性的便利条件。河北省热量最高地区为滹沱河以南和太行山南部低山丘陵地区，年平均气温12℃以上；冀北高原年平均气温仅在-0.3℃~4℃，为省内热量最低的地区；除此之外的中间地带，长城以南至滹沱河以北地区，年平均气温10℃~12℃，长城以北的山地和盆地年平均气温4℃~10℃。

依热量多少，河北省的冀北高原为一年一熟低温作物区，冀北高原以南至长城以北为一年一熟作物区，长城以南至滹沱河以北为两年三熟作物区，南部为一年两熟作物区。

（三）降水时间、空间差异大

河北省年降水量在时间与空间分布上均存在较大差异，但平均处于350~760毫米。时间上，6~9月为全年降水量最大的时段，可以占到60%~80%，加以适宜的温度、光照，期间气候非常适合农作物生长；相比而言，冬春两季降水量仅占10%左右，是农作物生长的淡季。空间分布上，河北省东南部地区降水量较多，燕山南麓、紫荆关、涞水地区为省内两个多水地带，年降水量均在600~700毫米；相比较而言，西北部地区降水量较少，作为河北省内最干旱地区的冀北高原年降水量低于400毫米，藁城、宁晋地区年降水量低于500毫米。

河北省是全国降水率变化最大的地区之一，多雨年和少雨年的降水量有时相差15~20倍之多，易导致旱涝灾害的发生。

（四）雾霾天气严重

粗放型的经济增长模式导致了近几年河北省严重的雾霾天气，特别是2013年以来，河北省出现了大面积、大范围的雾霾天气，对人们的生产生活造成了极为严重的负面影响。中国环境监测总站对全国第一批实施新空气质量标准的74

个城市进行了空气质量评价，数据显示，2013 年空气污染程度排名前十的城市中平均有 6.25 个处于河北省，2014 年 1~11 月该数字为 6.55 个（见表 1-2）。因此，河北省政协自 2012 年以来将治理大气污染作为主要领导督导的一号提案。空气污染不仅影响了河北省的空气质量，也波及北京和天津，因此京津冀协同发展中对环境的治理也是重要合作内容。

表 1-2　2013~2014 年 74 个城市中河北省空气污染程度排名前 10 的城市数量

单位：个

2013年	月份	1	2	3	4	5	6	7	8	9	10	11	12	均值
	数量	7	6	6	5	6	6	6	7	7	6	7	6	6.25
2014年	月份	1	2	3	4	5	6	7	8	9	10	11		均值
	数量	6	7	7	7	6	5	7	7	6	7	7		6.55

资料来源：中国环境监测总站 1~12 月《2013 年×月 74 个城市空气质量状况月报》、1~11 月《2014 年×月 74 个城市空气质量状况月报》。

（五）沙尘暴天气较多

河北省地处干旱、半干旱向半湿润、湿润地区的过渡地带，是沙尘暴的多发区和敏感区。虽然经过多年的生态建设，全省沙化土地面积逐渐减少，实现了生态状况的整体好转，但由于地理位置和自然条件的影响，加上人为不合理地利用土地和水资源，沙尘暴仍时有发生。张家口、承德是京津冀地区最主要的风沙来源地，这两个地区毗邻内蒙古浑善达克沙漠，与黄土高原相接，植被稀疏，全年干旱少雨，沙漠化十分严重。有数据统计，张家口坝上沙区共有沙漠化土地 58 万公顷，占坝上沙区面积的 32%，年平均沙尘暴天气 8~12 天，风沙危害十分严重，不但殃及河北其他地区，还对京津造成了很大的影响。

四、水资源

河北省河流、湖泊众多（见表 1-3），境内河流主要分属于海河、滦河、内陆河、辽河四大水系，其中海河水系最大、流域面积最广，滦河水系次之，两水系流域面积 171624 平方公里，占全省自产地表水面积的 91.4%。黑龙港流域作为海河水系的一部分对于河北省的经济社会影响巨大，该流域包括衡水、邢台、邯郸、沧州、保定、石家庄六市的 50 县（市、区），流域面积达到 3.4 万平方公里，涉及人口 1850 万左右。

表1-3 河北省境内河流、湖泊数量情况

河流			湖泊		
流域面积 （平方公里）	河流数量 （条）	总长度 （公里）	水面面积 （平方公里）	湖泊数量 （个）	总面积 （平方公里）
50及以上	1386	40947	1及以上	23	364.4
100及以上	550	26719	10及以上	5	317.8
1000及以上	49	6573	100及以上	1	170.0
10000及以上	10	2575			

资料来源：《河北省第一次水利普查公报》。

从总量上看，河北省可开采水资源量自20世纪50年代起逐年下降，减少幅度达到了60.6%（见图1-3）。

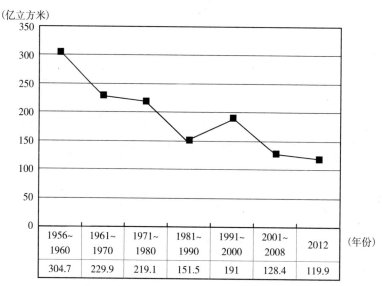

（亿立方米）

年份	1956~ 1960	1961~ 1970	1971~ 1980	1981~ 1990	1991~ 2000	2001~ 2008	2012
	304.7	229.9	219.1	151.5	191	128.4	119.9

图1-3 河北省不同年份可开采水资源量变化

五、矿产资源

河北省地形丰富，地质结构复杂，对矿产资源的形成十分有利。

从总量上看，截至2009年底，河北省已发现各类矿产资源156种，占全国237种的65.82%；查明资源储量的矿产有125种，占全国227种的55.07%；矿产地1157处（含伴、共生产地186处），占全国41244处的2.81%，其中，能源矿产269处，金属矿产549处，非金属矿产339处。河北省查明资源储量的矿产

中，居全国前 5 位的有 39 种，第 6 至第 10 位的有 17 种，其中大宗矿产如煤、铁、石油、金等为河北省优势矿产。

从分布上看，河北省的固体矿产资源主要分布在除衡水、沧州以外的 8 个设区市，煤、油页岩等能源矿产主要分布在唐山、承德、张家口、邯郸、邢台等地，金属矿产产地主要分布于承德、唐山、张家口、邯郸、邢台、保定，非金属矿产则在全省各市均有分布。

总体而言，河北省矿产资源丰富，为钢铁、建材、化工等产业的发展奠定了良好的基础。

(一) 能源矿产

河北省的能源矿产主要包括煤炭和石油两种。由于煤炭资源丰富，河北省被誉为"燕赵煤仓"，是全国主要能源供应基地之一，也是全国近代能源工业发展较早的地区，其中冀中煤炭基地被国家确定为 13 个煤炭基地之一，煤炭探明储量 147.1 亿吨。河北省煤炭资源具有品种齐全、煤田分布集中、煤田与铁矿资源相邻的特点。全省总储量 80% 以上的煤炭资源分布在唐山、邯郸、邢台等地。由于近代能源工业发展较早，煤田附近铁路交通十分发达。石油方面，河北省石油资源相对丰富，原油年产量近千万吨，累计探明储量 27 亿吨。河北省境内有华北、冀东、大港三大油田，除了华北油田位于河北省中部冀中平原的任丘，其余两大油田均位于河北省东南部沿海地区。此外，河北省天然气储量 1800 亿立方米，其经济效益十分可观。

(二) 金属矿产

河北省金属矿产种类繁多，其中铁、金、钒、钛属于河北省的优势矿产资源。河北省铁矿资源主要分布在冀东、邯郸和邢台地区，其储量及开采量均居全国前列，2007 年，河北省铁矿石年产量 1.62 亿吨，连续 11 年全国排名第一，2011 年更是达到了 5.95 亿吨。河北省钒、钛资源也比较丰富，主要存在于承德地区的钒钛磁铁矿中。截至 2009 年，河北省高品位钒钛磁铁矿已探明储量 2.6 亿吨，保有储量 2.2 亿吨，低铁品位钒钛磁铁矿已详细勘查确定的储量为 29.6 亿吨，约占全国钒钛磁铁矿储量的 40%。河北省有色金属矿产相对不足，但是近几年来有色金属矿产的地质找矿工作有较大突破，如锌矿保有储量居全国第 8 位，钼矿居全国第 5 位；贵金属矿产中，金矿保有储量居全国第 5 位，黄金产量居全国前列，是全国六大金矿集中分布区之一，银矿保有储量居全国第 11 位。

（三）非金属矿产

河北省非金属矿产种类多、品种全。数据显示，截至 2007 年底，河北省共发现非金属矿产 108 种，查明储量的矿产资源有 94 种，其中 54 种已列入《河北省矿产资源储量表》，占全国非金属矿产的 2.44%。非金属矿产中，水泥用灰岩、冶金用白云岩、石膏、饰面用花岗岩是河北省的优势矿产资源，不论资源丰度还是开发利用的组合配套条件都处于比较有利的地位。

六、新能源

河北省拥有得天独厚的地理位置，因此在新能源的开发和利用方面大有作为。河北省主要的新能源包括风能、太阳能、地热能和潮汐能等。风能资源方面，河北省风能资源主要分布在张家口、承德及沿海一线，其风能资源储量在 7400 千瓦以上，技术开发量在 1700 千瓦左右。目前国家发改委已将沧州黄骅沿海及近海地区和张家口坝上地区定为百万千瓦级风电基地。太阳能方面，受到地理位置的影响，河北省年辐射量在 5000 兆焦耳/平方米以上，年日照时数 2950~3100 小时，日照率为 50%~70%，仅次于青藏及西北地区，太阳能资源十分丰富。地热能方面，河北省地热资源分布于沧州—新乐以北及河北平原北部地区，其地热资源总量相当于 418.91 亿吨标准煤，可采量相当于 93.83 亿吨标准煤。专家分析，如将已探明的深层地热资源和浅层地热能加到一起，河北在全国位居第三，中低温地下热资源居全国之首。另外，河北省有着丰富的潮汐能资源，据测定，河北省沿海地区的平均潮差为 1.01 米，可发电 0.09 亿度，作为新能源开发利用前景广阔。

七、海洋资源

河北沿海处于环渤海经济区的中心地带，是华北和西北重要的入海通道。河北省海岸线长 487 公里，海岸带总面积 11379.88 平方公里，占全省陆地总面积的 6%。同内陆省份相比，河北具有丰富的海洋资源，包括海洋能源资源、海洋生物资源和海水化学资源，其中港址资源、盐田资源、海洋油气资源和沿海后备土地资源具有很大的挖掘潜力，是未来河北省海洋资源开发的重点。

海洋能源资源方面，河北省沿海海域蕴藏着丰富的油气资源，近海石油探明储量 6 亿吨、天然气 144 亿立方米，居渤海地区首位。河北省海域分布着冀东、大港和渤海三大油田，为发展临港工业提供了资源支持。

海洋生物资源方面，海洋生物资源一方面为人们提供高蛋白食物，另一方面为医药、食品、化工等产业提供新的原料。据河北省国土资源厅公布，河北省共有海洋生物 650 种，占全国海洋生物总数的 3.2%，拥有包括鱼、虾、蟹、贝、藻等在内的水产动植物资源 160 多种，全年无脊椎动物资源量约为 6825 吨，最大可持续产量 3400 吨；潮间带生物中，具有经济价值的现有主要贝类 7 种，资源量 5.63 万吨。

海水化学资源方面，河北省沿海地区具有日照强、蒸发量大、降水量小的气候特征，加之近岸海域海水盐度高，使得河北省海盐产业具有相当的发展优势。河北省沿海地区所在的长芦盐区，是我国四大海盐产区之一，其生产规模占全国海盐的 25%~35%。此外，利用盐业生产剩余的母液苦卤可生产提炼许多种化学元素和产品，如溴素、氯化钾、氯化镁、无水硝和元明粉等，目前氯化钾、工业溴、氯化镁、纯碱等主要盐化工产品产量居全国前列。

八、土壤与生物资源

（一）土壤类型多样、分布具有差异化

河北省土壤类型多样，分布广、面积大的土壤种类主要有七个，即褐土、潮土、棕壤、栗钙土、风沙土、草甸土、灰色森林土。这七种土壤类型用途不同，在地域分布上也有很大差异（见表 1-4）。其中，褐土和潮土总面积分别为 50.8 万公顷、42.5 万公顷，居全省土类面积排名第一位和第二位，二者合计占全省土壤面积的 56.63%，它们主要用于耕作。棕壤则主要用于培育林木、种植果树。坝上栗钙土和坝下栗钙土的用途不同，坝上主要用作天然牧场，近年来多被开垦为耕地，坝下则主要用作耕地。除了七大土类以外，河北省还零星分布着盐土、黑土、水稻土、沼泽土、亚高山草甸土等。

表 1-4 河北省主要土壤类型分布区域

序号	土类名称	分布地域
1	褐土	主要分布在太行山、燕山山脉的低山丘陵、山麓平原
2	潮土	主要分布在京广线以东、京山线以南的冲积平原和滨海平原，零星分布在山区沟谷低阶地
3	棕壤	主要分布在冀东山地

续表

序号	土类名称	分布地域
4	栗钙土	主要分布在坝上及坝下山间盆地中
5	风沙土	主要分布在各大河流的下游沿岸、古河道附近及沙化严重的农田附近
6	草甸土	主要分布在坝上高原湖滨下湿滩地以及山区地势平坦、地下水位 1~3 米的河谷地带
7	灰色森林土	主要分布在坝上高原东北部的低山丘至围场一带

（二）植被结构复杂、作物经济价值高

河北省地处暖温带与湿地的交接区，植被结构复杂，种类繁多，是中国植被资源比较丰富的省区之一。全省现有植物 3000 多种（其中纤维植物 140 多种、药用植物 1000 多种、木材植物 100 多种、牧草 300 多种、油脂植物 140 多种、栽培植物 450 多种），分属于 204 科，940 属，3000 多种。河北省不但植被结构复杂，许多植物的经济价值也很高，促进了河北省农业经济的发展。其一，河北省境内出产木材植物 100 多种，其中青杨、香椿、栓皮栎等树种驰名中外，另外分布着云杉、油松、柏树、华北落叶松、榆、椴、槐、杨、青檀、白楸等经济价值较高的树种。其二，河北省的果树有上百种，板栗、梨的产量居全国第一。河北省拥有许多享誉全国的果品，如赵县雪花梨、沧州金丝小枣、深州蜜桃、阜平大枣、迁西板栗等。其三，河北省草本植物种类很多并且分布广泛，据统计仅坝上地区的草本植物就有 300 多种，包括羊草、无芒麦草、冰草等优质牧草，为畜牧业的发展提供了良好的基础。此外，河北省已被利用的药用植物有 800 多种，主要有葛藤、黄芩、党参、枸杞、桔梗、麻黄、大黄、枣仁、知母、白芷、柴胡、防风、远志、薄荷及甘草等。

（三）动物资源丰富、优良品种享誉全国

河北省动物资源比较丰富。陆生脊椎动物 530 余种，约占全国的 1/4，其中以鸟类居多，约 420 余种，占全国的 36.1%；兽类次之，约 80 余种，占全国的 20.3% 左右；两栖类和爬行类较少，分别有 19 种和 10 种。全省拥有国家级和省级重点保护动物 137 种，如白冠长尾雉、天鹅、猕猴、金钱豹、青羊、黄羊、白鼬等。最为珍贵的褐马鸡不但为河北省所特有，还是国家一类保护动物、世界珍禽。河北省内现有家畜家禽约 100 余种，其中张北马、阳原驴、草原红牛、武安羊、冀南牛、深州猪等享誉全国。

第二节 社会历史基础

一、人口

人是社会财富的创造者，也是物质资料的消费者，人对生产力布局起着积极的作用。河北省是全国第六人口大省，2013 年末，全省常住人口 7332.61 万，比上年末增加 45.10 万人，人口自然增长率为 6.17‰；死亡人口 50.22 万，人口死亡率为 6.87‰；出生人口 95.32 万，人口出生率为 13.04‰，在全国前六个人口大省中，河北省的人口出生率较高。

（一）人口发展

从新中国成立初期到现在，河北省同整个中国的大形势一样，人口增长很快。从 1953 年第一次人口普查到 2010 年第六次人口普查，河北省总人口从 3563.46 万增加到了 7185.42 万，增加了一倍多（见表 1-5）。第六次人口普查显示，近十年河北省常住人口共增加 4417612 人，增长 6.55%，年均增长率为 0.64%，高于 5.84% 的全国十年来人口增长水平。

表 1-5 河北省六次人口普查基本情况

项目	第一次（1953 年 7 月 1 日）	第二次（1964 年 7 月 1 日）	第三次（1982 年 7 月 1 日）	第四次（1990 年 7 月 1 日）	第五次（2000 年 11 月 1 日）	第六次（2010 年 11 月 1 日）
总人口（万人）	3563.46	4568.77	5300.55	6108.28	6668.44	7185.42

资料来源：《河北统计年鉴》(2013)，《河北经济年鉴》(2013)。

人口增长主要来源于两方面：一是人口的自然增长，即出生人口数减去死亡人口数；二是机械增长，即流动人口。河北省人口自然增长数近 20 年大概为每年 40 万~50 万，而自然增长率随着计划生育政策的开展整体呈下降趋势，1980 年自然增长率为 14.01‰，近几年维持在 6‰以上（见表 1-6），因此坚持基本国策、切实稳定低生育水平仍是当前全省计划生育工作的首要任务。人口流动性能够从一定程度反映出一个地区的经济发展状况（流动人口情况见本节"人口流动"部分）。

表1-6 河北省总人口及人口自然变动情况

年份	总人口（万人）	出生率（‰）	死亡率（‰）	自然增长率（‰）	年份	总人口（万人）	出生率（‰）	死亡率（‰）	自然增长率（‰）
1980	5168	20.47	6.46	14.01	2003	6769	11.43	6.27	5.16
1993	6334	15.43	6.11	9.32	2004	6809	11.98	6.19	5.79
1994	6388	14.93	6.50	8.43	2005	6851	12.84	6.75	6.09
1995	6437	13.93	6.32	7.61	2006	6898	12.82	6.59	6.23
1996	6484	13.85	6.55	7.30	2007	6943	13.33	6.78	6.55
1997	6525	13.11	6.82	6.29	2008	6989	13.04	6.49	6.55
1998	6569	13.01	6.18	6.83	2009	7034	12.93	6.43	6.50
1999	6614	12.99	6.26	6.73	2010	7194	13.22	6.41	6.81
2000	6674	11.30	6.21	5.09	2011	7241	13.02	6.52	6.50
2001	6699	11.16	6.18	4.98	2012	7288	12.88	6.41	6.47
2002	6735	11.53	6.25	5.28	2013	7333	13.04	6.87	6.17

资料来源：《河北经济年鉴》（2014）。

据河北省卫生和计划生育委员会预测，受出生规模下降和死亡水平上升共同影响，从"十三五"开始，河北省总人口增速将会快速下降，但人口总量仍将呈惯性增长态势，实施"单独两孩"政策后，政策内二孩出生将进一步增加，且政策外出生控制难度不小。预计2025年前后河北省将达到总人口峰值7700万左右，之后人口数量开始缓慢减少。

目前河北省人口数量的快速增加，使得人口对资源环境的压力日趋增大，需求和资源匮乏、环境污染之间的矛盾更加尖锐。

（二）人口构成

1. 性别构成

同全国大形势一样，河北省出生人口性别存在失调现象。河北省出生人口性别比例失调现象可以追溯到20世纪80年代，并且日趋严重。根据第四、第五次人口普查以及2005年1%抽样调查数据显示，全省出生人口性别比1989年为111.73，2000年为113.43，2005年为119.67。2001~2003年的平均出生人口性别比，全省有111个县（市）超出了正常范围（出生人口性别比的正常范围为（103~107)，有27个县（市）超过120，最高的达150，1991~2003年，河北省因出生性别比偏高导致多生男孩 45 万。"十一五"以来，河北省出生性别比在 111~120 波动，表明河北省出生人口性别比失调现象初步得到了遏制。第六次人口普查数据显示，河北省出生人口性别比为 114.86，较前期有了明显的下降。

严重的男女比例失调将对河北省人口、经济、社会、资源、环境、人口安全、民族繁荣及社会治安造成不利影响。而造成这种现状的原因，有经济发展水平、社会保障体系、文化背景、思想观念等多方面的因素。因此在"十二五"期间，河北省把综合治理出生人口性别比偏高问题列入各级党委政府重要议事日程和人口计生领导小组成员单位职责，并力争在 2015 年将出生性别比控制在 112 以内。

2. 年龄构成与劳动力

2013 年，河北省 0~14 岁人口的比重为 17.95%，15~64 岁人口的比重为 72.96%，65 岁及以上人口的比重为 9.09%。同 2000 年相比，2013 年 0~14 岁人口的比重降了 4.85 个百分点，15~64 岁人口的比重涨了 2.66 个百分点，65 岁及以上人口比重涨了 2.19 个百分点（见图 1-4）。

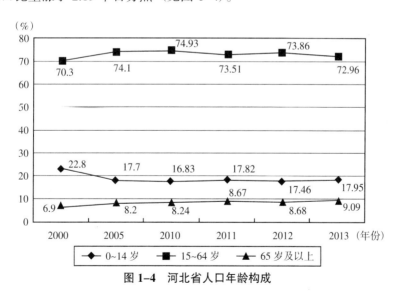

图 1-4　河北省人口年龄构成

65 岁及以上人口超过 7%，60 岁及以上人口超过 10% 就意味着进入老龄化社会。近几年，河北省 60 岁及以上老人已占 13%，65 岁及以上人口比重达到 9.09%，并呈逐步增长趋势。2013 年 65 岁及以上人口从 2000 年的 469.91 万增加到 666.53 万,增幅为 41.84%。因此河北省已步入老龄化社会,人口结构性矛盾突出,老年人口赡养负担将逐步增大。

与此同时,河北省劳动年龄人口尚处于红利期。河北省第六次全国人口普查显示,全省劳动年龄人口为 5899.44 万,占总人口的比重为 82.10%。与 2000 年河北省第五次全国人口普查相比,劳动年龄人口总量增加了 877.05 万,占总人口比重提高了 6.78 个百分点,劳动年龄人口总量及占总人口的比重均达到历史最高水平。但是,全省劳动年龄人口的平均年龄不断提高,1990 年为 38.31 岁,2000 年为 40.26 岁,2010 年为 41.54 岁。在现行生育政策下,全省劳动年龄人口在"十二五"初期达到峰值后会缓慢下降,据测算,到 2025 年全省劳动人口将下降到 5140 万。目前河北省已实施"单独两孩"政策,这有利于改善人口结构,保持合理劳动力规模,延缓老龄化进程,增强经济发展活力。

另外,因目前劳动年龄人口处于高位运行、缓慢下降阶段,全省劳动就业压力依然较大,城镇新增就业人数有增无减。而且随着社会经济的快速发展和城镇化的不断深入,人口流动、人户分离等现象将大量增加,大批农村劳动力转移进入城镇,使得就业压力进一步增大。

3. 受教育程度

人口受教育程度的高低,不仅能够反映一个地区文化教育事业的发展状况,也能够反映本地区经济发展水平,同时对人口、就业和经济的发展都有一定的影响。2013 年河北省大专以上文化程度人口占全省比重为 7.44%,高中文化程度人口占 15.26%,初中文化程度人口占 48.91%,小学文化程度人口占 24.57%,未上学人口占 3.82%。

河北省人口受教育水平逐步提高,其中具有大学教育程度的人口增长迅速,高中文化程度人口持续增长,初中文化程度人口平缓增长,小学文化水平人口逐渐减少,文盲半文盲人口大量减少。第六次人口普查数据显示,同第五次人口普查比较,具有大学教育程度的人口在各种文化程度人口中占比由 2.9% 提升到了8.0%,高中文化人口占比由 11.5% 提升到了 13.9%,初中文化人口占比由 41.9%提升到了 48.4%,小学文化人口占比由 35.5% 下降到了 26.9%,文盲半文盲人口占比由 8.2% 下降到了 2.8%(见表 1-7 和图 1-5)。目前河北省人口平均受教育年限(未上过学 0 年,小学 6 年,初中 9 年,高中 12 年,大学 16 年)8.87 年/人,在全国排第 16 位,高于全国 8.80 年/人的平均水平。

表1-7　河北省人口受教育程度变化

单位：万人

各种文化程度 人口	1964年（第二次人口普查）	1982年（第三次人口普查）	1990年（第四次人口普查）	2000年（第五次人口普查）	2010年（第六次人口普查）
大学	18.08	23.43	58.25	178.11	524.25
高中	56.87	399.86	455.47	716.36	913.17
初中	234.91	1020.08	1509.42	2609.93	3190.30
小学	1400.54	1930.58	2249.16	2213.51	1771.97
文盲、半文盲		1193.54	1023.52	513.81	187.74

资料来源：《河北经济年鉴》（2014）。

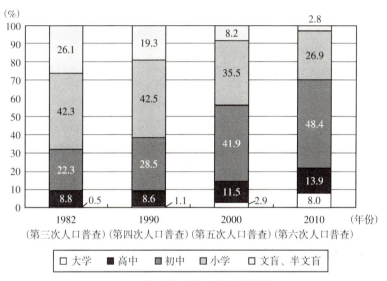

图1-5　河北省受教育人口构成变化情况

在受教育程度整体提高的同时，河北省文盲率（文盲人口占15岁及以上人口比重）逐渐降低，尤其以女性文盲率降低最快，受教育程度提升最快。从第三次到第六次人口普查，河北省女性文盲率依次为45.72%、30.69%、19.92%、10.76%，男性文盲率依次为32.14%、21.62%、11.84%、8.59%（见图1-6），女性文盲率下降快于男性，男性与女性文盲率差距正在逐步缩小。

在全省人口教育提高的同时，也存在一些问题。首先，受城乡经济社会和教育水平不同影响，城乡受教育水平差距较大。第六次人口普查数据显示，河北省城镇人口平均受教育年限为9.93年，乡村人口平均受教育年限为8.87年，城镇比乡村人口多1.06年，而城镇文盲率为2.0%，乡村却为4.07%，城镇高于农村2.07个百分点。其次，河北省人口受教育程度与我国发达地区相比仍存在较大差

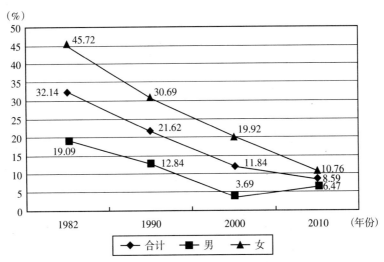

图 1-6 "三普"以来河北省分性别文盲率情况

距，2010 年，河北省每十万人中具有大学程度的人口在全国排第 23 位，处于较低水平，而文盲率却居于全国第 11 位。因此以新型城镇化和京津冀协同发展为契机，政府应进一步加大农村教育投入，同时大力发展教育并积极引进京津的优质教育资源，提高人口文化素质，逐步缩小与经济发达地区的差距。

4. 职业构成

2013 年河北省人口职业构成中，第一产业人口 1404.49 万，第二产业人口 1438.07 万，第三产业人口 1341.37 万。随着人口文化素质的提高，第一产业人口比重逐渐下降，第二、第三产业人口比重不断上升（见表 1-8）。但与全国相比，河北省 2012 年第一产业人口比重高于全国 1.31 个百分点，第二产业人口比重高于全国 3.98 个百分点，而第三产业人口比重低于全国 5.29 个百分点，这同河北省的三次产业结构有关，河北省是农业大省和制造业大省，第三产业发展缓慢。

表 1-8 按三次产业划分的就业人员构成

单位：%

年份	构成（以就业人员为 100）		
	第一产业	第二产业	第三产业
1980	75.01	14.71	10.28
1985	62.74	21.82	15.44
1990	61.60	23.01	15.39

年份	构成（以就业人员为100）		
	第一产业	第二产业	第三产业
1995	53.18	27.03	19.79
2000	49.56	26.20	24.24
2006	42.24	29.99	27.77
2012	34.91	34.28	30.81
2013	33.57	34.37	32.06

资料来源：《河北经济年鉴》（2014）。

（三）人口分布

目前河北省人口密度为383人/平方公里，低于北京、天津两地，但接近全国平均水平的3倍。

河北省人口分布有以下三个特点：其一，人口密集分布在中南部平原地区，如石家庄、沧州、邯郸、邢台、保定、廊坊、衡水，西北部山地和丘陵地区相对稀疏，如张家口、承德（见表1-9）。其二，乡村人口比重高于城镇人口。其三，京广铁路和京山公路沿线人口分布最为密集。

表1-9　河北省常住人口地区分布

地区	2010年人口数（万人）	2013年人口数（万人）	比重（%）		
			2000年	2010年	2013年
全省	7185.44	7332.61	100	100	100
石家庄市	1016.38	1049.98	13.86	14.15	14.32
唐山市	757.73	770.80	10.56	10.54	10.51
秦皇岛市	298.76	304.52	4.13	4.16	4.15
邯郸市	917.47	932.51	12.58	12.77	12.72
邢台市	710.41	721.69	9.97	9.89	9.84
保定市	1119.44	1141.63	15.7	15.58	15.57
张家口市	434.55	441.33	6.28	6.05	6.03
承德市	347.32	351.51	4.98	4.83	4.79
沧州市	713.41	730.95	9.96	9.93	9.97
廊坊市	435.89	446.84	5.75	6.06	6.09
衡水市	434.08	440.85	6.23	6.04	6.01

资料来源：《河北经济年鉴》（2014），河北省第六次全国人口普查主要数据公报。

河北省西北部的张北坝上高原与河北省北部的燕山山脉地区（除位于此地区的张家口市、承德市以及秦皇岛市北部）人口较为稀少，20 世纪 80 年代以来，人口密度始终稳定在 150 人/平方公里以下；太行山脉的邯郸、邢台、石家庄和保定四个地区，人口密度多保持在 150~300 人/平方公里；河北省东部与山东交界，多为低洼平原地区，主要包括沧州和衡水地区，人口密度保持在 450~600 人/平方公里，比 20 世纪 80 年代增加了大约 150 人/平方公里；保定—石家庄—邢台—邯郸一线，即京广线和京九线之间的山前平原地区，再加上京山线沿线的唐山地区，其人口密度一直较高，多介于 600~800 人/平方公里。[①]

（四）人口流动

河北省第六次全国人口普查主要数据显示，21 世纪以来河北省人口省际、省内流动明显增强。

2000 年，河北省流入人口 93.05 万，流出人口 121.90 万，2005 年流入人口 86.78 万，流出人口 139.93 万（见表 1-10），而截至 2013 年 9 月 30 日，河北省流动人口 607.16 万，其中流入人口 156.00 万，流出人口 451.16 万；男性 430.64 万人，女性 176.53 万人。因此，河北省是主要的劳动力输出省，流出人口数量、比重不断增长。省内劳动力对外就业输出上，主要流向北京、天津两市。据统计，2005~2010 年，河北省向北京输送的劳动力平均每年在 100 万人左右，向天津输送的劳动力平均每年在 60 万人左右，且呈逐年增加态势。河北省虽然地处京津冀都市圈，但经济发展水平却同京津相差甚多，因此较大的经济差距必然使得河北省流动人口流向京津谋求更高的经济收入。据第六次人口普查数据显示，北京常住外来人口中超过 1/5 来自河北省，约为 155.9 万人；在天津市的常住外来人口中，来自河北省的人口数为 75.45 万，占天津市常住外来人口的 25.2%。[②]

① 张慧. 河北省人口分布地域格局时空演变分析 [J]. 地域研究与开发，2014（2）：170–175.
② 高玉，刘欢. 北京常住外来人口河北人占 1/5 [N]. 北京日报，2014-03-31.

表1-10　河北省省际人口流动状况[①]

单位：万人，%

流动类型	2000 年		2005 年	
	人口数量	占总人口比重	人口数量	占总人口比重
跨省流入	93.05	1.40	86.78	1.27
跨省流出	121.90	1.83	139.93	2.04
省际流动	214.94	3.22	226.71	3.31

河北省省内人口流动男性多于女性，2000 年本县市区流动人口高于跨县市区流动，而随着经济的发展，跨县市区流动性增强，2005 年跨县市区流动人口高于本县市区流动人口 19.34 万（见表1-11）。但由于区域发展不平衡，导致省内人口流动不平衡，目前省内石家庄、唐山、秦皇岛、廊坊四市已经成为人口净流入市，省内人口流动的不平衡进一步加剧了区域不平衡。

表1-11　河北省省内人口流动状况[②]

单位：万人

流动类型	2000 年			2005 年		
	合计	男	女	合计	男	女
本县市区流动	275.00	140.90	134.10	186.46	89.23	97.23
跨县市区流动	120.13	66.98	53.15	205.79	103.99	101.80
省内流动	395.13	207.88	187.25	392.35	193.32	199.03

随着京津冀协同发展的深入，北京部分产业将转移到河北，产业输出不仅使北京市的人口随产业迁移到河北的保定、张家口、承德、秦皇岛等城市，随着产业在河北的聚集和发展还将进一步吸引更多外来人口。因此受京津冀协同发展影响，未来河北省人口流入量可能会较大。

二、民族

河北省是杂散居少数民族人口较多的省份，2010 年第六次人口普查数据显示，河北省共有 56 个少数民族成分，主要有蒙古族、满族、朝鲜族、壮族、回

---

①② 李敏. 河北省人口流动状况及影响分析 [D]. 保定：河北大学硕士学位论文，2009.

族等。全省少数民族总人口 299.29 万，占全省总人口的 4.17%。其中满族人口最多，为 2169311 人，占全省少数民族人口总数的 72.48%；其次是回族，为 570170 人，占全省少数民族人口总数的 19.05%；蒙古族 180849 人，占全省少数民族人口总数的 6.04%；珞巴族人口最少，只有 6 人，另有 123 人未识别其民族（见表 1-12）。

表 1-12　河北省民族分布情况

单位：人

民族	人数	民族	人数	民族	人数	民族	人数	民族	人数
汉族	68861333	瑶族	1776	畲族	396	俄罗斯族	103	门巴族	17
满族	2169311	侗族	1451	哈尼族	387	赫哲族	90	阿昌族	15
回族	570170	达斡尔族	962	哈萨克族	320	东乡族	78	普米族	14
蒙古族	180849	维吾尔族	864	仫佬族	291	京族	77	塔吉克族	8
壮族	17295	黎族	861	水族	282	毛南族	76	乌孜别克族	7
朝鲜族	11296	白族	859	纳西族	259	景颇族	70	德昂族	7
苗族	9703	锡伯族	851	高山族	208	布朗族	50	保安族	7
土家族	8061	佤族	674	怒族	200	裕固族	33	珞巴族	6
彝族	4632	土族	598	拉祜族	175	柯尔克孜族	25	其他未识别的民族	123
布依族	3630	傣族	447	鄂温克族	172	基诺族	24	外国人加入中国籍	15
傈僳族	1974	仡佬族	425	鄂伦春族	142	独龙族	21	—	—
藏族	1935	羌族	407	撒拉族	131	塔塔尔族	17	—	—

资料来源：《河北省 2010 年人口普查资料》。

从地域分布看，承德市的少数民族人数最多，衡水市最少，分别占河北省少数民族人口总数的 40.62% 和 0.19%。此外，唐山市和邯郸市的少数民族人数增长最快，2008 年，两市少数民族人口分别增加 14148 人和 2852 人，分别较上年增长了 5.39 个和 4.73 个百分点。

河北省的少数民族分布有着与全国共同的特征——大分散小聚居。全省的少数民族分布在各个地方，但是少数的几个民族又相对聚居。例如，满族主要分布在承德、秦皇岛、唐山的遵化和保定的易县；蒙古族主要分布于承德、张家口两市，其中有 1/3 聚居在隆化县。目前，河北省共有 6 个自治县，分别为丰宁满族自治县、围场满族蒙古族自治县、宽城满族自治县、青龙满族自治县、大厂回族自治县和孟村回族自治县；3 个民族县，分别为滦平、隆化、平泉。少数民族聚居的地方大都是经济发展十分落后的贫困地区，如太行山石山区、坝上高寒地区、黑龙港流域低洼盐碱地区。随着经济的发展，少数民族人口在省际、省内的流动已逐渐增强。

在漫长的历史岁月中，各少数民族和汉族一起，为共同发展河北经济、繁荣河北文化贡献了力量。

三、历史基础

河北省位于黄河下游之北，是中华民族重要的发祥地之一。

考古发掘证明，早在 200 万年前河北省就有人类活动的痕迹。河北地区先后经历了原始社会、母系氏族社会、父系氏族社会诸阶段。[①] 传说中的黄帝、炎帝也曾经活动在河北地区，留下了黄帝大战蚩尤、阪泉之战等历史传说。与此同时，这里也有和远古先帝尧、舜、禹相关的记载。

我国的奴隶社会始于夏朝，夏朝的开国之君大禹曾治水于冀州。这一时期，河北境内农牧业和手工业较发达，在省内的邢台、石家庄等地区分布着大量的商代遗址，遗址中发现了粮仓、房屋、水井、墓葬坑、酒坊等遗存，并出土了青铜器、玉器、卜骨等文物。

春秋战国时期，是我国从奴隶社会向封建社会急速转变的时期。这一时期，河北省形成了燕、赵、中山三国割据的局面。河北邯郸曾是赵国都城，现存有赵武灵王修建的"丛台"以及蔺相如和廉颇让路的"回车巷"；燕国当时贸易发达，冶铁水平很高；作为由少数民族建立的中山国国力雄厚，在其都城及墓葬遗址曾出土了错金银双翼神兽、错金银虎噬鹿器座、错金银四龙四凤方案等文物精品。

秦朝结束了诸侯割据的现状，实现了天下大统，并开始在全国上下实行分封制。这一时期，秦王为抵御胡人的进攻开始修筑长城，其中很重要的一段防御就在河北省境内，闻名天下的"天下第一关"——山海关是目前河北省重要的旅游资源。相传秦王在位时曾经出巡 5 次，其中有 3 次来到了今河北省境内，并在此修建行宫，现其遗址有大量建筑构件出土。

汉朝时期，经历了立王、削藩等一系列变革之后，开始进行地方行政建制改

---

① 河北省社会科学院地方史编写组. 河北简史 ［M］. 石家庄：河北人民出版社，1990.

革，全国设为13个刺史部（州），政治平稳之后，农业、手工业得到了恢复和发展，河北所在的冀州成为当时经济发达的地区之一，铁犁、纺织器械被广泛使用，灰陶技术得到提升。考古学家在今河北境内发现了许多汉代墓葬，其中最著名的就是满城汉墓，满城汉墓包括中山靖王刘胜墓及其妻窦绾墓，墓中出土了迄今为止年代最早、保存最完整的金缕玉衣，引得无数人惊叹不已。这些墓葬中还出现了大量的铁质、钢质器具，表明当时的冶铁技术已经达到了相当高的水平。

河北自古以来处于军事要冲，在三国两晋南北朝的三百多年间先后存在过30多个政权。中国八大古都之一的邺城作为魏晋南北朝时期中原地区富庶繁盛的大都市之一，在今河北省邯郸市临漳县内，这一地区出土了许多精美的文物，最为著名的是壁画和陶俑。邺城还是当时的佛教中心，佛教建筑南北响堂寺石窟保存至今，窟内存有众多雕刻精美的佛像。

隋唐时期，河北的社会经济取得了空前的发展，盛极一时。在农业方面，生产工具得到了改进，尤其是耕犁实现了从长辕犁向短辕犁的转变，生产效率得到了极大提高，粮食储量跃居全国前三名；在丝织业方面，河北省中南部达到了"桑树遍野，户户机杼"的状态，当时唐朝实施钱帛兼用，丝织品以绢为代表可以进行交换，更加促进了丝织业的发展；在陶瓷业方面，河北邢州窑出产的白瓷与南方越州窑出产的青瓷齐名，《茶经》中就曾有"邢瓷类银，越瓷类玉"的赞誉；在文化方面，唐朝的歌舞享有盛名，对河北地区产生了不小的影响，广泛流传的唐诗中，于河北地区最著名的当属边塞诗。

宋、辽、金时期，河北处于北方少数民族契丹和女真建立的政权的统治下，其文化呈现出多元化的风貌。宋辽时期，河北省的丝织业、冶矿业、制陶业得到了显著发展。宋朝时期我国有五大名窑，河北定窑产品名列五大窑之首，磁州窑则是北方最大的民间瓷窑。发达的农业、手工业带动了市镇贸易的发展，河北的沧州、定州、大名、真定（今正定）都是当时十分繁华的贸易中心。

蒙元时期对农业的发展十分重视，设置农事机构和发展军民屯田是这一时期发展农业的重要政策。在此期间，河北境内不仅农业获得巨大发展，盐业、冶铁业、丝织业、军器制造等手工制造业也有较大的发展。

明代初期，实施大规模移民政策，目的是缓解由于战乱而导致的凋敝局面，北平地区是移民迁入的重点地区之一，这为当地农业、手工业的恢复和发展奠定了基础。到了明代中后期，北直隶①地区的人口数量、土地数量、粮食产量都有了很大的提高。加之这一时期兴修水利、鼓励植棉，农业和手工业得到了极大发展，北京成为了全国的商业中心。

清朝前期，经历了政治经济政策调整和赋役制度改革，生产水平得到了很大的提高。这一时期，直隶农业的突破性成就体现在高产水稻的扩种以及玉米、红薯的引种。由于这一时期棉花生产的突出发展，直隶省成为全国重要的棉产区之一。棉产量的提高，为人们提供了充足的纺织原料，也推动了纺织技术的进步。此外，采矿业、制盐业、酿酒业也得到了一定的发展。特别是乾隆以后，直隶地区雇用劳动力数量明显增加，资本主义开始萌芽。

近代河北饱经战火、历尽沧桑。19世纪70年代开始，近代工业逐渐在河北省发展，开办的企业有开滦矿务局、唐山机车厂、山海关桥梁厂、启新洋灰公司、秦皇岛耀华玻璃厂、唐山华新纺织公司、石家庄大兴纺织公司等。河北省近代工业最重要的特点是中方资本大都为官僚资本且向外国借款居多，值得一提的是当时的耀华玻璃厂拥有部分民营资本。外国人把持着矿山、工厂等几乎所有的中国近代工业。在此期间，河北省修建了一大批铁路、港口，包括著名铁路工程专家詹天佑主持修建的京张铁路，借助外国资本修建的石太路、津浦路、京山路、京汉路等。

1931年"九一八事变"之后，日本加紧了对河北经济的掠夺和垄断，日本基本控制了河北所有的厂矿。日本通过在河北开办和"合办"峰峰电厂、唐山电厂、唐山制钢厂等企业掠夺资源，从而达到支持侵略的目的。这一时期，河北的农业、工业和手工业生产都遭到了严重的破坏。日本投降后，国民党收回了日本经营的主要厂矿，但是在国统区，课税繁多，大批企业生产萧条，濒于停业。直到1949年中华人民共和国成立，河北省经济发展才进入了一个新的历史阶段。

四、区域文化与旅游资源

区域文化是在共同的区域范围内人类行为的一种模式，它是思想与行为一致的完整综合体。一个区域由于其产生的背景及发展过程的不同，在区域性质、产

---

① 明称直隶于京师的地区为直隶，相当于北京市、天津市、河北省大部和河南省、山东省的小部分地区，为区别于直隶于南京地区的南直隶，亦称北直隶。清初，改北直隶为直隶省。

业结构、经济特点、传统文化、民俗习惯等方面必然有区别于其他地域的特点。区域文化推动着区域经济社会的发展，它既直接贡献于经济增长，又对提升经济发展质量发挥着重要作用，因此区域文化越来越成为一个区域综合实力竞争的重要因素。

河北省是中华文明的重要发祥地之一，经过数千年的积淀，形成了丰富、独特的文化，成为名副其实的文化资源大省。

（一）文化品牌与特色

河北文化在发展中形成了五大文化品牌，即红色太行文化、壮美长城文化、诚义燕赵文化、神韵京畿文化、弄潮渤海文化。目前，张家口市凭借其悠久的历史根源叫响了河北文化的第六大品牌——三祖文化。

1. 红色太行（革命文化）

作为革命老区，河北省境内的太行山区拥有大量的革命传统教育资源。在这片红色的土地上分布着西柏坡中共中央旧址、八路军 129 师司令部旧址、城南庄晋察冀军区司令部旧址、前南峪抗大旧址、狼牙山五壮士跳崖处等全国知名的革命圣地或遗址，流传着雁翎队、地道战、野火春风斗古城、狼牙山五壮士等许多革命故事。革命圣地西柏坡具有"新中国从这里走来"的美誉，是中宣部第一批命名的全国重点爱国主义教育示范基地，共有经过考察认定的中央部委旧址 34处，涉及以西柏坡为中心的 9 个乡镇、28 个村庄。红色太行是革命的文化、抗争的文化、催人奋进的文化。红色太行文化是河北省重要的旅游资源，并形成了特有的旅游文化品牌。

2. 壮美长城（和合文化）

长城是世界十大文化遗产之一，被列入"世界新七大奇迹"。长城始建于春秋战国时期，始修于燕王，分布于黑龙江、吉林、辽宁、北京、天津、河北、山东、河南、山西、内蒙古、陕西、甘肃、青海等 15 个省区，其中河北省境内长城绵延 2000 余公里，是途经最长、保存最为完整、最具有代表性的长城。世人公认的长城起点山海关位于河北省秦皇岛市，素有"两京锁钥无双地，万里长城第一关"的美称。河北省抚宁县长城被誉为"天然长城博物馆"，这里的长城砖窑、九门口、媳妇楼、香山纪寿石等历史文化遗迹，是明长城的精华。壮美长城作为河北省的一大文化品牌，带动了省内旅游业的发展。

3. 诚义燕赵（根脉文化）

燕赵文化形成于波澜壮阔的春秋时代，具有慷慨悲歌、好气任侠的文化特征，被赋予了仁厚诚朴、重信尚义、慷慨忠勇的核心元素。荆轲刺秦、赵武灵王胡服骑射、将相和、桃园三结义、杨家将舍命抗辽都是流传在燕赵大地上的壮歌。丛台赵王城、邺城遗址、正定古城、古中山国遗址、定州汉中山国都、燕下都、广府古城、涿州三义宫等古都、古城遗址作为燕赵文化的载体遍布全省，形成了独特的旅游文化。

4. 神韵京畿（直隶文化）

河北省明为京师，清为直隶省，其地理位置拱卫首都，被形象地称为北京的"护城河"，形成了独特的京畿文化。清朝时期直隶总督府设在保定，第二政治中心设在承德，皇家陵寝一处在唐山遵化，另一处在保定易县，凸显了河北省直隶文化的史实。现存完整的承德避暑山庄、清东陵、清西陵已经被列入世界文化遗产名录，是河北省重要的旅游资源，形成了独特的旅游文化品牌。

5. 弄潮渤海（开放文化）

河北省濒临渤海，是对外开放的窗口，这里有秦皇岛、京唐、曹妃甸和黄骅等大型港口，也有近代工业高度发展的唐山，唐山人在废墟上重建家园的精神更是构成河北精神文明的重要部分，这里还有北戴河、黄金海岸等旅游胜地，吸引了一大批游人前来观光。近年来，人们逐渐聚焦海洋文化，河北省也大力推进"沿海经济隆起带"建设，使得弄潮渤海作为一个新的文化品牌丰富了河北省的旅游资源。

6. 三祖文化（本源文化）

河北省张家口市涿鹿历史悠久，是中国历史上著名的文明古地，堪称"华夏之源"、"神州之根"。这里流传着黄帝、炎帝和蚩尤的壮美史话，中华民族几经碰撞、磨合、探索，逐渐形成了此地特有的三祖文化。2009年7月，位于河北省张家口市涿鹿县轩辕西路的三祖文化主题广场正式建成，三祖雕像栩栩如生、音乐喷泉动感十足、金水桥挺拔优美，吸引大批游客观光游览。涿鹿县是"中华文明的摇篮"，三祖文化是中华民族的本源文化。

（二）旅游

1. 旅游资源

河北省人杰地灵、物华天宝，旅游资源十分丰富。在河北省18.7693万平方公里的国土上，密密麻麻如珍珠般散布着各类景点。全省现有各级各类景区景点600余处，其中5A级景区5处，国家级风景名胜区7处。璀璨的历史文化与秀美的湖光山色交相辉映，构成了独具特色的燕赵旅游百花园。

河北省拥有得天独厚的自然风光，作为中国唯一一个兼有平原、丘陵、高原、山地、湖泊、海滨的省份，这里具有各式各样的地形地貌、丰富多彩的动植物资源，拥有各类旅游风景名胜。伴随着人们消费意识的提高，河北省的旅游产业呈现出欣欣向荣的景象。

悠久的历史使河北省形成了深厚的文化积淀，其文物古迹众多，文化旅游资源丰富。河北省拥有三张历史文化名片：东方人类从这里走来，中华文明从这里走来，新中国从这里走来；拥有红色太行文化、壮美长城文化、诚义燕赵文化、神韵京畿文化、弄潮渤海文化、本源三祖文化六大文化品牌。全省现有不可移动文物34046处，世界文化遗产5处，全国重点文物保护单位168处，省级文物保护单位930处，国家级历史文化名城5个，国家级非物质文化遗产项目227项，省级非物质文化遗产项目400项，国家级非物质文化遗产代表性传承人91位，省级非物质文化遗产代表性传承人260位。承德避暑山庄和外八庙、清代帝王陵寝群清东陵和清西陵、长城精华地段、保定古莲花池和总督署衙、正定隆兴寺、赵县赵州桥、邯郸黄粱梦吕仙祠、武灵丛台、响堂山石窟、涉县娲皇宫等都饮誉海内外。

河北历史悠久，文化底蕴深厚，不仅拥有大量的物质文化遗产，也拥有众多珍贵的非物质文化遗产，因此河北省旅游资源另一个重要的部分是其丰富多彩的民俗文化和民间艺术。河北省境内的定窑、邢窑、磁州窑和唐山陶瓷作为中国历史上北方陶瓷艺术的典型代表得到了普遍的肯定和追捧。蔚县剪纸、廊坊景泰蓝、曲阳石雕、衡水内画鼻烟壶、易水古砚、武强年画、丰宁布糊画、白洋淀苇编、辛集皮革、安国药材、井陉拉花等是河北省丰富物质文化遗产的典型代表；河北梆子、老调、皮影、丝弦、西河大鼓等是民间曲艺的典范；沧州武术、吴桥杂技、永年太极、保定健康长寿之道也是河北省民间艺术的表现形式，吸引大批追随者。

河北省独有的美食也成为河北省旅游资源的一种。迁西板栗、赵州雪花梨、沧州金丝小枣、宣化龙眼葡萄、深州蜜桃等都是具有标志性的地方特产；核桃、柿子和花椒被誉为"太行三珍"；盛产于坝上高原的口蘑，是一种十分名贵的真菌。另外，唐山的蜂蜜麻糖、秦皇岛的八仙宴及白洋淀的全鱼席等，都令品尝者赞不绝口。

2. 旅游景点及分布

中国旅游景点的质量按照等级从高到低分为 5A、4A、3A、2A、A 共 5 个等级，评价标准由中国旅游局提出，现行旅游景区质量等级的划分与评定标准于 2004 年 10 月 28 日发布，并于 2005 年 1 月 1 日实施。河北省以其得天独厚的优势拥有一大批优质的旅游资源，2014 年最新公布的 5A 级景区中有 5 处在河北省，此外河北省还有大量的 4A、3A 级景区（见表 1-13）。

表 1-13 河北省部分 5A、4A、3A 景区分布情况

设区市	5A 级景区名称	4A 级景区名称	3A 级景区名称
石家庄	石家庄平山县西柏坡	石家庄嶂石岩风景名胜区、平山驼梁山风景区、灵寿五岳寨风景旅游区、石家庄西柏坡纪念馆景区、石家庄天山海世界、石家庄天桂山景区、石家庄抱犊寨景区、石家庄苍岩山景区、正定隆兴寺	石家庄水上公园
唐山		遵化万佛园景区、清东陵	
秦皇岛		秦皇岛秦皇求仙入海处、秦皇岛山海关欢乐海洋公园、山海关长寿山风景旅游区、秦皇岛集发农业观光园、抚宁南戴河国际娱乐中心、秦皇岛燕塞湖风景旅游区、秦皇岛野生动物园、秦皇岛新澳海底世界	秦皇岛北戴河鸽子窝公园
邯郸		邯郸娲皇宫景区	邯郸响堂山风景名胜区、邯郸东山文化公园、邯郸朝阳沟旅游风景区、邯郸八路军一二九师司令部旧址
邢台		临城崆山白云洞旅游区	邢台前南峪
保定	保定安新白洋淀景区、保定涞水县野三坡景区、秦皇岛山海关景区	保定白石山风景名胜区、野三坡龙门天关·白草畔风景旅游区、保定满城汉墓景区、清西陵	保定天生桥风景区、保定晋察冀边区革命纪念馆、保定古莲花池
张家口		张家口万龙滑雪场、张家口沽源塞外庄园	
承德	承德避暑山庄及周围寺庙景区	承德金山岭长城旅游区、承德御道口草原森林风景区、承德磬锤峰国家森林公园、承德塞罕坝国家森林公园、丰宁京北第一草原、承德避暑山庄、承德市普宁寺、普陀宗乘之庙	
沧州		吴桥杂技大世界	
廊坊		廊坊市文化艺术中心、廊坊市自然公园、河北天下第一城、廊坊茗汤温泉度假村	
衡水		衡水市武强年画博物馆	衡水湖

资料来源：作者根据网络资料整理。

河北省旅游景点分布如图 1-7 所示。

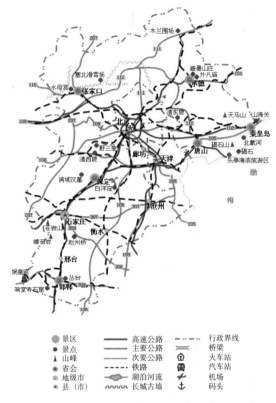

图 1-7　河北省旅游景点分布

资料来源：中国旅游网。

参考文献

［1］张慧.河北省人口分布地域格局时空演变分析［J］.地域研究与开发，2014（2）.

［2］高玉，刘欢.北京常住外来人口河北人占 1/5［N］.北京日报，2014-03-31.

［3］李敏.河北省人口流动状况及影响分析［D］.保定：河北大学硕士学位论文，2009.

［4］河北省社会科学院地方史编写组.河北简史［M］.石家庄：河北人民出版社，1990.

第二章　省域演化、现状与特点

第一节　行政区划的演化过程

行政区划是国家为了便于行政管理、便于行使国家政治职能而划分的多级行政区域，它是行使行政权力和推行国家任务的各级行政单位，具有若干单元和层次，并设置相应的行政机构，是国家机器的组成部分。

一、河北古代行政区划沿革

河北二字最早泛指黄河以北、太行山以东、燕山以南的广大地区。这里历史悠久，源远流长，大量出土文物证实早在旧石器时代这片区域就有古人类生活过。历史上关于河北的记载颇多，黄帝大战蚩尤、黄帝炎帝之战等都是有史可查的。华夏文明始于炎黄，五千多年来中国经历了众多的朝代，历史上的河北随着朝代变迁经历了多次行政区划变革。传说大禹治水时天下分为九州，《禹贡》、《尔雅》、《周礼》中都有对中国分为九州的记载，虽具体州名不同，但均以冀为首，由河北处于黄河之北而得名，这也就是河北简称冀的由来。

我国有文献记载的行政区划史是从周朝开始的（见图2-1）。周朝以公元前770年周平王迁都洛邑为界分为西周、东周。东周时期，中央集权加速没落，诸侯崛起、战争不断。到了战国时代，主要剩下魏、赵、韩、齐、秦、楚、燕七个诸侯国和其他大、小国，其中燕、赵、中山王国建都河北，这也是河北又称燕赵大地的历史来源。之后，秦扫六合而一统天下，实行郡县制，将全国分为三十六个郡，先后在河北设置了上谷、渔阳、右北平、广阳、邯郸、巨鹿、代、恒山八郡（见图2-2）。暴秦残政无道，自秦二世始各地纷纷爆发动乱，河北一带又开始了诸侯割据。直到汉武帝时期结束割据，将全国分为十三刺史部（州），河北北部主要属幽州，中南部属冀州，张家口地区北部为匈奴、乌桓活动的地区。汉朝之后的魏、晋、南北朝时期，幽州、冀州名称仍沿袭汉朝。

图2-1　周时期河北地区示意图

资料来源：谭其骧. 中国历史地图集［M］. 北京：中国地图出版社，1982.

隋朝统一全国以后，文帝废郡置州，以州辖县。到炀帝时，重新变州为郡，以郡统县。郡治在河北的有北平（现北京）、渔阳、安乐、涿、上谷、恒山、博陵、河间、赵、信都、襄国、武安、清河、武阳14郡。冀州、幽州作为一级政区之名消失于史籍，也是从隋朝开始的。唐王朝始设道，道下设州、县二级政府。道是根据山河的走势设置的，全国共分为十道郡国，在今河北辖区内设置河北道，这也是"河北"一词作为一级政区名首次登上历史舞台（见图2-2、图2-3和图2-4）。河北道下设置诸州，其中有14州仍在今河北省政区，还有一些州如魏州、贝州、沧州中现已有部分划归山东、河南两省。

安史之乱以后盛唐渐渐没落，中国再一次陷入战乱，形成了中国历史上的"五代十国"，河北地区成为了各朝各代的主要争夺之地。当时河北境内的中南部，先后为梁、唐、晋、汉、周之属地，北部则主要为契丹辽政权。宋朝将全国划分为十五路，今河北大部地区属河北路，又分为河北东路和河北西路两个政区。

图 2-2 唐朝时期河北地区示意图（一）①

图 2-3 唐朝时期河北地区示意图（二）②

图 2-4 唐朝时期河北地区示意图（三）③

①②③ 谭其骧. 中国历史地图集 [M]. 北京：中国地图出版社，1982.

　　元朝实行行省制度，位于元朝大都（今北京）附近。今河北大部为"腹里"
地区，归中央中书省直辖（见图2-5和图2-6）。元朝以后，河北的行政区划渐
渐定型，大都直隶于都城。明朝时，今河北大部为北直隶省，后又称京师。清朝
时河北为直隶省，辖顺天、保定、正定、大名、顺德、广平、天津、河间、承
德、朝阳、宣化、永平诸府，以及口北三厅、张家口厅、独石口厅，还有赤峰、
多伦诺尔、遵化、易州、赵州、冀州、深州、定州8个直隶州。其中正定府辖
13县，包括获鹿、井陉、阜平、栾城、行唐、灵寿、平山、元氏、赞皇、晋州、
无极、藁城和新乐。

图2-5　元朝时期河北地区示意图（一）[①]

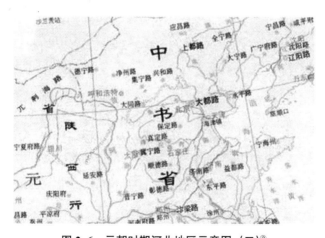

图2-6　元朝时期河北地区示意图（二）[②]

①② 谭其骧. 中国历史地图集［M］. 北京：中国地图出版社，1982.

二、河北近代行政区划沿革（1840~1949 年）

民国初年，河北沿用清制称直隶省。1914 年，河北设立京兆、热河、察哈尔 3 个特别区域。由于当时国民政府建都南京，直隶省名不副实，于 1928 年改为河北省并沿用至今。同时，北京改称北平，与天津共同成为特别市，省会由天津迁至北平。同年 7 月，撤销京兆特别区域，改热河、察哈尔两个特别区域为行省。

1930~1935 年，河北省省会经历两次搬迁，从北平迁往天津后又迁往保定，并将天津改为直辖市。1936 年以后，河北省这一区域政局多变、战事复杂，省、县二级行政区划已经无法满足正常的工作安排，河北省遂实施省、区、县三级行政区划。1937 年，河北省共分成 17 个督察专员区，辖县 112 个。1938~1945 年，河北省督察专员区个数几经变革，至 1945 年 12 月变为 14 个。

河北省人民政府于 1949 年 8 月 1 日成立，同时《人民日报》公布，河北省省政府驻保定，辖 10 个专区，132 个县，4 个市，人口约 2900 万，其中 4 个省辖市分别为唐山市、保定市、石家庄市、秦皇岛市（见表 2-1）。

表 2-1 中华人民共和国成立前夕河北省专区辖县情况

专区名称	专署驻地	辖县数量	辖县名称
唐山	开平	13	临榆、抚宁、迁安、迁西（迁安西部）、滦县、滦南（滦县南部新设县）、昌黎、卢龙、丰润、丰南（丰润南部新设县）、玉田、遵化、乐亭
天津	杨柳青	10	天津、宁河、宝坻、武清、安次、永清、霸县、文新（原文安、新镇两县合并）、大城、静海
通县	通县	13	通县、苏县、三河、香河、平谷、顺义、密云、怀柔、昌平、大兴、宛平、良乡、房山
保定	保定	17	定兴、固安、涿县、涞水、易县、涞源、满城、清苑、高阳、安新、徐水、容城、雄县、新城、完县、唐县、望都
定县	定县	12	定县、新乐、安国、博野、蠡县、安平、饶阳、深泽、无极、阜平、行唐、曲阳
沧县	沧县	9	沧县、青县、黄骅（原新海县）、建国（原献县、河间各一部组成）、任邱、河间、献县、肃宁、交河
石家庄	石家庄	14	正定、平山、建屏（平山西部新设县）、灵寿、井陉、获鹿、晋县、藁城、栾城、赵县、束鹿、元氏、赞皇、高邑
衡水	衡水	13	衡水、深县、武强、武邑、阜城、景县、枣强、冀县、故城、清河、夏津、恩县、武城

续表

专区名称	专署驻地	辖县数量	辖县名称
邢台	邢台	15	邢台、沙河、内邱、临城、柏乡、宁晋、隆尧（原隆平、尧山合并）、任县、南和、新河、巨鹿、南宫、广宗、平乡、威县
邯郸	邯郸	16	邯郸、武安、涉县、磁县、永年、鸡泽、邱县、曲周、肥乡、广平、成安、临漳、魏县（漳河北岸，大名西部之新设县）、大名、馆陶、临清

资料来源：《河北省志·民政志》。

三、河北现代行政区划调整（1949 年 10 月以后）

1949 年，中华人民共和国成立后，河北省沿用中华民国时期的叫法，但是行政区划内容不断发生变化（见表 2-2）。

表 2-2 1949~2015 年河北省行政区划变化情况[①]

年份	省区	地级市	市辖区	县	县级市	镇（个）	乡（个）
1949		设秦皇岛为地级市，省会设在保定		撤销 2 县、设立 2 县		10	
1952	撤销察哈尔省	撤销衡水专区，划入石家庄、沧县、邢台专区			撤销邯郸镇、设立邯郸市	8	
1953		设邯郸市	撤销山海关市，设立山海关区		设立汉沽、泊头市	385	11222
1954				撤销 4 县		384	11464
1955	撤销热河省	设立峰峰市		设立大厂、孟村两个自治县	撤销宣化市	387	11449
1956		撤销峰峰市	撤销下花园区			379	6066
1957			撤销保定市郊区			377	4911
1958	天津市改为河北省省辖市	省会由保定市迁至天津市		撤销 85 县			962
1959		撤销张家口专区	设立宣化区、下花园区				927
1960		撤销唐山专区，设唐山市；设邯、石、保、承市	撤销 7 个区	恢复 6 个县			915

① 邵立威，张二东，路紫. 河北省行政区划与区域发展的趋势 [C]// 河北省委组织部，河北省直工委，河北省科学技术协会. "科学发展观与沿海经济" 高层论坛暨省专家献策服务团换届大会论文集. 2007：7.

续表

年份	省区	地级市	市辖区	县	县级市	镇（个）	乡（个）
1961				恢复41个县	恢复邢台、沧州市		3491
1962		恢复衡水专区		恢复增设39个县			4009
1963		撤销宣化区，并入张家口市				1	4041
1965				设立临西、海兴县		47	3850
1966		省会由天津迁至保定					
1968		省会由保定迁至石家庄					
1976		10地区		137县2自治县	9县级市		
1978		10地区，2地级市			7县级市		
1981					8县级市	52	3594
1982				设立唐海县	设衡水市，恢复泊头市		
1983		撤销唐山地区，设秦、邯、邢、保、张、承、沧为地级市		撤销安次、衡水、交河3县		58	3592
1984			撤销秦皇岛郊区			418	3258
1986			撤销邯郸郊区	撤销青龙、丰宁县	设立6县级市	548	3112
1987			撤销保定郊区		设立沙河市	562	3650
1988		设廊坊市	撤销邢台郊区			615	2867
1989					设黄骅、藁城市	649	2720
1990				撤销霸县、河间县	设立霸州市、河间市	663	2704
1991				撤销安国县、晋县	设立安国市、晋州市	676	2659
1992			恢复井陉矿区	撤销遵化县、新乐县	设立遵化市、新乐市	712	2585
1993		撤销石、邯、邢、张、承、沧地区		撤销三河县、新城县、冀县	设立三河市、高碑店市、冀州市	771	2467
1994		撤销保定地区		撤销丰南县、获鹿县、深县	设立丰南市、鹿泉市、深州市	829	2372

续表

年份	省区	地级市	市辖区	县	县级市	镇（个）	乡（个）
1996		撤销衡水地区，设立衡水市	衡水市设立桃城区	撤销迁安县	设立迁安市	849	1121
1997			撤销沧州市郊区			851	1119
2000			廊坊市设立广阳区			900	1073
2001			石家庄市设立裕华区			910	1064
2002			唐山市设立丰南、丰润区；撤销唐山市新区	撤销丰润县	撤销丰南市	932	1036
2003		11个地级市	36个市辖区	114个县	22个县级市	933	1035
2004		11个地级市	36个市辖区	114个县	22个县级市	943	978
2005		11个地级市	36个市辖区	114个县	22个县级市	943	966
2006		11个地级市	36个市辖区	114个县	22个县级市	946	943
2007		11个地级市	36个市辖区	114个县	22个县级市	962	999
2008		11个地级市	36个市辖区	114个县	22个县级市	969	992
2009		11个地级市	36个市辖区	114个县	22个县级市	992	968
2010		11个地级市	36个市辖区	114个县	22个县级市	1007	953
2011		11个地级市	36个市辖区	114个县	22个县级市	1013	946
2012			唐山市设立曹妃甸区	撤销唐海县		1019	940
2013		11个地级市	37个市辖区	113个县	22个县级市	1045	914
2014		11个地级市	设立石家庄市鹿泉区、栾城区、藁城区；撤销石家庄市桥东区	撤销县级栾城县	撤销县级藁城市、鹿泉市		
2015		11个地级市	撤销保定市北市区、南市区，设立保定市莲池区；保定市新市区更名为竞秀区；撤销县设满城区、清苑区、徐水区	撤销满城县、清苑县、徐水县	20个县级市		

1952年，撤销平原省，将武安、涉县、临漳3县划归河北省，同年还撤销察哈尔省，将其原察南、察北两个专区划归河北省；将宛平县全县、房山县的一个半区（周口店一带）和良乡县北车营等3个村划归北京市；将河北省恩县、武城、夏津、临清、馆陶5个县和临清镇划归山东省；将山东省庆云、盐山、宁

津、吴桥、东光、南皮 6 个县划归河北省；将辽西省山海关市划归河北省；设立张家口专区，辖原察哈尔省划归河北省的张北、赤城等 16 个县。

1955 年，撤销热河省，所属的承德、围场、隆化、丰宁、滦平、平泉、青龙、兴隆 8 县和承德市划归河北省，设立承德专区。

1958 年，将天津市改为河北省辖市，省会由保定市迁至天津市；将河北省通县、顺义、大兴、良乡、房山 5 个县及通州市划归北京市，同年又将河北省怀柔、密云、平谷、延庆 4 个县划归北京市。

1949~1961 年，对省内专区所辖范围不断进行调整。尤其在 1960 年各专区陆续撤销；在 1961 年又恢复邯郸、邢台、石家庄、保定、张家口、承德、唐山、天津、沧州 9 个专区的建制；1962 年，恢复衡水专区的建制，同年还将河北省商都县划归内蒙古自治区。

1966~1968 年，河北省省会反复多次变迁。1966 年，河北省省会由天津市迁回保定市。1967 年，将天津市由河北省辖市改为中央直辖市。1968 年，河北省省会再次变迁，由保定市迁至石家庄市。

1970 年，将石家庄、邯郸、邢台、保定、张家口、承德、唐山、天津、沧州、衡水 10 个专区分别改为地区。

1973 年，将河北省蓟县、宝坻、武清、静海、宁河 5 个县划归天津市，天津地区更名为廊坊地区，形成了河北省的辖区规模。

1983 年，河北省开始地市合并，首先秦皇岛、唐山于当年撤地建市；1984 年秦皇岛成为沿海开放城市，同年唐山获国务院批准成为第一批"较大的市"；1989 年廊坊撤地建市；1993 年石家庄、邢台、邯郸、沧州、承德、张家口也均地市合并成立地级市；1994 年保定地市合并；1996 年衡水地市合并，成为河北最年轻的地级市。之后，河北省政区变化不大。

截至 2015 年，河北省共有 11 个设区市，170 个县级行政区划单位（其中 41 个市辖区、20 个县级市、103 个县、6 个自治县）（见表 2-3）。

表 2-3 2015 年河北省行政区划现状

设区市	市政府驻地	行政区划类别	数量	名称
石家庄	长安区	市辖区	8	长安区、桥西区、新华区、裕华区、井陉矿区、鹿泉区、栾城区、藁城区
		县级市	3	辛集市、晋州市、新乐市

设区市	市政府驻地	行政区划类别	数量	名称
石家庄	长安区	县/自治县	11	平山县、井陉县、正定县、行唐县、灵寿县、高邑县、赵县、赞皇县、深泽县、无极县、元氏县
唐山	路北区	市辖区	7	路北区、路南区、古冶区、开平区、丰南区、丰润区、曹妃甸区
		县级市	2	迁安市、遵化市
		县/自治县	5	乐亭县、玉田县、滦南县、迁西县、滦县
秦皇岛	海港区	市辖区	3	海港区、山海关区、北戴河区
		县级市	0	—
		县/自治县	4	昌黎县、抚宁县、卢龙县、青龙满族自治县
邯郸	丛台区	市辖区	4	邯山区、丛台区、复兴区、峰峰矿区
		县级市	1	武安市
		县/自治县	14	邯郸县、临漳县、成安县、大名县、涉县、磁县、永年县、肥乡县、邱县、鸡泽县、广平县、馆陶县、魏县、曲周县
邢台	桥东区	市辖区	2	桥东区、桥西区
		县级市	2	南宫市、沙河市
		县/自治县	15	邢台县、临城县、内丘县、柏乡县、隆尧县、任县、南和县、宁晋县、巨鹿县、新河县、广宗县、平乡县、威县、清河县、临西县
保定	竞秀区	市辖区	5	竞秀区、莲池区、满城区、清苑区、徐水区
		县级市	4	涿州市、定州市、安国市、高碑店市
		县/自治县	15	涞水县、阜平县、定兴县、唐县、高阳县、容城县、涞源县、望都县、安新县、易县、曲阳县、蠡县、顺平县、博野县、雄县
张家口	桥西区	市辖区	4	桥东区、桥西区、宣化区、下花园区
		县级市	0	—
		县/自治县	13	宣化县、张北县、康保县、沽源县、尚义县、蔚县、阳原县、怀安县、万全县、怀来县、涿鹿县、赤城县、崇礼县
承德	双桥区	市辖区	3	双桥区、双滦区、鹰手营子矿区
		县级市	0	—
		县/自治县	8	承德县、兴隆县、平泉县、滦平县、隆化县、丰宁满族自治县、宽城满族自治县、围场满族蒙古族自治县
沧州	运河区	市辖区	2	新华区、运河区
		县级市	4	泊头市、任丘市、黄骅市、河间市
		县/自治县	10	沧县、青县、东光县、海兴县、盐山县、肃宁县、南皮县、吴桥县、献县、孟村回族自治县

设区市	市政府驻地	行政区划类别	数量	名称
廊坊	广阳区	市辖区	2	安次区、广阳区
		县级市	2	霸州市、三河市
		县/自治县	6	固安县、永清县、香河县、大城县、文安县、大厂回族自治县
衡水	桃城区	市辖区	1	桃城区
		县级市	2	冀州市、深州市
		县/自治县	8	枣强县、武邑县、武强县、饶阳县、安平县、故城县、景县、阜城县

资料来源：中国行政区域网。

第二节 发展现状与主要特征

一、各级行政区划现状

1. 行政区划整体层次复杂

从总体上看，河北省的行政区划体系主要由城市型政区和地域型政区混合构成。城市型政区主要包括地级市、县级市、建制镇，地域型政区包括县、乡。高效率、低成本是行政管理的基本要求，因此层次合理、幅度适中、城市型政区辐射带动作用强是高水平行政区划系统的表现特征。目前，河北省的省、市、县、乡四级行政体系导致河北省地方行政体系层级过多，根据行政区划管理层次和管理幅度关系原理，行政层次繁多必然带来各个层级的地方政府管理幅度偏小，而且极易造成行政机构臃肿，各级政府间的信息传输和反馈环节增加，严重影响上级政府政策、决议、法令等的贯彻执行，大大降低了行政管理的工作效率。

2. 地级市建制数量少、规模小

河北省总面积 187693 平方公里，2012 年拥有人口 7414.6 万，但目前河北省仅有 11 个地级市，地级市总面积为 4640 平方公里、人口 1335.8 万，分别仅占全省总面积和人口的 2.45% 和 18.02%。与沿海其他 8 个省级政区对比，河北省地级市不仅数量偏少，而且由于城市规模偏小，导致市辖区人口偏少，市辖区面积占比极度偏低（见表 2-4）。过少的地级市数量，导致河北省行政管理幅度过大，负荷过重；过小的城市规模导致地级市经济不够发达，无法对周围的县、乡起到良好的带动作用，城市经济中心作用难以发挥；过小的城市框架，导致城市人口密度过大、承载力低，一些重要公共基础设施和功能性设施难以摆放，好的项目和产业无法布局。

表 2-4   2012 年沿海 9 个省级行政区地级市数量、规模对比

项目 省份	总面积 （平方公里）	地级市数量（个）	市辖区面积占比 （%）	市辖区人口占比 （%）
河北	189545	11	2.45	18.01
黑龙江	390739	11	17.87	36.58
吉林	146878	7	11.72	34.80
辽宁	147202	12	12.07	44.96
山东	158491	15	22.72	30.39
江苏	102773	12	28.82	39.90
浙江	104203	9	17.36	31.77
广东	180173	19	18.10	39.64
福建	125001	8	11.97	26.15

资料来源：《中国城市统计年鉴》（2013）。

3. 县、乡级行政区划数量多、规模小

河北省共有 170 个县级行政单位，同为东部沿海城市的山东省、江苏省、浙江省县级行政单位分别为 137 个、99 个、90 个，河北省县及自治县的数目居我国沿海 9 省之首（见图 2-7），从全国范围来看，河北省县级行政单位数量也仅次于四川省的 183 个。县级行政区划数量多、规模小导致河北省人口分散，难以形成集聚效应，并使得行政管理费用高，加重了农民负担。

同县级行政单位一样，河北省乡级行政区划也呈现出数量多、规模小的特点。目前河北省共有 1959 个乡镇，其中 940 个乡、1019 个镇，人口不足 1 万的乡镇较多，相比之下，广东省只有 1132 个乡镇、浙江省有 889 个乡镇。[①] 过多的小规模乡级行政单位建制不仅使得基层行政管理费用高、乡级政府财力空虚，而且无法集中财力提升农村基础设施建设水平。另外，乡镇规模小容易造成乡级政府职权残缺、权限过小，使其无法正常行使一级政府的完整职能。

---

① 马万里. 河北省县、乡、村行政区划优化背景原因研究［J］. 中小企业管理与科技（上旬刊），2014（5）：159-160.

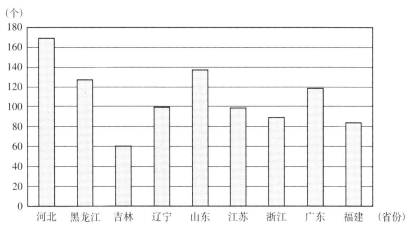

图 2-7　目前沿海 9 个省级行政区县及自治县的数量对比

二、行政区划主要特征

(一) 区划割裂与"飞地"经济

在中国的各省市中，河北省的行政区划是最不完整和最不成体系的。一个省的行政版图，从地理上应是一个连成一片的整体，但河北省的行政版图大部分却被北京市、天津市从中间南北割裂开来。新中国成立后，北京、天津又多次对河北省的县、乡进行拆分合并，原河北省的昌平、通州、大兴、顺义、平谷、延庆、怀柔、房山、蓟县等地陆续划归北京、天津。多次的拆分使得河北省版图零落，也造成了河北省经济发展上的诸多问题。如夹在京津之间的廊坊北三县的三河、大厂、香河成为中国面积最大的"飞地"，在这片"飞地"上电话区号是北京的 010，车牌公交是北京的，快递地址是北京东燕郊，住的也多是在北京工作的人。同样，河北省唐山市的芦台则成为被天津包围的又一"飞地"。这些"飞地"从生活、经济上基本服务于京津，但它受河北省管辖，京津的一些基础设施建设等很难惠及于此。另外，由于被京津南北割裂，行政上河北省很难统一规划省内的交通，使得目前省内诸多城市之间无法实现直通直达，多地需绕道北京、天津。

(二) 行政区划空间差异大

河北省城市型政区和地域型政区在空间分布上差异很大，呈现地域分割现象（见图 2-8）。其中，张家口、承德两地主要由地域型政区构成，两市总面积占全省的 40.3%，而人口却只占全省的 11.4%，造成了河北省人口分布严重不均。河北省城市型政区主要分布在除张家口、承德两地以外的其他区域，这一区域不仅集中了秦皇岛、唐山、廊坊、沧州、保定、石家庄、衡水、邢台、邯郸9个地级市，还集中了河北省16个县级市，占河北省县级市数量的72.7%。从政区面积来看，河北省政区存在北部大、中南部小的现状。

图 2-8　河北省行政区划示意图

资料来源：http：//www.baotounews.com.cn.

（三）中心城市经济不够发达

改革开放以来，河北省一直十分重视地域型政区的发展，从而导致了城市型政区发展的滞后。在2014年《第一财经周刊》发起的非权威最新城市排名中，河北省只有省会石家庄位居二线城市，其他多居于三线、四线、五线城市。可见，河北省中心城市经济发展十分落后，2013年河北省市辖区地区生产总值仅占全省地区生产总值的32.78%（见表2-5），远远低于黑龙江省、吉林省及其他沿海省份。中心城市经济不发达，则无法带动周围县、乡的经济发展，再加上地域空间的限制、财政的不足，使得城市总体规划的实施得不到落实，就更加剧了中心城市经济的落后。

表 2-5　2013 年 9 个省级行政区市辖区地区生产总值占比

单位：%

省份	河北	黑龙江	吉林	辽宁	山东	江苏	浙江	广东	福建
市辖区地区生产总值占比	32.78	61.28	47.32	54.93	47.62	81.50	59.99	51.46	44.02

资料来源：作者根据各省2014年统计年鉴整理得到。

（四）省会历经多次搬迁

河北省的近代史，几乎是一部省会变迁史。1912 年辛亥革命胜利后都督府设在天津；1928 年，直隶省改为河北省，省会由天津迁往北平；1930 年又由北平迁回天津；1935 年省会随省政府由天津迁至保定；1939 年伪河北省政府又由天津迁往保定；之后随着抗日战争的进行、解放战争的爆发，当时的省政府如风雨飘摇中的一叶小舟，不断地变换办公地点。直到 1949 年 7 月，华北地区大部分解放，恢复了河北省建制，保定又重新成为河北省省会。但从 1951 年开始，河北省委对省会驻地问题又进行了多次讨论，认为河北省省会应搬迁到工业比较发达、交通比较便利且为军事要地的石家庄。但 1955 年 8 月又决定河北省会暂缓迁石家庄，并停止迁建工程，将节约出的迁建资金用于粮棉增长。1958 年天津划归河北省，当时"大跃进"的狂涛席卷中国大地，而省会搬迁也大打"大跃进"需要的旗号，从保定迁往天津。1966 年，美国扩大了侵略越南的战争，中苏关系迅速恶化，而天津地处沿海，一旦打起仗来，可能会成为主战场，鉴于此，河北省委决定将省会由天津迁回保定。但迁回保定市后不久，便开始了"文化大革命"。1968 年 1 月召开的河北省革命委员会筹备会议认为石家庄市的"文化大革命"走在全省的前头，并且由于石家庄市属于重要的交通枢纽，可以形成全省的政治、经济、文化中心，因此石家庄成为河北省的新省会。之后，又有提议河北省会应迁回保定，但最终周恩来总理批示，河北省省会不要再迁。至今河北省省会一直设在石家庄。

省会变迁并非河北省的"专利"，但像河北省这样一波多折，反复徙移的，全国少见。省会的几度搬迁尤其是新中国成立后的二次搬迁，使河北省的政治、经济、文化等各方面发展受到严重影响，在每一次省会搬迁后，都要重新进行建设，花费大量的人力、物力、财力，涉及大量的机关、单位的搬迁，涉及学校、工厂的归属等问题。

参考文献

[1] 谭其骧. 中国历史地图集 [M]. 北京：中国地图出版社，1982.

[2] 邵立威，张二东，路紫. 河北省行政区划与区域发展的趋势 [C]// 河北省委组织部，河北省直工委，河北省科学技术协会. "科学发展观与沿海经济"高层论坛暨省专家献策服务团换届大会论文集. 2007.

[3] 马万里. 河北省县、乡、村行政区划优化背景原因研究 [J]. 中小企业管理与科技（上旬刊），2014（5）.

第三章　存在问题与开发利用方向

第一节　省域开发主要问题

改革开放三十余年，河北省经济快速发展，人民生活不断改善，国民收入日益提高，但是这些繁荣景象的背后出现了制约河北省经济健康、可持续发展的若干问题。首先，表现为自然资源的不合理开采与过度依赖。河北省是资源大省，但一直以来全省滥采乱挖、小矿开采及粗放式的矿产经营管理模式不仅造成了矿产资源的浪费，还严重破坏了生态环境。对矿产资源的过度依赖致使产业结构极不合理，原材料、重化工等传统产业比重大，产业结构升级要求紧迫。高能耗、高污染、高排放的经济增长方式则又给全省带来严重的环境污染问题，河北省成为全国污染十分严重的省份之一。其次，国土资源与生态问题。河北省耕地质量本身等级不高，而随着城镇化扩张和不合理的土地利用，全省耕地资源在逐渐减少，局部区域土地退化严重。与此同时水资源严重短缺，全省人均水资源仅为全国平均水平的1/7，长期严重缺水导致不得不靠超采地下水来补充缺水差额，致使河北省地下水位持续下降，带来了地面沉降、海水入侵、咸淡水界面下移等严重的地质问题。再次，京津的虹吸效应。河北虽然紧邻北京、天津这两座中国北方特大城市，但是一直以来，河北不仅没有受到京津的辐射作用发展壮大，反而受到京津对河北省人才、资金、项目等资源的强吸附作用。而且，为了京津的水资源供应和生态屏障，河北做出了巨大牺牲，京津却没有给予相应的补偿，如今张承地区已成为河北省贫困地区最为集中的地方，甚至导致了"环京津贫困带"

的出现。为了京津冀雾霾治理，河北省又实施了最严厉的治霾方案，省内诸多支撑其经济发展的钢铁、水泥等主导产业受到限制，经济发展备受损失。最后，沿海经济发展不足。河北省虽地处环渤海核心地带，但长期以来，沿海优势一直没有得到充分发挥，曾被人们称为"沿海板块经济发展的'塌陷区'"。多年来，河北省一直沿袭内陆发展的思路，以京秦线和京广线为积聚点，过于倚重资源型产业，采取传统的产业内循环型走廊式发展道路，从而造成了"沿海无海"和沿海经济水平位列全国倒数的尴尬局面。

因此，河北省急需转变经济发展方式，调整经济发展思路，积极应对当前发展中存在的问题，实现绿色、均衡、可持续发展。

第二节　开发战略调整与方向

一、由粗放式发展向转方式调结构转变

河北省一直以来粗放式的发展模式为其带来了产能过剩、大气污染严重、过分依赖资源"三大矛盾"，新形势新环境下，牺牲环境和资源，高投入、高消耗、偏重数量扩张的发展方式已经难以为继，河北省转变经济发展方式、调整产业结构、推动经济提质增效升级任务严峻。早在第十一个五年规划中，河北省就提出要以信息化改造和提升传统产业，要加速高耗能行业的结构调整和优化升级、提高能源和资源的开发利用集约化程度。2011年河北省第八次党代会提出了"一产抓特色、二产抓提升、三产抓拓展"的产业结构调整思路。"十二五"期间，河北省则将结构调整取得重大突破、钢铁等传统产业改造升级作为经济社会发展的主要目标，并提出了大规模降低能耗和碳排放强度、推动资源节约和综合利用、坚定有序淘汰落后产能的重点任务。转型发展之急，转型发展之难，于河北省而言更具有极其特殊的意义，钢铁、水泥、玻璃这些原本支撑河北省经济快速增长的传统优势产业，却成了产能压减的对象。"十二五"以来，河北省淘汰压减各类落后、过剩产能占全国任务的30%~50%。生态治理倒逼经济转型下的节能减排、关停限产等一系列措施使河北经济"伤筋动骨"，2014年河北省生产总

值增长仅为 6.5%，全国排名倒数。虽不以 GDP 论英雄，但高消耗、高污染、低效益的传统产能压下去，容易出现产业断崖，所以河北省急需建立绿色、循环、低碳的现代产业体系，发现并培育新的经济增长点。为此，近几年河北省积极培育壮大战略性新兴产业，重点扶持电子信息、生物医药、新能源、新材料、节能环保等优势产业发展；落实钢铁等传统技术改造升级，实施了"十百千"工程和千项技改项目，以及钢铁精品化等 12 个专项和工业强基等四大技术工程；促进信息化与工业化深度融合，培育 100 家两化融合企业；促进服务业大发展，推动服务业与工农业协同发展，加快传统商贸流通企业转型升级，推动 32 个省级物流产业聚集区发展。①

当前，河北正处于爬坡过坎、转型升级的关键阶段，须紧抓京津冀协同发展的契机，通过京津产业转移，借助京津科技优势打好转方式调结构攻坚战。

二、从传统动力向科技创新驱动战略转变

当前，河北省经济不仅面临着全国共有的"三期叠加"②带来的一系列挑战，还面临河北省特有的"三大矛盾"。新时期新矛盾下，经济发展的传统动力减弱。"十二五"期间，河北省提出了建设创新型河北的发展目标，提出要把科技进步和创新作为加快转变经济发展方式、化解当前矛盾的重要支撑，把促进经济增长由主要依靠物质投入向科技引领、创新驱动转变。2013 年开始，河北省科技厅在全省实施了以传统产业技术升级、战略性新兴产业快速发展等为主要内容的六大科技提升行动，并将省级科技资金主要用于科技提升行动。为了进一步推动科技创新，2014 年，河北省政府与中国科学技术协会签订了《关于实施创新驱动发展战略建设创新型河北合作协议》，并将保定市确定为全国首个创新驱动发展示范市。与此同时，河北省大力支持科技型中小企业发展，与中关村、清华、北大及神州数码、阿里巴巴签署多项战略合作协议，与中关村共建中关村海淀园秦皇岛分园，启动实施多项重大科技专项和示范工程，包括白洋淀科技城建设，实施科技创新团队引培、院士智力引进和技术经纪人培育工程等。③

---

①③ 河北省人民政府. 2014 年政府工作报告 [R]. 2014-01-08.
② 三期叠加中的"三期"指经济增速换挡期、结构调整阵痛期、前期刺激政策消化期。

三、从环境污染向生态治理战略转变

环境污染、生态恶化是河北省面临的重大问题，目前生态治理与环境保护已成为河北省现代化建设的一项重大战略任务。在环境恶化的严峻形势下，河北省开始了铁腕治污、集中攻坚的生态治理战。2013年，河北省拉开大气污染治理的序幕。2014年，河北省全面启动了山水林田湖生态整体修复工程，并出台了《关于加快山水林田湖生态修复的实施意见》（以下简称《意见》），按照《意见》指示，2014~2017年是河北省生态环境的全面恢复期。《意见》明确了未来三年河北省生态治理的具体目标，提出了推进地下水超采综合治理、加快河流水网建设和污染治理、保护和恢复重要湖泊湿地、大力推进山体修复、推进绿色河北攻坚行动、建设高效清洁农田、建设京津保生态过渡带七大治理任务，确定了2014年重点进行的地下水超采综合治理试点工程、尾矿库综合治理、白洋淀综合治理、水土流失治理、湖泊湿地保护等15项治理工程。[①] 为此，仅2014年全省就投资700多亿元，用于开展生态修复。

在生态文明的新时代，河北必须走绿色崛起之路，建设绿色河北是新形势下河北战略转变的必然选择。

四、从地区分割向京津冀协同发展战略转变

河北、天津、北京三地虽然地理上相依相邻，但长期以来，行政壁垒下三地自家"一亩三分地"式的发展方式带来了诸多问题，如大北京病、河北的资源被京津虹吸、环京津贫困带等。为了实现区域协同发展，打造中国区域经济的新增长极，2014年京津冀协同发展被上升为国家战略。京津冀协同发展大战略是河北、天津、北京发展战略的重大转变（京津冀协同发展具体见本书第七章）。

五、从内陆发展向沿海经济强省战略转变

从计划经济时期到20世纪90年代末，河北省曾依次提出了"开发沿海"、"山海坝"、"环渤海"发展战略，但在内陆经济发展思路的影响下，其沿海战略一直没有做起来。河北省真正将经济重心转向沿海是在2000年以后，2003年唐

---

① 河北省人民政府. 河北省人民政府关于加快山水林田湖生态修复的实施意见 [Z]. 2014-08-26.

山曹妃甸开始开发建设，2005年河北省委、省政府批准成立了曹妃甸工业区，同年曹妃甸被列为国家第一批发展循环经济试点产业园区。随着曹妃甸的开发建设，2006年11月，河北省第七次党代会上首次提出了用15年建成沿海经济社会发展强省的目标，并提出了要整合四大港区资源、强力推进临港工业园区建设和临港经济区建设等发展任务。为了推动沿海强省战略，2007年2月河北省委、省政府批准设立了沧州渤海新区，2008年10月设立了曹妃甸新区，至此河北省开始全面走向海洋经济。2010年10月20日，河北省政府常务会议研究通过《关于加快沿海经济发展促进工业向沿海转移的实施意见》，确立了在秦、唐、沧沿海487公里的海岸线上实施11县（市、区）、8区、1路、1带的发展思路。2011年11月，国务院正式批复了《河北沿海地区发展规划》，这标志着河北省沿海地区发展正式上升为国家战略，按照规划，河北省沿海地区将形成由滨海开发带和秦皇岛、唐山和沧州组团构成的"一带三组团"空间开发格局，并力争经过10年左右的时间，在沿海地区达到2万亿元左右的GDP。①为了实现沿海崛起，河北省委、省政府进一步确立了沿海地区发展的主要任务和工作重点，包括集中力量打造曹妃甸区和环渤海新区两大增长极；做大做强沿海经济隆起带，加快建设北戴河新区并重点支持国家级开发区（园区）；充分发挥港口龙头带动作用，推进港口转型并完善港口集疏运体系建设；加快构建现代临港产业体系，建设沿海装备制造业、精品钢铁、石化工业基地，并大力发展战略性新兴产业、临港现代服务业等；推进宜居宜业宜商的现代港城建设等。②目前在沿海战略的带动下，河北省的沿海产业、沿海城市、沿海新区、港口建设正在有序发展、推进，新的沿海增长极正在逐步形成。

六、从旅游资源大省向旅游强省跨越战略

无论是从数量规模，还是从价值品位来看，河北都堪称全国旅游资源大省，在国内居第二位，但一直以来河北省并不是旅游强省。2013年，河北省旅游业总收入2000亿元，仅占全省GDP的5%，虽较上年有一定增长，但明显低于江苏、广东、浙江等旅游先进省份。旅游资源的开发与旅游业的发展，不仅可以推

---

① 中华人民共和国国家发展和改革委员会.河北沿海地区发展规划 [Z].2011–11–27.
② 河北省人民政府.河北省人民政府关于印发河北沿海地区发展规划实施意见的通知 [Z].2012–10–22.

动当地社会经济的发展，也可以为当地居民带来可观的收入。因此近几年河北省提出要由旅游资源大省向旅游强省跨越的发展战略，并要将旅游业发展成为河北省的新支柱产业。为此河北省确立了重点发展"红、黄、蓝、绿、白"五色旅游，壮大滑雪、温泉、海洋、生态、旅游购物五大休闲产业，创新旅游发展模式等主要任务，并明确了"品燕赵文化，赏河北风华"的营销主题。① 在河北省第十二个五年规划中，也将做大做强旅游业列为重要发展任务，规划指出要构建"一极、两城、两带、十二区"旅游大格局，要强力推进旅游项目建设，"十二五"期间每年要启动实施 100 个以上的重点旅游项目，5 年累计完成投资 1000 亿元以上，要培育一批有竞争力的旅游企业集团，强化旅游品牌宣传，提升旅游管理服务水平。② 目前，河北省在努力把旅游业培育成为支柱产业的同时，坚持发展旅游业与稳增长调结构相结合、与扶贫攻坚相结合、与改善民生相结合、与环境建设相结合等，以此发展河北经济，提高人民生活质量水平。③

第三节　重大建设工程

一、港口建设

（一）秦皇岛港

秦皇岛港地处渤海之滨，扼东北、华北之咽喉，是我国北方著名的天然不冻港，是煤炭、原油运输的主要港口，也是其他进出口货物的集散口岸，有"能源运输枢纽"之称。秦皇岛港分为东、西两个港区，东港区以能源运输为主，西港区以集装箱、散杂货进出口为主。港口始建于 1898 年，当时为了运输外运开滦煤，清政府把秦皇岛开辟为商埠，建立了秦皇岛港口。

1960 年 8 月，秦皇岛港自己建设的八号、九号码头竣工投产，这是港口新中国成立后建设的第一座煤炭码头。1978 年 3 月，与京秦铁路相配套的秦皇岛

---

① 河北省旅游局. 副省长杨崇勇在河北省旅游业发展电视电话会议上的讲话 [Z]. 2011-03-08.
② 河北省发展和改革委员会. 河北省国民经济和社会发展第十二个五年规划纲要 [Z]. 2011-03-24.
③ 河北省旅游局. 张庆伟在河北省旅游业发展电视电话会议上的讲话 [Z]. 2012-07-26.

港煤码头煤·期主体工程开工建设，工程耗资 1.78 亿元，于 1983 年 7 月建成投产，形成了晋煤外运、北煤南运的一条水上大通道。1985 年、1989 年、1997 年又相继建成了年吞吐量分别为 2000 万吨、3000 万吨、3000 万吨的煤二期、煤三期、煤四期码头，使秦皇岛港一举成为世界上最大的煤炭中转码头。与此同时，国家先后投资 60 多亿元，建成了秦皇岛至"煤都"大同的运煤铁路专线，形成了以秦皇岛港为枢纽和龙头的北煤南运系统工程。为了缓解山西、陕西、内蒙古西部煤炭外运通道港口运输能力不足，并充分发挥四期工程整体效率，2004 年 8 月 1 日投资 8.49 亿元的煤四期扩容工程开工，整个工程项目概算投资 9.06 亿元，利用煤四期工程预留的卸车能力，增加相应工艺设备及配套设施，其中新建 5 万吨级和 3.5 万吨级泊位各一个。煤五期工程于 2004 年开工建设，2006 年 4 月试投产，2007 年 3 月正式投产运营，年设计通过能力 5000 万吨，建有 15 万吨级泊位 3 个、5 万吨级泊位 1 个、3.5 万吨级泊位 2 个，可靠泊 1.5 万~15 万吨船舶。

1973 年 10 月，秦皇岛港建成了中国第一座管道运输油码头，泊位等级为两个万吨级油码头，码头泊位全长 279 米，年设计通过能力 1000 万吨。原油码头二期工程于 1975 年 3 月开工，中间曾停建，最终于 1984 年 10 月完工，工程主要修建了一座弓形沉箱结构防波堤，一个 5 万吨级油轮泊位，年设计通过能力 500 万吨。2001 年秦皇岛油港投资 1 亿元，建设了 4 个 2 万储（有调油功能），并对现有栈桥加宽 10 米，可新增 14 条管线，并预留 2 万吨级泊位一个。为缓解进港油品的压力，秦皇岛港又历经多次改造扩建，如"十五"期间油港规划建设 4 个散装液体石化品种码头和 1 个 20 万吨级原油装卸码头在内的液体石化港区，并新增 60 万立方米原油重油储罐，2005 年又继续加紧改造，扩建后的油码头将可停靠 10 万吨级的船舶，大大缓解了进港油品压力。

秦皇岛是重要的旅游城市，为调节城市环境质量和煤炭运输污染的矛盾，2007 年 7 月秦皇岛港启动了煤炭堆场防风网工程，工程总投资近 4 亿元，工程历时 7 年。目前，这座高 23 米、面积超过 11 万平方米的防风网板，可有效控制东港区煤炭和矿石堆场的起尘飘移、扩散，有效提高了东港区防尘能力。

秦皇岛西港区主要以集装箱、散杂货进出口为主，自 1901 年小码头 1 号泊位建成以来，到"八五"末建成大码头、小码头，甲、乙、丙、丁码头共计 16 个泊位。"九五"期间，国家投资 13.45 亿元建设了戊己码头，工程共建杂货泊位 6 个，改变了秦皇岛港杂货运输的被动局面。但目前，随着城市的快速发展和港口规模的不断扩大，秦皇岛西港区老化严重，已无法满足现代化发展需求。因此 1998 年秦皇岛在实施主城区域改造时开始谋划西港搬迁，2013 年 2 月 20 日的省政府第一次常务会议、4 月 12 日的省委常委会，先后审议并原则通过了《秦皇岛港西港搬迁改造方案》。2013 年 6 月 4 日，伴随着最后一艘货轮的离港远航，有着 115 年历史的西港区煤炭码头完成了它的历史使命，标志着河北省重点工程、秦皇岛市"一号工程"——秦皇岛港西港搬迁改造工程正式启动。按照规划，西港搬迁改造工程分"两步走"，2013~2015 年制定实施方案，关停西港区和东扩港区建设等的前期工作，2016~2020 年，实施西港区杂货、集装箱东迁和煤一期、煤二期改造，启动沙河港区规划项目前期工作等。目前西港搬迁工程正在有序推进并已取得实质性进展。

（二）唐山港

2007 年，《唐山港总体规划》（以下简称《规划》）获得河北省省政府批准，依据《规划》，唐山港分为京唐港区和曹妃甸港区。京唐港区的功能定位为腹地经济发展所需各类物资运输服务的综合性港区，为唐山市及其他腹地的通用物资提供转运服务，并在唐山港煤炭运输中发挥辅助作用。曹妃甸港区是以服务曹妃甸循环经济示范区、大宗散货转运为主的大型综合性港区，为临港冶金、石化、能源、装备制造、建材等大型重化工服务，并利用深水岸线资源优势，承担大宗原材料运转功能及"北煤南运"的重要任务。

1. 京唐港

京唐港（见图 3-1），位于唐山市东南 80 公里处的唐山海港开发区境内，渤海湾北岸。陆上距北京市 230 公里，海上西距天津港 70 海里、距唐山港曹妃甸港区 33 海里，东距秦皇岛港 64 海里，距日本长崎港 680 海里，距韩国仁川港 400 海里。港区建港条件优越，面向大海有深槽，水深岸陡，不冻不淤，背依港口有大面积国有盐碱滩涂未利用地，不占农田，而且地处环渤海经济圈的中心地带，腹地广阔，货源充足。

唐山港京唐港区是唐山市最早规划，并同北京市合作开发的国家一类对外开放口岸。唐山建港经历了漫长的探索时期。早在 1919 年，孙中山先生就曾在其《建国方略》中提出要筑北方大港于直隶湾，但由于国民政府国库空虚、财力不足，"北方大港"的筹建计划只能无限期拖延。1978 年交通部曾对王滩（京唐港区）进行动力地貌勘察，并指出王滩港区优于上海宝山，但由于上海宝山已率先

图 3-1　京唐港

资料来源：中国国际海运网。

动工建设，唐山港口建设再次搁浅。1986 年，河北省计委同意将王滩港口 2 个万吨级泊位纳入"七五"前期工作项目，建设王滩港的起步工程获得正式立项。1988 年 10 月，河北省建委批准了《唐山市王滩港口起步工程开工报告》，并最终命名为唐山港。1989 年 8 月 10 日，唐山港京唐港区的起步工程——第一港池的七号、八号泊位正式动工建设。1992 年 7 月 18 日唐山港口正式实现国内通航，10 月被国务院批准为国家一类口岸。1993 年 7 月，唐山市和北京市签订了联合建设港口的协议，"唐山港"更名为"京唐港"，并于 7 月 18 日实现了国际通航。[1]

1998 年后，港口发展驶上了"快车道"，吞吐量连续 5 年保持 20% 以上的速度高位攀升，2001 年港口吞吐量一举突破 1000 万吨大关，跨入国家千万吨大港行列，2002 年完成运量 1465 万吨，首次跻身全国沿海港口 20 强，2003 年运量突破 2000 万吨，2009 年煤炭吞吐量突破新高，完成 2432 万吨。2013 年，京唐港完成货物吞吐量 2.01 亿吨，同比增长 18.2%。

根据《唐山港总体规划》，京唐港区共规划建设 6 个港池，逐步形成集装箱码头作业区、液体散货作业区、干散货作业区、杂货码头作业区、通用散杂货码头作业区、综合物流区 6 个功能区及远景预留发展区。目前京唐港区已建成散杂货、件杂货、多用途及集装箱，水泥、原盐、纯碱专用和矿石、煤炭、液体化工

---

① 李杰，赵雅洁. 唐山港京唐港区建设发展回顾与展望 [J]. 综合运输，2009（2）.

专业化等各种功能的 1.5 万~25 万吨级泊位 34 个，航道、各类货物堆场、仓储及水、电、通信、导助航、生活服务机构设施配套，与腹地间集疏运铁路、公路、高速公路四通八达，一座新兴现代化港口在渤海湾北岸迅速崛起。

2. 曹妃甸港区

曹妃甸港区位于唐山市以南 70 公里的原滦南县海域的南堡地区曹妃甸岛，东距京唐港 30 海里，北距唐山市 80 公里、距北京市 220 公里，西距天津 120 公里，东距秦皇岛 170 公里，与矿石出口国澳大利亚、巴西、秘鲁、南非、印度等国海运航线十分顺畅。曹妃甸是渤海湾内最后一个建设大型深水码头的优良港址。曹妃甸岛前 500 米水深即达 25 米，深槽达 36 米，深水岸线 69.5 公里，港口常年不冻不淤；曹妃甸向渤海海峡延伸，有一条水深 27 米的天然水道直通黄海，水道和深槽的天然结合使曹妃甸成为渤海湾内唯一不需要开挖航道和港池，就可建设 20 万吨级以上深水泊位的"钻石级"港址；曹妃甸后方陆域又有 150 平方公里的滩涂可供开发利用，具备建成以钢铁、石化等大型临港工业为主的工业港条件。

1992 年，首钢派人到曹妃甸就建设深水码头进行前期勘测，因此曹妃甸最早以铁矿石码头面目出现。1993 年、1996~1997 年曹妃甸港区的建设经历了探索期和论证期，2000~2010 年是港区的开发建设期。2002 年 6 月，尽管曹妃甸铁矿石码头的立项尚未通过，首钢、省建投、唐钢、唐山市四方就已迈出实质性的一步，即以股份制的形式组建曹妃甸实业开发有限公司，出资 2 亿元启动码头通路工程建设。2004 年 3 月，交通部第一航务工程勘察设计院和交通部水运规划设计院联合编制的《曹妃甸进口铁矿石码头一期工程初步设计》通过专家审查，该设计提出一期工程建设两座 25 万吨级进口铁矿石码头，年接卸能力为 3000 万吨。2003 年 3 月 23 日，通岛公路的机械作业声打破了这里数千年的沉寂，深水大港的建设拉开序幕。2004 年 12 月 27 日，国务院审议并原则通过包括曹妃甸矿石码头和原油码头在内的《渤海湾区域沿海港口建设规划》，2005 年 11 月完成曹妃甸一期建港，两座 25 吨级进口铁矿石码头顺利通过验收。按照河北省政府的部署，河北港口集团于 2008 年组建了曹妃甸煤二期码头建设筹备组，2010 年 3 月启动了曹妃甸煤二期项目建设，年设计通过能力 5000 万吨，并于 2012 年投产，当年曹妃甸港区完成货物吞吐量 1.95 亿吨。2014 年，曹妃甸港区推进了矿石码头三期 40 万吨大型船舶的进港作业，启动了五号、六号港池的开发建设，年内建成运营码头泊位 18 个，开辟内外贸航线 3 条。目前曹妃甸港区自 2005 年 12 月矿石码头开港通航以来，已与非洲、巴西、澳大利亚等 42 个国家和地区实现直航，货物吞吐量增速连续 8 年居全国第一位。

（三）黄骅港

黄骅港（见图 3-2）是我国主要的能源输出港之一，是河北地区运距最短的出海口，位于河北省与山东省交界处，漳卫新河与宣惠河交汇的大口河以北海域。西距沧州市区约 90 公里、距黄骅市 45 公里，水上北距天津 112 公里，东距龙口约 280 公里，在天津港到龙口港 500 公里长的海岸线上正处于居中位置，因此填补了这一段的港口空白。

图 3-2　黄骅港

资料来源：中华人民共和国交通运输部官网。

黄骅港谋划于 20 世纪 80 年代初，为了适应神府、东胜煤炭外运的需要，1992 年党的十四大正式确定黄骅港为西煤东运第二条大通道出海口。1992 年 9 月由国务院批准项目立项，1996 年 9 月经国家计委报请国务院批准工程可行性研究报告，1997 年 2 月经国家计委批准初步设计，于 1997 年 11 月 25 日正式开工。黄骅港一期工程总投资约 49.5 亿元人民币，历经 4 年于 2001 年底完成并投入使用，一期工程建有 2 个 5 万吨级泊位和 1 个 3.5 万吨级泊位，年吞吐量 3000 万吨。2002 年 9 月，一期工程完善项目和二期工程继续开工建设，8 个月后一期工程完善项目完成，新建 1 个万吨级泊位，年吞吐量 500 万吨。二期工程总投资 24.6

亿元人民币，于 2004 年 10 月投入使用，在一期工程基础上又新建 1 个 10 万吨级和 2 个 5 万吨级泊位，年吞吐量 3000 万吨，黄骅港总吞吐能力达 6500 万吨。

2005 年 11 月黄骅港综合港区起步工程开工。2008 年 12 月 31 日，交通运输部、河北省政府批复批准修订后的《黄骅港总体规划》，按照规划黄骅港由煤炭港区、综合港区、散货港区、河口港区组成，共规划建设泊位 209 个，规划用地面积 79.53 平方公里。煤炭港区由神华黄骅港务有限责任公司建设，沧州港务集团有限公司管理经营除煤炭港区以外的三个港区，其中综合港区以散杂货、集装箱和液体化工品运输为主，散货港区以铁矿石、原油等大宗散货物资运输为主，河口港区则以 1000~5000 吨级小型散杂泊位为主。

黄骅港煤三期工程概算投资 48.2 亿元，于 2013 年 4 月投入运营，三期工程使得黄骅港每年新增煤炭吞吐量 5000 万吨，总吞吐量将达 1.5 亿吨。2014 年 2 月 24 日，为完善我国北方沿海港口煤炭装船系统，提高煤炭运输保障能力，国家发改委批复了黄骅港（煤炭港区）四期工程项目，四期工程项目将投资约 55.52 亿元，在三期工程突堤北侧建设 1 个 10 万吨级和 2 个 7 万吨级、1 个 3.5 万吨级煤炭装船泊位，平行北港池东护岸建设 1 个 5 万吨级煤炭装船泊位及相应配套设施。目前黄骅港已建成 20 万吨级航道和万吨级以上泊位 25 个，吞吐量连续 3 年突破亿吨，2013 年的 1.37 亿吨煤炭吞吐量 40% 以上来自山西。

二、机场建设

（一）石家庄正定国际机场

石家庄正定国际机场位于河北省省会石家庄市，于 1995 年 2 月 18 日正式开航，为国内 4E 级主干线机场。石家庄正定国际机场改扩建工程于 2007 年 5 月经河北省发改委批准立项，是河北省民航基础设施建设重点项目，也是 2008 年北京奥运会重要保障工程，总投资 5 亿元。2008 年 7 月，民航局批复同意"石家庄正定机场"更名为"石家庄正定国际机场"。2010 年 10 月，河北省委省政府决定对石家庄正定国际机场继续扩建，并于 2013 年基本完成。改建后的新机场总吞吐量达到 2000 万人次，货运能力达到 25 万吨，成为全国重要的区域机场、华北主要的分流机场。

（二）秦皇岛山海关机场与北戴河机场

秦皇岛山海关机场属军民合用机场，位于秦—山公路和秦—山沿海公路之间，距秦皇岛市约 12.6 公里，等级为民航 4D 级。该机场于 1985 年通航，先后经过三次改造扩建。秦皇岛是 2008 年奥运会足球预选赛分赛场之一，为了 2008 年奥运会足球预选赛在秦皇岛举办，2006 年秦皇岛市与民航总局共同投资 4500 万元对山海关机场进行了奥运改造。改造后的山海关机场可起降波音 757 大型客机，停机坪可同时停放 5 架波音 757 和 1 架波音 737 飞机。2008 年，秦皇岛山海关机场以优质、安全、快捷的服务，圆满完成了北京奥运会航空运输保障任务，被民航总局授予"第 29 届奥林匹克运动会保障先进单位"称号。2012 年秦皇岛机场旅客吞吐量达到 15.54 万人次，货邮吞吐量 605.6 吨。

秦皇岛北戴河机场于 1994 年开始谋划，2004 年该项目被列入国家"十一五"规划建设项目，2009 年 7 月获国务院、中央军委批准立项，2010 年 11 月机场综合业务楼正式破土动工。机场位于昌黎县晒甲坨村南，总投资 4.87 亿元，占地 2350 亩，建设标准 4D 级，跑道长度 2600 米，候机楼面积达 10000 余平方米。2014 年 10 月 21 日，秦皇岛北戴河机场通过竣工验收并将于 2015 年暑期前通航，建成后的秦皇岛北戴河机场对提升秦皇岛城市形象、改善投资环境、促进旅游业发展等方面具有重要意义。

（三）唐山三女河机场

唐山三女河机场占地面积 20 万平方米，总投资 2.7 亿元，是继石家庄正定、邯郸、秦皇岛山海关后河北省正式运营的第 4 个客运机场。机场坐落于唐山市丰润区境内，距唐山市中心区 20 公里，现有机场跑道长 2700 米、宽 50 米，机场的性质为民用支线机场、民航中小型机场，飞行等级为 4C。

唐山三女河机场前身是唐山机场，2008 年 12 月，国务院、中央军委、中国民航总局对唐山民航机场立项进行了批复，同意空军唐山机场实行军民合用并进行扩建。2009 年 2 月 26 日，唐山机场改扩建工程破土动工，该工程成为 2009 年唐山市最具影响力的工程之一。2009 年 6 月 1 日，机场更名为"唐山三女河机场"，2010 年 5 月航站楼和飞行区域分别竣工，并于 5 月 13 日通过试飞，6 月 19 日获得民航局验收，7 月 13 日通航。[①]唐山三女河机场的开通是填补唐山海陆空大交通网络空白的一项重大工程。

---

① "说唐"系列之七十四——唐山市三女河机场 [EB/OL]. http://report. hebei. com. cn/system/2011/11/23/011547448. shtml，2011-11-23/2015-04-23.

（四）邯郸机场

邯郸机场的旧址为 1958 年建立的马头直升机机场。1992 年，邯郸机场扩建工程正式立项，但因种种原因 10 年后的 2002 年才启动邯郸机场建设。项目于 2006 年 12 月竣工，2007 年 8 月 8 日正式通航，共历经了 15 年的艰苦奋斗，这样的建设历史在全国民航事业中绝无仅有。[①] 邯郸机场二期扩建工程于 2011 年 6 月开工，2013 年 12 月 12 日通过竣工验收，工程总投资 1.2 亿元，完工后机场跑道延长至 2600 米，停机坪面积扩展至 35000 平方米，能同时停放 4 大 2 小飞机。在机场二期项目即将投产使用的同时，邯郸机场已决定尽快启动三期扩建工程。[②]

除以上机场外，河北省承德机场已于 2013 年 3 月开工建设，衡水机场和沧州机场也正在谋划中。

三、重大水利工程

（一）南水北调

南水北调中线工程穿越漳河后进入河北省，途经河北省的 35 个县（市、区），主体工程包括京石段应急供水工程、邯石段工程、天津干线工程，[③] 省内工程全长 596 公里，初设批复总投资 406.6 亿元。省内配套工程分为水厂以上输水工程、水厂及配水管网工程两部分，估算总投资 600 亿元。[④] 其中水厂以上输水工程主要以省级为主筹集资金建设，估算总投资 300 亿元，工程分 4 条大型输水干渠和 7 个市水厂以上输水管道工程共 11 个单项工程，包括廊涿、保沧、石津、邢清 4 条大型输水干渠和邯郸、邢台、石家庄、保定、廊坊、沧州、衡水 7 市输水管道工程。[⑤]

工程于 2003 年底正式开工，建设过程中河北省为南水北调中线一期工程永久征地 10.6 万亩，临时占地 11.9 万亩，拆迁房屋 44 万平方米，迁建工矿企业 101 家，生产生活安置人口 6.2 万，电力、通信、管道等专项设施迁建 1800 多

---

① 邯郸机场十年磨一剑　从"雏鸟"变"苍鹰" [EB/OL]. http://finance.ifeng.com/air/hkxw/2009091 11/1227056.shtml，2009-09-11/2015-04-23.

② 河北高度认可邯郸机场二期扩建工程 [EB/OL]. http://www.chinairn.com/news/20141120/13521817.shtml，2014-11-20/2015-04-23.

③ 张国良.河北南水北调工程概况 [J].水利水电施工，2005（2）.

④⑤ 南水北调中线河北段工程正式通水 [EB/OL]. 2014-12-22.

处。2008 年底京石段应急供水工程率先建成，至 2004 年，已向北京输水 16.1 亿立方米，天津干线、邯石段工程分别于 2009 年 7 月、2010 年 4 月开工，2013 年 12 月 9 日南水北调中线河北段工程全线建成，并于 2014 年 9 月通过了国务院南水北调办组织的专家验收。[①] 2014 年，经过 10 万建设者 11 年的艰苦奋战，南水北调中线输水工程正式通水。

（二）引滦入津工程

河北省历史上的重大水利工程还包括引滦入津工程。1981 年 8 月，为了解决天津的水资源紧张问题，党中央、国务院决定兴建引滦入津工程，即将河北省境内的滦河水跨流域引入天津市，解决天津的城市供水问题。工程全长 234 公里，包括隧洞、泵站、水库、水厂、暗涵、明渠、管道、倒虹、桥闸、电站等工程 215 项，1982 年 5 月 11 日开始动工，1983 年 9 月 11 日建成并正式向天津供水，这样浩大的工程只用了一年零四个月就胜利竣工，解决了天津的缺水问题。

（三）当前其他水利工程

引黄入冀补淀是河北省中南部战略性水资源补源工程，也是保障"华北明珠"白洋淀生态用水工程。2014 年，引黄入冀补淀工程项目已获得国家发展改革委批复。工程全线总长 481 公里，输水线路自河南境内黄河渠村闸引水，利用濮阳市濮清南干渠输水，穿卫河进入河北省。在河北省境内，经东风渠、老漳河、滏东排河至献县枢纽，穿滹沱河北大堤后，利用紫塔干渠、古洋河、小白河和任文干渠输水至白洋淀。工程建成后，可实现年引黄河水 9 亿立方米，供水范围涉及 26 个县市（区），控制灌溉农田面积 300 多万亩。[②]

2014 年，河北省承德市的双峰寺水库工程和独流入海河流（滦河）河道治理工程被列入国家"十三五"重大水利工程。双峰寺水库工程是河北省一号水利工程，是以防洪为主，结合城市供水，兼顾发电和生态环境供水等综合利用的大（2）型水利枢纽工程，工程已于 2014 年开工，计划总工期 3 年，总投资 36 亿元。独流入海河流（滦河）河道治理工程目前处于开工准备阶段，预计总投资 1.5 亿元，将计划治理河道 7.6 公里，新建防洪堤 9.3 公里。

---

① 南水北调中线河北段工程正式通水 [EB/OL]. 2014–12–22.
② 引黄入冀补淀工程环境影响评价第一次公众告知 [EB/OL]. 2012–09–14.

参考文献

［1］河北省人民政府. 2014 年政府工作报告［R］. 2014-01-08.

［2］河北省人民政府. 河北省人民政府关于加快山水林田湖生态修复的实施意见［Z］. 2014-08-26.

［3］中华人民共和国国家发展和改革委员会. 河北沿海地区发展规划［Z］. 2011-11-27.

［4］河北省人民政府. 河北省人民政府关于印发河北沿海地区发展规划实施意见的通知［Z］. 2012-10-22.

［5］河北省旅游局. 副省长杨崇勇在河北省旅游业发展电视电话会议上的讲话［Z］. 2011-03-08.

［6］河北省发展和改革委员会. 河北省国民经济和社会发展第十二个五年规划纲要［Z］. 2011-03-24.

［7］河北省旅游局. 张庆伟在河北省旅游业发展电视电话会议上的讲话［Z］. 2012-07-26.

［8］李杰，赵雅洁. 唐山港京唐港区建设发展回顾与展望［J］. 综合运输，2009（2）.

［9］"说唐"系列之七十四——唐山市三女河机场［EB/OL］. http：//report.hebei.com.cn/system/2011/11/23/011547448.shtml，2011-11-23/2015-04-23.

［10］邯郸机场十年磨一剑　从"雏鸟"变"苍鹰"［EB/OL］. http：//finance.ifeng.com/air/hkxw/20090911/1227056.shtml，2009-09-11/2015-04-23.

［11］河北高度认可邯郸机场二期扩建工程［EB/OL］. http：//www.chinairn.com/news/20141120/13521817.shtml，2014-11-20/2015-04-23.

［12］张国良. 河北南水北调工程概况［J］. 水利水电施工，2005（2）.

［13］南水北调中线河北段工程正式通水［EB/OL］. 2014-12-22.

［14］引黄入冀补淀工程环境影响评价第一次公众告知［EB/OL］. 2012-09-14.

第四章　经济概况

第一节　省域开发历史与阶段

一、河北省经济发展空间布局

从新中国成立起至今，河北省经济发展大致可以分为三个阶段，发展思路经历了多次转变，各时期的发展重点不同，生产力布局也随之进行了调整（见表4-1）。

表4-1　河北省经济发展空间布局

年份	空间布局
1985	山海坝：太行山地区、沿渤海地区以及坝上草原地区
1986	环京津：借力京津
1988	两线一区：京广、京山沿线及秦唐沧沿海开发区
1992	一线（秦唐沧）两片（石廊开发区）带多点（高新区、产业圈、保税区、旅游开发区）
1993	"环京津"、"环渤海"
1994	外向带动、两环结合，内联入手、外引突破
1995	两环开放带动战略
2001	"环北京"，打造京津保、京津唐、京张承三个"金三角"
2003	四区经济：石家庄—邯郸—衡水—邢台的传统产业与特色经济区、秦皇岛—唐山—沧州海洋经济区、保定—廊坊城郊经济区、张家口—承德生态经济区
2004	一线（秦皇岛、唐山、廊坊、保定、石家庄）两厢（"北厢"为张家口、承德，"南厢"为邯郸、邢台、衡水、沧州四市）"空间布局
2006	依托"蓝色经济"的发展，实现沿海与内陆腹地经济互动
2008	"冀东"、"环京津"、"冀中南"三大板块
2011	沿海经济隆起带、环首都绿色经济圈、冀中南经济区

资料来源：作者搜索整理所得。

（一）经济萌芽发展时期

计划经济时期，河北省处于经济复苏阶段，基本上实施的是"提高两线（京广、京山铁路）、狠抓两片（坝上和黑龙港地区）、建设山区（燕山、太行山地区）、开发沿海（秦皇岛、唐山、沧州）"的空间布局思路，使得全省几近半数以上的大型骨干基建项目在京广、京山铁路沿线城市落地生根。[①]

（二）经济全面发展时期

从 1978 年改革开放之后，河北省经济进入快速发展时期，经济发展思路转变频繁，并逐渐由均衡发展向非均衡发展演变。

1985 年，河北省省委书记提出了"山海坝"的发展口号，即发展太行山地区、沿渤海地区以及坝上草原地区，这是一种均衡发展的思路，目的就是提升相对落后的山区、沿海、坝上的经济水平。1986 年，以环京津地区为投资和发展重点，河北省提出了"环京津"的发展构想，这是河北省借力发展的开端。此后，借力京津还是自主发展、重点发展环首都地区还是沿渤海地区，成为河北省发展的两大矛盾，这两大思路交替主导河北省的经济建设。

1988 年，河北省开始实施"两线一区"的空间布局，在保证京广、京山沿线地区发展的基础上，以沿海为重点，加快了秦唐沧沿海开发区的建设，"非均衡发展"的思想初露端倪。1992 年，强调"一线（秦唐沧）两片（石廊开发区）带多点（高新区、产业圈、保税区、旅游开发区）"，递次推进，滚动发展。1993 年，在环渤海地区大发展的经济形势下，河北省提出要做好"环京津"、"环渤海"两篇大文章，发展的重点指向了沿海和中部地区。1994 年，进一步把开发建设两环地区的思想深化为"外向带动、两环结合，内联入手、外引突破"。1995 年，"两环开放带动战略"正式写入《河北省国民经济和社会发展"九五"计划及 2010 年远景目标纲要》。

（三）内陆型经济向沿海经济转变时期

2000 年以后，河北省经济发展进入加速时期，经济布局思路有了新调整。2001 年，要求突出"环北京"的内陆经济，打造"大北京"框架下的"金三角"（京津保、京津唐、京张承）。2003 年，经济布局调整为四区经济（石家庄—邯郸—衡水—邢台的传统产业与特色经济区、秦皇岛—唐山—沧州海洋经济区、保

---

① 薛维君. 河北省区域经济发展战略［J］. 财经界，2006（8）：32–35.

定—廊坊城郊经济区、张家口—承德生态经济区)。2004 年,开始了"以我为主"的发展思路,要求全省形成"一线(秦皇岛、唐山、廊坊、保定、石家庄)两厢("北厢"为张家口、承德,"南厢"为邯郸、邢台、衡水、沧州四市)"空间布局。2006 年,河北省将经济中心全面转向沿海,提出建设"沿海经济社会发展强省"的战略目标。2008 年,建成"冀东"、"环京津"、"冀中南"三大板块。2011 年 10 月,《河北省沿海地区发展规划》获国务院批准实施,河北沿海地区发展正式上升为国家战略。同年 11 月,河北省第八次党代会明确提出,要抓好沿海经济隆起带、环首都绿色经济圈和冀中南经济区建设,举全省之力打造曹妃甸新区和渤海新区两大增长极,推动港口、产业和城市互动发展。

(四)京津冀协同发展时期

2014 年 2 月 26 日习近平总书记讲话后,河北省调整原有发展战略,转向围绕京津、切入京津、服务京津。3 月 27 日,全省推进京津冀协同发展工作会,河北省省委提出打造"四个支撑区"战略,即优化城市布局的支撑区、现代产业体系的支撑区、综合交通网络的支撑区、生态涵养保护的支撑区。至此,河北省融入京津冀都市圈、服务京津、打造战略支撑区的空间布局思路得以确定。

二、河北省经济开发阶段

计划经济时期(1949~1978 年),河北省按照全国优先发展重工业,兼顾农业和轻工业的发展思路,集中力量发展重工业,而重工业的发展对资源有很强的依赖性,因此这一时期形成了资源指向性的经济格局。河北省的矿产资源主要分布在唐山、邯郸、邢台三市,这三市的煤炭、钢铁、发电、水泥、建筑陶瓷等产量占全省同类行业产量的 80%~95%,油田主要分布在沧州及周边地区。以这些资源为基础,在主要分布地区形成了以峰峰煤矿和开滦煤矿为代表的煤炭基地,以唐钢、邯钢为代表的冶金基地,以华北油田为依托的沧州石油化工基地。以这些基地为依托,在"一五"期间河北省初步建立了包括电力工业、生产资料工业、黑色金属工业、机器制造工业、化学与建材工业在内的具有一定水平的相对独立完整的工业体系。此后,河北省继续推进以重工业为中心的工业建设,并实施国民经济技术改造。在重点建设京广沿线新工业基地的同时,加强了对冀北张家口—承德地区的重工业建设,均衡全省工业布局,进而促使河北省工业化水平从 1953 年的 17.1%跃至 1978 年的 45.4%。

从改革开放到 20 世纪 90 年代,河北省乡镇企业异军突起,乡镇经济在全省经济中占据重要地位,成为河北省农村剩余劳动力的重要分流渠道。乡镇企业的发展使农村剩余劳动力离土不离乡,进厂不进城,为农村工业化、城乡一体化开辟了新途径。在 20 世纪 90 年代乡镇企业比较发达的地区,农民收入的一半以上来自乡镇企业,乡镇企业不仅为广大农民致富奔小康做出了巨大贡献,也成为政府财政收入的重要来源之一。县域、镇域乃至村域特色经济呈遍地开花之势,形成了"一村一镇一产品"或"一县一区一业"的区域经济发展特色,涌现出了清河羊绒、辛集皮革、留史皮毛、安平丝网、安国药材、河间电缆等一大批各具特色的成功典型。特色产业的形成带动了与之相关行业的发展,从而形成了各具特色的区域经济。

进入 21 世纪以来,随着河北省两环开发带动战略的提出,以及京唐港和黄骅港的建设与发展,河北省经济发展进入了京津冀经济功能重新定位及港口发展带动时期。2014 年 2 月 26 日习近平总书记在专题听取京津冀协同发展工作汇报时指出,河北省要全面推进京津冀协同发展。张承地区发展生态经济和旅游经济战略付诸实施,秦唐沧谋划临港产业,发展临港经济的新战略思路被提上议事日程,特别是北京、唐山联合打造的京唐港作为北京的重要出海口,吸引了北京产业的转移,形成了临港钢铁基地、化工基地。利用京津、服务京津的特色农产品生产加工业、高新技术产业、教育产业、旅游业等正逐步成为河北省区域特色发展的新亮点。

第二节　国民经济发展与特征

改革开放以来,河北省坚持稳中求进、改革创新,推进改革、调整、巩固、提升四大任务,着力稳增长、调结构、促改革、治污染、惠民生,经济发展实现健康发展,社会事业取得全面进步。

一、经济发展基本情况

(一)综合经济实力跨上新台阶

1978 年改革开放以来,河北省顺应时代发展潮流,调结构,促生产,社会经济实现突飞猛进的发展，2013 年全省实现生产总值 28301.4 亿元，同比增长 8.2%（见图 4-1），居全国第六位，其中第一产业增加值为 3500.4 亿元，第二产业增加值为 14762.1 亿元，第三产业增加值为 10038.9 亿元，分别增长 3.5%、9.0% 和 8.4%。

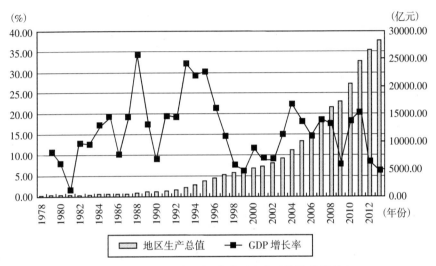

图 4-1　1978~2013 年河北省地区生产总值及其增长率

从三次产业投资情况看，2013 年第一、第二、第三产业分别完成投资 712.0 亿元、11038.7 亿元和 10879.1 亿元；总投资亿元以上项目投资完成 13403.0 亿元，同比增长 26.0%，其施工数量达 5908 个，同比增长 9.0%，占全年施工项目总数的 29.0%。2013 年河北省经济发展运行平稳，财政收入、工业增加值、投资、消费、进出口等方面都达到了较快的增长速度（见表 4-2），为河北省经济快速发展奠定了良好基础。

表 4-2　2013 年河北省主要经济指标

	总额（亿元）	增长率（%）
全部财政收入	3641.5	4.7
其中：公共财政预算收入	2293.5	10.0
规模以上工业增加值	11711.1	10.0
其中：轻工业	2498.0	10.2
重工业	9213.0	10.0
规模以上工业企业完成主营业务收入	45766.3	18.5

续表

	总额（亿元）	增长率（%）
规模以上工业企业实现利润	2560.9	13.3
固定资产投资	22629.8	18.5
工业投资	11040.7	18.2
社会消费品零售总额	10400.7	13.6
限额以上企业（单位）消费品零售额	2917.2	13.9
进出口（亿美元）	548.8	8.5
其中：出口总值（亿美元）	309.6	4.6
进口总值（亿美元）	239.2	14.1

资料来源：《2013年河北省宏观经济数据简析》，作者进行整理所得。

（二）民营经济平稳增长

民营经济是河北省的短板，但近几年全省民营企业通过内部挖潜增效以加快生产转型，外部开拓市场以增加产品销售，经济总量逐步提升，企业经营效益实现稳步增长。2013年河北省民营经济再创佳绩，实现经济增加值9122.4亿元，同比增长1.1%，占全省生产总值的66.9%（见表4-3），成为河北省经济快速发展的主要推动力。河北省民营经济发展已经站在新的历史起点上，民营企业正以独资、控股、参股和特许经营等多种方式逐步渗透到交通运输、能源、水利、生态、电信、医疗、文化、教育等领域。

表4-3 2013年河北省民营经济主要经济指标

	总量	占全省比重（%）	同比增长（%）
经济增加值（亿元）	9122.4	66.9	1.1
实缴税金（亿元）	1452.1	70.7	7.9
营业收入（亿元）	41920.0	—	9.7
利润总额（亿元）	3019.9	—	9.4
出口总额（亿美元）	134.5	83.5	9.9
民营经济单位（万个）	262.6	—	5.0
从业人员（万人）	2037.8	—	4.3

注：表中"—"为缺失数据。
资料来源：河北省统计局。

（三）产业结构调整取得新进展

河北省近几年以转变发展方式为主线，通过调控资金、土地等生产要素供应，并以节能减排、淘汰落后产能为倒逼机制，加快实施钢铁、装备制造、石化等传统产业改造升级，目前全省呈现出农业稳定发展，工业稳步回升，财政收入、外资外贸、第三产业快速增长，产业结构、投资结构和城乡结构持续优化的良好态势。从工业生产情况看，2013年前三季度化学原药、水泥、焦炭、采矿、传统纺织服装等高耗能低端产品呈现负增长或停滞状态，集成电路、汽车、单晶硅、变压器、食品等技术含量高的特色产品呈现爆发式增长。从工业投资看，2013年前三季度工业技术改造投资同比增长23.5%，占工业投资的比重为61.7%，装备制造业和高新技术产业投资分别同比增长16.1%和19%，新能源、新一代信息技术、生物、新材料、高端装备制造、节能环保、新能源汽车、海洋经济八大战略性新兴产业实现突破性发展。

（四）对外贸易稳定增长

河北省的进出口总值保持平稳增长，2013年河北省完成进出口总值548.8亿美元，比上年增长8.5%，其中出口总值为309.6亿美元，增长4.6%，进口总值为239.2亿美元，增长14.1%（见图4-2）。

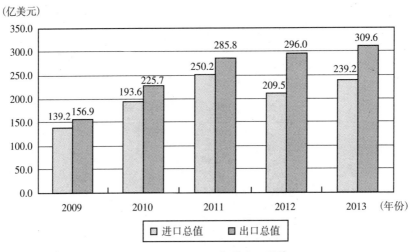

图4-2 2009~2013年进出口总值

欧盟是河北省最大出口伙伴，此外全省对东盟、美国、俄罗斯、韩国、日本等国家和地区的出口总量正在逐步增加。全省主要的出口商品有机电产品、钢材、服装及衣着附件、高新技术产品、纺织纱线织物及制品以及农产品等，主要的大宗进口商品包括铁矿砂及其精矿、农产品、粮食以及机电产品，在总量方面均保持稳步增长。

（五）人民生活水平得到新提高

经济的快速发展使人民生活水平得到快速提高。1978~2013 年，河北省城镇居民人均可支配收入和农村居民人均纯收入水平持续上升（见图 4-3），2013 年城镇居民人均可支配收入达到 22580 元，农村居民人均纯收入达到 9102 元，两者的增长速度一直交叉领跑。近几年，城镇居民的人均可支配收入增长速度较为平稳，农村居民人均纯收入增速渐有超过城镇居民人均可支配收入的趋势，这得益于城镇化进程的加速，2013 年城镇居民人均可支配收入增长 9.9%，增速同比放缓 2.4 个百分点；农村居民人均纯收入增长 12.6%，增速继续快于城镇居民人均可支配收入。

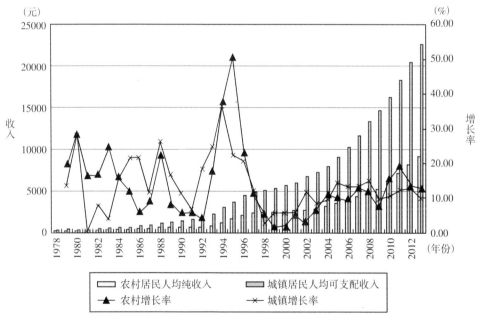

图 4-3 1978~2013 年河北省城镇与农村居民人均纯收入及增长率

二、三次产业发展概况

改革开放以来，全省农业基础地位逐渐加强，工业成为经济增长的中坚力量，服务业不断发展壮大（见图 4-4），这为河北省实现经济强省奠定了良好基础。

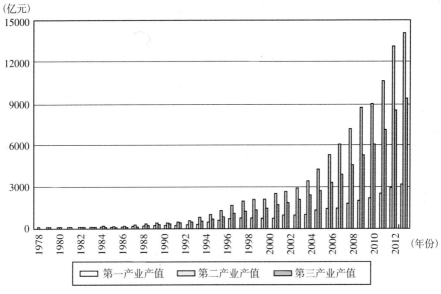

图 4-4 1978~2012 年河北省三次产业产值

（一）第一产业实现稳定增长

河北省是全国粮、棉、油集中产区之一，粮食播种面积占耕地总面积的 80%
以上，主要粮食作物有小麦、玉米、高粱、谷子、薯类等。2013 年粮食总产量
673.0 亿斤，比 2012 年增长 3.6%，实现了十年连续增长。河北省是中国重要的
棉花种植基地，棉花同油料、麻类、甜菜、烟叶一起被称为河北省五大经济作物
（详见第六章）。

2013 年畜牧、蔬菜、果品三大优势产业产值占农林牧渔业总值比重达
70.0%，比上年提高 0.3 个百分点。主要农副产品产量稳步增长，其中牛奶、牛
肉、捕捞水产品等少量产品产量有小幅度的下滑（见表 4-4 和表 4-5）。

表 4-4　2013 年粮食、蔬菜类作物的总产量及增长率

	播种面积（万公顷）	增长率（%）	总产量（万吨）	增长率（%）
粮食	631.6	0.21	3365.0	3.6
棉花	48.3	−16.5	45.7	−19.1
油料	47.0	3.6	151.1	5.8
蔬菜	122.0	1.4	7902.1	2.7
其中：设施蔬菜	38.4	14.2	2584.6	15.3

资料来源：《2013 年河北省国民经济和社会发展统计公报》。

表 4-5　2013 年肉、蛋、奶、水产品的总产量及增长率

	总产量（万吨）	增长率（%）
禽蛋	346.1	1.0
牛奶	458.0	-2.6
肉类	448.8	1.3
其中：猪肉	265.3	2.4
牛肉	52.3	-5.4
羊肉	29.1	1.2
水产品	123.1	5.8
其中：养殖水产品	90.2	11.0
捕捞水产品	32.8	-6.3

资料来源：《2013 年河北省国民经济和社会发展统计公报》。

河北省壮大特色产业，加大政策扶持和服务力度，全省农业产业化保持平稳较快发展，2014 年农业产业化经营率为 64.2%，比上年提高 1.2 个百分点。龙头经营组织健康发展，2014 年上半年龙头经营组织总数达到 1837 个，比上年同期增加 175 个；龙头企业生产规模不断壮大，经济效益进一步提高，龙头企业（集团）销售额达到 1372.7 亿元，同比增长 12.5%；农产品生产（加工）基地不断拓展，全省农产品生产（加工）基地发展到 671 个，比上年同期增加 38 个。

（二）第二产业增长态势良好

河北省规模以上工业增加值呈现出稳步增长态势，但在近两年其增速逐渐放缓。2013 年河北省工业生产总值占 GDP 的 46.6%，全省拥有规模以上工业企业 13959 多家，涵盖全部 41 个工业大类。据统计，2013 年，全省工业完成增加值 13194.8 亿元，同比增长 9.4%。其中，规模以上工业完成增加值 11711.1 亿元，增速 10.0%，位居全国第六（见图 4-5）。

近几年，河北省工业利润增速逐渐放缓，2014 年呈现负增长态势，比上年下降 6.7%。各类工业企业中除外商及港澳台投资企业外，其余企业利润均出现负增长，其中国有及国有控股企业的利润下降幅度最大，由 2013 年的 290.4 亿元下降为 2014 年的 188.3 亿元，降幅高达 37.1%，除此之外，集体企业、股份制企业、大中型企业以及私营企业的利润均出现不同幅度的下降（见表 4-6）。这种负增长态势的出现与近年来河北省致力于治理大气污染以及实施淘汰压减各类落后、过剩产能的措施有密切关系。

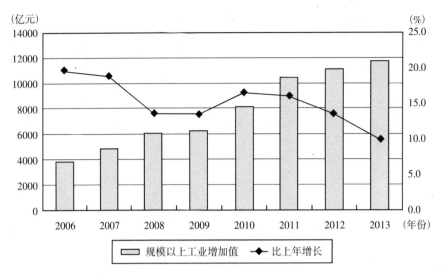

图 4-5　2006~2013 年规模以上工业增加值及增速

表 4-6　2011~2014 年规模以上工业利润及增速

年份	2011		2012		2013		2014	
指标	总量 (亿元)	增长率 (%)	总量 (亿元)	增长率 (%)	总量 (亿元)	增长率 (%)	总量 (亿元)	增长率 (%)
工业利润总额	2255.5	34.8	2296.9	5.3	2560.9	13.3	2421.7	−6.7
国有及 国有控股企业	322.0	10.0	292.9	−12.3	290.4	1.6	188.3	−37.1
集体企业	49.0	53.0	44.9	12.0	52.1	11.0	35.7	−18.9
股份制企业	1355.9	38.7	1550.8	6.5	1707.2	11.5	1873.4	−7.8
外商及港澳台 商投资企业	332.8	3.1	176.1	−40.4	221.8	26.2	269.0	19.0
私营企业	1143.4	59.1	1288.5	17.4	1492.2	13.2	1422.2	−4.7
大中型企业	1054.6	13.6	1088.0	−9.7	1296.9	9.8	1183.7	−14.3

注：总量（绝对值）按现行价格计算，增长速度按不变价格计算。
资料来源：2011~2014 年《河北省国民经济和社会发展统计公报》。

　　近年来，河北省规模以上工业中装备制造业、钢铁工业、建材工业、食品工业、纺织服装业、高新技术产业、石化工业以及医药工业呈稳步增长态势，但其增长速度逐步放缓。2014 年规模以上工业中，高新技术产业增速相对较大，为13.2%，其中高端装备制造业、电子信息产业以及新能源产业分别为 12.8%、19.4%和 14.0%。由于全省空气污染治理，六大高耗能行业的增速下降最为明显，由 2011 年的 12.1%下降到了 2014 年的 2.8%，其中石油加工、炼焦及核燃料加工业及煤炭开采和洗选业甚至在 2014 年出现了负增长，分别为-2.3%和-7.5%（见表 4-7）。数据表明，河北省近年来开展的节能减排工作取得了一定成效，高耗能行业的发展正在得到逐步控制。

表 4-7　2010~2014 年按行业分规模以上工业增加值的增长率

单位：%

年份	2010	2011	2012	2013	2014
装备制造业	26.7	24.9	15.0	14.5	8.8
钢铁工业	12.1	13.4	16.6	10.1	5.1
建材工业	16.9	22.2	5.9	7.6	2.6
食品工业	13.9	16.7	13.7	7.6	4.7
纺织服装业	21.0	15.6	16.8	14.2	7.5
高新技术产业	28.5	23.0	15.6	14.2	13.2
其中：高端装备制造	31.4	22.7	14.2	16.3	12.8
电子信息	38.8	—	—	22.0	19.4
新能源	62.0	54.8	—	10.5	14.0
石化工业	9.0	12.4	9.5	4.9	3.9
医药工业	16.9	13.7	14.6	8.7	4.4
六大高耗能行业	—	12.1	9.9	6.7	2.8
其中：煤炭开采和洗选业	—	8.3	6.5	4.5	-7.5
石油加工、炼焦及核燃料加工业	—	12.8	7.1	-5.8	-2.3
化学原料及化学制品制造业	—	19.1	15.5	14.1	8.2
非金属矿物制品业	—	21.5	6.8	7.7	1.9
黑色金属冶炼及压延加工业	—	9.8	12.4	8.6	5.1
电力、热力的生产和供应业	—	11.4	1.7	4.8	0.9

资料来源：2010~2014 年《河北省国民经济和社会发展统计公报》。

改革开放以来，河北省的建筑业得到了持续快速的发展，尤其在前几年房地产市场不断升温的情况下，建筑业在河北省经济中的地位不断巩固，对经济的拉动作用不断加强。2010 年全省建筑业增加值为 1151.7 亿元，2011 年为 1356.2 亿元，2012 年增加到 1489.4 亿元，2013 年达到 1567.3 亿元，2014 年达到 1702.7 亿元，实现年年增长。但近两年，由于房地产市场低迷，全省建筑业发展也受到影响，建筑业增加值、资质等级以上建筑业企业房屋施工面积、房屋竣工面积以及企业利润增速都有所放缓，其中房屋施工面积以及竣工面积增长最为缓慢，2014 年增长率仅分别达到 1.7%、-1.8%，严重阻碍了河北省建筑业的发展（见表 4-8）。

表 4-8　2010~2014 年河北省建筑业主要发展指标

年份	全社会建筑业增加值（亿元）	增长率（%）	资质等级以上建筑业企业房屋施工面积（万平方米）	增长率（%）	房屋竣工面积（万平方米）	增长率（%）	资质等级的建筑业企业实现利润（亿元）	增长率（%）
2010	1151.7	12.4	23320.2	33.0	8345.7	7.7	—	—
2011	1356.2	17.6	30911.6	31.7	10305.5	13.2	128.6	22.7
2012	1489.4	9.8	33742.8	9.4	11816.9	11.0	143.3	12.9
2013	1567.3	5.1	35847.6	1.6	12336.0	0.7	153.5	4.6
2014	1702.7	5.3	37112.7	1.7	12582.7	-1.8	165.4	0.1

资料来源：2010~2014 年《河北省国民经济和社会发展统计公报》。

（三）第三产业发展势头强劲

1. 第三产业总体发展势头良好

从三次产业产值结构来看，1978 年第三产业占比仅为 21.02%，经过 30 多年的调整，2013 年提高到了 35.5%，产值达到 10038.89 亿元，占全省经济总量的 1/3（见图 4-6）。全省第三产业发展取得长足进步，对经济平稳快速发展具有不可估量的作用。

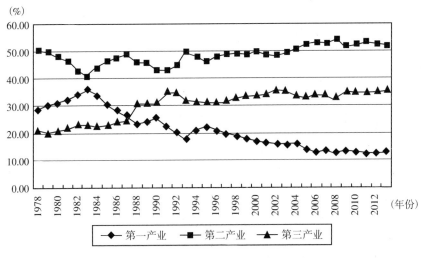

图 4-6　1978~2013 年河北省三次产业比重

2. 第三产业逐渐成为吸纳劳动力的主要行业

随着农业机械化的发展和全省城镇化的不断推进，更多的农村劳动力从农业中解放出来进入第二、第三产业，因此全省第一产业就业人员比重逐渐降低，由

1986 年的 62.74% 下降到了 2012 年的 34.91%。同时，第二、第三产业就业人员比重呈现出稳步上升趋势，虽然目前全省第三产业就业人员比重仍略低于第二产业，但随着工业生产效率的提升和服务经济的不断壮大，第三产业就业人员比重有超过第二产业的趋势（见图 4-7）。服务业是就业的最大容纳器，未来服务业（第三产业）将成为吸收全省劳动就业的主渠道。

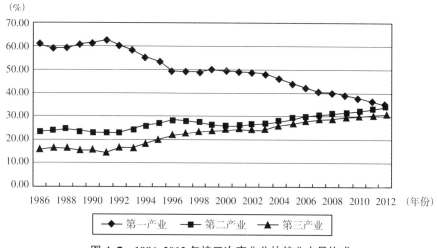

图 4-7　1986~2012 年按三次产业分的就业人员构成

3. 行业结构有待优化

从第三产业内部结构看，劳动密集型的行业如批发和零售贸易、餐饮、社会服务等传统行业仍占主导地位，技术与知识密集型企业如信息、咨询、金融、通信等占比较低。[①] 这种行业发展结构适宜吸纳劳动力就业，但不利于构建以金融保险业、文化创意产业、现代物流业为核心的现代服务业体系，这也意味着发展现代服务业，河北省还有很长的路要走。

（四）各设区市经济发展概况

近年来，河北省各地区经济快速发展，唐山市经济总量一直居全省首位，石家庄市紧随其后，其后依次是邯郸、沧州、保定、廊坊、邢台、张家口、承德、秦皇岛、衡水（见图 4-8），其中居首位的唐山市的经济总量是衡水市的十倍有余，凸显出河北省各地区经济发展的不平衡。

---

① 李文陆，王英辉. 河北省现代服务业存在问题及发展对策 [J]. 石家庄铁道大学学报（社会科学版），2012（3）：5-9.

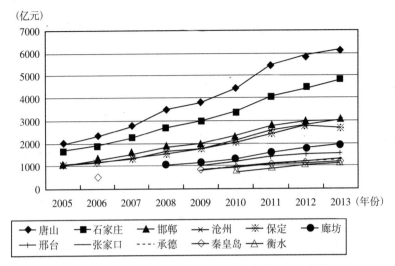

图 4-8 2005~2013 年河北省各设区市地区生产总值

2013 年河北省各设区市的国民经济发展的主要经济指标表明，石家庄地区的经济发展显示出强劲的迸发力，在地方财政一般预算收入、全社会投资总额、社会消费品零售总额等方面均凸显了省会城市的经济中心地位，唐山市在地区生产总值、人均 GDP、农村居民可支配收入、规模以上工业增加值、实际利用外资金额等方面均居全省首位，而沧州、保定地区在社会消费品零售总额、规模以上工业增加值、财政预算收入等方面的增速均排在前列，显示了其经济增长的内在动力（见表 4-9）。

表4-9　2013年河北省各设区市国民经济发展主要经济指标

	地区生产总值（亿元）	第一产业（亿元）	第二产业（亿元）	第三产业（亿元）	人均GDP（元）	总人口（万人）	城镇登记失业率（%）	城镇化率（%）	地方财政一般预算收入（亿元）	城镇居民人均可支配收入（元）	农村居民人均纯收入（元）	社会消费品零售总额（亿元）	规模以上工业增加值（亿元）	实际利用外资金额（万美元）	全社会投资总额（亿元）
石家庄	1704.41	9.52	443.50	1251.39	56674	1038.60	3.68	55.72	210.90	23994	9682	2387.10	1955.39	41129	4400.20
承德	268.37	5.65	150.37	112.35	41340	350.63	3.44	43.27	46.79	18896	6031	396.97	528.08	217	1226.91
张家口	445.42	12.18	223.61	209.62	40451	439.38	4.05	48.95	65.25	19641	6583	499.77	417.78	314	1292.98
秦皇岛	624.66	8.79	241.90	373.97	58054	302.16	3.49	50.81	85.43	24021	9007	514.56	353.26	59601	786.33
唐山	2488.59	154.66	1522.57	811.36	101009	766.85	4.02	54.97	197.50	26704	11674	1743.60	3062.13	85397	3633.60
廊坊	487.64	26.61	168.58	292.46	54874	443.93	2.08	51.4	73.64	27090	10985	644.18	706.62	40063	1577.77
保定	767.87	9.46	497.68	260.72	64586	1135.14	3.94	42.93	75.45	19757	8649	1451.78	1063.82	29049	2186.00
沧州	614.04	5.39	311.35	297.30	100513	724.38	3.80	45.18	77.74	22072	8470	895.94	1271.80	17788	2357.67
衡水	240.60	15.07	148.02	77.51	42661	438.93	3.44	42.92	32.95	17808	7182	491.23	411.09	2548	830.12
邢台	263.29	5.13	141.66	116.49	28723	718.86	3.70	44.20	34.45	18195	7446	708.40	627.33	5294	1486.43
邯郸	815.44	7.30	435.71	372.43	47376	928.64	3.75	47.91	78.01	20662	9307	1106.18	1273.59	32741	2758.86

注：石家庄市的城镇化率水平不包含辛集市，保定市的城镇化率水平不包含定州市，其中定州市和辛集市集分别达到42.77%和43.02%。
资料来源：《河北经济年鉴》(2014)。

第三节　现代产业体系

河北省目前已经形成以装备制造、钢铁、石化、新能源、电子信息、生物医药产业为支撑，以现代物流、金融、旅游、文化创意等产业为主体，以一批竞争实力较强和具有河北品牌效应的优质工程为标志的现代产业体系。

一、产业发展概况

（一）主导产业与战略性新兴产业

近年来，随着经济全球化纵向深入，新的科技革命浪潮席卷而来，面对转瞬即逝的历史机遇，河北省坚持走新型工业化道路，以新技术、新工艺、新装备改造钢铁、装备制造、石化等传统优势产业（见表4-10），促使其由重转优、由粗

表 4-10　河北省主导产业发展重点

主导产业	发展重点
钢铁工业	重点实施"4+1"工程
医药	构建与国际标准接轨的新药研究开发技术平台；大力发展生物制药；将石家庄加速建设为全国最具竞争力的医药产业基地
石油化工	加快发展以石化工业基础原料、烯烃为龙头的联合生产企业；加快精细化工业的发展；建立以石油储备为依托的现代石油物流产业
装备制造	沿渤海西岸的重型装备制造产业带；汽车装备制造产业带
建筑建材	玻璃；水泥与陶瓷；化学建材；新型建材；新型建筑结构体系
食品	乳业，加快石、唐、张、承奶源与加工基地建设；葡萄酒，重点发展怀涿、昌黎两大中国优质酿酒葡萄种植与加工基地；粮油加工，重点抓好秦皇岛、廊坊、邢台三个粮油加工基地
纺织	重点抓好石家庄、邯郸、保定骨干企业的技术改造和设备更新；培育壮大雪驰、卓达、容城三大服装园、清河羊绒工业园和承德帝贤针织园
信息工业	完善液晶显示、通信网络设备、终端等产业链和配套建设；开发数字化整机产品；大力发展软件与集成电路产业，抓好石、廊信息产业基地和石、保、燕、秦四个软件产业园区
现代物流	打造环首都经济圈物流产业带、畅通"天津—冀东物流通道"
旅游	秦皇岛—乐亭—天津东疆港滨海度假带；打造张家口市桑洋河谷—秦皇岛市昌黎—滨海新区茶淀葡萄酒文化休闲聚集区

资料来源：作者搜集整理所得。

转精、由低转高；以八大工程为依托（见表4-11），加速推进新能源、新材料、生物医药、新一代信息技术、高端装备制造、节能环保、海洋经济等战略性新兴产业的发展，凝聚和激发经济发展的动力与活力。

表4-11 河北省八大战略性新兴产业工程

名称	简介
新能源及应用示范工程	以太阳能光伏电池生产、风力发电、智能电网三大产业链为重点，加强前沿核心技术研发和系统技术集成，加快提升产业规模和核心竞争力
信息产业升级工程	加快推进芯片设计制造、通信网络设备、物联网、平板显示、半导体照明、软件与信息服务、云计算等产业发展，支持建设廊坊、石家庄、秦皇岛、保定四大信息产业基地
生物产业创新发展工程	面向健康、农业、环保、能源等领域的重大需求，围绕生物医药、生物农业、生物能源、生物制造等生物领域，努力在关键技术产品研发及产业化方面实现突破
新材料特色产业链壮大工程	重点发展新能源材料、电子信息材料、非晶材料、稀土功能材料、特种陶瓷等新型功能材料，高品质特殊钢、新型合金材料、工程塑料等先进结构材料，碳纤维、玄武岩纤维、芳纶、新型纺织材料、超高分子量聚乙烯纤维等高性能纤维及其复合材料
高端装备制造工程	重点发展现代轨道交通装备、高端输变电装备、核电装备、通用航空、电子工业装备、医学工程装备、工业智能装备等
节能环保技术产业化工程	重点推进高效输变电传输设备、高效电机、余热余压利用、节能监测等先进节能技术和产品的开发应用，发展生物处理、环境监测、大气和水污染防治、清洁生产等环保技术和产品，促进共伴生矿产资源、工业固体废弃物综合利用，汽车零部件及机电产品再制造，再生资源的回收利用和建筑、生活废物的资源化利用
新能源汽车示范工程	重点推进纯电动、混合动力等新能源汽车整车及关键零部件、动力电池、充电装备、电控系统等的生产制造和研发检测平台建设，加强与上海汽车等国内外知名汽车生产企业的合作，培育壮大一批新能源汽车整车和配套生产企业
新兴海洋产业培育工程	依托秦皇岛、唐山、沧州沿海地区，合理开发利用海洋资源，推进海洋生物技术、海水综合利用、海洋风能、海洋工程技术等的开发和产业化

资料来源：《河北省人民政府关于加快培育和发展战略性新兴产业的意见》。

（二）区位商

制造业是河北省的主导产业，对全省制造业中细分产业的区位商（见表4-12）的计算结果表明，河北省纺织业，皮革、毛皮、羽毛及其制品业和制鞋业，木材加工和木、竹、藤、棕、草制品业，黑色金属矿采选业，黑色金属冶炼和压延加工业等的区位商都接近或超过1.5，[1]专业化程度较高，属该省优势产业；计算机、通信和其他电子产业的区位商值小于1，只有0.137，高科技含量产业是河北省的短板所在。因此，河北省在壮大优势产业，减压、淘汰落后产能的同

---

[1] 马树强，金浩，刘兵，张贵.河北省经济发展报告（2015）[M].北京：社会科学文献出版社，2015：13-15.

表 4-12 河北省制造业细分行业区位商

产业	区位商	产业	区位商
煤炭开采和洗选业	0.814	非金属矿物制品业	1.331
黑色金属矿采选业	1.726	有色金属冶炼和压延加工业	0.791
农副食品加工业	1.181	金属制品业	1.158
食品制造业	0.701	黑色金属冶炼和压延加工业	1.431
酒、饮料和精制茶制造业	0.995	通用设备制造业	0.849
纺织业	1.759	专用设备制造业	0.834
纺织服装、服饰业	0.879	汽车制造业	0.488
皮革、毛皮、羽毛及其制品业和制鞋业	1.794	铁路、船舶、航空航天和其他运输设备制造业	0.642
木材加工和木、竹、藤、棕、草制品业	1.643	电气机械和器材制造业	0.950
家具制造业	1.075	计算机、通信和其他电子	0.137
造纸及纸制品业	1.285	仪器仪表制造业	0.375
印刷和记录媒介复制业	1.062	其他制造业	0.437
文教、工美、体育和娱乐用品制造业	0.771	废弃资源综合利用业	0.517
石油加工、炼焦及核燃料加工业	1.008	金属制品、机械和设备修理业	0.733
化学原料及化学制品制造业	1.089	电力、热力生产和供应业	0.806
医药制造业	0.759	燃气生产和供应业	0.411
橡胶和塑料制品业	1.253	水生产和供应业	0.529

资料来源：马树强，金浩，刘兵，张贵. 河北省经济发展报告（2015）[M]. 北京：社会科学文献出版社，2015：13-15.

时，要大力发展高新技术产业。

二、各设区市的产业布局

河北省 11 个设区市目前正在加快经济调整步伐，以转变经济发展方式为主线，坚持走新型工业化道路，推动产业结构优化升级。

石家庄着力打造五大产业基地，包括国家生物医药产业基地、循环经济产业基地、信息产业基地、装备制造业基地、现代纺织业基地；唐山市紧抓曹妃甸工业区大开发的历史机遇期，大力发展钢铁、装备制造、化工、物流等临港产业；廊坊市依托现有产业基础，规划建设了以现代制造业为核心的环京产业带、以特色产业为核心的环津产业带，构筑起全面承接京津资金、技术、项目、人才转移的平台；保定市重点发展汽车制造、新能源（风能、太阳能）设备制造、电力设备制造以及纺织服装业；邢台市与邯郸市依托自身资源优势，发展钢铁、煤化工等能源原材料型产业；沧州市依托渤海新区发展化工、物流为主的临港产业，致力于打造具有国际标准的重化工产业聚集区、北方物流中心之一、先进制造业重要区域以及我国北方最大的电力能源基地；张家口、承德致力于用高科技改造传统制造业，同时大力发展现代物流、旅游和信息等新兴产业；秦皇岛目前主要大力发展以临港物流、休闲及商务旅游为主的现代服务业和以电子信息、生物制药、新材料、新能源为主的高新技术产业；衡水着力构建以装备制造业、现代生态化工业以及食品加工为核心的主导产业体系（见表4-13）。

表 4-13 河北省 11 个设区市的主导产业

	主导产业
石家庄	生物医药产业、循环经济产业、电子信息产业、装备制造业、现代纺织业
承德	现代旅游、钒钛钢铁、清洁能源、装备制造、新型材料、特色农业
张家口	旅游服务业、新型能源产业、电子信息产业、矿产品精深加工、装备制造、食品加工
秦皇岛	装备制造业、金属冶炼及压延加工业、粮油食品加工业、玻璃及玻璃制品制造业、旅游业
唐山	钢铁业、能源业、化工业、建材业、装备制造业
廊坊	电子信息制造业、金属冶炼及压延业、食品加工业、装备制造业、家具制造及木材加工业
保定	新能源及能源设备制造业、纺织服装业
沧州	石化、管道装备及冶金、机械制造
衡水	装备制造业、现代生态化工业、食品加工业
邢台	装备制造业、煤盐化工产业、新能源产业、钢铁新型建材、纺织服装、食品、医药产业
邯郸	煤炭、冶金、电力、纺织、建材、陶瓷工业

资料来源：作者搜集整理所得。

三、京津冀协同发展产业对接进程

随着京津冀协同发展进程的加快，河北省承接京津产业转移的步伐也在稳步推进。河北省现已有三大高端装备制造业基地、三大新能源汽车基地、四大电子信息产业基地、六大新材料基地、九大新能源基地和九大生物工程基地来对接北京和天津的产业转移，同时筛选出 6 类 40 个平台（包括综合类平台 6 个，公共事业休闲旅游类平台 5 个，生产制造类平台 23 个，商贸物流园区 5 个，现代服务业类园区 1 个）进行重点打造，为全面的京津冀产业布局做好准备。

2014 年上半年，河北省工信厅与北京市经信委已经组织北京的 27 个园区与河北的 57 个园区分批进行了 4 次产业对接，同时还涉及家具、锻铸造行业、电子信息、新材料、节能环保等领域的专业对接（见表4-14）。

表 4-14　京津冀地区部分产业转移情况

转移项目	转出地	转入地
首都钢铁	北京	河北迁安
北京内燃机总厂铸造车间	北京	河北泊头
丰台服装加工基地	北京丰台	河北固安
北京白菊公司洗衣机生产基地	北京	河北霸州
北京第一机床厂铸造车间	北京	河北高碑店
东方信联	北京	河北固安
奔驰配套企业	北京	河北廊坊
大红门服装批发市场	北京	河北永清、天津西青
福田重工集团生产基地	北京	河北张家口
华胜天成、掌阅移动、华瑞世纪控股集团	北京	天津滨海新区
阿里巴巴、当当网、凡客、亚马逊、京东、唯品会等电商	北京	天津武清
书生科技、央视未来电视、中启创	北京	天津保税区
搜狐视频、58 同城、华图教育、华胜天成、天融信、双竞科技、唯捷创芯	北京	天津开发区
北京首都农业集团	北京	河北石家庄
北京凌云公司	北京	河北邯郸
首钢股份有限公司（第一线材厂）	北京	河北迁安
天津丰田汽车零部件配套	天津	河北唐山
国际（保税）物流仓储产业园项目	天津	河北保定
装机总容量 200 兆瓦的曲阳县风光互补项目	天津	河北曲阳
天津老美华鞋业服饰有限责任公司高档布鞋生产线项目	天津	河北顺平
河北英利集团	河北	天津宁河
河北长城汽车	河北	天津滨海新区
天津市天士力控股集团	天津	河北保定
天津滨海汽车零部件产业园投资有限公司	天津	河北青县

资料来源：作者搜集整理所得。

京津冀地区被公认为是继长三角、珠三角之后中国经济发展的第三极。由于拥有中国两大直辖市，京津冀地区在引领我国经济增长中将发挥非同寻常的作用。在三地经济功能定位上，河北省是京津冀地区打造全球影响力城市群的战略支撑区，将在先进制造、产业转型升级和京津冀生态安全屏障方面发挥独有作用。2014 年河北省与京津两地进行了大量合作，在协同发展方面，实现了三地顶层设计（《京津冀协同发展规划纲要》）、开展了两个合作（京冀、津冀之间分别签署若干个合作协议）、落实了三个率先突破（交通、生态环保、产业）、搭建了四个平台（产业对接平台、创新平台、融资平台、服务平台）。2015 年河北省将重点推动三地产业对接协作，加快产业调整步伐，着力抓好北京新机场临空经济区、京冀曹妃甸现代产业实验区、亦庄廊坊产业园和津冀涉县天铁循环经济示范区建设。

参考文献

[1] 薛维君.河北省区域经济发展战略 [J].财经界，2006（8）：32–35.

[2] 李文陆，王英辉.河北省现代服务业存在问题及发展对策 [J].石家庄铁道大学学报（社会科学版），2012（3）.

[3] 马树强，金浩，刘兵，张贵.河北省经济发展报告（2015）[M].北京：社会科学文献出版社，2015.

第五章　主导产业与特色产业发展

第一节　河北省主导产业发展与布局

不同的区域，由于其生产资源与区位优势不同，在经济发展过程中会形成不同的主导产业集聚和布局。主导产业作为经济发展的重要增长点和支撑点，可以壮大区域经济并有效带动相关经济部门和产业发展。

一、主导产业概况

(一) 主导产业发展概况

"十二五"期间，河北省根据自身区位特点、资源禀赋以及省内经济发展特点，将钢铁产业、石油化工业、装备制造业、纺织业、医药产业、现代物流业、建筑建材业、食品产业、信息产业以及旅游业列为省内主导产业。十大主导产业的发展不仅带动着省内相关产业的发展，也决定着全省产业结构变化的方向和经济发展的速度与质量。

河北省主导产业以传统产业为主，综观近年来河北省经济发展构成，钢铁产业、石油化工业、装备制造业、纺织、医药、食品等传统主导产业约占全省整体经济的3/4。2013年，规模以上六类传统主导产业工业总产值分别达到14678.87亿元、6003.54亿元、7034.80亿元、3186.43亿元、707.04亿元和3378.81亿元（见表5-1）。

近些年，随着全省产业结构的调整和产业升级，现代物流、信息产业和旅游业等新兴主导产业逐渐实现快速发展。河北省现代物流业支撑作用日益明显，2012 年实现增加值 2253 亿元，占省内服务业生产总值的 24.01%，物流总额 74685 亿元，占国内全社会物流总额的 4.21%。信息产业保持高位增长，"十五"期间全省电子信息制造产业生产总值年均增速为 23.3%。"十一五"期间年均增速达 35% 以上，2014 年省内电子信息产业增加值增长 11.5%，超出省内规模以上工业增速的 2 倍多。旅游业方面，入境旅游人数从 2004 年的 58.07 万人次增加到 2012 年的 129.32 万人次，年均增长 10.82%；入境旅游收入由 2004 年的 19000 万美元增长到 2012 年的 54493.83 万美元，年均增长 14.72%。

表 5-1　河北省 2013 年部分主导产业规模以上工业企业发展情况

单位：亿元

经济指标 主导产业	工业总产值	主营业务收入	利税	利润
钢铁	14678.87	14252.93	1078.74	687.52
石油化工	6003.54	5939.09	649.22	357.50
装备制造	7034.80	6930.79	774.06	513.80
纺织	3186.43	3163.97	333.44	258.92
医药	707.04	835.84	83.35	56.13
食品	3378.81	3366.00	321.50	219.63

注：各指标为作者根据年鉴中各行业分科目数据处理所得。
资料来源：《河北经济年鉴》(2014)。

(二) 主导产业空间分布概况

根据地理空间格局，可将河北省划分为不同的经济区域，即冀中南地区、环渤海的秦唐沧地区、环首都经济圈中的冀北生态涵养区 (见图 5-1)。

1. 冀中南主导产业区

冀中南地区主要包括石家庄、廊坊、保定、衡水、邢台及邯郸六市，涵盖 9 万平方公里地域面积，拥有 5000 万人口。

凭借地理位置、自然资源及战略优势，冀中南地区形成了钢铁、装备制造、石油化工、纺织、食品、物流和旅游业几大主导产业。其中，石家庄重点发展钢铁、装备制造、石油化工、医药、纺织、食品、建材以及信息产业等，廊坊重点发展装备制造、信息、现代物流以及旅游业等，保定重点发展装备制造、石油化工、纺织、食品、建材、现代物流以及旅游业等，衡水重点发展装备制造、石油化工、食品以及现代物流业等，邢台重点发展装备制造、石油化工、食品以及旅

图 5-1　河北省地理区域空间划分示意图

游业等，邯郸重点发展钢铁、装备制造、纺织、食品以及旅游业等。2012 年，
冀中南地区规模以上全行业工业增加值为 5910.6 亿元，石家庄的主导产业工业
增加值为 1564.0 亿元，占冀中南地区规模以上全行业工业增加值的 26.46%，对
冀中南地区生产总值的贡献率最大；保定的主导产业工业增加值为 550.2 亿元，
占冀中南地区规模以上全行业工业增加值的 9.31%；衡水的主导产业工业增加值
为 228.6 亿元，邯郸的主导产业工业增加值为 186.4 亿元，分别占冀中南地区规
模以上全行业工业增加值的 3.87% 和 3.15%（见表 5-2）。

表 5-2　2012 年冀中南地区各设区市主导产业工业增加值

单位：亿元

所包含设区市	规模以上全行业工业增加值	主导产业	主导产业工业增加值
石家庄	1800.2	钢铁、装备制造、石油化工、医药、建材、食品、纺织、信息产业	1564.0
廊坊	824.8	装备制造、信息、现代物流、旅游业	—
保定	1020.9	装备制造、石油化工、纺织、食品、建筑建材、（新能源）	550.2
衡水	357.6	装备制造、食品、石油化工、现代物流	228.6
邢台	573.7	装备制造、石油化工、食品、旅游业	—
邯郸	1333.4	钢铁、装备制造、纺织、食品、旅游业	186.4

注：主导产业指标下括号内产业为该市发展增长较快产业或主导产业，但不为该区域内主导产业。
资料来源：《河北经济年鉴》（2013）以及作者整理所得。

2. 秦唐沧地区发展

秦唐沧地区位于环渤海经济圈的核心地带，包括秦皇岛、唐山和沧州，该地区区位优势明显，适于发展沿海经济、港口经济，是河北省发展的重要经济增长极。其中，秦皇岛主要发展钢铁、装备制造、食品、建材、现代物流以及旅游等产业，唐山主要发展钢铁、装备制造、石油化工、建材以及旅游业等，沧州主要发展钢铁、装备制造、石油化工、纺织、食品以及现代物流业等。2012年，秦唐沧地区主导产业工业增加值为3351.0亿元，占规模以上全行业工业增加值的75.43%。其中，秦皇岛主导产业工业增加值为257.1亿元，占其规模以上全行业工业增加值的72.87%；唐山主导产业工业增加值为2079.9亿元，占其规模以上全行业工业增加值的70.63%；沧州主导产业工业增加值为1014.0亿元，占其规模以上全行业工业增加值的88.54%（见表5-3）。

表5-3　2012年秦唐沧地区主导产业工业增加值

单位：亿元

所包含设区市	规模以上全行业工业增加值	主导产业	主导产业工业增加值
秦皇岛	352.8	钢铁、装备制造、食品加工、建筑建材、现代物流、旅游业	257.1
唐山	2944.8	钢铁、装备制造、（能源业）、石油化工、建筑建材业、旅游业	2079.9
沧州	1145.2	钢铁、石油化工、装备制造、纺织、食品、现代物流	1014.0

注：主导产业指标下括号内产业为该市发展增长较快产业或主导产业，但不为该区域内主导产业。
资料来源：《河北经济年鉴》（2013）。

3. 冀北生态涵养区

冀北生态涵养区包括河北省的张家口和承德，该区域自然资源丰富，生态环境良好，但工业基础薄弱，产业发展空间相对较小。现阶段，该地区具有发展低碳经济、循环经济的历史机遇优势。

冀北生态涵养区应主要发展低碳经济、循环经济，目前其主导产业有钢铁、旅游、食品加工。其中，张家口侧重发展钢铁、装备制造、食品、现代物流以及旅游业等，承德侧重发展钢铁、食品以及旅游业等。2012年，冀北生态涵养区主导产业规模以上工业增加值达881.3亿元，其中张家口规模以上全行业工业增加值为397.3亿元，主导产业工业增加值为274.0亿元，主导产业占该市规模以上全行业工业增加值的比例达68.97%；承德规模以上全行业工业增加值为484

亿元，该市主导产业涵盖的 28 个大类中，有 24 个行业的增加值同比增长 85% 左右①，经济支撑作用显著（见表 5-4）。

表 5-4　2012 年冀北生态涵养区主导产业工业增加值

单位：亿元

所包含设区市	规模以上全行业 工业增加值	主导产业	主导产业工业增 加值
承德	484.0	钢铁、中成药、食品、旅游业	—
张家口	397.3	钢铁、装备制造、食品、现代物流、旅游业	274.0

资料来源：《河北经济年鉴》（2013）。

二、钢铁产业发展与布局

（一）发展概况

河北省钢铁生产历史悠久，早在春秋战国时期邯郸就是我国的三大冶铁中心之一。近代由于受历史及战争影响，省内钢铁产业曾发展缓慢，且布局散乱失调；新中国成立后根据国家政策，河北省开始着手逐步建设健全的钢铁工业体系；改革开放后在国内外需求强力拉动下，河北省钢铁产业得到迅速发展。目前，河北省已发展为我国钢铁第一大省，钢铁产业在全省国民经济中占据重要地位，是全省经济发展的重要支撑。2002 年全省钢铁产业占第二产业的比重为 27.81%，2011 年跃升至 87.33%，即全省第二产业将近 90% 的产值是由钢铁工业创造的。② 近年来，河北省钢铁产量仍呈上升趋势，2009 年，河北省粗钢产量达 13536.28 万吨，钢材产量达 15138.48 万吨，生铁产量达 13084.86 万吨，2013 年分别升至 18849.63 万吨、22861.56 万吨、17027.55 万吨（见表 5-5）。河北省的钢铁产量已连续 13 年位居全国之首，2007 年产量达到全国的 1/5，2013 年粗钢产量接近全国粗钢产量的 1/4。全省钢铁产业的快速发展主要是来源于其资源、技术和市场等优势，目前河北省有大小钢铁企业近 150 家，产能达到 2.8 亿吨，主要产品包括轻轨、型钢、棒材、钢筋、线材、厚板、中板、热轧窄带钢、热轧薄宽带钢、冷轧薄宽带钢、镀层板（带）、涂层板（带）、无缝管、焊管等。

---

① 承德市统计局. 承德市 2012 年国民经济和社会发展统计公报 [Z]. 2013-04-02.
② 贺喜，张举钢，周吉光，刘剑波. 河北省钢铁产业的社会经济支撑度分析[J]. 地质评论，2013(6).

表 5-5　2009~2013 年河北省钢铁产品产量

单位：万吨

年份 产品	2009	2010	2011	2012	2013
粗钢	13536.28	14458.80	16450.66	18836.53	18849.63
钢材	15138.48	16757.24	19226.78	21372.63	22861.56
生铁	13084.86	13705.40	15442.40	17406.25	17027.55

注：2012 年为 1~9 月数据处理所得。

资料来源：《河北经济年鉴》(2010~2014)，河北工经网。

河北省虽是钢铁大省，但并不是钢铁强省，目前全省以低端产品为主，在技术含量较高、附加值较大的汽车用钢、特材钢以及高等级建材用钢等方面，生产能力薄弱，产品竞争力不强。同时，全省钢铁行业存在产能过剩、企业规模小、专业化生产水平低等问题，全省钢铁行业高消耗、高污染、低效益的发展路子已难以为继。因此，钢铁行业的再发展必须加大加快对产业结构的提升改革，淘汰落后产能，加强生产成本管理，提升钢铁企业的创新能力。近来，邯郸市拆除 6 家钢铁企业的 8 座正常生产高炉，压缩生铁产能 330 万吨；2012 年，唐山市计划压减炼铁产能 413 万吨，炼钢产能 1082 万吨；2013 年 11 月国务院提出五年内压缩 8000 万吨的钢铁产能任务，其中 6000 万吨在河北。2014 年 6 月底，国家发改委批复了《河北省钢铁产业结构调整方案》，将河北省作为国家钢铁产业结构调整重点省。河北省钢铁产业结构调整的重要任务是压减产能规模、优化调整布局、推进联合重组、改善品种结构、提高装备水平，包括到 2020 年底将省内钢铁产能控制在 2 亿吨左右、钢铁冶炼企业数量减少 60%、组建 15 家左右的大型钢铁企业集团、全面淘汰 450 立方米及以下高炉和 40 吨及以下转炉等。

（二）产业布局

河北省矿产资源丰富，邯郸、邢台地区有大量的磁铁矿和铁钴矿，唐山的遵化、迁安、迁西、滦县、滦南等地区以磁铁矿为主，冀北的张家口宣化、怀来和承德隆化地区则以磁铁矿和钒钛磁铁矿为主。河北省钢铁产业布局与矿产资源分布密切相关，省内一些大型钢铁企业如唐钢、邯钢、邢钢、宣钢等主要分布在矿产资源优质且集中的唐山、邯郸、邢台、宣化等地区，目前在唐山和邢台分别形成了唐钢热/冷宽带和邢钢冷轧镀锌带材产品加工两大宽带基地。许多中小型民营钢铁企业则依着分散的小矿山，分布在石家庄、邢台、邯郸、秦唐沧地区和冀北地区，尤其是唐山和邯郸武安地区的中小钢企数量众多，且发展极为迅速。大中小型钢铁企业共同提升了河北省钢铁总产量，推动河北省成为亚太地区重要的钢铁基地。但同时，河北省多数钢铁企业集聚程度低、生产规模小、技术含量少、竞争能力弱，容易受经济形势的影响而停产倒闭。

为全面贯彻落实国家批复的《河北省钢铁产业结构调整方案》，河北省开始对钢铁产业的结构和布局进行调整优化。其优化的两个原则，一是推进钢铁产能向沿海临港地区转移，二是推进钢铁产能向有资源优势的地区转移。为此，河北省启动了钢铁退城搬迁工程。石家庄钢铁集团最初于 2014 年 10 月 17 日与石家庄市政府、井陉矿区政府签订石钢环保搬迁产品升级改造项目合作协议，搬迁将在三年内完成，属河北省工业企业退城搬迁的"探路"项目。2014 年 12 月 6 日，冀南钢铁集团、河北太行钢铁集团、唐山渤海钢铁有限公司分别与其所在地政府签署项目合作协议，其搬迁改造或"退城进园"的新项目也正式启动。唐山渤海钢铁由唐山丰南区现有的 10 家企业以股权入股整合重组而成，将搬迁至距离丰南区 40 公里的渤海沿海地区。河北太行钢铁集团是由武安市明芳钢铁公司牵头整合其他 4 家钢铁企业整合成立的，同冀南钢铁分别搬迁至远离主城区的武安南洺河工业园区和武安青龙山工业园区。按照搬迁计划，冀南钢铁集团、河北太行钢铁集团、唐山渤海钢铁未来两年内，在完成钢铁产能压减任务的前提下将实现 1620 万吨钢铁产能退城搬迁。除此之外，峰峰矿区 7 家企业已整合成宝信集团、迁安津安钢铁与轧一公司、邢台德龙钢铁重组涞源奥宇钢铁和唐山德龙钢铁等已完成实质性整合，列入《河北省钢铁产业结构调整方案》的曹妃甸首钢京唐公司二期、承德钒钛制品基地两个布局调整重大项目也正在积极推进中。

（三）主要企业

河北省钢铁企业数量众多，目前有河北钢铁集团（含唐钢、邯钢、宣钢、承钢、石钢等）、津西钢铁、河北敬业集团、唐山国丰钢铁、唐山瑞丰钢铁、河北文丰钢铁、唐山港陆钢铁、河北普阳钢铁、邯郸纵横钢铁等多家钢铁企业。2009 年河北百强企业名单中有 37 家为钢铁企业，占了所有入围企业的近四成，2014 年入围中国企业 500 强的河北省 24 家企业中有 10 家是钢铁企业。

河北钢铁集团由原唐钢集团与邯钢集团在 2008 年联合组建，拥有唐钢、邯钢、宣钢、承钢、石钢等 13 个控股或参股子公司，是省内首个特大型钢铁企业。该集团主营钢铁业务，同时涉及装备制造、现代物流、金融服务领域。产品以"精品板材、精品建材、精品特钢、钒钛制品"四大系列为主，有热轧板、冷轧板、镀锌板、彩涂板、宽厚板、棒材、线材、型材、重轨、热轧带钢、五氧化二钒、钒氮合金、钒铁合金等产品，几乎涵盖市场所有产品规格。河北钢铁集团曾先后入选"世界著名品牌500强"、"全球最受尊敬的公司"，并荣获"全国五一劳动奖状"、国家级企业管理创新成果一等奖，[①] 2013年集团居中国企业500强第35位、中国制造业500强第10位。

河北津西钢铁股份有限公司，为河北首家在香港上市的民营钢铁企业，是国内最大型钢生产基地和第一家型钢标准研发基地，境内外控股公司达30余家。津西钢铁注重环境保护，大力发展循环经济，强化节能减排，优化产品结构，实现了H型钢产品生产的配套化、系列化和规模化，型钢产量、销量和出口均居全国第一位。

唐山国丰钢铁有限公司是集烧结、炼铁、炼钢、轧钢为一体的，钢材年产量达500万吨的大型钢铁联合企业，曾先后被评为河北省信用优良企业、百强企业、全国外商投资"双优"企业、全国名优产品售后服务先进单位等荣誉称号。该公司生产的产品主要包括热轧卷板、热轧带钢、螺纹钢等，畅销国内外。

唐山瑞丰钢铁（集团）有限公司是一家集烧结、炼铁、炼钢、连铸、热轧于一体的钢铁联合企业，具有带钢专业生产优势，为热轧窄带钢核心供应商之一，是国内最大的热轧窄带钢生产基地。

邯郸纵横钢铁集团有限公司为中外合资企业，是集烧结、炼铁、炼钢、轧钢、制氧余热余压余气发电、污水处理综合利用于一体的大型综合性钢铁联合企业集团，为河北省重点扶持发展的大型钢铁联合企业。该集团采用了富氧喷煤、铁水预处理、LF精炼、TRT发电、富余煤气发电等能源综合利用技术，实现了低成本运营，清洁生产。

三、装备制造产业发展与布局

（一）发展概况

河北省的装备制造业发展最早始于新中国成立前的手工农业机具领域，但当时尚未形成专业化分工和生产规模，仅为简单的器具修理和制造。后随着省内近代工业的发展，对装备制造产品的需求不断扩大，带动了省内装备制造业的发

---

① 河北钢铁集团官网，http://www.hebgtjt.com/lists.jsp?pid=17，2014-08-09/2015-04-11。

展。从新中国成立前到新中国成立初期再到改革开放前，河北省的装备制造业经历了从修配、简单制造到仿制苏联装备技术再到自力更生、自主创新几个发展阶段，这为该产业的发展奠定了基础。1980 年以后，随着改革开放的推进，河北省加大对国外先进技术的引进，省内逐步形成了门类齐全、有一定生产规模的装备制造工业部门。"十一五"时期，装备制造业被确定为河北省产业结构调整的重点，主要发展汽车/交通运输装备、能源装备、工程装备、专用装备和基础装备五大领域。其中，大型输变电设备、风电设备、动车组、皮卡车、冶金轧辊、工程机械、管道装备等汽车/交通运输装备和能源装备产业已达到国内外先进水平，成为河北省装备制造业的优势领域。从"十一五"到"十二五"中期，河北省实现了装备制造业的振兴。2005 年，河北省装备制造业总产值达 1356.20 亿元，工业增加值为 355.60 亿元，销售产值为 1288.60 亿元，利税总额为 120.90 亿元，到 2013 年，河北省装备制造业总产值跃升至 8920.84 亿元，工业增加值 2248.85 亿元，销售产值 8704.20 亿元，利税总额 802.99 亿元，各项经济指标在八年内均实现约 7 倍增长（见表 5-6）。装备制造业规模以上工业企业总产值占全省规模以上工业企业生产总值的比率也逐年增加，由 2009 年的 23.19%上升至 2013 年的 31.52%（见图 5-2）。2014 年，在全国铁路建设投资的带动下，河北省装备制造业累计完成工业总产值 10047.2 亿元，同比增长 10.62%，成为继钢铁产业之后第二个年产值突破万亿元大关的支柱产业。

表 5-6　2005~2013 年河北省装备制造业规模以上工业企业主要指标

单位：亿元

年份 \ 经济指标	工业总产值	工业增加值	销售产值	主营业务收入	利税总额	利润总额
2005	1356.20	355.60	1288.60	—	120.90	111.70
2006	1950.40	524.04	1862.50	—	176.12	123.77
2007	2586.60	685.06	2519.80	—	240.05	174.55
2008	3358.00	883.34	3271.26	—	286.45	207.28
2009	3996.77	1033.51	3871.16	3832.07	347.97	245.07
2010	5712.43	1409.81	5531.86	5520.18	553.14	407.86
2011	7353.98	1906.33	7130.41	7052.80	683.95	503.63
2012	8166.38	—	—	6773.66	—	585.12
2013	8920.84	2248.85	8704.20	8732.43	802.99	552.72

资料来源：历年《河北经济年鉴》，河北工经网。

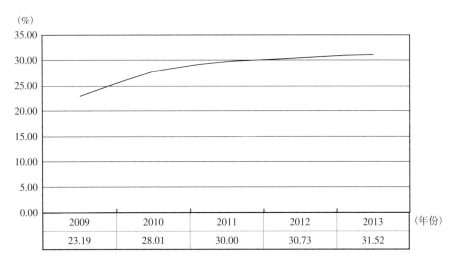

图5-2　河北省装备制造业占地区工业生产总值比率发展趋势

资料来源：历年《河北经济年鉴》。

　　河北省装备制造产业在快速发展的同时，也存在若干问题。首先，省内装备制造业主要集中在技术含量与附加值较低的传统基础类设备制造领域，主要产品以劳动密集型、原材料消耗大的加工型产品居多，技术含量与附加值高的仪器仪表业和通信设备计算机等高端装备制造业比重偏低，技术密集型的大型成套设备产品较少。其次，交通运输设备制造业链条较短，生产配套能力不足，需从外省市调运产品配件。再次，全省装备制造业整体实力薄弱，龙头企业少、企业规模小，许多装备制造企业处于产业链和价值链中低端，服务型制造占比偏低，价值链高端缺位，竞争优势不足，利润空间小。最后，全省新产品开发缓慢，阻碍着全行业综合竞争能力的提高，制约着省内产业结构的升级。

　　为此，河北省积极采取措施，一是联合区域内先进制造企业，组成行业联盟，共同在专利、研发、标准化、市场、投资等领域组建联盟，搭建装备制造产业内部交流合作平台，促进人才、技术交流与流动和知识资源共享，提升产业创新能力；二是积极招商引资，拓宽市场融资、投资渠道，提升省内装备制造业整体竞争实力；三是在原有产业基础上加快结构升级，丰富产业板块，加长产业链长度，拓展业务范围，提升产业效益。依据国家颁布的《国务院关于加快培育和发展战略性新兴产业的决定》，河北省将装备制造业的发展重点定位在航空装备、卫星及应用、轨道交通装备、海洋工程装备、智能制造装备等高端装备领域，全力提升省内装备制造业实力。为了向高端制造业迈进，2015年初河北省又确立了汽车提质扩能、交通运输装备拓展、能源装备升级、工程与专用装备品牌培育、强化基础装备五项重点工程。

(二) 产业布局

装备制造产业省内分布广泛，涵盖了冀中南、秦唐沧以及张家口等大部分地区。其中石家庄、保定、邯郸和秦唐沧地区的装备制造业出现较早，发展最为迅速。

在冀中南地区，装备制造领域主要涉及机车车辆、飞机制造等（见表5-7）。目前，石家庄地区形成了集飞机、火车和汽车生产于一体的装备制造基地，着重发展通用飞机、汽车制造、基础装备、专用机械等，2012年石家庄装备制造业工业增加值达265.0亿元，高于全市全行业规模以上企业工业增加值3.6个百分点。保定地区主要发展汽车制造、起重运输装备制造和新能源装备制造等产业，2012年保定的汽车产量为82.5万辆，汽车及零部件工业增加值达217.1亿元。邯郸地区已形成"管、件、机、车、罐"五类优势产品，铸管产能位居亚洲第一，标准件产量占全国的2/5，棉机、纺机、煤机、矿机和专用车形成了一定的规模和实力，其冀南园区装备制造业将数控机床、农机和工程机械、石化成套设备、节能环保设备等产品列为重点引进对象，并力争实现该地区产业结构的提升。

表5-7 冀中南地区主要发展的装备制造细分产业

设区市	装备制造业细分产业基地/园区
石家庄	通用航空基地：集通用飞机研发、制造、服务、通用航空运营和维修于一体，建设通飞公司全产业链基地，开展塞斯纳二期项目 中博新能源汽车产业园：发展无污染、零排放、绿色、创新、高科技含量的新能源汽车项目，实现新能源汽车"一条龙"生产 中国南车石家庄产业园：打造铁路货车造修，城市轨道交通装备组装、维修和服务，工程机械，新能源汽车四大基地
保定	长城汽车基地：长城汽车及新能源汽车技术研发、试验制造、配套零部件生产 定州长安汽车工业基地：发展节能环保型车辆 惠阳科技工业园：航空螺旋桨研发制造基地 向阳航空科技装备产业园：中航工业柔性智能工艺装备研制中心、数控机床再制造及备件中心、航空专用装备及航空产品制造生产基地 能源装备基地：发展特高压输变电设备、智能电网设备、高端风力发电设备等高端装备，着力研制离岸型兆瓦级风力发电机组、叶片等关键核心配件 中船重工风帆产业园：新型免维护蓄电池项目、AGM电池等电池能源项目，使其发展为循环经济、低碳环保的示范园区

续表

设区市	装备制造业细分产业基地/园区
邯郸	白俄罗斯大型高端农机装备产业园：主要生产高端农用机械产品 哈克（邯郸）农业机械产业园：主要生产农产品加工机械、家禽屠宰及肉类加工设备、速冻设备、全套蔬菜处理设备、乳类及奶制品加工流水线及食品烘焙流水线等 台资装备制造产业园：包括高端螺丝设备制造区、线材改制区、高端螺丝生产区、热处理区、表面处理区、污水处理区、包装物流区、科研检测区、综合服务区

资料来源：河北省工业和信息化厅。

  秦唐沧地区目前主要发展船舶制造、轨道交通装备、管道装备制造等（见表5-8）。其中，秦皇岛已拥有发变电设备、冶金机械、烟草机械等产业，现大力发展船舶、钢管、大马力农业机械装备和大型设备出海口基地等领域。唐山地区主要发展轨道交通、汽车/船舶造修、工程机械、冶金装备造修等产业，2012年，唐山市装备制造业工业增加值为348.7亿元，占全市规模以上工业增加总值的11.8%，比上年提高1.9个百分点。沧州地区主要发展数控机床、机械铸造、汽车模具、管道装备等领域（见表5-8），2012年，沧州装备制造业工业增加值达441.9亿元，占全市规模以上工业增加总值的38.6%，对沧州市经济发展支撑作用明显。

表5-8　秦唐沧地区主要发展的装备制造业细分产业

设区市	装备制造业细分产业基地/园区
秦皇岛	装备制造基地：拥有大型发电设备、变电设备、烟草机械、冶金机械、钢梁钢结构等细分产业，大力实施百万吨造船、宝鸡钢管等项目 大型设备出海口基地：二重集团出海口、太重出海口、河南重工起重设备出海口 山海关大型修船造船暨海洋工程装备制造基地：以造修船为龙头产业，以特种船舶和海洋工程为特色产品，以发展船舶配套产品为重要补充
唐山	丰润中国动车城：大力发展轨道交通车辆高端制造、城轨和磁悬浮列车、碳钢车、货车修造、铁路专用车、列车空调等 开平现代装备制造园：着力发展减速机、工程机械项目、汽车配件、排水管设施等 迁安西部工业区：钢铁产业设备检修、冶金装备制造、重型机械加工等 曹妃甸装备制造园：主要发展大型港口机械、石油钻探机械、冶金设备、工程机械、汽车/船只修造等，为北方地区大型临港现代配备制造基地
沧州	泊头工业区数控机床产业园：大力发展数控机床项目、配套零部件生产 泊头工业区：除数控机床外，还致力于机械铸造、汽车模具、环保设备等细分产业 盐山管道输送设备制造基地：重点开发集合管、波纹补偿器、螺旋钢管、无缝钢管、防腐保温管、电站设备等产品 孟村弯头管件基地：重点开发高压合金钢弯头系列，核电、风电大型法兰等系列产品，高压合金、保温防腐等特种管件研发

资料来源：河北省工业和信息化厅。

张家口地区装备制造业主要涉及专用设备制造、金属制品和通用设备制造等产业，产品主要集中在煤矿机械、工程机械、地质钻探设备、采掘机械、专用汽车等领域。其中，煤矿机械、工程机械和地质钻探机械所占比重较大，2013 年其工业增加值约占全市装备制造业的 3/5。目前，该市着力打造产业集聚发展平台，形成了体系完善的装备制造产业集群。其中，张家口煤矿机械装备制造产业园，致力于成为国内外技术领先的煤矿机械装备制造基地；宣化工程机械整机制造基地，带动工程机械中小企业配套发展；风电设备制造基地，大力发展风电叶片、塔筒等配套件产品，加大 2.5 兆瓦以上风电整机研发制造；钻机产业园与地勘和钻探机械制造基地，实施张家口中地装备探矿机械综合技改项目；张家口涿鹿县新型机械装备制造产业基地，主要发展新型环保电镀设备、铸锻造设备、机械加工处理设备等。2012 年张家口装备制造业工业增加值为 42.2 亿元，占全市规模以上工业增加总值的 10.6%。

（三）主要企业

河北省的装备制造企业众多，有长城汽车、石飞公司、河北宣工、天威保变电气股份、巨力索具股份、唐山轨道客车、唐山盾石机械、秦皇岛秦冶重工、中钢邢机、中信戴卡股份、石煤机公司等知名企业。

长城汽车股份有限公司是中国最大的 SUV 和皮卡制造企业，已于 2003 年、2011 年分别在香港 H 股和国内 A 股上市，2013 年总资产达 526.05 亿元，跻身河北省企业百强第一名。在产品方面，其旗下拥有哈弗、长城两个产品品类品牌；产品涵盖 SUV、轿车、皮卡三大品类；主要产品有迪尔、赛铃、赛酷、风骏四大系列皮卡；柴油机、汽油机、两驱、四驱四大系统；大双，中双，小双，一排半，大、小单排，厢式七种规格；涵盖国内皮卡所有品种。在生产研发方面，长城汽车拥有国际一流的研发设备和体系，专业研发团队 7000 余人，试验中心、试制中心、造型中心和动力中心均已达到国际一流、国内领先的水平；拥有四个整车生产基地，具备 SUV、轿车、皮卡等系列产品以及动力总成的开发设计能力，可同时展开十多个车型的开发；在两驱、四驱多种 SUV 产品中，搭建了赛弗 SUV、赛骏 SUV、赛影 RUV、哈弗 CUV 4 个平台。在技术方面，长城汽车的发动机、变速器、整车造型、整车设计、CAE、试验等各环节都形成了自主技术、标准及知识产权，其研发投入在 2015 年时预计可达 80 亿元。[①]长城汽车的经营质量在国内汽车行业首屈一指，被评为"最具价值的汽车类上市公司"、"最具发展潜力的中国汽车自主品牌"，并先后多次入选"民营上市公司 10 强"、"中国企业 500 强"、"中国机械 500 强"、"中国制造 500 强"、"中国工业企业 500 强"、"中国汽车工业销售收入 30 强"等。2013 年，长城入选福布斯"亚太地区最佳上市公司"、胡润"最具价值品牌前 70 强"、Interbrand"最佳中国品牌价值排行榜"。2014 年，长城汽车入围 Brand Finance Plc《2014 年汽车品牌百强榜》。[②]

北车集团唐山轨道客车有限责任公司前身为唐山机车车辆厂，曾经生产了第一台中国制造的蒸汽机车、铁路客车，被誉为"中国铁路机车车辆工业的摇篮"。经过不断的发展，现主要制造铁路客车及动车组，形成了高速动车组、城市轨道交通车辆、普通铁路客车、特种车四个系列的产品体系。唐山轨道客车建立了产品研发中心、制造技术中心，拥有与科研机构、厂所院校为合作伙伴的产品研发体系，属于国家创新型企业和铁路装备现代化重点企业，是高速铁路客运装备制造基地之一。[③]

秦皇岛秦冶重工有限公司拥有秦皇岛开发区基地、抚宁工业区基地和北戴河开发区基地，其产品出口到亚、非、欧、美洲的许多国家，主要生产无料钟炉顶成套设备、冶金阀门、冶金车辆、焦化设备等，并且其钢前、铁前冶金设备产品质量达到国内一流水平。秦冶重工与燕山大学、北京科技大学等多所高等院校建立了技术合作关系，设有省级冶金专用设备工程技术研究中心。

石家庄飞机工业有限责任公司正在着力打造华北最大的通用航空基地，主要生产小鹰 500、海鸥 300 水陆两栖、运五 B 系列、蜻蜓系列超轻型等飞机产品。

河北宣化工程机械为河北省第一家机械行业上市公司，主营装载机、推土机、挖掘机等工程机械产品。

---

①② 企业发展概况［EB/OL］.长城汽车股份有限公司官网，http：//www.gwm.com.cn/company/index.html，2012-03-12/2015-04-11.

③ 轨道装备高端产品制造基地［EB/OL］.北车集团唐山轨道客车有限责任公司官网，http：//www.tangche.com/us.php，2012-01-01/2015-04-11.

四、石油和化工产业发展与布局

(一)发展概况

河北省的石油化工业曾属弱势产业,仅有几家手工作坊,生产少量的硫化碱、硫酸钙和电石产品,后来在国家及省内政策的鼓励、引导下逐步发展,企业规模、产品涵盖领域不断扩大。从"十一五"开始,河北省石油化工业进入快速发展期,随着省内产业结构的调整、产业集中度的提高以及石化产业链的不断完善,石油化工产业形成了门类齐全的产品体系,涵盖石油化工、盐化工、煤化工、精细化工、生物化工、海洋化工、农用化工、基本化工原料、高分子材料、橡塑制品、化工机械等十几种产品。其中,纯碱、甲醇、合成氨、涂料、聚氯乙烯,以及原油加工等产品的产量在国内均名列前茅。2009 年第一季度,由于受国际经济危机影响,河北省石油化工业发展低迷,原油加工、柴油、烧碱、离子膜烧碱、纯碱、纯苯、农用氮磷钾化学肥料等 10 种产品产量低下,第一季度的利润仅为 21.17 亿元,不及第二、第三、第四季度的 1/2。面对危机,政府强力拉动内需,实施经济刺激政策,逐月实现省内石油化工行业的增长和复苏,2009 年末,河北省石化行业工业总产值恢复到 3058.44 亿元,主营业务收入 2974.38 亿元,利税及利润分别为 391.89 亿元和 203.32 亿元。2013 年,其工业总产值跃升至 6003.54 亿元,主营业务收入 5939.09 亿元,利税达 649.22 亿元,利润达 357.50 亿元(见表 5-9)。五年间,全省石油化工业总产值和主营业务收入均翻一番,实现省内石油化工业的稳步向前。

表 5-9 2009~2013 年河北省石油化工业规模以上工业企业主要指标

单位:亿元

年份	工业总产值	主营业务收入	利税	利润
2009	3058.44	2974.38	391.89	203.32
2010	4031.80	3992.59	552.17	276.10
2011	5177.00	5196.86	659.88	370.45
2012	5772.40	5656.30	653.80	354.30
2013	6003.54	5939.09	649.22	357.50

资料来源:历年《河北经济年鉴》。

由于石油化工行业的高危、高污染性和自然资源的不可再生性,河北省石油化工产业发展所面临的资源环境问题日益凸显,产业发展产生的废水、废气、废渣对人民健康与生活产生严重危害。因此，目前省内的石油化工产业发展受到一定限制，从 2010 年开始全省石油化工业利税总额占全省规模以上工业企业利税总额的比例呈现下降趋势，从 2010 年的 16.37%下降至 2013 年的 14.98%（见图 5-3）。河北省加大了对石油化工行业落后产能的淘汰，暂停审批单纯扩大产能的焦炭和电石项目，提升煤化工产业准入门槛，原则上不再安排煤制油、煤制烯烃、煤制二甲醚、煤制乙二醇、煤制甲烷五类化工示范工程，加快淘汰焦炭、电石落后产能；加快行业的产业结构调整步伐，不断提升专用化学产品、合成材料等高技术及高附加值产品在化学工业中的比重，加快传统精细化工领域及其他化工领域向新领域精细化工产业转型。同时，注重尖端核心技术提升以及环境保护等措施的实施，支持开发面向电子信息产业和装备制造业等功能性原料和结构性材料产品，支持研发绿色环保、高附加值和特种功能的染料等，以实现石油化工业在省内更好发展。

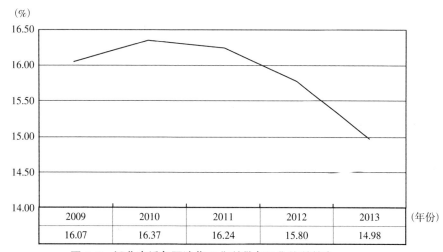

图 5-3　河北省近年石油化工业利税占工业总利税比

注：部分数据采取均值处理。
资料来源：历年《河北经济年鉴》，河北工经网。

（二）产业布局

　　河北省石油化工产业主要分布在冀中南地区的石家庄、邢台、保定、衡水，以及唐山和沧州等地，以石油化工、煤化工、盐化工、合成材料、高端精细化学品为主。其中，石油化工主要分布在石家庄、曹妃甸、沧州任丘、渤海新区，煤化工主要分布在煤矿资源丰富的邢台、邯郸、唐山、沧州等地区，盐化工分布在盐矿资源丰富的唐山南堡、张家口望山、衡水武邑、沧州临港、邢台宁晋五个地区（见表5-10）。自贯彻落实国家《石化产业调整和振兴规划》实施意见以来，河北省致力于石化产业向沿海聚集，实施了北方规模最大的唐山曹妃甸进口原油码头项目、中国石油天然气集团公司在渤海湾滩海地区的冀东南堡油田开发、黄骅港的煤炭运输向原油码头和液体化工码头转型项目等。同时，全省重视发展循环经济，逐步形成了沧州临港化工园区以PVC和TDI为核心的，曹妃甸石化基地以大型炼化一体化为龙头的，石家庄绿色化工示范基地以石油化工、煤化工、氯碱化工"三化合一"为首的，冀衡国家级循环经济示范园以亚洲最大的消毒剂生产为主的循环经济产业链，形成了石家庄、沧州任丘两个千万吨级炼油项目。

表5-10　河北省石油和化工业分布情况

石油和化工分行业	分布地区
石油化工	石家庄、唐山曹妃甸、沧州任丘、渤海新区
煤化工	邢台、邯郸、唐山、沧州
盐化工	唐山南堡、张家口望山、衡水武邑、沧州临港、邢台宁晋

资料来源：《河北省石油和化学工业"十二五"专项发展规划》。

（三）主要企业

河北省内大型石油化工企业较多，有华北石化、石家庄炼化公司、沧州炼油厂、河北冀衡集团、沧州化工实业集团、沧州大化集团、唐山三友集团等，在国内都颇具影响力。

中国石油天然气股份有限公司华北石化分公司为原华北石油管理局化学药剂厂，属燃料型石油加工企业，生产产品主要包括汽油、柴油、聚丙烯、苯乙烯和液化石油气、溶剂油、燃料油等，其中部分达到欧Ⅳ标准，全部产品达到欧Ⅲ标准。公司经过多期扩能改造，目前已形成每年单次加工1000万吨、配套加工500万吨的能力，拥有常减压、催化裂化、加氢精制、连续重整、苯乙烯、聚丙烯等20多套生产装置。

唐山三友集团有限公司为省属国有重点骨干企业，集团拥有13个公司，是国内纯碱和化纤行业领军企业。主要涉及盐化工、化纤、精细化工等领域，产品包括纯碱、粘胶短纤维、烧碱、聚氯乙烯树脂、氯化钙、有机硅等。其中，纯碱和粘胶短纤维均荣获中国名牌，产量、质量、出口创汇等指标多年保持国内同行业首位，产量在世界排名第一。三友集团注重技术研发与创新：开发了70多种低盐纯碱等新产品，其中 29 项新产品填补国内、省内空白；荣获 116 项国家专利技术，其中有 66 项获得省部级科技进步奖；共参与了 6 项国家标准、5 项行业标准制定；成功研制了国内首套化纤核心设备，且该套设备拥有完全自主知识产权。该集团荣获中国化工行业技术创新示范企业、省"两化融合"示范企业、省十大发明创造单位等称号，连续六年进入中国信息化 500 强。

河北沧州化工实业集团有限公司（沧州化工）为河北省内规模最大的化工原料生产基地和氯碱生产企业，拥有 11 家子公司，其生产的主要产品有烧碱、聚氯乙烯树脂、液氯、盐酸、原盐、水泥等。公司拥有我国首套自主设计筹建的离子膜烧碱生产装置和首家"联合法"聚氯乙烯树脂生产设备，此两款设备的工艺技术均达国际先进水平。

石家庄炼化分公司为原石家庄炼油厂，是集炼油、化工、化纤于一体的企业，主要产品有车用无铅汽油、分子筛料、灯煤、京标汽油等。

河北冀衡集团为原河北冀衡化工总厂，主要涉及消毒剂、化工、化肥等领域，产品包括氯代异氰脲酸类系列高效消毒剂以及相关化工类产品。

五、食品产业发展与布局

（一）发展概况

河北省是农业大省，省内食品产业发展较早，产品种类繁多，生产工艺多样，且拥有食材资源与市场资源双重发展优势。河北省食品产业涵盖范围广泛，几乎涉及所有领域，包括粮油加工业、屠宰及肉类加工业、酒类加工业、乳制品加工业、饮料加工业、方便食品加工业、果蔬加工业以及调味品/食品添加剂/食品包装业等，均形成了一定的生产规模和竞争优势。目前，在各个产品领域都拥有众多知名品牌，包括骊骓淀粉、双鸽食品、施尔得肉制品、洛杉奇食品、衡水老白干、君乐宝、养元核桃露、承德露露、今麦郎、栗源等。多年以来，全省积极致力于食品工业转型升级，努力实现由食品产业大省向食品产业强省的转变。

受 2008 年的乳制品行业三聚氰胺事件尤其是河北省三鹿奶粉事件和 2009 年的全球金融危机影响，全省出现了食品行业内金融危机、原材料价格异常波动、信任危机等复杂情况。2009 年和 2010 年食品产业工业总产值分别仅为 1787.31 亿元和 2266.24 亿元（见表 5-11），工业总产值增长率分别为 26.80% 和 26.35%，均低于省内工业全行业总产值增长率（见图 5-4），产业发展落后于其他主导产业。在三聚氰胺事件的影响下，河北省开始对乳制品行业进行综合治理、重组整合，并坚持创新驱动，采取增加新项目、引进新技术，提升产业集中度等措施，加强省内行业自律和食品质量安全监测，提出了"生产规模化、质量标准化、产品品牌化、管理制度化"四大发展目标。通过治理整顿，全省食品产业发展进一步规范，方便面、葡萄酒、小麦粉等产量位居全国前十。但2011年到2012年受全省经济影响，全省食品产业工业总产值增长率分别降为10.11%、12.73%，但高于省内整体工业经济增长率。

表5-11 2009~2013年河北省食品产业经济指标

单位：亿元

年份	工业总产值	工业增加值	销售产值	主营业务收入	利税总额	利润总额
2009	1787.31	467.70	—	1743.83	197.37	101.63
2010	2266.24	513.22	2195.25	2207.16	237.91	121.70
2011	2863.34	686.30	2822.92	2827.24	317.17	164.38
2012	3152.90	—	—	3182.20	394.20	211.10
2013	3554.22	816.30	3463.40	3490.84	408.28	215.51

资料来源：河北工经网。

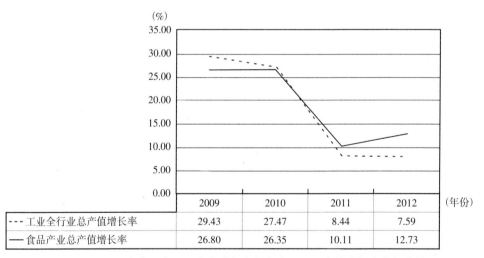

(年份)	2009	2010	2011	2012
--- 工业全行业总产值增长率	29.43	27.47	8.44	7.59
—— 食品产业总产值增长率	26.80	26.35	10.11	12.73

图5-4 河北省食品产业总产值增长率与全省工业总产值增长率变化趋势

资料来源：历年《河北经济年鉴》。

（二）产业布局

河北省食品业发展相对较为成熟，全省各地均有分布，多处地区形成产业集聚。省内粮食深加工产业主要分布在冀中南、冀北、沧州等地区，其中，优质小麦和玉米加工产业带分布在冀中南地区，优质大豆加工产业带主要分布在冀中南和沧州地区，优质杂粮加工产业带主要分布在冀中南、冀北和沧州地区。淀粉深加工产业重点发展淀粉糖及其衍生物产品、变性淀粉、淀粉发酵产品等，主要分布在石家庄赵县淀粉产业聚集区和秦皇岛地区。食用油精深加工主要分布在油料作物集中的冀中南、沧州和张家口坝上以及北部山地等地区。肉牛和肉羊加工产业主要分布在冀中南和秦皇岛、唐山和冀北地区。生猪、肉禽类加工主要分布在冀中南和秦唐沧地区。乳制品深加工产业主要分布在冀中南地区，并向冀北坝上地区延伸，向奶业生产优势区域集中，形成了石家庄、保定、唐山、张家口四大奶业优势区。果蔬精深加工业主要分布在果蔬产品丰富的秦皇岛燕山山脉和冀中南太行山脉平原丘陵地区、沧州地区等，其中，蔬菜生产基地分布在冀中南、秦唐沧、冀北地区，杏仁深加工产业分布在冀北地区，葡萄酒特色集群位于张家口怀涿盆地和秦皇岛昌黎，形成了怀涿、昌黎葡萄酒基地。白酒产业主要集中于衡水、邯郸、邢台、保定、沧州和冀北地区。

2013 年，河北省四大地区奶类产量占全省总量的 82.4%，乳品加工产能达全省的 80% 左右。2014 年，河北省获生产许可证的白酒企业 370 余家，达规模以上的企业 56 家，且衡水、承德、邯郸、泊头（沧州）、保定、邢台以及张家口地区的 10 家规模以上企业入选河北省白酒影响力十强，此 10 家企业白酒产量约占全省规模以上白酒企业总产量的 40.52%，主营业务收入约占 47.07%，利税约占56.41%。

（三）主要企业

河北省内食品类知名企业众多，有石家庄君乐宝乳业、蒙牛乳业衡水有限公司和具备省级企业技术中心的长城葡萄酒、石家庄珍极酿造集团、承德避暑山庄实业集团、衡水老白干集团和鹏泰面业等。

河北衡水老白干酿酒（集团）有限公司的前身为河北衡水老白干酒厂，如今已经成为中国白酒行业老白干香型产品中生产规模最大的企业，跻身全国白酒十强。衡水老白干历史悠久，其传统酿造工艺被评为国家级"非物质文化遗产"，"特制老白干"系列以清香型白酒而闻名于世，并荣获"著名商标产品证书"。集团酿酒行业的主要产品包括一百多种规格的主打白酒产品老白干系列和九州金麦/雪绒花/爽啤/苦瓜/新生代等九州啤酒系列。

石家庄君乐宝是河北省最大的乳制品加工企业，在石家庄、保定等地区拥有十多家生产工厂，是国家重点农业产品生产龙头企业，于 2010 年被蒙牛收购51%股份。君乐宝生产产品包括纯牛奶、酸牛奶、乳饮料、花色奶、低温乳酸菌饮料和婴幼儿配方奶粉等，其中低温乳酸饮料和酸牛奶的国内市场占有率位居全国第四。2014 年，石家庄君乐宝乳业的君乐宝奶粉正式取得 BRC（英国零售商协会）食品安全全球标准 A 级证书，这标志着君乐宝奶粉将能够出口欧盟。[①]

蒙牛乳业衡水有限公司为蒙牛集团和中粮集团合作发展的高端奶项目，定位于乳制品的高端消费市场，采用国际先进的"牧场加工厂一体化"的"前牧后场"生产经营模式，是河北省食品工业主导企业之一。

张家口怀来的长城葡萄酒有限公司为国家葡萄酒生产销售大型企业，生产产品涵盖七个系列，种类达 33 种。

鹏泰面业包括"鹏泰"、"金焙"、"筋爽"、"麦纯"、"芯品"五个品牌，产品种类近百种，拥有较强的专用粉研发生产技术。

六、信息产业发展与布局

（一）发展概况

河北省信息产业于改革开放后开始发展。发展初期，在新型显示器件、现代通信、软件、半导体材料、集成电路设计及后封装备等领域独具特色和优势，在黑白/彩色电视机、黑白显像管、黑白玻壳、监视器、空调器、程控交换机、对讲机、智能终端机、一体化输出变压器、电子调谐器、专用线材、太阳能电池等产品方面初步形成了专业化生产。20 世纪 90 年代以来，河北省紧跟国家产业发展趋势，不断进行信息产业结构调整，逐步减少消费类电子产品投资，加大对电子元器件类产品的投资力度，形成了以电真空显示器件及配套产品、液晶显示器件及应用产品、程控交换机及光通信机、计算机软件与应用、电力电子器件及节能应用、卫星通信产品、空调器及制冷设备、太阳能电池及应用等产品为主导的产业新格局。如今，河北省电子信息产业发展主要包括通信产业、LED 产业、太阳能光伏产业、平板显示产业、软件与信息服务产业等。在通信产业方面，河北省形成以石英光纤和塑料光纤为主导，以光缆、光纤活动连接器、光纤传感、物

---

① 谭立勇，张青果.君乐宝获国内首个出口欧盟通行证 [N].河北经济日报，2014-09-16.

联网、智慧城市为链条的光纤产业集群，成功生产出陶瓷插芯产品，弥补省内光纤产业空白；在 LED 产业方面，省内积极完善半导体照明产业链条，进行相关技术研发中心建设等；在太阳能光伏产业方面，河北省的光伏太阳能电池产品具有国际竞争优势，产品包括单晶硅、多晶硅、非晶硅薄膜深加工等领域，拥有从原辅材料生产到发电应用工程的完整产业链等；在平板显示产业方面，省内着力进行光阻油墨、滤光片、LCOS、电子纸等关键原材料、驱动电路、面板等核心技术研发，且积极对玻璃基板生产领域进行拓展等；在软件与信息服务产业方面，河北省培育和发展了医疗电子、电力电子、安防电子、交通电子、智能仪表、节能环保监测，建立了信息化测评、软件评测、网络与信息安全测评、电子认证等信息技术服务支撑体系，实现了宽带互联网、移动互联网和数字化广播电视网业务相互融合。

河北省信息产业规模相对较小，且易受到国内外各种经济变动的影响。2009年，省内电子信息产业主营业务收入为 631.35 亿元，同比增长 3.2%，位居国内该行业增长速度第 7，占全省规模以上工业主营业务收入的 2.61%，利税总额为94.05 亿元，其中利润为 73.77 亿元，位居全国第 6。2011 年，主营业务收入增长至 1032.90 亿元，占全省规模以上工业主营业务收入的 2.57%，利税达 146.40亿元。2012 年，受欧洲债务危机、国际贸易摩擦等低迷的国际市场需求和无序的国内竞争等影响，河北省当年电子信息产业主营业务收入下降至 934.72 亿元，占河北省规模以上工业主营业务收入的比例下降至 2.14%，利税总额下降至78.87 亿元，仅为上一年利税总额的 1/2 左右。2013 年，主营业务收入缓增至1020.20 亿元，利税为 81.59 亿元。

（二）产业布局

河北省电子信息产业主要分布在石家庄、保定、邢台、廊坊、秦皇岛等地，这些地区电子信息产业发展较快，先后建成了中国电子科技集团石家庄信息产业基地、华为公司北方生产基地、京东方移动平板显示产业基地，保定新能源及能源装备、邢台太阳能光伏光热、廊坊电子信息等新型工业化产业示范基地。石家庄信息产业基地重点发展数字通信和卫星导航设备、数字家庭、半导体照明、激光器、光收/发模块、光 MEMS 器件、专用集成电路设计与制造等；保定信息产业基地重点发展太阳能光伏、半导体照明、电力电子、汽车电子、IC 产品制造、石油和地质勘探仪器、磁性材料等；邢台信息基地重点发展单晶硅材料、硅片、太阳能电池、太阳能装备、电池组件、半导体照明和家电整体机等；廊坊信息产业基地重点发展通信网络产品、平板显示、新型元器件、新材料、光机电一体化设备、电子专用设备等；秦皇岛信息产业基地重点发展安防电子、医疗电子、高端印制电路板、电子专用设备、平板显示、半导体照片等。① 此外，在邯郸、唐山的玉田、沧州的青县、承德和张家口的东山、怀来、涿鹿等地区形成了一批电子信息产业特色产业园，在石家庄、秦皇岛和廊坊等地形成了动漫、数码和信息服务等特色软件与信息服务产业基地，共同推进了河北省信息产业不断向前发展。

石家庄的电子信息产业在近十年来保持了近 20% 的增长速度，2013 年，其电子信息行业纳入统计范围内的企业达到 180 家，新登记软件产品 183 项，软件企业认定 23 个。其中，系统集成企业 63 家，信息系统工程监理单位 8 家，企业数量分别占全省的 67.8% 和 88.9%。廊坊新增一批大型电子信息企业落户，投资建设了一批高水平孵化转化载体，为其电子信息产业的进一步发展营造了良好氛围。2014 年，廊坊电子信息产业产值达 280 亿元，占河北省电子信息全行业的 25% 左右，是其 2008 年电子信息总产值的 2.5 倍左右，增长速度居省内前列。

（三）主要企业

河北省信息产业代表性企业有河北晶龙集团、英利能源（中国）有限公司、保定天威英利新能源有限公司、保定市易通光伏科技有限公司、保定嘉盛光电科技有限公司和衡水英利新能源有限公司、保定乐凯新材料股份有限公司、保定风帆股份有限公司等。

国家高新技术企业河北晶龙集团，是世界上最大的太阳能级单晶硅生产基地和世界上最大的晶体硅太阳能电池制造商。2011 年河北晶龙集团被邢台市国税局、地税局评为 A 级别纳税信用等级单位，"晶龙"商标荣获光伏界第一个中国驰名商标。2011 年，晶龙集团开建国家"金太阳"示范工程项目：2MWp 高效单晶硅光伏发电示范项目。该集团现已形成纵横双向的特色光伏产业链条，纵向为"晶体生长—切方—切片—太阳能电池片—太阳能电池组件"产业链，横向为单晶炉、石墨热系统、石英坩埚、切削液和光伏产品系列包装等高技术辅助耗材产业集群。②

---

① 河北省政府. 河北省电子信息产业"十二五"规划 [Z]. 2011.
② 邢台经济发展区. 园区概况 [EB/OL]. http://www.xtkfq.com/About.php?id=1, 2012-05-03/ 2015-04-11.

英利能源（中国）有限公司、保定天威英利新能源有限公司、保定市易通光伏科技有限公司、保定嘉盛光电科技有限公司和衡水英利新能源有限公司都是英利集团下属的光伏制造类企业。英利集团具备很强的研发潜力，其光伏组件产量居全球首位。集团旗下的英利能源（中国）有限公司生产的产品主要有硅太阳能电池及其相关产品、风机及相关产品、控制器、逆变器、热发电产品等；保定天威英利新能源有限公司生产的产品主要有硅片、晶体硅硅锭、太阳能电池、光伏系统工程及光伏应用产品等。

第二节 县域经济与特色产业

河北省为我国县域大省，地域辽阔，有 11 个设区市，含 39 个市辖区，18 个县级市，106 个县，6 个自治县。县域经济受地理位置、经济发展起源等多重因素影响，各县（市）经济独具特点，形成了多种多样的特色产业。

一、县域经济

（一）发展概况

作为县域大省，河北省的县域经济占全省整体经济的比例越来越大。2013 年河北省县域生产总值为 23004.8 亿元，占全省生产总值的比重达 81.3%，比 2012 年提高 12.6 个百分点；县域工业生产总值达 7221.5 亿元，占全省生产总值的 25.5%；2013 年河北省县域实现公共财政预算收入 854.7 亿元，比 2012 年增长 13.1%（各设区市数据详见表 5-12）。县域经济的发展在很大程度上决定了全省经济发展的速度与质量，县域经济的健康良好发展成为河北省经济发展的关键。

表 5-12 2013 年河北省县域经济发展指标

单位：亿元

设区市	县域生产总值	县域工业生产总值	县域地方公共财政收入
石家庄	3258.99	1794.73	104.23
承德	981.37	463.97	981.37
张家口	838.61	274.85	463.97

设区市	县域生产总值	县域工业生产总值	县域地方公共财政收入
秦皇岛	544.62	178.17	55.71
唐山	6913.93	1096.94	838.61
廊坊	1455.33	428.15	274.85
保定	2071.55	661.20	51.74
沧州	2409.32	893.29	544.62
衡水	818.24	232.25	178.17
邢台	1322.90	392.48	24.07
邯郸	2389.96	805.50	6913.93

资料来源：《河北经济年鉴》（2014）。

河北省县域人口众多，占全省人口比重极大，县域人民生活水平很大程度上反映出省内整体人民生活水平状况。近年来，县域人民生活水平不断提高。2013年，河北省生产总值超过 100 亿元的县（市）有 66 个，其中超过千亿元的县（市）1 个，为唐山迁安；县域城镇在岗职工年平均工资为 35069.2 元，比 2012 年上涨 1.9%；全省 135 个县（市）的农民人均纯收入总值达到 112.7 万元，全部县（市）的农民人均纯收入首次超过 4000 元。河北省农民人均纯收入排名前十的县（市）为迁安市、藁城市、晋州市、鹿泉市、三河市、正定县、涿州市、香河县、安国市和新乐市。其中，迁安市农民人均纯收入达 15512 元，藁城市达 12846 元，晋州市达 12683 元，鹿泉市达 12666 元，三河市达 12554 元，正定县达 12004 元，涿州市达 11856 元，香河县达 11716 元，安国市达 11708 元，新乐市达 11575 元（见表 5-13）。

多年来，河北省积极进行县域基础设施建设，为县域经济发展提供有力支撑，同时着力发展县域特色产业，进行强市、强县工程建设，培育县域经济形成新增长极。这有效激活了县域经济活力，2013 年全省县域固定资产投资增长速度加快，实现全社会固定资产投资 15304.7 亿元，比 2012 年增长 22.5%；县域消费品市场交易量增大，社会消费品零售总额达到 6639.9 亿元，比 2012 年增长 13.7%。

表 5-13　2013 年河北省县（市）农民人均纯收入排名（前 60 名）

单位：元

县（市）	农民人均纯收入	排名	县（市）	农民人均纯收入	排名
迁安市	15512	1	徐水县	10417	31
藁城市	12846	2	固安县	10314	32
晋州市	12683	3	武安市	10233	33
鹿泉市	12666	4	邯郸县	10230	34
三河市	12554	5	临漳县	10193	35
正定县	12004	6	永清县	10185	36
涿州市	11856	7	赵县	10100	37
香河县	11716	8	满城县	10075	38
安国市	11708	9	大城县	10006	39
新乐市	11575	10	抚宁县	9972	40
迁西县	11479	11	无极县	9955	41
栾城县	11442	12	高碑店市	9897	42
乐亭县	11440	13	成安县	9889	43
霸州市	11408	14	滦南县	9850	44
滦县	11340	15	怀来县	9840	45
高阳县	11337	16	安平县	9768	46
辛集市	11115	17	蠡县	9739	47
容城县	11114	18	沙河市	9629	48
遵化市	11098	19	元氏县	9618	49
玉田县	11078	20	曲周县	9570	50
大厂回族自治县	11016	21	定州市	9524	51
清苑县	11008	22	清河县	9512	52
文安县	10977	23	定兴县	9306	53
任丘市	10981	24	宁晋县	9294	54
雄县	10804	25	沧县	9207	55
黄骅市	10749	26	河间市	9142	56
磁县	10675	27	高邑县	9142	57
昌黎县	10674	28	肥乡县	9136	58
永年县	10526	29	安新县	9045	59
青县	10428	30	景县	8953	60

资料来源：《河北经济年鉴》（2014）。

（二）主要县域经济

本书选取河北省在 2014 年县域经济基本竞争力全国排名 100 以内的三个县（市）作简要介绍。

1. 唐山迁安市

迁安市位于环渤海经济圈和环京津城市带的重要节点上，先后荣获国家卫生城市、国家园林城市、国家级生态示范区、国家可持续发展实验区、"绿动·2011中国经济十大领军城市"、中国宜居城市等荣誉称号，被列为第三批国家综合改革试点城市。

迁安市依托"东出西联"、"两环带动"经济发展战略，以及境内京沈高速、102国道纵横沟通，京秦、大秦、卑水、迁曹等铁路连接成网的便利交通条件，大力发展精品钢铁、装备制造和现代物流等主导产业。市内知名企业有首钢集团、浙江物产、天津物产、芬兰斯道拉恩索公司、河北钢铁集团等世界500强企业和徐州重工、柳州重工、葵花药业、红星美凯龙等中国百强企业。

2014年，迁安市在中国县域经济基本竞争力百强评比中位列第23。2013年，迁安全市实现地区生产总值1005.1亿元，比2012年增长11.6%，其中工业生产总值达到295.9亿元，占地区生产总值的29.4%；累计完成全社会固定资产投资453.0亿元，比2012年增长19.4%；公共预算财政收入为37.2亿元，同比下降4.6%；城镇居民在岗职工平均工资和农民人均纯收入分别达到5.1万元和1.6万元，同比分别增长109.0%和10.3%。

2. 廊坊三河市

三河市地处河北省廊坊市北部，与京津接壤。三河市在2014年中国百强县中排名第73。

三河市着力发展的主导产业包括现代物流、绿色食品、装备制造，市内知名企业有同飞制冷设备有限公司、燕潮酩酿酒有限公司、桂宇星体育用品有限公司等。

2013年，三河市地区生产总值实现458.8亿元，比2012年增长7.9%，其中工业生产总值达到155.0亿元，占地区生产总值的33.8%；地方公共财政预算收入实现54.3亿元，较2012年增长25.7%，位居全省县级榜首；固定资产投资达到363.6亿元，较2012年增长15.4%，全省县级排名第2；城镇居民在岗职工平均工资和农民人均纯收入分别为4.5万元和1.3万元，人民生活水平增长显著。

3. 邯郸武安市

武安市位于河北邯郸西北部，在2014年中国百强县中县域经济实力排名第79位。目前，武安市积极参与冀中南城市群建设，努力加快对东部、西苑和洺湖三大新区的规划筹建。

武安市主导产业包括钢铁和装备制造。为调整、优化产业结构，2012年武安市淘汰落后产能240万吨，大力推动循环经济的发展。其中，新武安钢铁集团实施了"3年200个项目"计划，万利新材料有限公司年产100万吨冷轧薄板等钢延项目相继建成，龙凤山铸业有限公司生产的高纯生铁新产品弥补了国内空白。

2013年，武安市地区生产总值实现595.0亿元，比2012年增长2.5%，其中工业生产总值达185.9亿元，占地区生产总值的31.2%；地区公共财政预算收入为30.7亿元，较2012年降低2.2%，在省内全部县（市）中排名第3；全社会固定资产投资为255.0亿元，比2012年增长15.8%，在省内全部县（市）中排名第4；城镇在岗职工平均工资水平和农民人均纯收入分别为3.8万元和1.0万元。

二、特色产业

（一）发展概况

县域特色产业不仅是提升县域竞争实力、带动县域经济增长的重要力量，也为河北省经济发展增添了活力。

为提升县域经济发展特色产业，"十一五"期间，省科技厅的"河北省特色产业基地建设工程"项目先后两批认定了30家特色产业基地（见表5-14和表5-15），每家基地要求其特色产品在全国的市场占有率均达15%以上的比重，年销售收入达20亿元以上，上缴税金占所在区域财政收入的比例达20%以上。目前，30家特色产业基地所在县（市）工业总产值增长迅速，2013年，石家庄辛集市工业生产总值达224.26亿元，沧州河间市和黄骅市工业生产总值分别达119.23亿元和114.74亿元，唐山玉田县工业生产总值达109.48亿元（见表5-16）。

表5-14　河北省首批特色产业基地

地级行政区县（市）	镇、乡级行政区	产业集群	地级行政区县（市）	镇、乡级行政区	产业集群
衡水市	安平县	丝网产业	廊坊市	霸州市	金属玻璃
石家庄市	辛集市	皮革皮衣	秦皇岛市	昌黎县	干红酒酿造
保定市	高阳县	纺织产业	唐山市	玉田县	电子元器件
衡水市	桃城区	工程橡胶	沧州市	黄骅市	模具制造
沧州市	孟村	弯头管件	邢台市	宁晋县	太阳能硅

续表

地级行政区县（市）	镇、乡级行政区	产业集群	地级行政区县（市）	镇、乡级行政区	产业集群
邢台市	清河县	羊绒产业	沧州市	河间市	电线电缆
衡水市	景县	橡塑产业	邢台市	平乡	自行车
保定市	高碑店市	箱包业			

资料来源：河北省科技厅。

表 5-15 河北省第二批特色产业基地

地级行政区县（市）	镇、乡级行政区	产业基地	地级行政区县（市）	镇、乡级行政区	产业基地
沧州市	盐山县	河北省管道装备特色产业基地	衡水市	固城县	河北省摩擦材料特色产业基地
沧州市	南皮县	河北省五金机电特色产业基地	衡水市	冀州市	河北省采暖散热器特色产业基地
沧州市	泊头市	河北省铸造特色产业基地	廊坊市	文安县	河北省胶合板特色产业基地
唐山市	南堡区	河北省盐化工特色产业基地	廊坊市	大城县	河北省保温建材特色产业基地
张家口市	万全县	河北省液压油缸特色产业基地	保定市	雄县	河北省塑纸包装印刷特色产业基地
承德市	滦平县	河北省钒产品特色产业基地	邢台市	隆尧县	河北省石膏建材制品特色产业基地
石家庄市	正定县	河北省板材特色产业基地	邯郸市	永年县	河北省标准紧固件特色产业基地
石家庄市	高邑县	河北省建筑陶瓷特色产业基地			

资料来源：河北省科技厅。

表 5-16 2013 年具有特色产业基地县（市）地区工业总产值

单位：亿元

县（市）	工业生产总值	县（市）	工业生产总值
辛集市	224.26	高碑店市	33.6934
河间市	119.23	景县	33.66
黄骅市	114.74	安平县	32.94
玉田县	109.48	南皮县	32.50
霸州市	90.48	故城县	31.40
正定县	90.38	万全县	24.81
滦平县	75.46	冀州市	24.77
永年县	69.62	孟村	24.17
泊头市	61.96	盐山县	22.15

续表

县（市）	工业生产总值	县（市）	工业生产总值
昌黎县	46.31	高阳县	21.32
清河县	46.33	大城县	20.10
宁晋县	42.87	雄县	16.76
文安县	38.89	平乡县	14.38
高邑县	36.05	桃城区	—
隆尧县	34.38	南堡区	—

资料来源：《河北经济年鉴》（2014）。

近年来，河北省县域特色经济中被国家有关部门、机构、协会等命名的"国字号"区域品牌有 69 个，中国名牌产品 11 个，驰名商标 8 件。特别是区域品牌中，涌现了一批如"中国皮都"（辛集）、"中国丝网之乡"（安平）、"中国药材之乡"（安国）、"中国羊绒之都"（清河）、"中国北方家具商贸之都"（香河）、"中国毛毯之乡"（高阳）、"中国合成革产销基地"（高碑店）、"中国男装名城"（容城）、"中国休闲服装名城"（宁晋）、"中国工程橡胶产业制造基地"（桃城区）等知名度很高的大品牌，这些品牌是河北特色产业的象征和名片，以其特有的品牌影响力从多方面折射出河北县域经济坚实的产业基础和蓬勃的发展活力。

（二）主要特色产业

本书结合县（市）工业生产总值排名与名牌产品知名度，选取"辛集皮革"、"安国药材"和"白沟箱包"分别作简要介绍。

1. 辛集皮革

辛集市属于河北省石家庄市，是省试点省直管市，现有皮革、化工、钢铁机械、农产品加工四大支柱产业。其中，辛集皮革在国内最负盛名，也是全市最大的特色支柱产业。

辛集市是国内最大的皮毛集散地，集皮革加工、皮革服装生产、贸易、科研等于一体，素有"河北一集"之称，曾被授予"中国皮革皮衣之都"荣誉称号，其产品主要包括皮革服装、裘皮、手套箱包、毛毡等 5 大类 200 多个品种。现辛集已形成了制衣、制革、制鞋、皮具较为完整的产业链条，带动了皮革机械、皮革化工、毛领加工、皮革辅料等近十个行业的繁荣和发展，构筑了以辛集国际皮革城为龙头，制衣、制革工业区并驾齐驱、相互促进的发展格局。①2011年，辛集市被认定为国家外贸转型升级专业型示范基地；2012年，被评为五星级专业市场；2013年，辛集市的社会消费品零售总额达207.4亿元，全省排名第1。

随着河北省整体产业结构优化升级，辛集皮革产业正加快转型升级步伐，逐步实现向世界皮都的提升。辛集皮革城的"一城十中心"项目，助力辛集市向国际先进的皮革皮草制品研发、制造以及商贸中心迈进，使辛集市实现了"以市场带发展，以市场促繁荣，以市场延链条"的经营模式和向开放型经济发展方式的逐渐转变。②

2. 安国药材

安国市隶属于河北省保定市，处于环京津和渤海经济圈内，京、津、石三角中心地带，是河北省第一批扩大管理权限的22个县（市）之一。

安国药材种植与药材加工相辅相成，基本形成了完整的中药材种植、加工和经销的产业链条。安国是国家级优质中药材种植试验基地和万亩药材优良种苗繁育基地，中药材种植种类达300多种，中药材年产量约4000万公斤，占全省中药材产量的70%以上，现成为国内最大的中药材专业集散基地和中药材出口基地，主要销售和出口地区遍布全国以及日本、韩国、中国台湾和东南亚等20多个国家和地区，被称为"中药材之乡"、"药都"和"天下第一药市"，拥有安药集团、药都集团、光明药行等全国知名品牌。目前，中国香港、中国台湾、韩国、美国等地区在安国投资办厂，安国拥有美威制药、香港祁新颗粒饮片公司、祁农有限公司等外资企业。

安国药业经济涵盖一次、二次、三次产业，来自药业的GDP、财政收入、农民人均纯收入均分别占该市此三项指标各项总额的40%左右，安国药材产业带动了全市经济的发展。

3. 白沟箱包

河北省保定高碑店市的副县级建制镇白沟镇，于2010年9月成立白沟新城。新城地处国家第三增长极京津冀地区的核心区域，其管辖范围涵盖白沟镇全境和

---

① 商务部对外贸易司. 河北省辛集市皮革及制品基地［EB/OL］. http: //wms. mofcom. gov. cn/article/hyxx/tansuosikao/201307/20130700217271. shtml, 2013-03-06/2015-04-11.

② 辛集皮革城整体规划概述［EB/OL］. 辛集国际皮革城官网, http: //www. xinjipidu. com/index. php? m=content&c=index&a=lists&catid=9, 2015-04-23/2015-04-11.

白洋淀温泉城产业集聚区，总面积达 118.5 平方公里，人口超过 15 万，被定为国家经济发达镇行政管理体制改革试点。

白沟箱包业至今已有四十多年的历史，设立有专门的箱包科研机构，现已经形成大型生产基地与现代化箱包交易城及配套专业市场，以及从原辅材料生产到成品销售的庞大产业链和产业集群，是我国北方以箱包闻名的知名商业化城镇和活跃的小商品集散中心，被称为"中国箱包之都"，其产品出口国涵盖了俄罗斯、中东、东南亚、非洲、南北美等 130 多个国家和地区。白沟箱包产量已占到河北省同类产品的 95%、全国同类产品的 25%以上。

作为保定东部中心城市，白沟箱包业通过箱包生产、加工、贸易及相关产业，辐射带动了高碑店市及周边雄县、定兴县、容城县等多个区域的经济发展与人民就业，产生了较强的经济拉动作用。

2012 年，白沟新城地区生产总值实现 61.56 亿元，同比增长 14.5%，增长速度居保定市第 2 名；财政收入实现 2.81 亿元，同比增长 41%，增长速度居保定市第 1 名；规模以上工业增加值完成 19.41 亿元，同比增长 26.8%，增速居全市第 1 名；社会消费品零售总额完成 46.46 亿元，同比增长 14.7%。目前，箱包业给高碑店市农民带来的收入占到农民人均纯收入的 1/5 以上。

近年，白沟新城重点推进了华北城、旅游城、国际保税物流区的"两城一区"特大项目。其中，华北城是集产品研发、生产、交易、展示、信息交流、电子商务、仓储物流、金融结算、人才流通、休闲购物等功能于一体的超大型商贸综合体，对市场的转型升级、城市的建设发展起到带动作用；"旅游城"项目，则倾力打造规模、档次具有国际一流水准，集酒店、会议、运动、文化、饮食、娱乐、游乐、健康、商业于一体的旅游综合体；国际（保税）物流仓储产业园，依托天津港，将建设成为集国际贸易、港航、口岸中介、金融、商务等功能于一体的"北方内陆港"，该项目在带动白沟新城及其周边地区经济快速发展的同时，将极大地促进白沟新城省级物流产业聚集区的开发建设。[①]

---

① 河北统计局. 河北经济年鉴［M］.北京：中国统计出版社，2013.

参考文献

[1] 户艳辉. 基于主成分分析法的河北省主导产业选择 [J]. 产业经济，2014（2）.

[2] 卓玉国，刘军，郭环洲. 河北省主导产业的定量选择方法研究——基于区位熵和SSM方法的分析 [J]. 经济研究参考，2012（47）.

[3] 石尚松. 对我省战略性新兴产业发展的思考 [J]. 民营科技，2014（10）.

[4] 蒙玉玲，闫兰香. 关于河北省现代物流业发展的战略思考 [J]. 河北学刊，2012（6）.

[5] 吴鹏. 秦皇岛现代物流业的发展对策研究 [J]. 物流商论，2014（11）.

[6] 程瑞芳，卢晓宾. 河北省旅游交通与旅游经济相关性分析 [J]. 经济论坛，2014（7）.

[7] 常友玲，常有新. 河北省钢铁企业科技创新能力实证研究 [J]. 工业技术经济，2010，29（8）.

[8] 闫军印，孙赟. 河北省钢铁产业技术效率评价及对策研究 [J]. 石家庄经济学院学报，2012（4）.

[9] 河北钢铁集团官网，http：//www.hebgtjt.com/lists.jsp?pid=17，2014-08-09/2015-04-11.

[10] 贺喜，张举钢，周吉光，刘剑波. 河北省钢铁产业的社会经济支撑度分析 [J]. 地质评论，2013（6）.

[11] 河北经贸大学校课题组. 河北省装备制造业集群竞争力评价研究 [J]. 河北经贸大学学报，2014（3）.

[12] 闫瑞祥，王京艳，周大鹏. 河北省装备制造业转型升级研究报告 [R]. 河北省机械行业协会，2012.

[13] 承德市统计局. 承德市2012年国民经济和社会发展统计公报 [Z]. 2013-04-02.

[14] 企业发展概况 [EB/OL]. 长城汽车股份有限公司官网，http：//www.gwm.com.cn/company/index.html，2012-03-12/2015-04-11.

[15] 轨道装备高端产品制造基地 [EB/OL]. 北车集团唐山轨道客车有限责任公司官网，http：//www.tangche.com/us.php，2012-01-01/2015-04-11.

[16] 刘正礼. 2006年河北省石油和化工行业概述 [J]. 河北化工，2007（8）.

[17] 河北省石油和化学工业协会. 2010年河北省石油和化学工业经济运行分析及2011年展望 [J]. 中国石油和化工经济分析，2011（6）.

[18] 镡立勇，张青果. 君乐宝获国内首个出口欧盟通行证 [N]. 河北经济日报，2014-09-16.

[19] 赵丽. 河北省信息产业发展研究 [D]. 石河子：石河子大学硕士学位论文，2010.

[20] 河北省政府. 河北省电子信息产业"十二五"规划 [Z]. 2011.

[21] 邢台经济发展区. 园区概况 [EB/OL]. http：//www.xtkfq.com/About.php?id=1，2012-

05-03/2015-04-11.

　　［22］商务部对外贸易司.河北省辛集市皮革及制品基地［EB/OL］.http：//wms.mofcom.gov.
cn/article/hyxx/tansuosikao/201307/20130700217271.shtml，2013-03-06/2015-04-11.

　　［23］辛集皮革城整体规划概述［EB/OL］.辛集国际皮革城官网，http：//www.xinjipidu.com/
index.php?m=content&c=index&a=lists&catid=9，2015-04-23/2015-04-11.

　　［24］河北统计局.河北经济年鉴［M］.北京：中国统计出版社，2013.

第六章 乡村经济发展

河北省农业开发历史悠久，境内土地辽阔，自然条件复杂，农业资源丰富，耕地面积达 6317.3 千公顷，占全国耕地面积的 5.19%，具备发展农业生产的有利条件。目前，随着城镇化的不断推进，乡村经济在国民经济中的占比逐步降低，但是其对区域经济发展，尤其是对城市发展的作用仍不可低估。首先，乡村经济向城市供应农副产品，体现了其在区域建设中的基本职能；其次，乡村经济在为城市经济提供各种投入和资源的同时，为城市经济的发展提供了更广阔的市场空间。因此，乡村经济和城市经济是互补的统一体。

第一节　农业生产发展概况

近年来，河北省抓住农业生产的有利条件，加强农作物田间管理，以小麦、玉米为主进行粮食生产，继续推进蔬菜产业建设和发展，全面加快林业生产，不断增强以肉、蛋、奶产品为主的畜牧业生产能力，并且积极促进渔业资源保护和生产发展。

2013 年，河北省农林牧渔业生产受到雾霾天气、春季禽流感和夏季部分地区水涝等诸多不利因素的影响，全省积极采取应对措施，调整生产方式，加强生产管理，最终保障了主要农产品的稳产增收。[1]

---

[1] 2013 年河北省农林牧渔业运行发展情况［EB/OL］. 政府网站，2014-05-06.

一、生产规模

随着农业生产技术的提高，全省农业快速发展，农林牧渔产值逐步提高。1985年，全省农林牧渔总产值仅为167.33亿元，2013年跃升至5832.91亿元，18年间产值增长了近35倍，经历了高速增长、低缓增长、稳定增长阶段。

高速增长阶段。改革开放后，尤其1985~1995年农林牧渔总产值实现了高速增长。1985~1990年总产值以年均5.4%的可比价格增长率增长，1990~1995年年均可比价格增长率跃升至11.9%，1995年的农林牧渔总产值为1985年的6.8倍，年均可比价格增长率达8.65%。农林牧渔业的快速增长主要与当时的政策环境有关，20世纪80年代伴随着人民公社体制的解体，家庭联产承包制度的确立，农民的生产积极性得到了极大的提升，一直被压抑的农业生产能力得到了释放。

低缓增长阶段。随着农业生产瓶颈的逐渐显露，1995~2000年的年均可比价格增长率回落到5.7%，随后以平均5.6%的可比价格增长率增长，一直持续到2009年，农林牧渔总产量呈现增速放缓的趋势。2004年、2007年产值增长率出现了较大的增长幅度，但是可比价格增长率的变化并不显著，甚至在2007年出现了明显下降，说明这两年总产值的快速增加主要是受到价格变动的影响（见图6-1）。

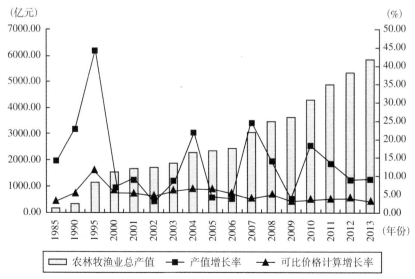

图6-1 河北省农林牧渔总产值趋势变动

资料来源：《河北经济年鉴》(2014)。

稳定增长阶段。2009~2013 年河北省农林牧渔业总产值基本保持稳定增长，可比价格增长率在 2009~2013 年分别增长了 3.2%、3.5%、3.9%、4.1% 和 3.3%（见图 6-1），增长速度相对平稳。2013 年突破新高，实现农林牧渔业总产值 5832.91 亿元，比上年增加 492.8 亿元，但增长速度略有下降，增速比上一年回落了 0.8 个百分点。[①]

二、生产结构

从全省农林牧渔生产结构来看，农业占比最高、畜牧业比例次之，然后是服务业，林业的比例最低。1990~2013 年农业与畜牧业产值总和占农林牧渔总产值的 90%，两者占总产值比例稳定。农业的比重呈现先降后升的趋势，而畜牧业比重则是先升后降的趋势，农业与畜牧业比重呈现此消彼长的关系。1990 年以来畜牧业发展迅速，由畜牧业占农林牧渔业总产值的 23.31% 增长到 2005 年的 43.23%，畜牧业比重逐年提高的原因主要是冀北地区很多山区农民将发展畜牧业作为脱贫致富的主要手段。但自 2005 年畜牧产值达到峰值之后一直处于下降的趋势，到 2013 年畜牧业占总产值的比例下降为 31.17%（见图 6-2），这主要是受环境保护政策影响。自 2002 年 12 月起河北省政府提出全省禁牧，冀北成为落实禁牧的重点地区，长期过量的放牧破坏了生态环境，而冀北又是京津抵御风沙的屏障，为了配合京津风沙源治理工程，必须通过禁牧来保护当地的生态环境，从而导致全省畜牧业产值逐渐降低。[②]

对于林业和渔业，产值出现逐年增长的趋势，在总产值中的比重一直稳定在 1%~3%。农林牧渔服务业是围绕农林牧渔业产前产后展开的相关支持性服务活动，是农林牧渔业生产活动不可或缺的组成部分，在 2003 年新的国民经济行业分类标准中，农林牧渔服务业正式划归到农业中来，近几年占比维持在 4% 左右。

2006~2013 年农林牧渔业各产值总体趋势均呈现不同程度的正增长，增长率趋势变化呈现波浪形，2009 年受到经济危机的影响，牧业、林业出现了负增长，渔业和服务业增速也明显低于其他年份。2013 年农林牧渔业生产比重呈现"三

---

① 河北省统计局. 河北省 2013 年国民经济和社会发展统计公报 [Z]. 2014-02-28.
② 丰绪钦. 河北省实现全省禁牧，禁牧的羊儿成了"座上客"[J]. 草业与畜牧，2003（2）：45.

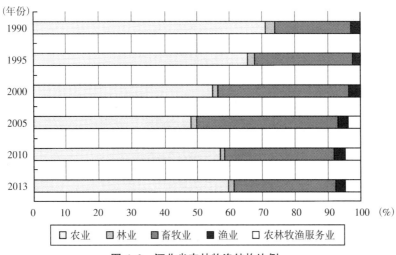

图6-2　河北省农林牧渔结构比例

资料来源:《河北经济年鉴》(2006~2014)。

升两降"的变化特点,即农业、林业和农林牧渔服务业比重上升,畜牧业、渔业比重下降。

从各区域产值空间布局看,除秦皇岛以外,各地区农业产值均超过农林牧渔总产值的50%以上。其中,邢台、廊坊、衡水和保定农业占比最高,分别占总产值的62.3%、61.8%、61.6%和61.1%,均达到60%以上,秦皇岛农业比重最低,占总产值的44.8%,其他地市农业比重均在50%~60%。林业产值比重最高的地区是承德市,其6%的占比远超过其他地区,其次是张家口和保定,林业占比分别为2.6%和2.3%,其他地区的林业比重均未超过2%。各地区畜牧业比重差异并不显著,畜牧业占比最高的地区是秦皇岛市和张家口市,分别为43.9%和41.9%,畜牧业占比最低的地区是邢台市和沧州市,占总产值比重分别为28.92%和28.89%,其他地区的畜牧业占比保持在30%~40%。渔业生产比重具有很强的地域色彩,沿海地区的唐山、秦皇岛和沧州渔业比重明显高于其他地区,在总产值中的比重分别达到10.2%、8.9%和3.9%,主要是这三个地区临近渤海,具有发展渔业的天然有利条件,其他地区渔业比例较低,大多占比在1%左右。农林牧渔服务业占总产值比重最高的是沧州市,达到了12.8%,其次是邢台市,农林牧渔服务业占比为6.9%,其他地区占比均在5%以下(见图6-3)。

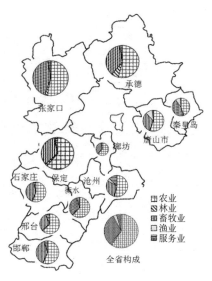

图 6-3　河北省农业产值构成示意图

资料来源：《河北经济年鉴》(2014)。

河北省农业生产结构是在历史发展过程中逐步形成的，其影响因素涉及广泛。所以构建合理的农业结构，需从本地实际出发，依据自身特色和优势，充分利用国土资源，获取最佳经济效益。在全省建立起五业全面发展的农业结构，从调整地区结构入手，按照"因地制宜，发挥优势"的原则，立足于18.7万多平方公里的土地，把高原、草原、山地、丘陵、滩涂、水面等资源全部充分利用，通过调整农业生产布局，加快农林牧渔业及其服务业适当、合理发展，使农业生产结构与资源条件相适应，建立起一个良性循环的农业生态系统。

三、生产条件

河北省的农业技术装备提升较快。2013年全省拥有农业机械总动力10762.7万千瓦，居全国第三位，仅次于山东和河南。其中，大中型拖拉机的拥有量较2000年增长了3.7倍，农用排灌柴油机152.4万台，居全国首位，联合收割机拥有量达到11.5万台，是2000年数量的2.7倍。农村小型农业设备拥有量近几年呈下降趋势，逐步被大型设备替代，这有利于农业生产的规模化。同时，节水灌溉机械、割晒机以及农用运输汽车数量均呈现出增长的趋势，农用机械化水平不断提高。2013年机械播种面积达到6571千公顷，与2000年机播面积相比提高了44.4%，占总播种面积的75.1%。2013年机械收获面积达到4680千公顷，比

2000 年机械收获面积增加了 74.1%，机械化发展已成为必然趋势。

2013 年河北省农用化肥施用量创 331 万吨的历史新高，比 2000 年施用量提高了 22.6%，农用化肥施用量的增加，以及农家肥料的增施，使土壤肥力日益贫瘠的状况大有改善，土地生产力明显提高。2000~2013 年河北省农药施用量增长稳定，2013 年达到 8.67 万吨，比 2000 年增长了 19.1%。多年来全省农业水利情况相对平稳，有效灌溉面积稳定在 4300 千公顷左右。

21 世纪以来，河北农电事业发展迅速，2013 年的农村用电量达到 616 亿千瓦时，是 2000 年农村用电量的 3.4 倍，乡村水电站建有 243 个，是 2000 年乡村水电站个数的 2.3 倍，2013 年的装机容量达到 38.43 万千瓦，是 2000 年装机容量的 20.3 倍。农村能源需求旺盛，有利于改善农业生产条件，提高生产效率。

第二节 粮食作物

河北省是粮食生产大省，同时也是粮食消费大省，粮食作物生产不仅关系到农民吃饭和工业用粮问题，更是关系到全省经济发展和社会稳定。河北省农业生产以种植业为主，种植业中又以粮食作物为主，多年来粮食作物的种植面积占耕地面积的 70% 以上。目前大部分地区农民收入主要依赖粮食种植，粮食生产对于农民生活水平的提升具有重要作用。

一、粮食生产概况

河北粮食生产总体保持增长趋势，但在 1998~2003 年出现了负增长，产量由 1998 年的 2917.5 万吨下降到 2003 年的 2387.8 万吨。粮食产量下降主要是由于这一时期，较多的自然灾害致使农业受灾面积扩大以及播种面积下降。据统计 1998~2003 年年均受灾面积在 3500 千公顷左右，远高于其他年份，而种植面积则由 1998 年的 7305.7 千公顷下降到 2003 年的 5944.0 千公顷，五年间下降了 18.64%。2003 年以后，河北省的粮食生产步入正轨，以平均 3.51% 的增长速度实现了十年持续增长，2013 年在降水、光照、气温等气象条件不利于农作物生长的情况下，全年粮食总产量达 3364.99 万吨，比上一年增长 3.6%，实现连续十年丰收（见图 6-4）。

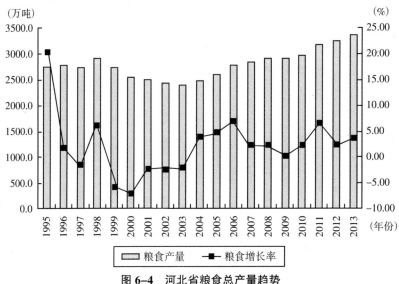

图 6-4　河北省粮食总产量趋势

资料来源：《河北经济年鉴》（2014）。

二、粮食作物的生产与布局

（一）小麦

小麦是河北省重要的粮食作物，其产量仅次于玉米，占全省粮食总产量的 40% 之多。2013 年河北省小麦播种面积 2377.7 千公顷，仅次于河南、山东和安徽，居全国第四位；产量达到 1387 万吨，占全国小麦产量的 11.3%，仅次于河南和山东，因此河北省小麦生产在全国占有重要地位。小麦分为冬麦和春麦两种，河北省以冬小麦为主，种植区域主要分布于冀中南广大平原地区，小麦产量最多的四个地市依次为邯郸市、石家庄市、保定市和邢台市，产量均达到了 200 万吨以上（见图 6-5）。河北省平原地区热量资源丰富，年日照数均为 3000 小时以上，水土条件优越，加之充分的人力资源和农耕经验，非常适合冬小麦的生产发展。在冀北地区的承德和张家口市小麦种植稀少，秦皇岛、唐山和廊坊零星种植的小麦总产量约为 107 万吨。

图 6-5 主要农作物种植分布示意图

资料来源:《河北经济年鉴》(2014)。

(二)玉米

玉米是河北省第一大粮食作物,也是重要的动物饲料及工业原料。每年玉米播种面积及产量都占全省粮食播种面积和产量的一半以上,居全省粮食作物之首。2013 年河北省玉米播种面积达 3108.8 千公顷,仅次于黑龙江、吉林和河南,居全国第四位,玉米产量达到 1703.9 万吨,居全国第六位。由于玉米抗旱性强且具有较强的适应性,在省内分布比较广泛,各地市均有种植,玉米年产量达到 200 万吨以上的地区有保定、邯郸、沧州、石家庄和邢台(见图 6-5),其中保定玉米产量最高,达 314 万吨以上,五个地市总产量占全省产量的 64.2%。

(三)稻谷

稻谷属于稳产高产作物,是全国人民的主要粮食之一。稻秸是造纸工业的原料,也可用作饲料、编制等。稻谷在河北省粮食作物中的比重较低,仅为 1.7%。稻谷主要分布在冀东的唐山和冀北的承德(见图 6-5),2013 年产量分别达到 48 万吨和 14 万吨,占全省稻谷产量的 85.6%,其次分布在秦皇岛、邯郸和张家口,其稻谷产量均达到了 1 万吨以上,衡水、邢台几乎没有稻谷种植。

(四)豆类和薯类

河北省豆类和薯类种植较少,分别占粮食作物的 0.9% 和 3.3%。全省豆类生产分布较均匀，没有明显的地区差异，各地市豆类年产量在 2 万~5 万吨，平均产量为 2.7 万吨。薯类可分甘薯和马铃薯两种，其中甘薯适应性强，产量高，种植以甘薯为主。薯类作物主要分布于冀中北地区，其中冀北地区的张家口、承德产量最高，2013 年占到全省薯类总量的 45.6%，冀中的保定、冀东的秦皇岛和唐山总产量在 2013 年占全省薯类总量的 33.1%，而冀南地区相对较少，薯类年产量都在 10 万吨以下。

三、存在问题与发展趋势

河北省粮食产量虽在逐年提高，但却面临着一些粮食生产的安全隐患。

首先，由于城镇化水平不断的提高、工业化的迅速推进及耕地保护难度的加大，全省耕地资源逐渐减少、非粮化趋势明显。据统计，河北省耕地面积已从 1996 年的 10346 万亩减少到 2009 年的 9843 万亩，年均减少 38.7 万亩。2013 年末，河北省农村土地承包经营权流转面积达 1332.7 万亩，占家庭承包耕地总面积的 16.2%，由于种粮效益相对较低，这些流转的土地大多是粮田，在流转后仍然种粮的却不足一半。其次，由于化肥、农药以及农用塑料薄膜的大量使用，造成了耕地严重污染，耕地质量不断下降，严重影响了粮食生产能力。

为此，一是要保护好现有耕地，确保粮食播种面积，保持粮食生产用地的动态平衡，提高基本农田的粮食产出能力。对于生产条件相对较好的山前平原和黑龙港粮食主产区，通过政府投资带动社会投入、加强基本设施建设等使之具备"吨粮田"的生产条件，保证其可随时用于种植粮食作物，以保护和提高粮食供给与保障能力。在 86 个粮食生产核心区县，① 应构建优势明显、集中连片、高产稳产的小麦、玉米、优质杂粮等产业带，比如，京山、京广铁路沿线优质专用小麦、优质专用玉米产业带，黑龙港地区优质大豆产业带，黑龙港、太行山、北部优质杂粮产业带。

---

① 规划中的 84 个核心生产区：藁城、辛集、临漳、赵县、宁晋、景县、深州、隆尧、故城、无极、晋州、正定、新乐、任县、栾城、肥乡、永年、定兴、任丘、大名、河间、清苑、阜城、枣强、玉田、魏县、南和、乐亭、沧县、馆陶、东光、武邑、徐水、泊头、固安、成安、吴桥、元氏、定州、桃城区、曲周、临西、行唐、滦南、鹿泉、涿州、丰润、深泽、献县、容城、冀州、唐海、肃宁、安国、安平、高碑店、昌黎、柏乡、三河、盐山、望都、香河、青县、丰南、博野、雄县、磁县、平山、广平、饶阳、新河、滦县、遵化、武强、大城、霸州、清河、鸡泽、卢龙、满城、平泉、隆化、宣化、涿鹿。

　　二是要建立全省耕地资源安全预警体系，包括数量安全预警、质量安全预警和生态安全预警体系等。[①] 要严格控制耕地的占用审批制度以保证耕地数量安全，要做到用地与养地有机结合，保证耕地不被污染，改善和提高耕地生态安全。

　　三是通过粮食生产利益补偿调节机制，扶持更多粮食生产新型经营和服务主体，延长粮食产业链条，调动政府和农民抓粮种粮的积极性来保障粮食安全。[②]

第三节　经济作物

一、经济作物概况

　　经济作物是人们生活资料的重要来源，也是轻工业的重要原料。河北省经济作物种类繁多，有以棉花为主的纤维作物，以花生为主的油料作物及以烤烟为主的烟叶作物等。2013 年，河北省经济作物播种面积达 1019.2 千公顷，约占全省农作物总播种面积的 11.6%，经济作物以棉花和油料为主，分别占经济作物播种面积的 47.4% 和 46.1%。

　　2000 年以来，河北省各经济作物产量呈现出不同的变化趋势，其中棉花产量表现出先升后降的倒 U 型趋势。2000~2008 年，全省棉花产量逐年增长，2008 年棉花产量是 2000 年的 2.46 倍，2008 年以后，棉花产量逐年降低，2013 年棉花产量下降到 2008 年的 61.9%（见表 6-1）。棉花产量的变化主要受到种植面积的影响，由于棉花价格的不稳定和棉花生产成本的不断提高，种植面积不断减少，目前河北省所在的黄河流域棉区生产地位已经远远被新疆棉区超越。

　　2000~2013 年油料年产量稳定在 140 万~160 万吨，变动幅度相对平缓，但呈缓慢增长趋势。2013 年省油料作物总产量达 151.1 万吨，比上年增长 5.8%。油料作物产量的增加主要源于播种面积的扩大，2013 年省油料作物播种面积 47.0

　　① 郭海洋. 河北省耕地资源安全评价与保障机制研究 [D]. 保定：河北农业大学硕士学位论文. 2007：51-53.
　　② 河北粮食总产量达 673 亿斤，实现"十连增" [EB/OL]. 河北新闻网，http://hebei.sina.com.cn/city/qwfb/2013-12-13/68667. html，2013-12-13/2015-04-16.

万公顷，比上年增长 3.6%。全省油料作物以花生为主，花生产量平均每年约占
油料作物的 90%左右，2000~2013 年河北省花生产量平均稳定在 135 万吨左右，
产量波动不大。花生的单产高，含油率高，且喜温耐瘠，对土壤要求不严，是北
方主要的油料作物。

胡麻籽、葵花籽、油菜籽等油料小品种在市场需求带动和政府的扶持下，整
体种植面积和产量增长较快，但在油料作物总量中的占比依然较少。2000~2010
年葵花籽产量常年低于 4 万吨以下，2011~2013 年增长迅速，2013 年葵花籽产量
达到了 12.2 万吨，三年内产量增长了 2.3 倍。胡麻籽产量在 2004~2009 年波动较
大，呈现高低交错的变化趋势，最高的年份达到 5.4 万吨，最低年份降到 1.6 万
吨，相差悬殊。2010~2013 年，胡麻籽产量较平稳、持续增长，2013 年胡麻籽产
量达到了 3.75 万吨，比上年增长 21.4%。2001~2007 年油菜籽产量表现出先上升
后下降的倒 U 型趋势，2004 年油菜籽产量高达 6.5 万吨，2008 年后油菜籽产量
相对平稳，维持在 3.2 万吨左右的水平。芝麻多年来播种面积和产量持续下降，
芝麻的种植面积由 2000 年的 26 千公顷下降到 2013 年的 6.4 千公顷，下降了
75%，产量由 2000 年的 2 万吨下降到 2013 年的 0.9 万吨，下降了 55%。

2000~2006 年，烟叶产量逐年下降，2006 年产量拦腰减半，仅为 2000 年产
量的 40%。2006 年以后河北省烟叶产量开始缓慢回升，2013 年产量达 7154 吨。
麻类作物产量下降明显，年产量由 2000 年的 7951 吨下降为 2013 年的 786 吨
（见表 6-1）。

表 6-1　河北省主要经济作物产量

单位：吨

年份	棉花	油料	烟叶	麻类
2000	300100	1469700	12429	7951
2002	401900	1512600	11083	10271
2004	665400	1543200	10952	4329
2006	700200	1337800	4984	7328
2008	737300	1525900	6114	710
2010	569500	1402900	6505	677
2012	564400	1428300	7019	780
2013	456800	1511300	7154	786

资料来源：《河北经济年鉴》（2001~2014）。

从经济作物的产量结构来看（见图 6-6 和图 6-7），各主要经济作物产量构成变化明显。其中，棉花和油料占经济作物产量绝大比例，两者约占主要经济作物的 99% 左右。2000~2013 年棉花产量占比浮动最大，由最高的 34.15% 至最低的 16.76%，且呈现出"低→高→低"的比重变化趋势。2000~2013 年油料产量构成中最高占比为 82.1%，最低为 65.25%，呈现"高→低→高"的比重变化趋势。多年来麻类和烟叶的比重较少，尤其是 2008~2013 年麻类占经济作物产量的比重不足0.1%，就麻类和烟叶历年的变化趋势来看，占经济作物产量的比重呈现递减趋势。

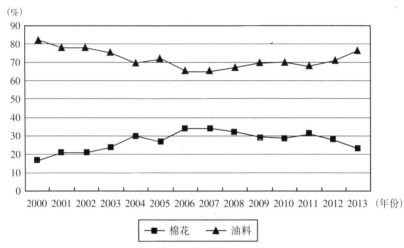

图 6-6　河北省棉花、油料作物占比变动趋势

资料来源：《河北经济年鉴》（2001~2014）。

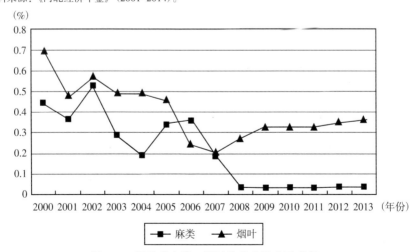

图 6-7　河北省麻类、烟叶作物占比变动趋势

资料来源：《河北经济年鉴》（2001~2014）。

二、经济作物的生产与布局

河北省地域辽阔，南北跨度较大，自然条件复杂多样，其经济作物的生产分布有较强的地域差异。

（一）棉花

河北棉花生产主要分布在冀中南地区，即以邢台市、衡水市、邯郸市和沧州市为主的平原地区，2013年四地区棉田面积合计500千公顷，占全省棉田面积的82.5%，四地区棉花产量均超过11万吨，棉花总产量合计为57.6万吨，占全省棉花总产量的84.3%，是全省最主要的产棉区，也是华北地区的棉花集中产地。棉花产区的集中分布与当地的自然条件和社会经济条件有密切关系，冀中南的平原地区耕地土层深厚，排水状况好，农用地自然潜力高，且大部分地区棉花生长期总日照时数长达1400~2100小时，活动积温在3800℃~4800℃，持续200天以上，一般降水可达450~500毫米，气候条件优越。河北省北部地区的承德、张家口两地区，因其纬度位置偏高，其气候因素和地形条件不适合棉花生长，是河北省无棉区。

（二）油料作物

花生在河北省地理分布上既有普遍性，在个别地区又有相对的集中性。除了北部地区的承德和张家口产量较低，仅为100万~200万吨，其他地区均有较大种植面积。主要集中分布在冀东、冀中和冀南地区，即唐山市、保定市和石家庄市，其中唐山市和保定市产量最高，分别占全省花生产量的22.7%和20.7%，其次是邯郸市和邢台市，花生年产量均超过10万吨，共占全省产量的18.4%。其他地区也有少量分布。油料作物中的胡麻籽具有耐寒、耐旱和生长期较短的特点，主要分布在北部的高寒山区和坝上地区。芝麻则具有喜温热、怕涝耐旱的习性，其分布零星分散，种植最多的是沧州、邢台、衡水和保定中部地区，年产量均达到了1000吨以上。

（三）麻类和烟叶

麻类和烟叶在经济作物中的比重较少。麻类因品种不同，习性差异较大，分布上各有较集中地区（见图6-8）。其中黄红麻最多，主要分布在唐山市，2013年唐山市黄红麻产量为736吨，占全省麻类的93.6%。大麻主要分布在张家口，青麻分布在中东部的低洼地区。烟叶生产主要集中在张家口市和唐山市，其中张家口最多，2013年张家口占全省烟叶产量的49.1%。河北省烟叶生产以烤烟为主，烤烟产量占烟叶生产的67.1%，因烤烟具有"三喜、一怕"特征，即喜光、喜温、喜肥和怕涝，主要分布在张家口、石家庄、沧州及保定，唐山则主要种植晾晒烟。

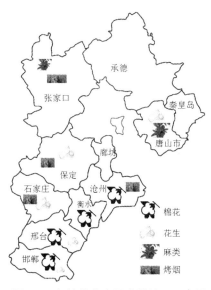

图6-8 经济作物主要种植地区示意图

资料来源：《河北经济年鉴》(2014)。

三、存在问题及发展趋势

科技是第一生产力，但现阶段河北经济作物生产科技投入不足，农业科技向现实生产转化能力弱，技术成果产业化程度低，影响制约经济作物生产能力的进一步提高。并且，当前家庭式小规模的分散种植方式，不利于及时获取先进技术支持，难以形成规模效益，难以适应千变万化的市场经济发展要求。

因此，首先，要重点增加农业科技投入，发挥科技对经济作物的增产作用。以品种选育、配方施肥、病虫害防治等技术的集成与推广来提高单产。其次，经济作物产业发展要进行规模化生产、标准化管理、产业化经营，全面提高产品质量，增强产品竞争力。要把标准化生产示范基地建设成为优势农产品的出口基地、龙头企业的原料供应基地和名牌产品的生产基地，增强市场竞争力。

对于棉花，要优先发展优势产区和集中产区，即黑龙港流域的衡水、邢台、邯郸、沧州四市的 50 县（市、区），并促进棉田由非优势棉区域进一步向优势棉区域转移，由零星分散棉区向集中高产棉区转移，由农户分散种植向植棉大户转移，重点发展 36 个国家优势区县①建设，使优势区域棉花面积占总面积的比例进一步提升，并积极开发试种示范沿海滩涂棉花种植。对于油料作物占比最高的花生，在稳定种植面积的同时要重点发展地膜花生。对于其他油料作物，根据各区域特征，沧州、衡水等黑龙港油料产区要重点发展油用大豆和向日葵，坝上及北部山地油料产区在积极更换抗病高产胡麻品种的同时发展油菜、油葵种植，冀中南平原河泛区要开发利用荒地重点发展优质花生、芝麻种植。

第四节　园艺类作物

园艺作物通常包括果树、蔬菜、各种观赏植物、香料植物及药用植物等，主要分为果树、蔬菜和观赏植物三大类。河北地区园艺作物主要以果树和蔬菜为主。

一、园艺类作物生产与布局

（一）园林水果

多年来全省园林水果生产持续保持平稳增长，果品质量提高，生产效率增加。2013 年园林水果产量为 1303.1 万吨，是 2000 年园林水果的 1.9 倍。

河北省是全国苹果主产省之一，2013 年苹果年产量 320.1 万吨，占全省园林水果的 24.6%，产量居全国第四位。苹果种植最主要集中在承德、衡水和唐山，2013 年三地产量分别达 58.3 万吨、53.8 万吨和 51.8 万吨，占全省总产量的 51.2%。其次是秦皇岛和石家庄地区，2013 年产量分别为 33.2 万吨和 20.9 万吨，占全省总产量的 16.9%。张家口苹果产量 9.4 万吨，是全省最低的地区，仅占全

---

① 优势区县主要分布在邢台、邯郸、沧州和衡水，包括威县、南宫、冀州、东光、邱县、故城、文安、河间、吴桥、广宗、枣强、南皮、景县、深州、成安、临西、曲周、献县、任丘、肥乡、丰南、鸡泽、馆陶、清河、霸州、安次、高阳、辛集、巨鹿、武邑、阜城、新河、平乡。所列举 33 个区县已在规划中。

省苹果产量的 3%。其他地区产量在 15 万吨左右。在苹果的品种方面，全省主要以红富士为主，该品种产量占全省产量的一半以上，秦皇岛、沧州、衡水、邢台地区的红富士苹果产量占当地总产量的 70% 以上，其中秦皇岛达到 80% 以上，承德和张家口地区国光品种最多，占两地总产量的 30% 左右。

河北省也是梨的主要产区，2013 年产梨 445.5 万吨，与 2000 年梨产量相比增长了 74.6%，居全国第一位；2013 年河北梨占全省园林水果的 34.2%，在园林水果中占比最高。在区域布局上，主要分布在石家庄、衡水和沧州，三地产量分别达 123.1 万吨、70.7 万吨和 68.4 万吨，占全省梨产量的 58%；其次是邢台、邯郸和唐山，总产量达 89.8 万吨，占全省梨产量的 20.2%。主要品种有传统的鸭梨、雪花梨及近年来新发展的黄金梨、黄冠梨、绿宝石等新品种，在沧州、邯郸、衡水、石家庄、保定和张家口都以鸭梨为主，鸭梨的比重均超过 40%，其中沧州产量最多，达到了 75.3%。

河北省葡萄栽培历史悠久，是我国古老的栽培产区之一。多年来全省葡萄产量稳步上升，2000 年产量为 52.4 万吨，2013 年增长到 137 万吨。河北各地均有葡萄种植，主要分布在张家口的怀涿盆地、燕山南麓的唐、秦以及冀中南产区。2013 年张家口葡萄产量达到了 42.6 万吨，占全省葡萄产量的 31.1%，是我国优势葡萄产区之一，主栽品种为龙眼、牛奶、红地球、赤霞珠、梅鹿辄、龙蛇珠等。燕山南麓产区主要分布在唐山、秦皇岛，2013 年两市葡萄总产量达到了 41 万吨，占全省产量的 29.9%，主栽品种为玫瑰香、巨峰、龙眼、红地球、克瑞森、赤霞珠和龙蛇珠。冀中南产区主要包括石家庄和邢台，2013 年两市葡萄产量达到 21.9 万吨，占全省产量的 16%，主栽品种为巨峰、藤稔、红地球、克瑞森、玫瑰香等。

2013 年河北省桃产量达到了 166.2 万吨，其中唐山和保定总产量达到了 82 万吨，占全省桃产量的 49.3%。2013 年河北柿子产量达到了 44.4 万吨，其中保定柿子产量达到了 32.4 万吨，占全省产量的 73%。河北省猕猴桃种植主要分布在石家庄和保定，其中石家庄的猕猴桃产量占全省产量的 96.9%，达到了 1200 吨。

其他园林水果品种较分散，有杏、山楂、樱桃、西瓜、甜瓜等，种植量相对较少。

（二）坚果类

近几年，太行山—燕山沿线地区核桃和板栗种植持续增加，有力带动了河北省食用坚果的生产。2013年全省食用坚果产量42.8万吨，是2000年坚果数量的5.9倍，除了2010年坚果产量比上一年下降了10.3%外，其他年份均保持着较高的增长速度，平均年增长15.2%。

河北省是全国核桃的主要产区，产量居全国第三位，2013年核桃产量达到了10.4万吨，占总坚果数量的24.4%，是2000年核桃产量的3.5倍，平均年增长10.9%。核桃年产量波动较大，2001年、2006年和2013年呈现负增长，2013年核桃产量比上一年降低了17.6%，2005年、2011年和2012年核桃年增长20%以上，2002年、2003年和2010年增长保持在10%以下，其他年份保持在10%~20%。河北核桃产区主要位于太行山和燕山山区，涉及石家庄、唐山、邢台、保定等地。其中，石家庄产量最大，2013年产核桃35532吨，占全省总产量的34.2%，其次是唐山，占全省总产量的28.4%，排名第三、第四的是邢台和保定，分别占总产量的15.0%和10.6%。

河北省是板栗的主要产区，是本省产量最多的坚果品种，占全省坚果产量的一半以上。2013年板栗产量28.5万吨，比上一年增长16.7%，居全国之首。河北省板栗主要分布在承德和唐山等燕山山脉地区，包括承德的兴隆县、宽城县、遵化市和唐山迁西县等地。目前主要优良品种有紫珀、遵玉、燕魁等，在日本、中国香港、中国澳门等国家和地区以"天津甘栗"之名而久负盛誉，是河北省出口农副产品中具有较大优势的土特产品之一，具有较高的营养价值。近年来，河北板栗出口区域呈逐年扩大趋势，由过去的日本、新加坡、菲律宾和中国香港地区，扩展到泰国、马来西亚市场，以及北美、中东、中国台湾市场。①

（三）枣类

河北省是全国产枣大省，产量居全国第一位。2013年河北省红枣产量达到116.7万吨。除北部少数县、市外，河北全省均有枣树种植，但主要集中在沧州、石家庄、保定以及邢台，2013年四地区产量分别达58.7万吨、23.9万吨、13.3万吨和10.1万吨，占全省红枣产量的90.8%。目前全省已形成6个栽培区，即太行山低山丘陵栽培区、冀东南平原子牙河流域栽培区、冀南漳河流域栽培区、冀

---

① 周定奎，吕纪水. 开拓河北板栗市场 [J]. 合作经济与科技，2005（13）：10-11.

南滏阳河流域栽培区、冀中南滹沱河流域栽培区和燕山低山丘陵栽培区。其中，大枣种植 180 多万亩，主要分布在太行山区的行唐、赞皇、阜平、曲阳、唐县等地；小枣种植 170 万亩，主要分布在黑龙港地区的沧县、献县、泊头、盐山、海兴、黄骅等地；冬枣种植 56 万亩，主要集中在黄骅、献县、海兴、沧县等地。全省 80% 以上的红枣果树已通过了无公害产地认定。

河北省红枣主要有干制红枣、鲜食枣和加工品，其中干制红枣占 70% 左右，加工枣占 25% 左右，鲜食枣不足 5%。枣产品主要销往江苏、浙江、广东、广西、福建等南方各省，京津沪及东北、内蒙古等地，蜜枣在我国南方有着广阔的市场。河北出口产品主要是干制红枣和加工品，以大枣和小枣等为主的干枣主要销往马来西亚、新加坡、日本、韩国、北美、西欧、澳大利亚及中国港、澳、台等国家和地区。[①]

（四）蔬菜产业

河北省由于环绕京津，交通便利，且光照充足、农田肥沃，具有发展蔬菜产业的优越条件。河北省蔬菜单产水平位居全国第一，多年来蔬菜种植面积以年平均 2.2% 的速度平稳增长，同时蔬菜产量以 3% 的增长速度同步增长。2013 年蔬菜总产量达到 7902.1 万吨，比上一年增长 2.7%；播种面积 122.0 万公顷，比上年增长 1.4%，连创新高。蔬菜类作物虽然在 2008 年占农林牧渔业的比重略有回落，整体还是处于缓慢增长趋势，2013 年蔬菜类作物占农业产值的比重达到 48.6%（见表 6-2）。

表 6-2　蔬菜、水果类产品占比变动

单位：%

年份	2005	2006	2007	2008	2009	2010	2011	2012	2013
蔬菜类占农林牧渔比	20.00	22.07	22.56	20.37	23.76	25.42	25.18	27.52	28.94
蔬菜类占农业比	41.35	43.86	42.34	40.55	44.17	44.35	44.42	47.47	48.60

资料来源：根据《河北经济年鉴》（2006~2014）整理所得。

设施蔬菜是近年来全省种植业中农民自主投入最多、整体效益最高、覆盖范围最大、发展速度最快的新兴产业。2013 年设施蔬菜播种面积 38.4 万公顷，产

---

① 王学军. 河北省枣产业现状与发展方向［J］. 河北农业科学，2007（3）：47-48.

量 2584.6 万吨,[①] 占全部蔬菜播种面积的比重为 31.5%，占全部蔬菜总产量的比重为 32.7%。河北省光照充足，无霜期长等生产条件适合发展多种形式的设施农业，满足不同层次、不同季节的市场需求。

全省蔬菜生产主要分布在围绕京津的各县（市、区）以及农业部认定的蔬菜生产大县。[②]首先，以唐山市、石家庄市和保定市蔬菜播种面积最多，2013 年分别达到了 189.7 千公顷、161.7 千公顷和 161.2 千公顷，占全省蔬菜总播种面积的 42.0%。其次，邯郸、廊坊和张家口播种面积都超过了 100 千公顷，占全省蔬菜总播种面积的 28.8%，其他地区蔬菜种植面积相对较少。

二、发展趋势

（一）水果

首先，水果生产方面应该建设现代果品基地，按照突出特色、适地适树、规模发展的要求，以提高果品综合生产能力和质量安全水平为重点，加快果品结构调整、提质增效和高标准外向型基地建设步伐。逐步形成黑龙港及太行山优质红枣、燕山迁西板栗、冀东优质葡萄、平原沙地优质梨等"五片两带"果品外向型基地建设布局，形成沧州的红枣业，迁西的板栗产业，辛集、泊头的梨果业，怀来和昌黎的葡萄加工业等一批规模大、效益高、品牌亮的果品产业带和产业集群。

其次，扶持果品相关产业发展，要积极培育果品、花卉等综合批发，专业批发和产地交易等大型专业市场，有重点地开发和建设销地市场。积极发展和规范与林业建设相关的协会、信息咨询、经纪人队伍等中介服务组织，建立多种形式的经济合作组织，逐步提高林农、果农、花农的组织化程度，提高市场竞争能力。积极在大中城市建立连锁店和专营店，开展异地直销，大力发展连锁经营、网上交易、电子商务等新型营销方式，建立辐射国内外的市场营销网络，形成多层次、多渠道的销售市场体系，拓展市场空间，加快市场流通。

---

① 河北省统计局. 河北省 2013 年国民经济和社会发展统计公报 [Z]. 2014-02-28.
② 24 个省级蔬菜示范县主要包括固安、三河、永清、安次、定兴、涿州、永年、饶阳、乐亭、崇礼、南和、青县、滦平、藁城、抚宁等。

(二)蔬菜

首先,蔬菜生产根据各地区位,要充分发挥资源优势,以设施蔬菜为主,以市场为中心,不断开拓产业发展空间和领域,加快实现由蔬菜生产大省向蔬菜生产强省的跨越。[1]根据河北省冬季阳光充足,温度比北部地区高,建造温室不需加温的有利条件,设施瓜菜要在现有基础上继续扩大面积,重点发展燕山以南、太行山以东平原五个设施中心产区和周边县的设施瓜菜生产。一是以永年为中心的冀南设施区,包括馆陶永年、成安、广平、南和、南宫、邢台县和宁晋,重点发展永年、南宫的中小拱棚甘蓝、韭菜、香菜,成安的温室草葛,南和县温室西葫芦和苦瓜,馆陶、广平、邢台县的温室黄瓜和西红柿,宁晋食用菌等。二是以定州为中心的冀中设施区,包括定州、徐水、定兴、高邑、藁城,重点发展定州的温室黄瓜、中小拱棚韭菜和茄子,定兴的温室深冬茄子,高邑的温室黄瓜,藁城、徐水的温室西红柿等。三是以饶阳为中心的沧衡设施区,包括饶阳、肃宁、武强、武邑、冀州、桃城区,重点发展饶阳、肃宁的大棚西红柿、中小棚韭菜,武强、武邑的温室黄瓜,桃城区的温室特菜,冀州食用菌等。四是以永清、青县为中心的环京津设施区,包括永清、固安、青县、三河和香河,重点发展永清的温室甜椒,香河拱棚韭菜,固安、青县、三河的大棚和温室黄瓜及精特菜等。五是以乐亭为中心的冀东设施区,包括乐亭、丰南、遵化、昌黎、抚宁,重点发展乐亭的温室黄瓜、西红柿和油桃,丰南大棚西红柿,遵化食用菌,昌黎温室黄瓜,抚宁温室豆角等。另外,在张家口的怀来、宣化,承德的滦平、兴隆、平泉和承德县,有条件地发展设施瓜菜和食用菌生产。[2]

其次,蔬菜产区要突出重点,规模发展形成特色。其中,张承地区应突出马铃薯、错季蔬菜,重点引进大白菜、西芹、马铃薯、胡萝卜等特色品种;冀东地区要突出果类蔬菜,重点引进西红柿、黄瓜等特色品种;环京津地区应面向京津市场,突出精特菜生产,重点引进彩椒、黄瓜、韭菜等特色品种;沧衡地区要突出大棚蔬菜,重点引进西红柿、黄瓜、辣椒等特色品种;冀中地区要突出日光温室生产,重点引进韭菜、西红柿、茄子、草葛、辣椒、芦笋等特色品种;冀南地区应突出中小棚生产,重点引进大蒜、辣椒、西葫芦、大葱等特色品种。

---

① 郗东翔,张泽伟,韩鹏.河北省蔬菜产业发展现状透析与展望 [J].北方园艺,2013(1):184–187.
② 宋建新.河北省蔬菜产业发展状况及对策研究 [D].北京:中国农业大学硕士学位论文,2005:30–40.

第五节　林业

河北省历史上曾是森林繁茂之地，原始森林遍布全省各地。从春秋战国开始，河北省的森林迅速减少，到1949年新中国成立前几乎破坏殆尽，只残存天然次生林788万亩，森林覆盖率2.8%，活立木总蓄积1615.3万立方米。新中国成立后，河北省森林面积开始逐步增加。1949~1966年，是河北省林业的恢复、调整阶段，全省有林地面积增加1017万亩，森林覆盖率达到6.38%。1967~1978年，是河北林业在困难中建设发展的阶段，全省有林地面积增加920万亩，森林覆盖率达9.64%。1978年党的十一届三中全会之后，河北林业进入振兴时期，到2000年底，全省有林地面积5483万亩，森林覆盖率19.48%，林木蓄积7931万立方米。进入21世纪，河北省林业建设步入投资最多、规模最大、速度最快、质量最好的发展时期。[①]

近些年，林业生产保持稳定，森林资源稳步增长。植树造林工作力度不断加强，造林增长主要以人工林为主，造林面积基本稳定，无林地和疏林地新封面积大幅度减少。全省林地面积每年净增150万亩以上，森林覆盖率每年增加0.5%以上，各地通过积极开展植树造林和封山育林，加强森林经营管理，有力促进了森林资源的恢复和增长。2013年荒山荒（沙）地造林面积477.6万亩，比上一年增长1.9%，山区、丘陵、坝上和平原地区森林植被全面增加，林种、树种结构进一步优化，森林质量明显提高，生态功能不断增强，建成以林草植被为主体的国土生态安全体系。

一、林业发展与构成

近两年，河北省造林结构方面转变突出。2005~2011年全省造林主要以防护林为主，防护林占总造林面积的比重达到80%以上。河北省是风沙、旱、雹、霜

---

① 河北省林业情况简介 ［EB/OL］. 河北林业网，http：//www.hebly.gov.cn/showarticle.php?id=289，2010-04-16/2015-04-16.

等自然灾害频繁地区，树木更新速度慢，造林保存率低，生态系统严重失衡，大气环境污染问题严峻，防护林的作用不容忽视，防护林是创建河北"绿色长城"的中坚力量。2012 年以后，全省造林结构发生重大变化，防护林占造林面积的比重缩小为 26.6%，而用材林占造林面积的比例增长到 66.9%，用材林的地位迅速提升。2013 年总造林面积达到 449.38 千公顷，创历史新高，造林结构上用材林和防护林造林面积比例相当，既要保护生态环境又要发挥造林的经济作用。2013 年河北省的用材林中速生丰产林造林面积增长 67.3%，以经济效益为中心已成为造林的主导方向，用材林的建设不仅对农、牧业发展意义重大，对周边区域经济也起到促进作用[①]（见图 6-9）。

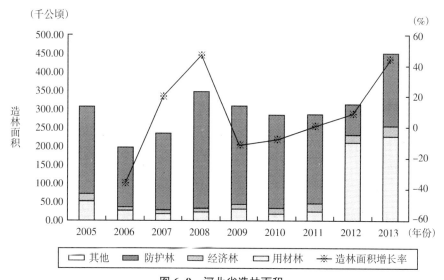

图 6-9　河北省造林面积

资料来源：《中国统计年鉴》（2006~2014）。

2013 年，全省森林面积 5255.3 千公顷，森林覆盖率为 28%。河北省由于地貌差异较大，各地自然条件不一，省内森林资源分布与构成具有明显的区域差异性。森林资源主要集中在冀北、冀西北、冀东山地地区。尤其是张家口、承德地区原有林业生产基础较好，且山区面积广大，地势较高，气候比较寒冷，土层厚而湿润，极利于林木生产，林地面积大而集中，因此形成了全省森林资源最丰

---

① 河北省统计局. 河北省 2013 年国民经济和社会发展统计公报 ［Z］. 2014-02-28.

富、最集中的地区。2013 年冀北承德林地面积为 3310 万亩，占全省林地面积的
44.7%，[①] 森林覆盖率达 55.8%，是华北的"生态绿肺"和"天然氧吧"；张家口
全市森林面积为 1930 万亩，占全省林地面积的 26.1%，森林覆盖率达到 34.9%，[②]
两个地区占全省林地总面积的 70.8%。冀东的唐山有林地面积达 680 万亩，森林
覆盖率达到 34.5%，有林面积仅次于张家口和承德。河北省南部地区一般地势
较低，气候温暖，土层较薄且质地较黏，林地生产条件较差，林地面积较小而
且分散。

目前，河北省林业构成中主要是人工林，林龄构成极不合理，由于幼林龄比
重过高，林分结构中小径林多，大径林少，虽然滥砍滥伐遭到遏制，但林相稀
疏，单位面积产量低，河北省木材储蓄量和采伐量少。2014 年河北省人均森林
面积为 1.1 亩，仅为全国平均水平的 1/2，森林覆盖率在全国居第 18 位，单位面
积森林蓄积量仅为全国平均水平的 1/3。由于森林资源集中分布在承德区域，全
省有 80 多个县（市、区）森林覆盖率不到 10%。

二、林业发展趋势

目前，全省森林资源总量不足、分布不均、质量不高的局面没有得到根本改
变，整体绿化还处于全国中下水平，与日益增长的生态需求不相适应。

首先，要进一步提高全省森林覆盖率和蓄积量。一是重点通过中、幼龄林抚
育和低产林改造，缓解林业用地不足的状况，进而转变林业的粗放经营模式，向
提高质量效益的方向发展，调整和优化林种、树种结构，把纯林逐步改造成符合
自然演替规律的复层、异龄的混交林，改善林木生产环境，提高林分质量和林地
生产效率，发挥森林综合效益。二是通过集体林权制度改革，改变林业比较效率
较低的问题，可包林到户后调动林民的造林积极性，林民充分利用零散地方进行
植树，提高树木数量。三是加大生态公益林保护力度，保障全省的森林覆盖面
积。要依法对现有森林资源进行保护，实施森林分类经营，建立以国家重点生态
公益林、地方一般生态公益林和商品林为划分标准的林业分类经营体制，采取不
同的管理体制、经营机制和政策措施，分类管理、定向培育。四是通过湿地资源

① 张家口统计局. 2013 年张家口市国民经济和社会发展统计公报 [Z]. 2014-08-01.
② 王雪威，张建国，王敬忠. 今年张家口完成林业生态建设百万亩 [EB/OL]. http://heb.hebei.com. cn/system/2014/09/26/014040514.shtml，2014-09-26/2015-04-16.

保护与恢复来增加森林覆盖率。要通过制定河北省重要湿地名录，理顺湿地保护的协调机制和管理体系，建立全省湿地保护区域的网络体系，科学修复退化湿地，使湿地资源得到有效保护，遏制自然湿地面积萎缩和功能退化的趋势，恢复和改善湿地生态系统功能。

其次，要依靠国家造林工程，开展造林绿化工作。重点是京津风沙源治理、三北五期、沿海防护林、太行山绿化和平原绿化等造林绿化工程，以带动整体绿化水平的提升。其中，京津风沙源治理工程重点是在张家口、承德两市营造大规模的防风固沙林、水源涵养林和水土保持林，遏制土地沙化扩展，改善生态环境，为京津地区构筑阻沙源、保水源的绿色生态屏障。三北防护林体系建设工程重点是在承德、秦皇岛、唐山、廊坊、保定、石家庄、沧州、衡水八市，分别在燕山山地、白洋淀上游集水山地和冀中平原，营造水土保持林、水源涵养林和综合高效农田防护林网，形成优质高效的生态防护林体系。太行山绿化工程重点是在保定、石家庄、邢台、邯郸四市分区治理，营造水源涵养林、水土保持林和生态经济防护林。沿海防护林体系建设工程重点是在秦皇岛、唐山、沧州三市，根据海岸类型不同形成沿海绿色生态屏障。平原绿化工程重点是在石家庄、秦皇岛、唐山、廊坊、邯郸、保定、沧州、邢台和衡水九市建设高标准农田林网、绿色通道、速生丰产林、城镇周围绿化和名特优果品基地，形成多林种、多树种、多层次的综合防护林体系。

最后，要以发展现代林业为方向，构建以林草植被为主体的生态体系，以及以经济林、林下经济为主体的林业产业，同时提升林业生态功能和经济功能。在增林方面，在张承坝上地区、燕山太行山干旱阳坡、沿海重盐碱地规模种植防护林，保护当地的生态环境，并在沿路、沿河和房边、村边、田边零星造林。在护林方面，要加强森林资源保护、森林防火、病虫害防治和林地林木管护。[①] 在林木加工方面，重点在冀中南、京津南部、冀东、冀北四大林板产业集中区域提升人造板产业集中区域的发展水平，重点建设黄河故道、冀中平原、永定河下游、青龙河流域、滦河流域、滨海平原六大速生丰产林基地，在速生丰产林基地以杨树、落叶松、油松等为主要用材树种，不断提高林地利用率、产材质量和经济效益。

① 河北围绕"两个环境"精神加快林果业快速发展［EB/OL］. 人民网，http://roll.sohu.com/20121021/n355341474.shtml，2012-10-21/2015-04-16.

第六节　畜牧业

一、发展概况

河北省有丰富多样的饲料、饲草来源，牧草植物种类繁多，约 300 多种，冀北、冀东、冀西及坝上地区拥有广大的山地丘陵地带和广阔的天然草原牧场，为本省畜牧业生产提供了良好的条件。

河北省畜牧业的构成主要分为大畜牧和小畜牧两种，2013 年河北省小牲畜（猪、羊）的数量达到 3388 万头，占全国小牲畜总头数的 4.4%，居全国第 8 位，大牲畜（牛、马、驴、骡、骆驼）数量达到 482.5 万头，占全国的大牲畜总头数的 4.2%，居全国第 15 位。2000~2013 年大畜牧饲养量整体呈现明显下降趋势，各畜牧品种饲养头数不同程度减少，与 2000 年相比大畜牧饲养数量下降了 37.7%（见图 6-10）。

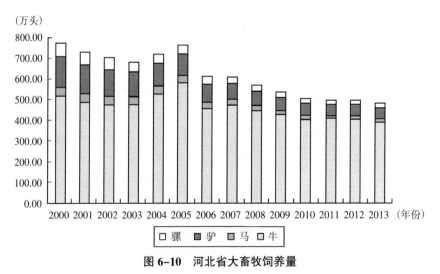

图 6-10　河北省大畜牧饲养量

资料来源：《河北经济年鉴》（2009~2014）。

二、畜牧业的生产与布局

(一) 生猪生产

小畜牧的生产有着重要作用，既可以提供大量的肉食，又可为皮革等工业提供原料，还是优质农家肥的主要来源。小畜牧中以猪为主，养猪业在本省畜牧业中居首位，2013 年全省生猪存栏数为 1932.9 万头，占全省猪、羊总头数的 57%，占全国生猪总头数的 4%，居全国第 9 位，属全国养猪业较发达的省份之一。多年来生猪饲养数量随市场价格波动而变化，如 2006 年生猪饲养数量为 1812 万头，比上一年下降了 8.3%，随后两年又迅速回升达到了 2015 万头。2009~2010 年生猪数量开始回落，两年下降了 8.4%，2010~2013 年则又呈现增长趋势，2013 年生猪数量为 1932 万头。

省内养猪业分布普遍，但主要集中在平原地区（见图 6-11），以唐山市、保定市、石家庄市为最多，2013 年分别拥有生猪 435.4 万头、415.1 万头、368.1 万头，合计占全省生猪总数的 63.1% 以上，其次是邯郸市和衡水市，生猪总数分别占全省生猪总数的 12.8% 和 8.4%，其他地区也有一定量分布，生猪数量均在 100 万头以上。

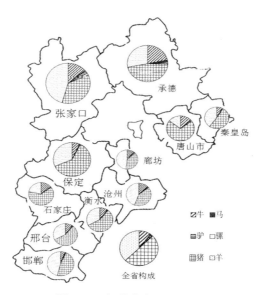

图 6-11　河北省畜牧业构成示意图

资料来源：《河北经济年鉴》(2014)。

（二）牛类生产

牛原来作为农役畜，各地都有饲养，但伴随着农业生产机械化程度提高，现在牛的饲养主要以肉牛和奶牛为主。在大畜牧中牛的数量占绝对比重，并且逐年增长，由2000年的66.7%上升到2013年的80.9%。2000~2005年全省牛的饲养数量整体呈现增长趋势，五年间牛类饲养总量增长13.2%，达到了584.9万头。2005~2013年牛类饲养量呈现逐年递减的趋势，2013年牛类饲养量比2005年下降了33.2%，减少到390.6万头。

冀中和冀东北地区牛的饲养量为最多（见图6-11），尤其是石家庄、唐山及承德拥有牛数分别为80.1万头、79.9万头以及74.4万头，占全省牛总量的60%。其次是张家口和沧州地区合计牛拥有量为113万头，占全省牛总数的29%。在广大平原地区，养牛业也比较发达，尤其是在冀中南各地市区牛数拥有量较平均，牛数拥有量最少的邢台市也达到26.6万头。

近年来，牛类生产中的奶牛养殖数量减少，牛奶产量出现下降。2000~2013年牛奶生产出现了由增长到下降的趋势性变化。2000~2008年牛奶产量出现较快增长，2008年牛奶产量达到了504.5万吨，是2000年牛奶产量的6倍，2009年牛奶数量出现转折，大幅度下降，比上一年降低了10.5%，2009~2013年牛奶产量稳定在450万吨左右。牛奶生产以唐山、张家口和石家庄为主，2013年牛奶产量分别达到177.5万吨、123.8万吨和119.0万吨，三市占全省牛奶产量的68.1%。

（三）羊类生产

河北省养羊业比较发达，仅次于养猪业，数量居全国第二位。养羊业分布集中在邯郸、保定和张家口地区（见图6-11），2013年拥有羊数分别为346.2万只、215.3万只、195.36万只，合计占全省羊只总数的42.4%。其中又以邯郸为最多，占全省羊只总数的19.4%，其次是沧州、廊坊和衡水，合计占全省羊只总数的27.9%。羊的品种分为山羊和绵羊，绵羊占全省羊只总数的65%。虽然各地都有养殖，但由于各地条件的不同，羊品种的分布有明显地域差异。张家口、保定、廊坊地区主要以绵羊为主，绵羊数占羊总饲养数的比例分别为93.6%、69.7%、77.1%，邯郸主要以山羊为主，邯郸山羊拥有量约占到全省山羊总数的一半。

羊类饲养数量在2000~2005年变化趋势呈现先降后升的U型变化趋势，2000年羊饲养数量比2005年多2.5万头。2005~2013年表现出波浪式的下降趋势，2013 年与 2005 年相比羊只数减少了约 224 万，尤其在 2006 年和 2010 年分别比上年大幅度地下降了 7.5% 和 10%。

（四）马、驴、骡生产

河北马匹数量自 2000 年以来持续减少，由 2000 年的 45 万头减少到 2013 年的 18 万头，减少了约 60%。河北马匹占大畜牧数量的 3.7%，是数量最少的畜牧。马主要分布在张北坝上地区，以承德市和张家口市为主（见图 6-11），该地区拥有面积辽阔、水草丰美的优良天然牧场，适宜马的生活习性，当地群众又有丰富的畜牧经验，2013 年两市马匹数量达到了 8.5 万头，占全省马匹数量的 46.9%。邯郸市马匹数量也较多，拥有马匹数量占全省马匹数量的 11.7%，居全省第三位。沧州市、石家庄市、衡水市、唐山市和廊坊市马匹数量在 1 万~1.5 万头，其他地区也有马匹分布，但是数量相对较少。

驴是河北省主要大畜牧之一，多年来总数量在大畜牧中居全省第 2 位，河北还是全国驴的主要生产区之一，占全国总数的 8.9%，居全国第四位。但驴在大畜牧中的比重逐年下降，由 2000 年的 19.3% 下降到 2013 年的 11.1%。进入 21 世纪以来，驴原来驮运耕作的作用逐渐下降，饲养量随之下降，由 2000 年的 149 万头下降到 2013 年的 53 万头，减少了 64.4%。驴在分布上比较普遍，主要集中在张家口和唐山，2013 年饲养数量分别为 9.78 万头和 8.52 万头，两市占全省驴总数的 34.1%。其次是邯郸市、廊坊市、保定市和石家庄市，分别占全省驴总数的 10.9%、10.4%、8.2% 和 7.7%（见图 6-11）。其他地区也有分布，都处于 4 万头以下。

骡数量较少，自 2000 年以来与其他大畜牧数量变化相似，呈现出逐年递减的趋势，由 2000 年的 63 万头减少到 2013 年的 20 万头，减少了 68.3%。骡的分布以张家口市最多，其数量占全省骡数的 34.1%，其次是承德和邯郸，骡的数量分别占全省的 17.1% 和 15.1%，沧州和廊坊地区也有部分分布，分别占全省的 8.1%、5.7%，其他地区饲养比例都在 5% 以下。

其他畜牧如骆驼在石家庄辛集还有少量的饲养。

三、畜牧业发展趋势

河北省是畜牧大省，畜牧业产值占农民收入比重逐年上升，在农业结构调整过程中，畜牧业得到各方面的扶持，发展十分迅速。但是，畜牧业存在着现代化养殖程度低、规模小的问题,因此需进一步深化畜牧业内部产业联系,优化区域畜牧业布局,根据不同区域资源、技术和市场需求,优化产业组合推进畜牧业现代化调整。如扩大荷兰、澳大利亚优质奶牛的饲养比重,提高原奶的蛋白质含量,抑制原奶掺水等不良现象的出现,扩大养殖产业化、集中化经营,采取建立畜牧业合作社、允许农民奶牛养殖散户的寄养等措施,提高畜牧业的规模化、产业化经营,实现畜牧业现代化发展。①

对于生猪产业,应建设以石家庄、保定、唐山、邯郸、衡水、秦皇岛为主的生猪优势产区,由目前以传统庭院养殖、分散养殖为主,向规模化、集约化养殖转变,建立京津优质商品猪生产基地,提升市场竞争力。

对于肉羊产业,应以邯郸、张家口、廊坊、沧州、保定等的肉羊优势产区为主,加强优质种羊生产基地建设,加快商品肉羊规模养殖进程,提高综合生产能力,实现放牧、半放牧向全舍饲转变,建设环京津肉羊养殖圈。在品种方面,推广道赛特、杜泊、波尔山羊等优良品种,加大肉羊改良力度。

对于肉牛产业,根据河北省资源和产业发展现状,肉牛育肥优势产区以石家庄、唐山、廊坊、沧州、衡水等平原农区为主,建立高档肉牛生产基地。肉牛繁育优势产区以承德、张家口、沧州和西部太行山区为主,发展基础母牛生产。乳肉兼用型是解决牛源紧缺的好途径,应加大推广乳肉兼用牛的力度,如西门塔尔牛产乳产肉性能均好,适应性强,耐粗饲,养殖价值高,全省可推广该品种养殖。

对于奶牛产业,要进一步提高石家庄、唐山、保定、张家口和黑龙港五大奶牛优势产区产量,提升奶站标准化管理水平和生鲜乳质量安全水平。黑龙港地区坚持增量与提质并重,廊坊、承德、秦皇岛要坚持高起点,发展城郊型奶业,服务京津等大中城市。

对于肉禽产业,建设以秦皇岛、唐山、沧州、承德、石家庄为主的肉禽优势产区,重点组建大型养宰加工龙头企业,发展标准化肉鸡养殖基地,推行合同生产,订单收购。

对于禽蛋产业,建设以石家庄、保定、邢台、邯郸、唐山等市为主的蛋鸡优势产区,重点提升蛋鸡标准化规模养殖水平,发展山区绿色无公害柴鸡养殖,提

---

① 赵克华.河北省农民收入增长水平研究 [D].保定:河北大学硕士学位论文,2011:60-65.

高质量安全水平，打造全国最大蛋种鸡生产基地。

　　畜牧业与种植业、林业有紧密的联系，是农业可持续发展不可缺少的一环，各级政府在进行产业规划过程中，应当协调畜牧业和种植业、林业的关系，注重畜牧业对生态环境破坏的恢复工作，实施以农作物秸秆进行畜牧养殖、畜牧业产生的粪便作为肥料还田为核心的新型农业循环经济，实现畜牧经济的可持续化增长和生态环境的保护。

第七节　渔业

　　渔业在河北省农村经济中比重较小，但渔业对本省城乡人民生活提高和对外贸易均有重要意义。

一、渔业发展概况

　　河北渔业发展条件优越。全省水域辽阔，有海水水域面积约 800 万亩，其中浅海可用面积达 169 万亩，有高潮线以上可利用的滩涂面积约 40 万亩。同时渤海三面被陆地围绕，水面平静，有适度的水温和水质，并有众多河流注入，诱饵丰富，是鱼、虾、贝类生活繁殖的适宜场所。另外内陆有大中小型水库 1071 座，水域面积 4 万公顷，池塘 4.67 万公顷。丰富的水域资源和优越的发展条件带动了渔业生产，全省水产品产量保持年均 5% 的增长态势。[①]

　　河北省渔业资源十分丰富，种类繁多。其中海洋水产约为 160 多种，鱼类主要有小黄鱼、鲶鱼、鲅鱼、带鱼、偏口鱼等，虾类主要有对虾、毛虾、琵琶虾等，蟹类主要有梭子蟹，贝类有毛蚶、文蛤、青蛤等 20 余种，藻类有海带、马尾藻等十余种，此外还有海参、乌贼、海蜇等海洋生物。淡水水产资源也很丰富，主要有鲫鱼、鲤鱼。

　　2000~2013 年河北省水产品产量整体呈现逐年上升趋势（除 2006 年），水产

---

　　① 庞景贵，郭金龙等. 新中国成立 60 年来河北渔业成就与发展对策建议 [J]. 河北渔业，2009（9）：39-43.

品产量由2000年的81万吨增长到2013年的123万吨。2013年产量比上一年增长5.8%，其中，海水产品产量68.3万吨，比上一年增长7.6%，淡水产品产量54.8万吨，比上一年增长3.6%，海水产品与淡水产品的比例约为6：5。2013年海水养殖面积达到了117.9千公顷，比2000年增长了30.4%，内陆水域养殖面积达到79.4千公顷，比2000年增加了4.7千公顷。

二、渔业的生产与布局

河北省水产业由海洋水产业和淡水水产业构成，海水产量都略高于淡水产量，主要水产品产量构成以鱼类为主，全省海水产品中的鱼类比重为19.7%，淡水产品中的鱼类比重为91.1%。河北省水产品主要产于唐山和秦皇岛，两地产量合计占全省水产品的69.7%。沧州市水产品产量仅次于唐山和秦皇岛，占全省水产品产量的9.6%。

海洋水产业主要分布在东部沿海地区，以秦皇岛和唐山最为发达，其产量分别占全省海水产品总产量的45.9%和40.5%。秦皇岛海水产品占本市总水产品的98%，沧州市以海水产品为主，其产量占全省海水产品的12.7%，约占本市水产品总产量的73.3%。廊坊市也有少量的海水产品，其他地市区由于地域原因没有海水产品。

淡水产品在各地均有分布，其中以唐山最多，约占全省淡水产品的47.6%。唐山市水产品中的海水产品与淡水产品相对较均衡，海水产品略高于淡水产品。其次是邯郸和保定地区，淡水产品产量分别占全省淡水产品总产量的10.5%和10.3%。承德市、石家庄市、沧州市和廊坊市产量均都在3万吨以上，合计占全省淡水产品总产量的25%。其他地区也有一定数量的产量，但比重较少。

三、渔业建设趋势

河北省渔业产量不断提高的同时，也面临着海洋过度捕捞问题。因此以养殖为主体的发展方向需要进一步强化，要继续压缩近海捕捞，开展小型渔船报废和渔民转产转业，发展外海、远海生产，并不断加大人工鱼礁建设、增殖放流工作力度，促进经济效益好转。同时，全省渔业继续按照"三大产业带"、"八大基地"的优势水产品区域布局发展，即沿海出口优势水产品养殖带、山坝区生态型水产养殖带、城市周边休闲型水产养殖带。

（一）沿海地区

沿海地区是河北渔业生产产量最高也是最主要的地区。[①]针对国际和国内市场，发挥各地的优势品种，扩大沿海产业带水产品生产基地规模，持续开发山海关至乐亭和沧州沿海两个最具潜力区域的宜渔资源，以贝藻类增养殖和人工鱼礁建设为主，推进海洋牧场规模化开发。同时要建设以唐山沿海为中心的对虾养殖，以秦皇岛沿海为中心的贝类养殖，以沧州沿海为重点的梭子蟹、滩贝养殖和盐碱地渔业开发基地以及生物饵料养殖加工基地，以唐海和昌黎为重点的河鲀等名贵鱼养殖生产基地，以石家庄、保定、邯郸为重点的冷水鱼类和甲鱼养殖，以内陆库、淀为重点的大水面增养殖渔业。

（二）两山地区及坝上

两山地区及坝上拥有丰富的大中水域和冷热水资源，[②]在生产过程中突出"三品"（无公害、绿色、有机水产品）质量，应该重点发展池沼公鱼、大银鱼和冷水鱼、中华鳖等高档畅销品种，加快发展增养殖渔业和名特水产品养殖，建设大中水域增养殖渔业基地以及冷、温流水等设施渔业养殖基地。健康化的水产品养殖推广生态健康养殖技术，"优质、高效、生态"的特点更加鲜明，健康养殖成为渔业发展的主要方向。

（三）城市周边地区

现代渔业发展赋予了渔业新的内涵，渔业的多功能性将日益受到重视并不断拓展，除满足食品消费、促进渔民增收等既有功能外，生态修复、环境美化、休闲观光、文化传承等新的社会需求，也为展现渔业的多功能作用提供了更大舞台。

休闲化、观光渔业主要针对环首都及其他城市周边地区，[③]根据城市旅游休闲消费需求，发展养殖旅游区、休闲垂钓场、观赏鱼养殖和水上休闲观光区，建设休闲渔业基地。重点以北戴河—昌黎海岸、唐山港区外围和白洋淀、衡水湖、永年洼、临城水库等为重点，规划一批集浅水植物栽培、有机鱼类增养殖、生态

[①] 沿海渔业主要以山海关、抚宁、昌黎、乐亭、滦南、唐海、丰南、黄骅、中捷、南大港、海兴等为主。

[②] 山坝区生态型水产养殖主要以迁西、磁县、宽城、平山、灵寿、鹿泉、玉田、阜平、兴隆、丰宁、曲周等为主。

[③] 环首都经济圈的14个县（市、区）：涿州、涞水、涿鹿、怀来、赤城、丰宁、滦平、三河、大厂、香河、广阳区、安次区、固安、兴隆，同时包括环石家庄、唐山等市的各县（市、区）。

旅游观光和渔家乐活动为一体的渔业生态旅游区，吸引大中城市旅游消费，培育新的渔业经济增长点。

参考文献

[1] 2013 年河北省农林牧渔业运行发展情况 [EB/OL]. 政府网站，2014-05-06.

[2] 河北省统计局. 河北省 2013 年国民经济和社会发展统计公报 [Z]. 2014-02-28.

[3] 丰绪钦. 河北省实现全省禁牧　禁牧的羊儿成了"座上客"[J]. 四川草原，2003(2).

[4] 郭海洋. 河北省耕地资源安全评价与保障机制研究 [D]. 石家庄：河北农业大学硕士学位论文，2007.

[5] 河北粮食总产量达 673 亿斤，实现"十连增"[EB/OL]. 河北新闻网，http://hebei. sina.com.cn/city/qwfb/2013-12-13/68667.html，2013-12-13/2015-04-16.

[6] 周定奎，吕纪水. 开拓河北板栗市场 [J].合作经济与科技，2005（13）.

[7] 王学军. 河北省枣产业现状与发展方向 [J]. 河北农业科学，2007（3）.

[8] 郤东翔，张泽伟，韩鹏. 河北省蔬菜产业发展现状透析与展望 [J]. 北方园艺，2013（1）.

[9] 宋建新. 河北省蔬菜产业发展状况及对策研究 [D]. 北京：中国农业大学硕士学位论文，2005.

[10] 河北省林业情况简介 [EB/OL]. 河北林业网，http://www.hebly.gov.cn/showarticle.php?id=289，2010-04-16/2015-04-16.

[11] 张家口统计局. 2013 年张家口市国民经济和社会发展统计公报 [Z]. 2014-08-01.

[12] 王雪威，张建国，王敬忠. 今年张家口完成林业生态建设百万亩 [EB/OL]. http://heb.hebei.com.cn/system/2014/09/26/014040514.shtml，2014-09-26/2015-04-16.

[13] 河北围绕"两个环境"精神加快林果业快速发展 [EB/OL]. 人民网，http://roll.sohu.com/20121021/n355341474.shtml，2012-10-21/2015-04-16.

[14] 赵克华. 河北省农民收入增长水平研究 [D]. 保定：河北大学硕士学位论文，2011.

[15] 庞景贵，郭金龙等. 新中国成立 60 年来河北渔业成就与发展对策建议 [J]. 河北渔业，2009（9）.

第七章 区域空间格局与城镇体系

区域经济空间格局是指相关经济要素在一定地区范围内其相对的区位关系和分布形式，它是在经济发展过程中，由人类经济活动与区位选择相互叠加累积而形成的。特定区域内的经济空间结构的形成受多方面的因素影响，例如资源状况、区位条件、劳动力状况、城镇体系等。特定区域的经济空间格局与此区域内的城镇体系呈现相互影响的关系，影响城镇体系形成的因素同时也会影响区域经济空间结构的形成，一旦在某区域内形成了相对稳定的区域经济空间格局，就会促使该区域城镇体系也趋于稳定。同样，该区域的城镇体系状况也在一定程度上反映着本区域内的区域经济空间格局。

第一节 主体功能区与产业空间布局

经济全球化以及新的国际分工使得区域空间布局和产业发展呈现出新的趋势。合理进行区域功能空间划分，可以放大区域空间的要素优势，促进优势产业集聚，并使其布局合理化，以达到整体最佳的经济效益、社会效益和生态效益。

河北省近年来着重对全省产业进行规划，对各地区产业格局、产业功能进行科学布局，按国土空间开发方式，以是否适宜或如何进行大规模高强度工业化城镇化开发为基准，根据不同区域的资源环境承载能力、现有开发强度和未来发展潜力，将全省主要区域划分为优化开发区域、重点开发区域、限制开发区域以及禁止开发区域四类主体功能区（见表7-1），并根据各主体功能区的区域状况及功能定位进行产业布局（见表7-2）。①

表 7-1　河北省各功能区规划

区域类型	属性	特点	包含区域
优化开发区域	城市化地区	经济较发达，人口较密集，开发强度较高，资源环境矛盾较突出，产业结构亟待提升	沿海地区、燕山山前平原地区和冀中平原北部地区
重点开发区域	城市化地区	有一定经济基础、资源环境承载能力较强、发展潜力较大、人口较聚集、经济条件较好	冀中南地区、黑龙港中北部部分地区和张承盆谷地区及其他重点开发城镇
限制开发区域	农产区与生态功能区	耕地面积较多、发展农业条件较好；生态脆弱，生态系统重要性较高	太行山燕山山前平原、黑龙港低平原地区及其他部分地区产粮大县、坝上高原山地区、冀北燕山山区和冀西太行山山区
禁止开发区域	自然保护区与生态功能区	禁止进行工业化城镇化开发、需要重点保护的区域。主要包括各级各类自然保护区、风景名胜区、森林公园、文化自然遗产、水源地保护区、水产种质资源保护区和基本农田等	各级各类自然文化资源保护区以及基本农田等构成的禁止开发区域

资料来源：根据中华人民共和国国家发展和改革委员会《河北省主体功能区规划》整理。

表 7-2　河北省主要区域产业布局

所属区域	区位范围	产业布局
沿海地区	秦、唐、沧3个市的17个县（市、区）	京津城市功能拓展和产业转移的主要承接地，全国重要的新型工业化基地，北方沿海生态良好的宜居区，国家循环经济示范区，国家重要的海陆综合交通物流枢纽，全省重要的产业、人口聚集区
燕山山前平原地区	唐山市的8个县（市、区）	战略性新兴产业，先进装备制造业，现代服务业，都市型农业，区域性特色产业聚集区
冀中平原北部地区	廊坊市和保定市的11个县（市、区）	京津城市功能拓展和产业转移的重要承接地，高新技术产品制造基地，战略性新兴产业示范基地，休闲度假、观光农业、宜居生活区
冀中南地区	石、保、邢、邯4个市的42个县（市、区）	新能源和生物医药基地，装备制造业、电子信息、新材料等高新技术研发及产业化基地，现代物流、文化旅游、商贸流通、科教文化和金融服务业基地，现代农业基地
黑龙港中北部部分地区	衡、石、廊、沧4个市的8个县（市、区）	装备制造、石油化工、煤化工、新材料、食品加工、现代物流基地，县域特色产业发展示范区
张承盆谷地区	张家口市和承德市的12个县（区）	国家重要能源运输通道，国家钒钛制品基地，新能源装备基地，先进制造业基地，生态产业基地，绿色农产品加工业基地，物流枢纽，国际旅游目的地

① 中华人民共和国国家发展和改革委员会. 河北省主体功能区规划〔Z〕. 2013-07-31.

所属区域	区位范围	产业布局
农产品主产区	石、承、秦、唐、保、沧、衡、邢、邯9个市的58个县（市）	农产品加工、生态产业和县域特色经济示范区，新农村建设示范区
重点生态功能区	唐、秦、承、张、石、保、邢、邯8个市的39个县	文化生态旅游区，绿色农牧产品和生态产业基地，金属和非金属矿采选生产基地
禁止开发区域	全省1133处自然保护区、文化自然遗产等	自然文化资源保护区，生态功能区，粮食生产保护区

资料来源：根据《河北省主体功能区规划》整理。

　　河北省优化开发区域和重点开发区域属于城市化地区。优化开发区域一般指经济较发达、人口较密集、开发强度相对较高、资源环境矛盾较为突出、产业结构亟待升级的城市和地区。重点开发区域指有一定经济基础，资源环境承载能力较强、发展潜力较大、人口较多聚集和经济条件较好的城市和地区。限制开发区域分为两类，即农产品主产区和重点生态功能区。农产品主产区耕地面积较多、农业发展条件较突出，此类区域尽管也可以进行工业化和城镇化开发，但从保障国家粮食安全的角度出发，必须把增强农业综合生产能力作为首要任务。重点生态功能区是指生态系统的重要性和脆弱性都很突出的地区，此类地区要注重提高生态产品的生产能力。禁止开发区域是指依法设立的各级各类自然文化资源保护区域、禁止进行工业化城镇化开发的区域、需要重点保护的生态功能区域。

第二节　主要城市发展状况

　　河北省位于华北平原东南部，自古即是京畿要地，现为京津冀经济区的重要组成部分。截至2013年末，河北省有石家庄、承德、秦皇岛、唐山、沧州、衡水、邯郸、保定、廊坊、张家口、邢台11个设区市。

一、石家庄市

　　石家庄地处河北省中南部，北临京津，东靠渤海，西倚太行山，位于北纬37°27′~38°47′，东经113°30′~115°20′。石家庄市是河北省省会、中国特大城市之一，也是国务院批准实行沿海开放政策和金融对外开放的城市。其辖区总面积15848 平方公里，市区面积 2206 平方公里，2013 年末总人口 1049.98 万，全市共有 47 个少数民族成分，统计人口为 5.4 万，其中以回族最多，占少数民族人口数的 76.8%。作为首都的南大门，石家庄现已发展成为华北平原腹地最大的商贸流通中心、中国北方重要物流中心和国家重要交通枢纽。

石家庄市是伴随着铁路的兴建而逐渐发展起来的，1925 年，这座城市始称石家庄市（后曾更名为石门市）。石家庄跨太行山地和华北平原两大地貌，地势西高东低，西部处太行山中段，东部为滹沱河冲积平原，地貌由西向东依次为中山、低山、丘陵、盆地、平原。石家庄拥有丰富的矿产资源，目前已探明储量的矿藏 50 多种，其中包括优质矿产资源如煤、石油、天然气、石灰岩、白云岩、石英砂、白云母等 20 余种。作为人类文明开发较早的地域，石家庄具有十分深厚的文化底蕴，距今六七年的白佛口文化是目前全市境内发现最早的平原地区人类遗址。隋唐时期的赵州安济桥，是世界公认的大型敞肩式石拱桥的鼻祖，被联合国确认为世界人类文化遗产。历史上石家庄籍的文化名人有李吉甫；富弼、韩琦、欧阳修、沈括、苏轼等名臣贤宦先后奉使河北，促进了当时地区经济、文化的繁荣。

作为全省的政治、经济、科技、金融、文化和信息中心，石家庄的综合实力远远高于河北省其他城市，这是由其省会地位所决定的，也和多年来省政府政策的倾斜是分不开的，但是与沿海其他省份的省会相比，石家庄的经济实力与发展水平仍比较低。2013 年，全市生产总值达 4863.6 亿元，比上年增长 9.5%，三次产业结构比例为 9.8：47.2：43.0。多年来石家庄将经济发展重点放在生物技术及新医药产业、纺织服装业、电子信息技术和通信装备制造业等行业，全力打造"中国药都"、"全国纺织基地"、"华北重要商埠"、"北方特色农业区"和区域性高新技术产业中心为主导的支柱产业，但作为省会城市，其城市的综合服务功能还有待提高，第三产业发展还有很大潜力。

二、承德市

承德位于河北省东北部，连接东北与华北地区，地处北纬 40°11′~40°40′，东经 115°55′~119°15′，距省会石家庄 435 公里，距北京 225 公里。承德市面积3.95 万平方公里，总人口 378.15 万，其中满、蒙、回、朝鲜等少数民族 25 个，人口 130 万。[①] 承德市西南与南部分别接壤北京与天津，背靠蒙、辽，省内与秦皇岛、唐山两个沿海城市以及张家口市相邻，具有"一市连五省"的独特区位优势。承德市是国家甲类开放城市，也是首批 24 个国家历史文化名城之一，1994年承德避暑山庄及周围寺院被联合国教科文组织列入世界文化遗产名录。[②]

承德原名热河，属寒温带、半干旱向半湿润过渡的大陆性季风型气候，境内地势较复杂，北部靠近内蒙古高原的东南区，中部为浅山区，南部属燕山山脉。承德生态环境良好，资源富集，森林覆盖率达 55.8%，有"华北之肺"之称。目前已发现的矿产有 98 种，是除攀枝花外我国唯一的大型钒钛磁铁矿资源基地。清朝康熙时期（1703 年），清王朝在此建行宫"避暑山庄"，成为其第二个政治中心。纵贯古今的 5000 年红山文化、300 年的山庄文化在承德繁衍继承，昭育后人。

2013 年，承德市生产总值达 1272.09 亿元，比上年增长 9.3%，位居河北省各设区市第二，三次产业结构比例为 16.8∶51.1∶32.1。现代旅游业一直是承德的主导产业，未来的承德在京津冀协同发展的大背景下，将致力借助京津冀旅游资源，拓展旅游产业链，增加附加值，打造集高端休闲、养老医疗为一体的旅游城市。此外，钒钛钢铁、清洁能源、装备制造、新型材料、特色农业也是承德市近年主要发展的产业。但由于地处盆地中央，地理条件较为不利，承德经济发展空间狭窄，不便于与省内其他城市进行经济交流，没有强劲有实力的产业支撑，相较省内其他各设区市经济增长较为缓慢。

三、秦皇岛市

秦皇岛，简称秦，地处河北省东北部，跨北纬 39°24′~40°37′，东经 118°33′~119°51′，是中国首批沿海开放城市之一，北方重要的对外贸易口岸。全市总面积 7812 平方公里，2013 年末，全市常住人口 304.52 万，有 42 个少数民族，主要集中在青龙满族自治县。秦皇岛南临渤海，北依燕山，东接辽宁省葫芦岛市，距首都北京 280 公里，距天津 220 公里，是东北与华北两大经济区的结合部，拥有世界第一大能源输出港——秦皇岛港。

---

① 中国承德·承德概况［EB/OL］. http：//www. chengde. gov. cn/cdgk/2007－10/12/content_2024. htm，2007－10－12/2015－04－22.

② 韩欣. 中国名城［M］. 北京：东方出版社，2006：62－80.

秦皇岛是我国唯一一个因皇帝尊号而得名的城市，气候属温带季风型，受海洋影响较大，地势北高南低，由北向南依此为山区—丘陵区—盆地区—平原区—沿海区。盆地区是粮食主产区，冲积平原区以海洋养殖、葡萄酒、旅游等有发展前景的综合性产业为主。秦皇岛是我国华北、东北和西北地区重要的出海口，是世界第一大能源输出港，是我国"北煤南运"大通道的主枢纽港，担负着我国南方"八省一市"的煤炭供应。全市旅游资源丰富，形成了以长城、滨海、生态为主要特色的旅游产品体系，其中北戴河游览区最负盛名。

2013年，秦皇岛市经济实现生产总值1168.75亿元，比上年增长7.0%。三次产业之比为14.7∶38.3∶47.0。秦皇岛是一个新兴的工业城市，装备制造业、金属冶炼及压延加工业、粮油食品加工业和玻璃及玻璃制品制造业为四大支柱产业，拥有中国最大的玻璃工业基地、中国最大的桥梁制造集团、中国最大的修造船基地之一、中国最大的汽车轮毂制造厂，是中国著名的干红葡萄酒生产基地，目前正在成为中国最重要的燃气轮机制造基地和服务中心。

地处沿海地区的秦皇岛是河北省对外开放的窗口，这得益于优越的地理位置和国家优惠政策，且由于外向型经济的特点，秦皇岛成为全省经济发展最快的城市之一，在河北省内的经济地位不断提高，但其经济总量小、实力弱、底子薄的基本市情没有改变。近年来秦皇岛大力发展旅游事业，致力于打造滨海旅游度假胜地，其城市知名度和美誉度不断提升，荣膺"中国最佳休闲城市"和"城市公共休闲服务与管理示范城市"等荣誉称号。

随着京津冀协同发展，特别是区域间交通网络和基础设施的进一步完善，秦皇岛和京津地区的联系与协作将进一步加强。秦皇岛将充分发挥滨海、生态、港口、旅游等比较优势，建设国民休闲度假目的地、国家医疗旅游融合发展创新区和京津冀区域购物旅游目的地，打造国际滨海休闲度假之都，着力推动国际会议会展基地、国家级煤炭交易中心、国家级成品油交易中心和首都文化教育体育资源转移基地建设。

四、唐山市

唐山市位于河北省东部，地处环渤海湾中心地带，跨东经117°31′~119°19′，北纬38°55′~40°28′，东与秦皇岛市以滦河相隔，西与天津毗邻，总面积13472平方公里，总人口753.16万（2014年末）。唐山市是少数民族散居地区，全市拥有 54 个少数民族，人口总计 311187，占全市总人口的 4.2%，居全省第 3 位。[①]
1984 年，唐山市被国务院列为较大的市之一。

唐山市气候属暖温带半湿润季风型大陆性气候，境内地势北高南低，地貌以
燕山山地丘陵区和滦河平原区为主，其滦河流域是我国古代文明的发源地之一。
唐山土质肥沃，是多种农副产品的富集产区，被称为"京东宝地"、"冀东粮仓"，
盛产的"迁西板栗"驰名中外；南堡盐场是亚洲最大盐场。唐山历史悠久，位于
迁安县的爪村遗址距今约有 4.2 万年，北部山区的明长城风貌古朴，遵化的清东
陵是中国现存规模最大、体系最完整的皇家陵寝之一，被列为世界文化遗产。此
外，李大钊纪念馆及故居、潘家峪惨案纪念馆、开滦国家矿山公园、唐山地震遗
址纪念公园和迁西喜峰口长城抗战红色旅游五景区被列入全国红色旅游经典景区
名录。

唐山是中国近代工业的发祥地。始建于 1878 年的唐山开滦煤矿是中国最早
采用西方近代技术开掘的大型煤矿，是中国第一座成功的机械化矿井。中国的第
一台蒸汽机车、第一桶机制水泥、第一件卫生陶瓷、第一条标准轨距铁路也都诞
生在唐山。[②]唐山是震后崛起的新型城市，1976 年的唐山大地震给其发展带来灾
难性的打击。现今的唐山，市政设施配套齐全，经济发展速度位居河北省各市前
列。2013 年，全市实现生产总值 6121.21 亿元，比上年增长 8.3%，三次产业比
例为 9.2：58.7：32.1。重工业仍是唐山市的支柱产业，以钢铁业、能源业、化工
业、建材业、装备制造业为主导产业。作为冀东地区的经济中心，其钢铁、水
泥、陶瓷等产业优化的技术改造和升级有巨大提升空间，未来将积极发展装备制
造和战略性新兴产业，建设京津冀地区新型工业化基地。作为中国建设的第一个
科学发展示范区，唐山也将成为中国环渤海经济区联系东北亚蒙古国、俄罗斯、
朝鲜、韩国、日本等国的重要地区。

五、沧州市

沧州市地处河北省东南，东临渤海，北靠天津，地跨北纬 37°29′~38°57′，

---

① 人口宗教 [EB/OL].唐山政府门户网站，http：//www. tangshan. gov. cn/zhuzhan/tsgl/20140719/68991.
html，2014–07–19/2015-04-22.

② 近代工业 [EB/OL].唐山政府门口网站，http：//www. tangshan. gov. cn/zhuzhan/tsgl/20150408/208612.
html，2015–04-22.

东经 115°42′~117°50′。沧州总面积 1.4 万平方公里，2013 年末全市常住人口 754.3 万，共有 46 个少数民族成分，少数民族 256850 人，占全市总人口的 3.5%。沧州市是国务院确定的经济开放区、沿海开放城市之一，也是石油化工基地和北方重要陆海交通枢纽。

沧州属暖温带大陆季风气候，处于广袤无垠的冀中平原东部，地势自西南向东北倾斜。沧州是运河古郡、历史名城，因东临渤海而得名，意为沧海之州。自古有"水旱码头"之称，京杭大运河纵贯全境。沧州历史底蕴悠久，文化杂糅，沧州铁狮子是我国最大的铸铁文物，1961 年被国务院列为第一批全国重点文物保护单位，吴桥杂技是中国最珍贵的优秀文化遗产之一。古往今来，沧州籍名人不胜枚举，如西周贤臣尹吉甫、战国时代医学家扁鹊、唐代地理学家贾耽、清代学者《四库全书》总纂官纪晓岚、清末政治家张之洞等，他们为社会进步、历史发展做出了不同的贡献。

2013 年，沧州全市地区生产总值完成 3013 亿元，比上年增长 9.0%，三次产业结构比例为 11.5∶52.4∶36.1。产业结构以工业为主，成为拉动当地 GDP 增长的主力，石化、管道装备及冶金、机械制造是沧州市的主导产业。沧州是典型的工业城市，但其基础设施发展较缓慢，同时由于环境保护因素导致区内众多的化工企业存在较大的生存压力，经济发展存在困境。未来的沧州在京津冀协同发展的趋势下，将发挥区位交通、产业、土地、港口、资源、生态环境等综合优势，积极建设国家重要化工、能源保障及高端装备制造业基地，与唐山港、秦皇岛港（乃至天津港）深度合作，联手打造中国北方重要出海口和国际化区域物流中心。

六、衡水市

衡水市位于河北省东南部，东部与沧州市和山东省德州市毗邻，地跨东经 115°10′~116°34′，北纬 37°03′~38°23′。截至 2013 年末，衡水市总面积为 8815 平方公里，总人口 448.1 万，是少数民族杂散居地区，共有 37 个少数民族成分。

衡水属温暖半干旱型大陆季风气候，地处冲积平原，地势自西南向东北缓慢倾斜，平均海拔在 50 米以下。衡水是河北省仅次于省会石家庄的第二大交通枢纽城市，境内铁路交通发达。位于市区南 10 公里的衡水湖是国家级自然保护区，湖区有各种禽鸟 150 多种，其中不乏国家及省一级、二级珍稀保护动物。衡水籍文化名人有汉代思想家董仲舒、晋代辞赋家张载、唐代诗人高适、当代著名作家孙犁等。

2013 年，衡水生产总值实现 1070.1 亿元，按可比价格计算比上年增长 9.1%。三次产业结构比例为 16.5∶52.3∶31.2。衡水是一个主要是以农业经济为基础的年轻城市，缺乏矿产资源，没有大型工业企业，地理位置不突出，因此长久以来在河北省属于经济欠发达地区。近年来通过发展特色产业和县域经济，经济发展有所起色，以安平丝网、枣强机械装备制造业、现代生态化工业、食品加工业为地方支柱产业。未来的衡水市，可以依托区位交通优势，加快重大基础设施建设，发展现代物流业，打造京津冀区域交通物流枢纽；依托衡水湖湿地资源优势，打造京津生态屏障保护基地。

七、邯郸市

邯郸市位于河北省南部，西依太行山脉，东接华北平原，与晋、鲁、豫三省接壤，地跨北纬 36°20′~36°44′，东经 114°03′~114°40′，总面积 12066 平方公里。截至 2013 年末，总人口 1011.95 万，拥有 36 个少数民族成分。邯郸是我国历史上较早出现的名城之一，有着近 3000 年的悠久历史，是国务院批准具有地方立法权的"较大的市"和市区人口超百万的大城市。

邯郸市属暖温带大陆性季风气候，四季分明。地势自西向东呈阶梯状下降，西部为丘陵地貌，东部为华北平原。邯郸位于晋冀鲁豫四省交界要地和中原经济区腹心，享有优越的交通区位。邯郸文化内涵丰富，悠久的历史孕育了磁山文化、赵文化、女娲文化、北齐石窟文化、建安文化、广府太极文化、梦文化、磁州窑文化、成语典故文化、边区革命文化十大文化脉系。邯郸市还是中国成语典故之都、中国历史名城、第一批国家试点智慧城市、中国优秀旅游城市。

2013 年，邯郸地区生产总值完成 3061.5 亿元，比上年增长 7.3%。三次产业结构比例为 13.4∶51.3∶35.3。邯郸产业经济基础雄厚，小麦、棉花常年产量达 200 万吨和 8 万吨，素有"北方粮仓"、"冀南棉海"之称，形成了鸡泽辣椒、临漳獭兔、馆陶蛋鸡、魏县鸭梨等 10 个特色产业之乡。邯郸境内矿产资源丰富，已探明矿物资源多达 40 多种，是全国著名的煤和高品位的铁矿石产区，煤炭和铁矿石储量分别达到 40 亿吨和 4.8 亿吨，被誉为现代"钢城"、"煤都"。邯郸工业门类较为齐全，为全国重要的冶金、电力、煤炭、建材、纺织、日用陶瓷、白色家电生产基地。[①] 邯郸市的三次产业发展较为均衡，当地除重工业较为发达外，整体经济水平在省内居于中游。2013 年，邯郸冀南新区正式获批国家级新型工业化产业示范基地，邯郸经济开发区晋升为国家级经济技术开发区。

八、保定市

保定市地处河北省中西部，地跨北纬 38°10′~40°00′，东经 113°40′~116°20′。保定与北京接壤，是首都南大门，与京津构成"金三角地带"，具有得天独厚的地理优势。截至 2013 年末，保定市总面积 22185 平方公里，人口 1022.9 万，现辖 3 区、18 县及 3 个县级市。保定被世界自然基金会确定为中国首批低碳试点城市，也是全国首批创新型城市试点之一。保定市高新区是国务院批准的 54 个国家级高新区之一，中国箱包之都白沟新城是六部委联合批设的河北唯一"经济发达镇行政管理体制改革试点"。

保定是京津冀地区中心城市之一，取自"保卫大都，安定天下"之意，属温带季风性气候，山区、平原面积各占一半。它是河北省最早的省会，从 1669 年至 1968 年，长期是河北的政治、经济、文化中心，1986 年保定被国务院命名为中国历史文化名城。汉昭烈帝刘备、宋太祖赵匡胤、数学家祖冲之、地理学家郦道元，戏曲艺术家关汉卿、王实甫等都是保定人。保定人文底蕴深厚，是著名的"大学城"、"体育冠军城"，还是中国优秀旅游城市，拥有国家级文物保护单位 69 处，清西陵、野三坡、白洋淀等世界文化遗产闻名遐迩。

2013 年全年，保定全市完成生产总值 2650.6 亿元，比上年增长 9.0%。三次产业结构比例为 12.9：55.0：32.1。保定以轻纺工业为代表的第二产业相对发达，第三产业中的教育和服务业发展迅速，装备制造业、纺织业、食品加工、新能源等为其主导产业。在 2014 年 3 月发布的《河北省新型城镇化规划》中将保定、廊坊定位为首都功能疏解的集中承载地和京津产业转移的重要承载地，与京津形成京津冀城市群的核心。保定市县域经济特色鲜明，有被国家命名的中国雕刻之乡曲阳、天下第一药市安国、中国纺织之乡高阳、中国皮都蠡县、中国服装之乡容城等。

---

① 邯郸综合概况 [EB/OL]. 邯郸市人民政府网站，http：//www.hd.gov.cn/zjhd/hdgk/.

九、廊坊市

廊坊市地处河北省中部偏东，地跨东经 116°38′~116°44′，北纬 39°28′~39°32′，处京津两大直辖市之间，有"京津走廊明珠"之称。廊坊市辖区面积 6429 平方公里，到 2013 年末人口为 439.4 万，拥有 51 个少数民族成分，现辖 2 区 6 县和 2 个县级市。

地处中纬度的廊坊属暖温带大陆性季风气候，地貌以平原为主，地势北高南低，地处海河流域，水系发达。廊坊人文历史源远流长，清末起义军义和团曾在此抗击八国联军，取得"廊坊大捷"；唐代诗人王之焕、宋代文学家苏洵、元代名相史天泽、著名的京韵大鼓"白派"创始人白云鹏等优秀人物均在廊坊留下过足迹。燕山大板、西河大鼓、京韵大鼓，这些中国民间艺术均始创于廊坊地区。廊坊还是龙凤文化发祥地之一，有众多关于龙凤文化的民间故事，2011 年 8 月廊坊市被中国民间文艺家协会命名为全国首个"中国龙凤文化之乡"。

2013 年，廊坊全市全年生产总值实现 1943.1 亿元，比上年增长 9.1%。三次产业结构比例为 10.4：52.6：37.0，廊坊市突出发展四大新兴高端产业：电子信息产业、装备制造业、现代服务业和城郊都市型农业。借助较好的区位优势，廊坊近年经济发展迅速，目前初步构建了以总部经济、网络经济、创新经济为塔尖，以先进制造业、现代服务业、新型农业为塔身，以传统优势产业为塔基的金字塔形现代产业体系框架。

十、张家口市

张家口市位于河北省西北部，东邻首都北京、西连煤都大同、北靠内蒙古高原、南接华北平原，是连通中国西北、内蒙古和北京的重要通道以及货物集散地、军事要地与陆路商埠。张家口地跨东经 113°50′~116°30′，北纬 39°30′~42°10′，总面积 3.68 万平方公里。截至 2013 年，全市总人口 467.02 万，有 48 个少数民族成分。

张家口属于温带大陆性季风气候，四季分明，地势西北高、东南低，阴山山脉横贯其中部，将全市划分为坝上高原区和坝下低中山盆地。独立的地理环境使得张家口自然资源富集，全市发现矿产 97 种，风能储量超过 2000 万千瓦以上，成为全国首个获准建设双百万千瓦级风电基地的地区；地热资源丰富，其中赤城温泉、怀来地热国内闻名。① 张家口市人文古迹荟萃，是现存长城最多、时代跨度最大的地区，享有"长城博物馆"的美称。蔚县剪纸被列入第一批国家非物质文化遗产名录。

2013 年张家口全市实现生产总值 1317 亿元，同比增长 8.0%。三次产业增加值占全市地区生产总值的比重分别为 18.3%、42.1% 和 39.6%。张家口市的产业结构中第三产业占比重较大，其独特的地理环境为其带来了得天独厚的旅游资源，旅游服务业、新型能源产业、电子信息产业、矿产品精深加工、装备制造和食品加工业是当地的主导产业，但同样的地理条件也成为了制约当地发展的瓶颈，以交通为代表的基础设施建设成为了当地发展的首要任务。当时预计 2015 年开工的京张高铁建成通车后，张家口市将融入"首都一小时生活圈"。2013 年 11 月，经党中央、国务院批准，中国奥委会正式同意北京和张家口申办 2022 年冬奥会，并以北京市名义向国际奥委会提出申办申请。未来的张家口市将紧抓京张联合申奥、京津冀协同发展及建立张家口可再生能源应用综合创新示范特区三大历史性机遇，努力在融入京津冀协同发展中实现绿色崛起、科学发展。

十一、邢台市

邢台市位于河北省中南部、华北平原中心地带，地跨北纬 36°50′~37°47′，东经 113°52′~115°49′。全市总面积 12486 平方公里，2013 年末户籍总人口 762.88 万，共有 55 个少数民族成分。邢台地处环渤海经济区腹地，位于冀晋鲁豫四省要冲，南北纵贯京广、京九铁路，全境密布 11 条高等级公路，已成为连接东部沿海地区、华北地区和中原地区的重要交通枢纽。②

邢台属于暖温带亚湿润季风气候，地势西高东低，地貌以平原为主。邢台拥有丰富的矿产资源，目前已发现煤、铁矿石、瓷土、石英石、石灰石等 32 种矿产，其中蓝晶石储量为全国第一，东部平原是全国优质粮和棉花生产基地，素有"粮仓棉海"之称。邢台人文历史众多，有殷商遗址、邢窑遗址、扁鹊庙、"株高八尺、花大如莲"的汉牡丹等，唐太宗李世民、贞观名相魏征、唐代诗人王昌龄、明朝名相王本固等都是邢台籍历史名人。

---

① 中国·张家口·张垣概况［EB/OL］．http：//www. zjk. gov. cn/syscolumn/zjzjk/zygk/index. html．
② 中国·邢台·邢台市情介绍［EB/OL］．http：//info. xingtai. gov. cn/content. jsp?code=000721000/2008–00043，2008–04–29/2015–04–22．

2013 年，邢台全市生产总值完成 1604.6 亿元，比上年增长 7.4%，三次产业结构为 16.6：52.7：30.7。三次产业对经济增长的贡献率依次为 5.7%、64.2% 和 30.1%，分别拉动经济增长 0.4 个、4.7 个和 2.3 个百分点。[①]重工业是当地的支柱产业，邢台装备制造业、煤盐化工产业、新能源产业、钢铁新型建材、纺织服装、食品、医药等门类齐全的工业体系已初具规模，辖区内有世界最大的羊绒及制品集散地、被誉为"世界羊绒之都"的清河县。但邢台的基础设施建设相对落后，城镇化水平不高，缺乏支撑产业的战略，投资环境较差。未来的邢台作为冀中南地区中心城市，将按照"1346"的基本发展思路，着眼于转变增长方式，打造新的经济增长带，在京津冀协同发展中，建设京津农副产品供应基地；发挥在太阳能光伏光热制造及应用领域的产业优势，进一步做大做强新能源产业。

第三节 新城新区建设与城市群体系优化

为了更快更好地促进河北省经济发展，各级政府争相建立新城区和规划城市群，并以此来加快城镇化步伐。目前，河北省已经形成规模的有石家庄正定新区、沧州渤海新区黄骅新城、唐山曹妃甸新区、秦皇岛北戴河新区、邯郸冀南新区，在建的大型新城新区包括首都第二国际机场临港经济区、京南新城等。在城镇化进程中，通过对城市的定位与规划，省内形成了坏首都城市群、冀中南城市群、沿海城市带三大城市片区，新城区与城市群建设相互促进相互发展，成为河北省经济发展的重要支撑点。

一、河北省城镇体系发展历程

河北省全省城镇体系发展经历了三个阶段：

1949~1978 年，城镇化水平低，城镇体系处于起步建设阶段。受中央和国家政治环境影响，行政边界频繁调整，省会城市经历了天津—保定—石家庄几次搬迁，唐山地区和唐山市地市合并，设立唐山市，秦皇岛市改为省辖市。同时，多

---

① 邢台市统计局. 邢台市 2013 年国民经济和社会发展统计公报［Z］. 2014-03-13.

个中小城市和小城镇反复设立调整，城镇体系不断动荡和调整。

1978~2000 年，城镇化发展缓慢，城镇体系不断调整变化。改革开放后，河北省经济迅速发展，城镇建设也全面展开，逐步放开的城乡人口流动政策推动了城镇的建设，然而，受城镇空间发展思路不稳定的影响，大中小城市不断调整变化。石家庄等 7 个地区实行地、市合并，撤销衡水地区和县级衡水市，设立地级衡水市，形成了全省 11 个地级市的城镇格局。同时，将经济实力强、城区基础设施完善的霸县等 10 个县进行撤县建县级市。2000 年建制市达到 34 个，其中地级市 11 个，县级市 23 个，初步形成了大中小城市齐全的城镇体系。

21 世纪以来，城镇化快速推进，城镇体系稳定发展。这段时期，随着城镇空间布局思路的逐渐明确，再加上河北省把城镇化摆到活跃全局的战略位置，密集出台了《关于加快壮大中心城市促进城市群快速发展的意见》、《河北省城镇化发展"十二五"规划》等一系列政策，实施了城镇面貌"三年大变样"战略，城镇体系发展壮大。其中，沿海开发格局得到优化，资源配置趋于合理，撤销了丰南市、唐海县，设立唐山市丰南区、曹妃甸区。2012 年，河北省共有建制市 33 个，其中设区市 11 个，县级市 22 个。

从区域空间结构理论分析，河北省行政边界的不完整性决定了全省城镇体系差异化的布局思路，环京津、沿渤海的特殊区位注定了河北省是京津冀和环渤海两大经济区中不可分割的组成部分，要承担以北带南、以东带西的流通服务功能。从生产力发展角度看，河北省已经是京津冀尤其是首都经济圈和环渤海两大经济区的重要组成部分，不仅发挥着服务京津的重要功能，也是沿海地区重要连接部分，对环渤海地区经济的崛起，乃至国家东部沿海生产力的布局具有重要作用。因此，河北省城镇空间布局，一方面要加强与北京、天津的沟通联系，尤其要重视首都经济圈中河北省城市的建设；另一方面要发挥沿海的后发优势，构建支撑沿海强省建设的沿渤海城市带的空间布局，从而构建与首都经济圈和环渤海地区产业分工化、布局合理化的生产地域空间综合体。

二、河北省五大新城新区建设

（一）石家庄正定新区

按照石家庄城市发展规划，为加快城市建设进程，实现 500 万人口的城市目标，打造繁华舒适、现代一流的省会城市，石家庄市委、市政府经过充分调研、论证，做出建设石家庄正定新区的战略决策。石家庄正定新区位于正定古城东侧，滹沱河北岸，规划面积达 135 平方公里，规划人口 140 万。首先，正定新区的建设使滹沱河成为石家庄市区的内河，有助于将石家庄打造成为滨水城市，依托母亲河滹沱河，着手改善城市环境，提高城市品位，使其成为新的宜居城市。其次，正定古城历史悠久，文物古迹众多，文化氛围浓厚，风景优美，气候宜人，素有"九楼四塔八大寺"、"二十四座金牌坊"之美称，隆兴寺、荣国府、赵云庙等名胜古迹遍布其中，正定新区把千年古城正定与现代化城市石家庄融为一体，使石家庄由百年城市、五十年省会成为千年古城。再次，依托正定古城深厚的文化传统，有助于弘扬石家庄地区传统文化，打造河北省省会新名片。最后，正定新区使石家庄的政治中心北移，缓解人口集中地的压力，着手打造石家庄现代服务、高新技术、科教文卫等产业新的发展区与增长极。

正定新区规划建设"一心一网，三轴两带，十大片区"的城区结构。"一心"指起步区建设的中心，即为市级中心；"一网"指依托滹沱河和周汉河，构建东西生长、南北渗透的绿化网络；"三轴"包括中部公共服务轴、东部产业发展轴和正午科技发展轴；"两带"指滹沱河公共带和周汉河休闲带；"十大片区"是以空间结构为依据，结合道路交通系统、绿地系统以及公共设施服务半径，将正定新区划分为 10 个片区。正定新区将功能定位为"四中心—基地—园区—新城"，即行政中心、文化中心、体育中心、金融中心，现代服务业基地，科技创新集聚园区，生态宜居新城。正定新区的规划也包含"一带两廊一网"生态系统布局，即滹沱河生物带、周汉河休闲绿廊、中央绿廊、绿地网络，在整体环境保护、城市空间序列与景观欣赏上的规划同样不可或缺。

正定新区规划建设一处市级商业金融中心，八处综合体育中心，六大产业片区，有中央商务区、创意与旅游商贸片区、科教创新片区、商务研发工业片区、高新技术产业片区、优势传统产业片区。目前在建的主要有园博园项目、综合商务中心项目、城市规划展馆等一批市政项目。

（二）沧州渤海新区

为配合河北省建设沿海经济社会强省的目标，沧州渤海新区于 2007 年 2 月经河北省政府批准设立。沧州渤海新区位于河北省东南沿海，北依京津，南连齐鲁，是首都经济圈的重要节点，是国务院批复的《河北沿海地区发展规划》的重要组成部分。现辖"一港一市三组团九园区"，即黄骅港、黄骅新城、临港商务城区、南大港生态城区、南排河滨海城区、国家级循环经济示范试点园区（生物医药产业园区）、临港物流产业园区、石化产业园区、黄骅汽车产业园区、南大港生态产业园区、中捷高新技术产业园区、海洋经济产业园区、中欧产业园区、黄骅港综合保税区。总面积2400平方公里，人口60万，海岸线130公里，是年轻而充满活力的战略新兴地区。此外，渤海新区还拥有1051平方公里浅海、290平方公里滩涂、108万亩未利用地和88万亩建设用地。一般工业用地平均价格接近相邻地区的1/3，是目前我国沿海地区不可多得的一片可用作工业项目和产业园区建设的"黄金宝地"。

沧州渤海新区现已经形成"一城三组团"的沿海城市集群。黄骅新城作为渤海新区的主城区，正在打造功能完备的科教之城、开放之城、宜居之城。规划面积26平方公里，实现了市政设施和主要服务功能配套，河北农业大学渤海校区、北京中医药大学东方学院、大型城市综合体、中国科协科技工作者之家、文化创意等一大批项目建成并投入使用，成为服务冀中南，辐射环渤海、京津冀的区域服务中心、商贸服务中心、东北亚国际交往窗口。"三组团"包括集临港服务集聚区、生活商业中心区和口岸形象门户区于一体的临港商务城区，绿色宜居、文化底蕴丰厚的生态之城——南大港生态城区，新型城镇化与产业互动发展城区试点——南排河滨海城区。

渤海新区内包括国家级循环经济示范试点园区、临港物流产业园区、石化产业园区、黄骅汽车产业园区、南大港生态产业园区、中捷高新技术产业园区、海洋经济产业园区、中欧产业园区、黄骅港综合保税区九个大型园区。

（1）国家级循环经济示范试点园区（生物医药产业园区）——园区物料闭路循环、副产物综合利用、水分类利用等22个循环化改造重点项目被列入国家实施方案，重点在"延长产业链"和"提升产业链"，致力于实现园区企业群间的资源循环利用、废物产生量最小甚至"零排放"的目标，借此打造循环经济示范园区。生物医药产业园区是其中精心打造的重点园区，突出发展高端原料药及中间体、医药制剂、现代中药、医药关联产业（包括药包材、医疗器械），集研发、生产、金融服务为一体。目前已有北京康辰、维达等十余家企业入驻。

（2）临港物流产业园区——煤炭、矿石、集装箱、石化油品、石材、粮油、汽车及配件、公路港"八大物流中心"和电子商务、保税"两大服务平台"全面推进，重点打造服务京津冀和广大中西部地区的区域性物流中心。其中，占地

1.7 万亩、投资 300 亿元的中国黄骅港万国（国际）石材商贸城项目建成后，将实现北京、天津、河北、山西、山东二级和三级石材流通市场的整合，成为"北方的水头"——中国最环保、最绿色、规模最大、配套最完善的一级石材总部基地和临港石材物流集散基地；以物流、金融、互联网"三向融合"为特征的现代化电子服务平台——大宗商品电子交易中心已经上线运行；临港 3700 亩的综合物流园、5800 亩的大宗散货物流中心正在建设中。

（3）石化产业园区——石化产业已经形成 1000 万吨炼油、300 万吨重交沥青、15 万吨 TDI、63 万吨 PVC 和 36 万吨烧碱的产业基础，初步形成了以石油炼制及烯烃产业链、石油炼制及芳烃产业链、盐化工产业链、煤化工产业链为主导的石化产业集群。以 4000 万吨炼油、300 万吨乙烯、200 万吨芳烃为目标，协同石化、煤化、盐化产业，向建设特色鲜明、绿色节约的世界级石化产业基地目标迈进。

（4）黄骅汽车产业园区——以北汽集团汽车制造为龙头，向上下游延伸，组建成整车制造、专用汽车制造、零部件生产、汽车贸易的产业体系，成为我国华北乃至北方重要的汽车零部件基地、整车基地、专用车制造基地、汽车物流和贸易基地。总投资 100 亿元的北汽集团华北（黄骅）生产基地，已成为京津冀协同发展的先头项目，预计到 2020 年，黄骅汽车工业总产值将突破 1000 亿元。

（5）南大港生态产业园区——南大港被誉为"大洼原生态、京津后花园"，区内拥有 19 万亩生态原貌保持完好的湿地群落、140 种稀有植物、251 种野生鸟类。湿地主题酒店、度假村和农业生态观光园正在建设中，精心打造"环渤海商务休闲、培训及会议基地"、"世界鸟类科考基地"。

（6）中捷高新技术产业园区——规划面积 26.58 平方公里，坚持以"生态、创新、特色、共融"为核心发展理念，以高端制造、新兴海洋产业与新材料产业等为主导，融入现代互联网思维，打造世界知名的高新技术合作示范区，建设智慧低碳、文化创新、生态和谐的新兴高新技术产业高地。海水淡化膜技术研发中心、北京林业大学科技园、中关村微型科技园等已经落地建设。

（7）海洋经济产业园区——以做大做强海洋产业、做高做优海洋科技、做新做活海洋文化为目的，坚持"规划先行、陆海统筹、产业集聚、绿色发展、创新驱动、有序推进"的总原则，积极发展船舶制造、海洋生物、海洋油气、现代渔业、冷链物流、海洋休闲旅游等海洋经济主导型产业。

（8）中欧产业园区——规划面积 26 平方公里，以通用航空产业、海洋工程装备、智能装备等高端制造业和先进高分子材料、高端金属结构材料、新型建材等新材料产业为主导，力求将其建设成为中国北方以中欧文化、产业、科技、经贸融合为特色的新兴产业高地。与北京通用航空产业基地控股有限公司合作投资 10 亿元的德国旋翼式飞机制造项目，将形成年产 800~1000 架德国旋翼机的生产规模。

（9）黄骅港综合保税区——规划面积 6.08 平方公里，以保税物流、保税仓储为基础，以国际分拨、国际展示为亮点，重点发展汽车零配件、高端石材、红酒展示等产业，促进冀中南地区的开发开放，拉动黄骅港腹地外向型经济的发展。

（三）唐山曹妃甸新区

曹妃甸区于 2012 年 7 月经国务院批准设立，总面积 1943 平方公里，常住人口 26.87 万，耕地 38 万亩，拥有可利用海岸线 69.5 公里。曹妃甸位于唐山市南部沿海，地处环渤海经济圈的核心位置、河北沿海经济隆起带的中心区域，处于京津冀一小时经济圈内，距唐山市中心区 80 公里，距北京 220 公里，距天津 120 公里，距秦皇岛 170 公里，距韩国仁川港 400 海里，距日本长崎 680 海里、神户 935 海里。高速公路四通八达，有唐曹、京沈、唐津、唐港、沿海、唐承高速互通；铁路运输方便快捷，东西向有京山、京秦、大秦等铁路干线，南北向拥有迁曹、唐遵、卑水、汉南、滦港等支线，已形成对接环京津、环渤海，面向三北，连通全国的路网体系。曹妃甸未来将依托深水大港和国内国际资源、市场，建立以现代港口物流、钢铁、化工、装备制造四大产业为主导，电力、海水淡化、建材、环保等关联产业循环配套，信息、金融、商贸、旅游等现代服务业协调发展的产业体系。[①] 其直辖一港三区，即唐山港、曹妃甸工业区、唐山湾生态城、南堡开发区。

唐山曹妃甸发展前景十分广阔。首先，拥有河北省最具竞争力的港口——唐山港，拥有超过 2 万吨吞吐量、57.5 万集装箱的能力，在水泥、煤炭、集装箱、钢杂、纯碱、矿石、散杂等货物的海运上具备强大的竞争力，天然港口资源丰富，具备上百个万吨以上级泊位码头承载力，2013 年唐山港吞吐量全国排名第七位。其次，"面向大海有深槽，背靠陆地有浅滩，腹地广阔有支撑"，曹妃甸不

---

① 国务院. 曹妃甸循环经济示范区产业发展总体规划 [Z]. 2008-01-25.

仅拥有广阔的海岸线，腹地区域还拥有大面积的未利用土地，浅滩、荒滩面积达1000 多平方公里，亚洲最大的盐场位于此，年产原盐可达 200 万吨，冀东油田石油储备丰富，石油储量 10 亿吨以上。再次，曹妃甸新区海水淡化产业也在蓬勃发展，阿科凌海水淡化厂日产淡水可达五万吨，正在筹建的超大型海水淡化基地建成以后预计产量可达 100 万吨。最后，临港腹地生态环境独特，湖塘棋布，苇田似海，滨海湿地面积达 540 平方公里，曹妃甸湿地公园是国家 4A 级旅游观光胜地，其中野生植物 63 科 164 属 238 种，鸟类 17 目 52 科 307 种，是国内不可多得的自然生态保护区，未来的湿地公园将会集旅游、休闲、生态为一体，打造京津生态后花园。

曹妃甸区主要下辖曹妃甸工业区、唐山湾生态城、南堡开发区三个主要片区。曹妃甸工业区是全区经济中心和开发建设的主战场，包含了港口物流园区、钢铁电力园区、化学工业园区、装备制造园区、综合保税区、新兴产业园区、高新技术产业园区七个产业园区和临港商务区，规划面积 380 平方公里，其中水域 70 平方公里，陆域 310 平方公里，预计到 2020 年，曹妃甸工业区集聚总人口约 98 万。曹妃甸工业区功能定位为我国北方国际性铁矿石、煤炭、原油、天然气等能源原材料主要集疏大港，世界级先进制造业基地，国家商业性能源储备和调配中心，国家循环经济示范区。①

（1）港口物流园区——园区规划面积 36.1 平方公里，煤炭、原油、散货、矿石、天然气等大宗货物交易中心已经投产运营，以河北钢铁物流、中冶物流、山西煤炭进出口集团、浙江物产集团、天津物产集团等为主的物流企业已经成为园区主力军，开滦集团投资 20 亿元的动力煤储配基地项目也在紧锣密鼓的建设之中。未来的港口物流园区将努力加快产业升级，不断进行技术创新，目标是成为我国北方国际性港口物流集散地中心。

（2）钢铁电力园区——钢铁电力园区规划面积 48.8 平方公里，呈南北分区格局。园区重点以发展精品钢铁项目、海水冷却火电项目、首钢京唐钢铁项目、唐钢精品焊管工程项目、中海实业利用固体废弃物生产建材项目、唐山瑞鑫液化气体有限公司 LNG 冷能利用项目、唐山佳旺实业高炉除尘灰烧结机头灰提钾项目、中国五冶集团有限公司曹妃甸钢结构制造基地项目、兴运货物运输维检基地项目

---

① 唐山市城乡规划局. 曹妃甸工业区总体规划（2009~2020 年）[Z]. 2009-12-23.

等为核心，以钢铁、电力、海水淡化、钢铁加工配套、废弃物综合利用、新型建材等为主要方向，打造国内首屈一指的钢铁园区。

（3）化学工业园区——化学工业园起步区规划面积 29.8 平方公里，远期规划面积 86 平方公里。园区规划包括炼化产业、基础原料、综合化学品与化工新材料四大板块，甲醇制烯烃项目、轻烃裂解制烯烃项目、丙烷脱氢项目、对二甲苯项目、仓储物流储运项目、CPP 项目、液化气制芳烃项目、丁辛醇项目、己内酰胺项目等重大项目正在建设，未来发展还需要建设 10 万吨乙丙橡胶项目、4 万吨高吸水性树脂项目、4 万吨丁基橡胶项目、K 树脂项目（4 万吨/年）、热电联产项目、环氧氯丙烷项目、丙烯酸及酯项目、ABS 项目（50 万吨/年）、MBS 项目（2 万吨/年）、EVA 树脂项目（20 万吨/年）、聚丙烯酰胺项目（4 万吨/年）、10 万吨 SBS 项目、26 万吨丙烯腈项目、8 万吨 MMA/PMMA 项目、5 万吨丁腈橡胶项目、24 万吨苯酚/丙酮项目、10 万吨聚碳酸酯项目、5 万吨尼龙工程塑料项目、4 万吨异戊橡胶项目、2 万吨 SIS 项目、10 万吨不饱和聚酯树脂项目、5 万吨塑料合金项目、20 万吨 TDI 项目等，逐步构建以石化为特色的环渤海石油化工产业基地。

（4）装备制造园区——规划面积 27.24 平方公里，岸线 15 公里，目前一批大型港口机械、唐山冶金制造、华能装备制造、石油钻探机械、冶金设备、工程机械和汽车、船舶修造等装备制造项目正在启动。已经投产运营的项目包括百川一期、LNG 加气站、新时基业、中石油渤海湾生产支持基地、唐山重型装备、德泰钢拉杆、环保节能灯杆、日彰风机、海清源水处理装备（标准厂房）、华电重工、汇鑫嘉德、通益机电等 15 个项目，正在建设的项目有海上平台及配套装备生产基地项目、冀东装备产业园项目、百川工业服务基地项目、东风汽车零部件制造项目、系列环保装备产品项目等。未来装备制造园区将依靠深水大港和钢铁基地的优势，重点发展以矿山机械、发电设备、重型钢结构、冶金设备、港口机械、石油钻采、工程机械、船舶修造、汽车等为主导的先进装备制造业，着力打造中国北方环渤海临港装备制造业中心。

（5）综合保税区——综合保税区规划面积 4.59 平方公里，具有配套岸线 3.3 公里，可建设 11 个 5 万~7 万吨级泊位。曹妃甸综合保税区以转口贸易、检测维修、商品展示、国际配送、国际采购、国际中转、出口加工、保税仓储、研发设计、港航服务十大功能为依托，目前综合保税区已经签订的项目有 23 项，投资总额达到 47.88 亿元，在 2014 年上半年有 17 个项目新开工，投资 38 亿元。其中包括河北朔方物流有限公司唐山市五洲实业有限公司"黄金珠宝文化创意产业园项目"、唐山达维国际物流有限公司"进口汽车零配件及改装件项目"、三鑫医疗器械进出口项目、恒业国际货运仓储物流项目、宏润钢铁物流与国际贸易项目、保税仓储冷链物流、张家口综合保税物流园项目、陶瓷机械（配件）及陶瓷产品进出口基地项目、特种玻璃新材料研发及出口加工中心项目、台湾食品产业园等。未来的综合保税区必将承接渤海湾，面向京津冀，辐射东北亚，成为最具有投资潜力的地区之一。

（6）新兴产业园区——新兴产业园区规划面积 33.84 平方公里，分东西两区。西区位于曹妃甸工业区西北部，西区未来主要在新能源、新材料、节能环保、高端装备制造、新一代信息技术等战略性新兴产业进行发展；东区位于曹妃甸生态城北侧，未来着力打造文化创意产业、健康养老产业、高校教育产业、服务外包产业等。目前已经引进的项目包括预期年销售额达 120 亿元的国泰纸业项目、光伏薄膜电池基地项目、云计算和数据中心项目、投资 10 亿元的氧化锌项目等，唐山工业技术学院、河北联合大学新校区等均已落户此地。

（7）高新技术产业园区——高新技术产业园区规划面积 60 平方公里，园区未来将主要建设高新技术企业加速器、综合孵化园、节能环保产业园、光电子产业园等，目前园区内签约项目多达 32 个，协议总投资超 300 亿元。在光电子方面，优先发展激光显示光源模组、光电器件、显示终端等产业，并逐步发展激光探测、激光加工、光纤通信、LED/OLED、先进光照明等产业。其他项目还包括保鲜集装箱项目，碳纤维项目，高温炉渣制备泡沫陶瓷、泡沫玻璃、微晶玻璃的产业化研究项目，通信级塑料光纤项目等一批大型项目，或已建成，或已投产。

（四）秦皇岛北戴河新区

秦皇岛北戴河新区于 2006 年 12 月经批准设立，2011 年开始组建，地处河北省东北部，北起戴河、南到滦河、西至沿海高速和京哈铁路、东到渤海，辖区面积 425.8 平方公里，海岸线长 82 公里，荒滩 24.6 平方公里，总人口 13.9 万。北戴河新区集海洋、森林、湿地三大生态系统于一身，拥有翡翠岛、七里海等自然景观，12 条淡水内河、150 平方公里连绵葱郁的林带、20 平方公里观鸟湿地、丰富的温泉资源环绕其中，未来的秦皇岛北戴河新区必然会成为京津冀地区首选的旅游休闲胜地。

北戴河新区实施三大战略支撑：生态立区、智慧产业兴区、新兴城市强区，全面融入到京津冀协同发展的大战略中去。北戴河新区积极打造六大平台：国家健康养老产业示范区、省级高新技术开发区、国际高端旅游休闲目的地、新型城镇化示范区、首都现代服务业集中承载区、首都经济圈海岸中央商务区，建设风光优美、空气清新、环境典雅的北京后花园。秦皇岛市聘请国内外高水平的规划设计单位，确立了以旅游业为主，构建现代服务业的产业布局。新区在产业上将形成以高端旅游、商务会展、娱乐休闲、主题公园、文化创意、总部经济、科技研发等新型业态为主导，以高新技术产业、海洋经济、种植园经济及昌黎、抚宁两县腹地现代制造业为支撑的新型现代产业发展格局。①

未来北戴河新区将要构建"一核两翼、三带四轴"空间布局，成为以人文和生态为核心的中国北方休闲、旅游、文化中心。"一核"指的是中央商务区，未来作为新区的中心，行政、教育、医疗、信息、金融、公共服务等都聚集于此，中心商务区地址在黄金海岸和大蒲河地带。"两翼"指的是七里海生态休闲度假区和南戴河特色文娱产业区，包括水上娱乐项目、文化娱乐项目、海滨浴场、湿地等人造项目与自然景观。"三带"指的是滨海景观休闲带、近海高尚生活带、内陆新型产业带，分别发展高端旅游、生态居住与绿色产业。"四轴"指的是南戴河—留守营、牛头崖发展轴，突出发展旅游项目；黄金海岸—昌黎县城发展轴，主要以新型城镇化为实践方向；蒲河口—昌黎腹地发展轴，主要进行高新技术产业发展；翡翠岛、滦河口湿地—七里海度假区发展轴，主要依靠旅游发展休闲度假产业。

（五）邯郸冀南新区

邯郸冀南新区地处山西、河北、山东、河南四省交界的区域中心，古城邯郸核心城区的南端，身处京津冀协同发展战略与中原经济区战略两大国家战略的交叉位置，是国家"十二五"规划、河北省"十二五"规划、邯郸市"十二五"规划重点开发的地区，是冀中南区域经济发展新的增长极，是河北省委、省政府大力推动腹地与沿海互动发展的重大战略内容。2012年10月邯郸冀南新区正式揭牌成立，依托冀南新区，邯郸发展态势明显。邯郸正在依托冀南新区全力建设全国重要的先进制造业基地，目标是成为在中原经济区内具有重要影响力的中心城

---

① 秦皇岛北戴河新区管委会.北戴河新区城市总体规划（2008~2020年）［Z］.2010-03-13.

市和中原经济区与环渤海等经济区域合作交流的北部门户。[①] 邯郸新区拥有面积 1215 平方公里，核心区域面积 150 平方公里，协调区域面积 150 平方公里，未来统筹发展区域 615 平方公里，按照"一城两港九园"的园区布局建设发展。"一城"指的是城市、产业、生态相融合的田园化、集约化、现代化新型城区，"两港"指的是依托邯郸机场建设的"航空港"和依托河北港口集团的"内陆港"。"九园"指的是磁县经济开发区、漳河生态科技园、邯郸临港产业园、凤凰山—溢泉湖风景园、生态农业观光园、新坡工业园、林坛工业园、商城工业园、马头经济开发区九个园区。

邯郸冀南新区交通十分便捷，铁路方面有京广高铁、邯长、邯济、邯黄、京广五条干线。高速方面有京港澳、青兰、邯大三条支线。在航空方面有邯郸机场，开通国内数条航线。新区传统支柱产业包括钢铁、电力、建材、煤炭等，并且优势十分明显。现代物流、新材料、装备制造等方面，现代物流产业、文化创意休闲度假健康产业、装备制造业、煤化工循环产业、战略新兴产业是邯郸新区未来发展的重点。生态资源方面，冀南新区拥有容量超 13 亿立方米的岳城水库和容量为 1.6 亿立方米的东武仕水库，漳河、滏阳河、牤牛河三河环城，温泉、湿地、沙地、森林、平原、丘陵、山区等自然生态资源丰富。

邯郸冀南新区的定位是中原经济区与环渤海等经济区域合作交流的北部门户、四省交界区域现代物流枢纽、全国重要的先进装备制造业基地、现代山水田园生态新区，当时预计到 2015 年邯郸新区目标核心投资 1600 亿元以上，棉纺设备、采矿设备、专用汽车、高端管材等装备制造产业等目标销售收入达到 3200 亿元左右，建成优势产业明显、基础配套健全、国内先进的装备制造业生产基地。预计到 2030 年，邯郸冀南新区会建成产业层次高、产业绿色环保、产品技术先进、集群优势明显、生态社会效益显著、能够引领辐射全国的绿色生态型、现代智能型的装备制造产业聚集区。

三、河北省三大城市群建设

河北省高度重视城市群的建设与布局，目前已经形成了以保定、廊坊、张家口、承德为主体的环首都城市群，以石家庄、邯郸、邢台、衡水为主体的冀中南

---

① 中华人民共和国国家发展和改革委员会. 中原经济区规划（2012~2020 年）[Z]. 2012-12-03.

城市群，以沧州、唐山、秦皇岛为主体的沿海城市带。① 三大城市群以壮大中心城市、培育新增长极、提升中小城市、建设特色重点镇、推进园区基地建设、完善区域基础设施、构建生态安全格局为发展思路，着力培育京津冀发展的新动力。

（一）环首都城市群

根据《河北省住房和城乡建设事业发展第十二个五年规划纲要》，按照"四心三区一片区六轴多点式"的城镇布局模式，河北省将着力构建环首都城市群，以保定、廊坊、张家口、承德四个城市为切入点，优化环首都周边城镇资源，依托新机场临空产业区、京南产业协作服务区、京东产业协作服务区，发展环首都产业体系；以生态旅游和生态涵养为发展重点，打造首都生态涵养高端旅游及特色产业功能片区，包括兴隆、滦平、丰宁、赤城、涿鹿、怀来等县区，打造京津冀地区生态涵养、人与自然和谐发展的生态平衡区；以环北京的 14 个县市区城镇为节点，围绕京津发展轴、京石发展轴、京唐发展轴、京沧发展轴、京承发展轴、京张发展轴六条产业发展轴线，重新布局环首都产业带。

以保定城区为核心，以安新、徐水、满城、清苑四个县域为外围，打造城市名片——白洋淀，以"一城四星一淀"的城市发展规划，构建历史名城、制造业基地与旅游休闲园。廊坊以其中心城区为依托，与固安、永清呈三角发展态势，主要承接京津产业外溢。张家口围绕宣化区、下花园区、万全县城、宣化县等周边区域，发挥生态资源优势，构建河北省休闲度假基地。承德以中心城区、承德县、滦平县和隆化县为核心，打造历史文化名城，构建河北省北部重镇。环首都城市群以北京周边 14 个县市（涿州、涞水、涿鹿、怀来、赤城、丰宁、滦平、兴隆、三河、大厂、香河、广阳、安次、固安）为重点，以养老、健身、休闲度假、观光农业、绿色有机蔬菜、宜居生活六大基地建设为核心，以发展高层次人才创业、科技成果孵化、新兴产业示范、现代物流产业为方向，融合产业链与生态链，打造环北京生态旅游圈、产业外溢承接圈、健康产业圈、物流聚集圈。

（二）冀中南城市群

冀中南城市群以"一核三心三轴多区一边"发展规划为指导，即以省会石家庄市为核心，以邯郸、邢台、衡水三个中心城市为外围发展重点，围绕京九、京

① 河北省住房和城乡建设厅. 河北省住房和城乡建设事业发展第十二个五年规划纲要[Z]. 2012-03-16.

广、石黄三条交通复合轴，着力打造邯郸、邢台、衡水三个城市中若干个具有产业特色的园区，以晋冀鲁豫沿边产业、贸易经济带为经济增长新源泉，实现河北持续、健康发展。冀中南地区充分发挥石家庄省会优势，不断强化科技、人才、金融、资本等方面的聚集效应，依托高速、铁路、航空方面上的交通优势，重点发展正定新区与鹿泉、藁城、栾城三个新建城区，优化城市功能空间，重点发展医药、装备制造、物流、商贸等产业，为河北省其他城市的发展起到了表率作用。邯郸市发挥邯郸新区的政策、资源、产业、区位、文化上的优势，整合矿区、磁县、永年县、邯郸县、成安、肥乡等矿产资源，在工业上形成放射组团式发展格局，依托历史文化名城、成语典故之乡、太极之乡等深厚的历史文化资源，大力发展地区旅游特色产业，打造四省交界区域经济文化中心。邢台市发挥区位和资源优势，在南宫、沙河、任县、内丘等原有产业基础上，实现产业链式与网式发展。衡水市发挥农业、生态与教育资源优势，围绕产业基础，提升产业层次，发展产业重点，尤其在教育产业方面，围绕优秀的教育资源，大力发展教育产业，构建中国北方教育新城。河北冀南新区未来将以省会石家庄为核心，推进西柏坡红色基地、正定新区、临空港产业园区、东部高新区建设，以邢台新区、衡水滨湖新区、邯郸冀南新区为战略性新兴产业发展基地，培育冀中南经济增长新动力。

冀中南城市群以石家庄正定新区、邯郸冀南新区、衡水滨湖新区、邢台新区四个新城区为发展重点，以装备制造、医药化工、农副产品、轻纺食品四个主导产业为发展路径，着力在新能源、新材料、电子信息等战略性新兴产业寻突破，加快建设城市文化旅游配套、金融配套、物流配套等现代化园区产业服务体系，充分发挥冀中南地区在区位、文化、产业上的优势，努力成为河北省乃至华北平原经济与文化中心。

（三）沿海城市带

河北沿海城市带战略是以沧州、唐山、秦皇岛三座城市为主体，构建河北沿海城市群落，依托河北港口优势和城区建设，积极构建"三心一带两轴三极"的空间布局，培育河北省又一增长极。以沧州、唐山、秦皇岛三座中心城市为中心，发展沿海9个产业功能区和11县市区构成沿海产业经济带，围绕石黄高速（黄骅—沧州—石家庄）发展轴与京沈高速（秦皇岛—唐山—北京）发展轴，重点发展沧州渤海新区、唐山曹妃甸新区、秦皇岛北戴河新区三个地区，以物流、制造、化工、医药等沿海港口相关产业为发展方向，积极建设产业发展的相关配套设施，并利用唐山港、黄骅港两大港口优势，与京津加深港口业务方面合作。

沧州整合港口资源，依托黄骅新区，以汽车整车、新能源、新材料、装备制造、医药化工等产业为方向，以整合产业链、服务链为思路，加快建设本地产业，积极参与国际竞争与合作；唐山依托京唐港区、曹妃甸港区临港产业聚集区，加快发展港口制造、港口物流等现代化产业，优化钢铁制造、煤炭化工等传统重工业；秦皇岛整合其优越的海滨旅游资源的优势，在北戴河新区积极发展生态旅游、医疗保健、养生健康等产业，利用沿海旅游资源的优势，大力发展旅游、健康医疗产业，着手打造河北省临海休闲旅游品牌，打造旅游休闲胜地，建设河北省宜居城市。

第四节　区域协同发展方向

京津冀地区位处东北亚和亚太经贸圈的核心区域，囊括北京和天津两大直辖市以及河北省的 11 个设区市，从地理区位上京津冀是一个不可分割的整体。作为中国区域经济增长的第三极，京津冀地区占据了得天独厚的资源、区位、交通、产业、科技创新等优势，它在不足 3% 的国土面积上实现了全国近四成的生产总值。但长期以来，受行政壁垒、资源禀赋分布不均衡等因素影响，河北省内及京津冀三地间的发展极不平衡。省内人均财政收入最高的廊坊为最低的邢台的 3 倍多，全省人均财政收入仅为京津地区的 1/5 左右，单位面积年产出不足北京的 1/10。

在新的全球化和知识经济时代，各国经济的发展都强调突破行政、行业、区域壁垒，构建区域性的协同创新网络，以实现资源要素的最大限度整合。2014 年 2 月，京津冀协同发展上升为国家战略，京津冀三地发展将从顶层统筹规划，在协同发展大战略框架下共同解决三地所面临的产业、交通、生态、人口等问题，以寻求京津冀整体及河北省内各市区经济社会发展的新突破。

一、河北省内部协同发展

河北省 11 个设区市发展水平存在着显著差异，主要体现在经济发展、城市功能和社会稳定和区域协同发展方面。

（一）经济发展水平

地区生产总值主要用来衡量一个地区的经济发展规模，2013 年河北省各设区市经济保持平稳增长，除秦皇岛、邯郸、邢台三市外，其余各设区市的生产总值增长速度均超过 8%。其中石家庄增速最快，达到 9.5%，唐山 GDP 总值居全省首位，达到 6121.2 亿元。邢台人均 GDP 最低，人均 GDP 最高的唐山是最低地区的三倍多（见图 7-1 和表 7-3）。

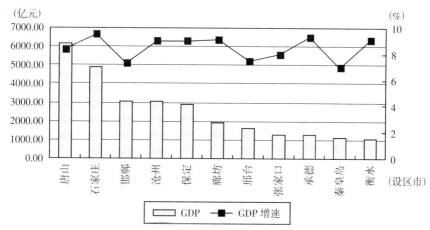

图 7-1　2013 年河北各设区市地区生产总值及同比增长速度

资料来源：根据《河北经济年鉴》（2014）整理。

表 7-3　2013 年河北省各设区市经济发展情况

设区市	GDP（亿元）	总人口（万人）	人均 GDP（元）
唐山	6121.21	770.80	7941.37
石家庄	4863.66	1049.98	4632.15
邯郸	3061.50	932.51	3283.08
沧州	3012.99	730.95	4122.02
保定	2904.31	1141.63	2544.00
廊坊	1943.13	446.84	4348.60
邢台	1604.58	721.69	2223.37
张家口	1317.02	441.33	2984.21

续表

设区市	GDP（亿元）	总人口（万人）	人均GDP（元）
承德	1272.09	351.51	3618.93
秦皇岛	1168.75	304.52	3838.01
衡水	1070.23	440.85	2427.65

资料来源：根据《河北经济年鉴》（2014）计算整理。

虽然全省各市的经济平稳发展，但这种增长大多靠投资拉动，因此增长效率非常低（见图 7-2），这主要是由于目前的社会投资大部分都在钢铁、水泥、建材、公路、铁路等产能过剩的低效项目上，在未来的经济运行中，可以通过扩大消费，逐步提高消费需求对经济增长的拉动力，促进经济又好又快发展；也要提高技术创新能力，将投资转向高新技术产业和战略型新兴行业。

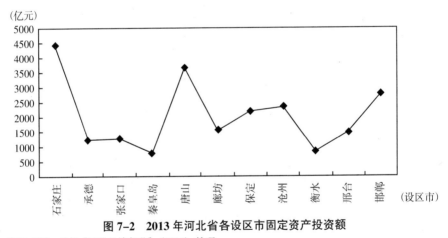

图 7-2　2013 年河北省各设区市固定资产投资额
资料来源：根据《河北经济年鉴》（2014）整理。

2013 年，河北全省对外开放步伐加快，各地不断出台政策，优化投资环境，利用外资程度继续增长。在各设区市中，唐山实际利用外资总额名列前茅，达到 85397 万美元，但与表现较好的唐山、石家庄等地相比，承德和张家口利用外资能力较低，各地利用外资情况极不均衡，极差高达 85180 万美元（见图 7-3）。投资的高速增长带来的连锁反应就是建设用地的不断增加，因此，各地建设用地紧张的现象较为普遍。在不同的城市，都出现了不同程度的土地供应不足现象，这就对各地区加快产业升级提出了要求。投资增长的困境还表现为资源环境问题，环境压力之下现有高能耗、高污染的投资项目将难以为继。

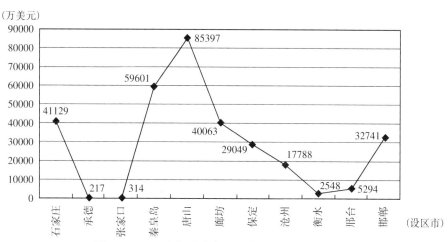

图7-3 2013年河北省各设区市实际利用外资总额

资料来源：根据《河北经济年鉴》（2014）整理。

在产业结构方面，除了河北省整体产业结构不合理，第三产业比重偏低外，省内各市间也极不平衡。2013年，省内第三产业比重超过40%的只有石家庄、秦皇岛、张家口三市，且只有秦皇岛超过全国平均水平，承德、唐山、邢台、保定、衡水几市的第三产业比重都在32%左右（见图7-4），产业结构亟待调整。

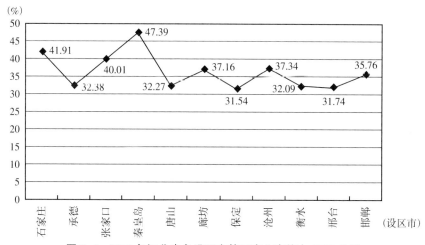

图7-4 2013年河北省各设区市第三产业产值占GDP比重

资料来源：根据《河北经济年鉴》（2014）整理。

（二）城市功能水平

在《河北省经济发展报告（2014）》中，对河北省各市的城市设施水平进行了测评，其水平从高到低依次为秦皇岛、石家庄、唐山、衡水、张家口、邯郸、廊坊、邢台、保定、承德、沧州，得分最高的秦皇岛为 0.1570，得分最低的沧州只有 0.0573（见表 7-4）。从具体数据来看，石家庄万人拥有公共汽车最多，为 16.99 辆，邯郸、秦皇岛的人均城市道路面积全省最高，分别为 22.00 平方米、21.46 平方米，唐山虽经济实力强、城市设施综合水平高，但万人拥有公共汽车、人均城市道路面积却位居全省最后，且与其他城市差距悬殊（见表 7-5）。

表 7-4 2011 年河北省各设区市城市发展得分情况统计

城市	城市设施	排名
石家庄	0.1418	2
唐山	0.1270	3
秦皇岛	0.1570	1
邯郸	0.0878	6
邢台	0.0718	8
保定	0.0621	9
张家口	0.0896	5
承德	0.0588	10
沧州	0.0573	11
廊坊	0.0749	7
衡水	0.1084	4

资料来源：《河北省经济发展报告》（2014）。

表 7-5 2012 年河北省各设区市基础设施建设情况

地区	年末实有城市道路面积（万平方米）	年末实有公共营运车辆（辆）	每万人拥有公共汽车（辆）	人均城市道路面积（平方米）
河北省	20506	14610	10.28	14.29
石家庄	4285	4197	16.99	17.34
承德	712	634	10.79	12.11
张家口	1323	872	9.69	14.70
秦皇岛	1876	841	9.62	21.46
唐山	3040	1795	5.52	9.35
廊坊	884	558	6.83	10.82
保定	1980	1298	11.98	18.28
沧州	939	566	10.57	17.54
衡水	678	363	7.19	13.43
邢台	1530	1267	14.86	17.94
邯郸	3259	2219	14.98	22.00

资料来源：根据《中国城市统计年鉴》（2013）整理。

（三）社会稳定水平

从社会保障方面，总体上经济水平越高的区域其社会保障水平也高，而经济水平低的区域社会保障水平也低（见表7-6）。在城镇登记失业率方面，则与区域经济发展水平关系不大，除张家口城镇登记失业率最高外，经济水平最高的唐山位居第二，全省廊坊的城镇失业率最低，控制在2.08%（见图7-5），这与廊坊靠近北京的优越位置有关，北京就近溢出到廊坊的产业促进了当地就业。

表7-6　2012年河北省各设区市各类保险参保人数

单位：人

地区	基本养老保险参保人数	基本医疗保险参保人数	失业保险参保人数
河北省	10095232	15925782	4948697
石家庄	1744649	2692992	899000
承德	502368	931192	250326
张家口	742768	1159842	385308
秦皇岛	674200	925300	310895
唐山	1858100	2252000	793763
廊坊	628404	943100	247700
保定	1122786	1892500	521303
沧州	759170	1035900	351230
衡水	437153	631256	183073
邢台	561078	1643835	343290
邯郸	1064556	1817865	662809

资料来源：根据《中国城市统计年鉴》（2013）整理。

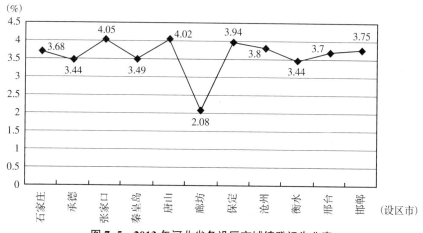

图7-5　2013年河北省各设区市城镇登记失业率

资料来源：根据《河北经济年鉴》（2014）整理。

（四）区域协同发展

河北省各地市经济发展的不均衡，归纳其原因主要有区位、资源禀赋、经济基础和行政调整等因素。目前，河北各地正主动、积极融入京津冀协同发展战略，发挥自身优势，在功能定位、产业分工、城镇布局、基础设施、环境建设等重大方面增强联系与分工，以建设京津冀城市群为载体，打造优化城市布局、现代产业体系、综合交通网络、生态涵养保护的"四个支撑区"。同时，充分发挥保定和廊坊首都功能疏解及首都核心区生态建设的服务作用，加强石家庄、唐山在京津冀区域中的两翼辐射带动功能，增强区域中心城市及新兴中心城市多点支撑作用。

《河北省住房和城乡建设事业发展第十二个五年规划纲要》中修订了河北省区域发展规划，明确指出要进行"两群一带"建设，①采取有侧重点的非均衡发展战略，促进发达地区与不发达地区的联动机制，积极发挥政府在区域协调发展中的作用，调整产业结构，构建合理的区域产业梯度，加大开放力度，引进外部资本。

按照 2014 年 3 月拟定的《河北省新型城镇化规划》，全省将打造京津保三角核心区，以保定、廊坊为首都功能疏解的集中承接地和京津产业转移的重要承载地，与京津形成京津冀城市群的核心区。其中，保定市作为畿辅节点城市，利用地缘优势，谋划建设集中承接首都行政事业等功能疏解的服务区。做强产业支撑，以白洋淀科技城、京南现代产业基地、首都服务功能承接区为载体，发展高端装备制造、新能源、节能环保和临空经济、现代物流等产业，承接首都部分行政事业单位、高等院校、科研院所和医疗养老等功能疏解。着力做优城市环境，按照国际化标准抓好城市建设管理，提高综合承载能力，增强对驻京外迁企事业单位的吸引力。廊坊市将充分发挥"京津走廊"区位优势，抓住京冀共建北京新机场和临空经济区的有利时机，以生态、智能、休闲、商务为发展方向，大力发展现代服务业和战略性新兴产业以及与北京关联度高的产业，着力建设创新型城市，成为京津冀城市群核心区的重要节点城市，建成京津冀协同发展的先行区和示范区。

此外，石家庄围绕建成京津冀城市群南部副中心城市，唐山围绕建成东北部

---

① "两群一带"指环首都城市群、冀中南城市群和沿海城市带。

副中心城市，加强与京津功能分工和配套协作，带动冀中南、冀东两翼发展。充分发挥张家口、承德的生态优势和秦皇岛的滨海资源优势，打造服务首都的特色功能城市。优化邯郸在晋冀鲁豫接壤地区中心城市地位，提升沧州沿海港城作用，增强邢台、衡水规模实力，建设京津冀城市群中具有重要带动作用的节点城市。①

二、京冀区域协同发展

北京处在河北省的包围中，可谓唇齿相依。早在 2004 年 2 月 12 日，国家发改委地区经济司曾在河北廊坊召开京津冀区域经济发展战略研讨会，北京市、天津市、河北省和秦皇岛市、承德市、张家口市、保定市、廊坊市、沧州市、唐山市等省市发改委（计委）有关负责人签订了"廊坊共识"，正式确定了"京津冀一体化"发展思路，强调产业布局的整体协调，统筹区域一体化的各项合作。2008 年 12 月 2~4 日，胡春华同志带领河北省党政领导代表团赴北京，双方签署了《关于进一步深化经济社会发展合作的会谈纪要》，拟在区域交通基础设施建设、水资源和生态环境保护合作、农业、旅游、教育、金融商贸、劳务市场、电力开发、建筑市场、共同推进张承地区发展 10 个方面加强合作。2010 年 7 月 15 日，时任中共中央政治局委员、市委书记的刘淇带领北京市党政代表团在河北考察，双方签署了《北京市—河北省合作框架协议》。2010 年 10 月，河北省政府《关于加快河北省环首都经济圈产业发展的实施意见》正式出台，提出了在规划体系等六个方面启动与北京的"对接工程"。2013 年 12 月 26 日，北汽集团在沧州渤海新区新建的 40 万辆整车生产基地一期工程建成投产，河北沿海地区承接北京产业转移。

京津冀协同发展上升为国家战略后，京冀合作步伐加快。2014 年 5 月 11 日，北京中关村海淀园秦皇岛分园在河北海滨城市秦皇岛开发区正式挂牌，6 家中关村海淀园的企业入驻秦皇岛分园。2014 年，在 7 月 31 日举行的北京市·河北省工作交流座谈会上，两省市负责人签署了《共同打造曹妃甸协同发展示范区框架协议》、《共建北京新机场临空经济合作区协议》、《共同推进中关村与河北科技园区合作协议》、《共同加快张承地区生态环境建设协议》、《共同加快推进市场

---

① 河北省政府. 河北省新型城镇化规划（2014~2020 年）[Z]. 2014-03-27.

一体化进程协议》、《共同推进物流业协同发展合作协议》、《交通一体化合作备忘录》七份文件，旨在加强京冀规划对接，在城镇空间布局、产业功能定位、生态红线划定、交通基础设施布局、公共服务、科技成果转化等方面达成共识，将京冀协同发展推向一个新的阶段。

2015年1月19日，北京市经信委和河北省工信厅在石家庄共同签订《京冀医药产业协同发展框架合作协议》，这意味着北京首个生物医药产业园正式落户河北沧州。京冀两地在沧州临港经济技术开发区内共同建设北京·沧州渤海新区生物医药产业园，园区占地6.1平方公里，总投资61亿元。

2015年2月，河北省人社厅与北京市人社局共同签署《关于发展家庭服务业合作框架协议》，推动京冀人社领域各项合作。按照《推动人力资源和社会保障工作协同发展合作协议》，两地将共建京冀大学生创业孵化园，共建高层次人才创业园，支持"中国博士后成果转化基地"和"专家服务基地"建设；《关于发展家庭服务业合作框架协议》明确京冀两地将进一步依托河北丰富的人力资源，构建京冀两地劳务协作机制。

三、津冀区域协同发展

天津一直与河北省联系紧密，2008年11月，时任河北省代省长的胡春华同志带领河北省党政领导代表团赴天津，双方签署《关于加快经济与社会发展合作备忘录》，重点加强12个方面的合作（携手打造沿海经济隆起带、加快产业转移和对接、联合建设现代化综合交通运输体系以及加强水资源和生态环境保护、金融、科技和人才、农业、旅游、劳务、口岸通关、教育、卫生事业）。2012年5月10日，天津市与河北省旅游部门、院校签署了《旅游发展战略合作协议》、《旅游人才联合培养、旅游项目研发合作框架协议》、《旅游产业装备战略合作框架协议》、《旅游规划与研究战略合作协议》，旅游企业签署了《关于共同开发、发展河北旅游市场合作协议》等合作协议，以深化两省市旅游业界进一步合作。2013年5月20日，天津市人民政府、河北省人民政府共同签署了《天津市河北省深化经济与社会发展合作框架协议》，就完善交通网络体系、深化港口物流合作、提高水资源保障能力、推动产业转移升级、加快旅游会展融合等方面进行分工。

2014年2月26日，习近平总书记专门听取京津冀协同发展专题汇报并发表重要讲话，深刻阐释了推动京津冀协同发展的重大意义后，津冀合作进入快速发展阶段。2014年8月16日，北京、天津、河北三地科技管理部门正式签署《京津冀协同创新发展战略研究和基础研究合作框架协议》，加快建立和完善战略对话、信息交流、工作对接、科技资源和成果开放共享的协同机制和长效机制，并在协同创新发展战略研究和基础研究层面进行了具体工作部署。2014年8月18日，天津港集团与河北港口集团共同出资组建的渤海津冀港口投资发展有限公司，掀开了津冀区域港口资源整合与合作的新篇章。2014年8月24日，天津市人民政府与河北省人民政府签署了《加强生态环境建设合作框架协议》、《推进教育协同发展合作框架协议》、《共同打造津冀（涉县·天铁）循环经济产业示范区框架协议》、《推进区域市场一体化合作框架协议》、《交通一体化合作备忘录》5项协议及备忘录。同日，由天津港集团与河北港口集团共同出资20亿元组建的渤海津冀港口投资发展有限公司在天津、河北两地主要负责人的见证下正式揭牌成立。2014年8月28日，北京市文化局、天津市文化广播影视局、河北省文化厅在天津滨海国际会展中心共同签署了《京津冀三地文化领域协同发展战略框架协议》，联合制定政府购买公共文化服务的政策措施，促进三地公共文化资源的流动和共享。2014年9月1日，京津冀三地签署《京津冀质量发展合作框架协议》，三地将在地方标准协同等方面进一步深化合作，加强区域质量工作统筹，实现优势互补、共赢发展，促进区域质量总体水平显著提升。

天津与河北的合作正在不断加强，2014年上半年河北在天津投资项目591个，投资额147亿元；天津到河北投资项目653个，投资额267亿元。

四、区域协同发展方向

（一）以京津冀城市群建设为载体，形成世界级城市群

2014年3月，中共中央、国务院印发的《国家新型城镇化规划（2014~2020年)》提出，京津冀、长江三角洲和珠江三角洲城市群是我国经济最具活力、开放程度最高、创新能力最强、吸纳外来人口最多的地区，要以建设世界级城市群为目标，继续在制度创新、科技进步、产业升级、绿色发展等方面走在全国前列，加快形成国际竞争新优势，在更高层次参与国际合作和竞争，发挥其对全国经济社会发展的重要支撑和引领作用。[①]发展城市群是优化城市布局和形态的重

---

① 中华人民共和国国家发展和改革委员会. 国家新型城镇化规划（2014~2020年)[Z]. 2014-04-18.

要举措，是促进人口经济资源环境协调的需要。打造京津冀城市群为世界级城市群，更有利于实现京津冀资源优势互补，促进环渤海经济区发展，发挥其在东北亚乃至亚太地区的国际分工协作中的重要作用。

1. 发挥核心城市作用，促进城市分工与合作

京津冀三地在地缘上相互连通，北京作为首都和全国交通干线的会集地，近些年其资源聚集作用远远强于辐射作用。天津作为重要的直辖市和重要的港口城市，是北方重要的经济中心。京津两地应充分发挥在京津冀城市群中的"两核带动"作用，并积极壮大强化石家庄在京津冀城市群建设中的辅助枢纽功能。同时，唐山港、沧州黄骅港、秦皇岛港应发挥对天津港的支撑作用，共同打造京津冀城市群的滨海隆起带；廊坊和保定利用毗邻首都的区位和交通优势，要更多承接京津的要素、产业转移，成为京津功能区；张家口和承德可以打造京津冀城市群的生态涵养区，探索推进城市群内部生态共建共享。通过城市的合理分工和布局，强化各地优势、突出特色，京津冀城市群将成为中国经济社会发展的"主引擎"。

2. 释放城市群发展活力，完善机制体制

京津冀城市群作为一个有机体，将获得比单个城市自身发展更大的效益。要以全局意识共同编制城市规划，突破行政壁垒，实现公共基础设施的互联互通，共同进行生态环境治理，加强社会服务领域合作，保障生产要素在城市群内部顺利流转，规范产业发展秩序，搭建产业发展的良好平台。通过不断完善各领域机制体制，体现区域整体实力，释放城市群发展活力。

3. 扩大城市间文化交流，打造世界文化节点城市群

文化是代表地域的品牌，文化兴市也越来越成为城市管理者的共识，促进地区文化交流，挖掘城市发展潜力，更有助于城市群在世界政治文化活动和世界交往活动中获取竞争优势。与长三角和珠三角相比，京津冀城市群的最大特点是其不可替代的政治文化中心地位，北京作为首都有深厚的文化积淀和政治地位，天津作为直辖市有近代开放的大都市形象，京津周边中小城市通过吸纳京津文化形成紧密的城市互动关系。河北中小城市可通过将具有区域特色的文化打包产业产品化，通过京津大都市平台亮相世界，刺激更多消费者到这些中小城市进行文化消费，提升京津冀整体文化形象，打造世界文化节点城市群。

（二）构建京津协同创新共同体，打造区域创新生态

在经济全球化的时代，创新已成为经济增长的根本动力，是区域发展与国际竞争的决定性因素。京津冀地区是我国创新资源最密集、产业基础最雄厚的区域之一。要实现区域协同发展，只有通过三地合作创新，在研发、产品、技术、管理、服务等层面上联动支持创新，才能开创京津冀协同发展新局面。

中国经济进入新常态，经济发展动力正由过去的要素投入驱动转向创新驱动，创新驱动实现京津冀协同发展已成为共识，培育创新环境、创新文化，打造创新创业生态系统至关重要。但目前三省市区域科技创新分工尚未形成，科技资源共享不足，创新链与产业链对接融合不充分，区域科技合作机制尚未建立，因此，亟须进行顶层设计，从国家层面完善对各个区域创新各环节的总体协调，创建良好的创新生态系统，提高创新效率。

北京方面，应利用现有的创新资源，提升原始创新和技术服务能力，打造协同创新共同体的总部基地，建设创新科技成果转化和交易核心平台、全球高端创新中心及创新人才聚集中心。天津方面，发扬科技型中小企业的成功模式，创立科技型中小企业创新创业示范区，借助首都成熟资源，利用科教资源、研发转化、生产制造、交通基础设施等硬件环境上的优势，加快承接非首都核心功能的科教文卫机构，打造产业创新中心、高水平现代化制造业研发转化基地。河北方面，重点强化传统产业生产技术、工艺流程、能源利用等方面技术应用，利用张家口、承德和衡水良好的生态环境开展湖泊湿地生态环境保护和修复等技术攻关与示范应用，建立以战略型新兴产业为主的产业转型升级实验区，成立科技成果孵化转化中心。

实际上，自京津冀协同发展上升为国家战略发展以来，三方一直在推进创新科技方面的合作。京津签署多项协议，将在 30 个重点领域深化合作，协同推动科技创新一体化发展，发挥北京全国科技创新中心、天津现代制造中心的优势，强化对周边区域的引领辐射示范作用，其中以建设发展北京中关村、天津滨海新区等园区为重点，打造产学研结合的跨京津冀科技创新园区链。北京中关村海淀园河北秦皇岛分园已经挂牌，该分园承接了中关村高端制造、高新技术、节能环保产业和高端人才转移，北京的科技优势也开始影响河北。根据《京津冀协同发展规划》，预计到 2017 年，京津冀科技创新中心地位将进一步强化，区域协同创新能力和创新成果转化率明显提升。到 2020 年，科技投入、研发支出占地区生

产总值比重将达 3.5%，区域形成分工明确、产业链与创新链高效连接的创新驱
动。[1]

(三) 交通产业生态三大重点领域率先突破

1. 产业协同发展

京津冀区域 2013 年 GDP 合计为 62172.13 亿元，占全国比重为 10.9%。北京
2013 年产业结构比例为 0.8：22.3：76.9，第三产业比重最高，明显已迈向后工
业化阶段，以服务经济为主导。天津 2013 年产业结构为 1.3：50.6：48.1，也处
于工业化后期，近些年以发展重工业、深加工业、高新产业为主。河北 2013 年
三次产业结构比为 12.4：52.1：35.5（见表 7-7），其第二产业占主导，以发展资
金、资源密集型产业为主，其中钢铁工业是河北的支柱产业，粮棉生产也占重要
地位，处于工业化中期。京津冀协同发展，关键是产业要协同，没有产业协同，
就没有京津冀协同发展。但目前，京津冀三地产业发展水平不一，产业要素分布
不合理，产业链联系不紧密，产业结构有待调整，产业分工合作有待提高。

表 7-7　2013 年京津冀三次产业比较

| 地区 | 地区生产总值 (亿元) | 第一产业 (亿元) | 第二产业 (亿元) | 第三产业 (亿元) | 构成 (%) | | | 人均地区生产总值 (元/人) |
					第一产业	第二产业	第三产业	
北京	19500.56	161.83	4352.30	14986.43	0.8	22.3	76.9	93213
天津	14370.16	188.45	7276.68	6905.03	1.3	50.6	48.1	99607
河北	28301.41	3500.42	14762.10	10038.89	12.4	52.1	35.5	38716

资料来源：根据《中国统计年鉴》（2014）整理。

首先，发挥京津冀三地各自的比较优势，做好产业间协同分工。利用北京的
第三产业优势，向天津、河北辐射，同时进行成熟产业的转移，延续产业发展的
生机和活力。天津利用其先进的制造技术，发挥先进制造业的基础优势，提升现
代制造业和重化工业的发展水平。河北应在保持其传统产业实力的基础上，积极
培育战略性新兴产业，构建具有河北特色的农业产业体系，做好京津的后勤供
应。同时还应在京津冀整体区域范围内进行资源配置，深化产业链上下游合作，
错位竞争，使产业合理健康发展。

---

[1] 梁倩，方烨. 京津冀将打造协同创新共同体，共建全国科创中心 [N]. 经济参考报，2014-04-08.

其次，京津冀三地要有序推进产业升级和产业转移。京津冀产业发展处于不同阶段，通过产业升级、转移、承接与融合，可以提高区域产业发展活力。需要注意的是，河北作为主要的产业承接地，在产业转移过程中，不可避免地会承接高污染、高耗能的产业，因此还需配套制定相应的生态补偿方案，使得产业协同发展。

再次，注重产业规划协调，构建新的产业空间格局。未来京津冀协同发展应将加快培育和推进新增长极作为经济空间布局和城镇空间优化的重点，以"一核、双城、三轴、四区、多节点"为空间骨架，构建以重要城市为支点，以战略性功能区平台为载体，以交通干线、生态廊道为纽带的网络型空间格局。"一核"是指北京，强调有序疏解非首都功能、优化提升首都核心功能、解决北京"大城市病"；"双城"是指北京、天津，强化京津联动，共同发挥高端引领和辐射带动作用；"三轴"指的是京津、京保石、京唐秦三个产业发展带和城镇聚集轴，这是支撑京津冀区域的主体框架；"四区"分别是中部核心功能区、东部滨海发展区、南部功能拓展区和西北部生态涵养区，每个功能区都有明确的空间范围和发展重点；"多节点"包括石家庄、唐山、保定、邯郸等区域性中心城市和张家口、承德、廊坊、秦皇岛、沧州、邢台、衡水等节点城市，重点是提高其城市综合承载能力和服务能力，有序推动产业和人口聚集。

最后，建立京津冀区域利益协调长效机制，通过统一的政策制定，破除行政壁垒，发挥各方主体能动性，利益共享，实现区域产业合作。

2. 交通协同发展

区域交通协同发展是区域整体协同发展的重要空间依托，是经济社会发挥潜力的前提和基础，交通基础设施的完善保证了地域间的有效快速的经济联系。北京近年面临人流与车流拥堵的"城市病"，亟须增建城市公共设施尤其是交通设施以疏解饱和状态，而河北省要在与京津同领域竞争中求得快速发展，也需完善直通直达的交通设施以加强区域内和区域间的产业和人员要素的高效流动。

从总体上看，未来京津冀交通运输体系应向"三地三维一体"迈进，实现"一个一体化"，即公路网络一体化、交通运输枢纽一体化、交通运输管理一体化、交通运输服务一体化、物流发展一体化。

公路建设方面，要变"放射状"的交通格局为"网络状"，加快北京"大外环"和京津冀区域环线通道建设，疏解北京过境交通压力，打通京台、京昆、京秦、密涿等省际断头路,搭建四纵四横的公路网——沿海、京廊沧、京衡、承京保石邢邯四条纵向综合交通运输通道和张京唐秦、涿廊津、保津、石衡沧四条横向综合交通运输通道,与两条环线一起构成京津冀网格状交通的大骨架,提高京津冀区域的交通效率。铁路网建设方面,构建覆盖全域的城际快速铁路网,继续推进京沈、京张等快速铁路项目建设,预计到 2020 年京津冀区域将实现快速铁路"市市通"。航空方面,京津冀三地机场要实行错位经营、协同发展,通过"空铁联运"推进资源共享(见图 7-6),其中,首都机场定位为国际大型复合航空枢纽,侧重于发展国际航线,天津机场定位为中国北方国际航空物流中心和大型门户枢纽机场,而石家庄机场定位为航空大众化低成本枢纽机场。港口方面,津冀将致力于打造北方国际航运中心和国际重要湾区港口群,根据津冀两地交通一体化合作备忘录,天津港发展定位于强化综合性枢纽和集装箱干线港地位,河北港口着力于建设国际能源大港,以能源、原材料等大宗物资运输为重点。交通信息服务方面要实现区域对接,区域公交实现"一卡通",客运实现"一票式"服务,货运物流实现"一单式"。

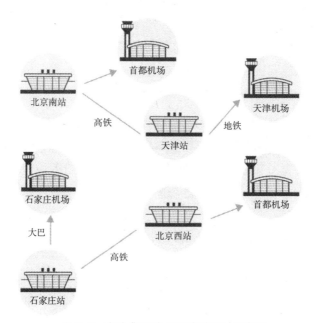

图 7-6 京津冀三地"空铁联运"示意图

资料来源:北方网新闻中心。

3.生态环保共建共享

生态系统是人们赖以生存的保障系统，没有生态保障，经济发展将受到严重阻碍。京津冀三地环境污染压力日益加大，京津冀在生态环保领域共建共享成为解决问题的必然选择。发展低碳经济、循环经济，制定生态保护专项规划，明确涵养区定位，划定生态保护红线，扩大生态空间将是三地城市功能提升、区域经济可持续发展的必由之路。

实现京津冀生态保护，需要三地治、补、养同时进行。治是形成有效协同合作机制，以雾霾治理为重点改善生态环境，健全政府、企业、公众共同参与新的协同合作机制；补即建立三地生态补偿机制，通过增加环境补偿基金、鼓励产业带动实现对生态区环境保护的补偿和对生态区失去发展机会的补偿；养即规划生态涵养区，通过顶层设计，形成京津冀生态安全格局，达到点面结合，"绿网"相通。京津冀生态区合作建设已取得初步进展，河北将与北京共同在延庆、怀来联合建设延怀盆地国家级生态湿地保护区，与北京持续推进规划 100 万亩京冀生态水源保护林建设合作项目，2014~2017 年将完成造林 40 万亩；2015 年，河北和天津将在滦河、州河流域和承德、唐山、蓟县等地区，合作实施津冀生态水源保护林建设；根据 2014 年 6 月出台的《京津冀协同发展林业生态建设三年行动方案（2015~2017 年）》，未来三年北京、天津、河北三地的林木绿化率将分别达到 60%、25%、32%。

（四）其他领域的协同发展

1.共建共享公共服务

京津冀三地公共服务水平梯度较大。人均支出上，教育、文化、社会保障、医疗卫生方面，河北仅为京津的 1/8~1/2。公共资源上，每百万人口拥有三级医院数，北京 3.2 家，天津 2.9 家，河北 0.9 家。教育方面，北京"211"高校 24 所，天津 3 所，河北唯一一所河北工业大学，还位于天津境内，北京和天津的高考一本录取率是 24.33% 和 24.52%，河北只有 9.03%。巨大的"梯度差"导致公共服务供需的不平衡，因此京津冀的协同发展要均衡布局公共服务，合理配置公共资源。

首先，要充分发挥政府作用，大格局配置资源。对于公共资源密集的京津地区，保持现有水平不降低的前提下，控制资源增量，疏解的同时不稀释现有资源。对于河北各地市，适量增加基础设施和公共服务，使之与产业和人口规模相适应，突出重点，与城市群布局结构相协调。其次，共建服务项目共享服务资源，如对于医疗资源、教育服务水平相对落后的地区，从国家层面给予财政扶持，设立协同发展基金，支持引导公共服务项目的建设，此外还可通过电子网络化的手段，通过远程教育、远程诊疗等捷径降低政府和公民成本，提高服务效率。最后，进行机制改革创新，京津冀三地可通过医保报销政策对接，通过互联网数据共享，方便三地市民就医。

目前，解放军301医院已将其肿瘤治疗中心选址河北涿州，从北京乘高铁一小时内即可抵达，天津肿瘤医院则将其分院落址到河北沧州，到津车程仅90分钟。涿州、沧州两市距京津不远，疏解优质资源的同时提高了两市的医疗水平，又辐射带动了周边其他区域。中信公司看重河北人口众多，发展前景广阔，拟投资30亿元在生态环境良好的避暑胜地承德打造养老康体项目。

2. 完善财政税收制度

长期以来的财政分灶吃饭，严重阻碍了三地间产业、投资、消费等资源的流动与协同，尤其是河北经济要素严重被京津吸附，而京津对河北的反哺却远远不够，以致使河北成为东部沿海最落后的地区。

一是要适当提高中央对河北的转移支付。为了鼓励京津的工业投资向河北的某些地区转移，政府可在河北设立发展补助区，对向这些区域转移的产业提供财政补贴。同时，还可以适当对河北进行政策倾斜，通过奖励或减税方法，对从京津搬迁到河北的各类企业、机构，给予拆迁和置地补偿，使它们能够承担转型期的成本。对河北承接高污染、高耗能企业的地区，京津还应向其提供"生态补偿"、"治理指导"等特殊财政转移支付。

二是完善生产要素流动，设计分享税制。目前的个人所得税是由中央地方共享，京津冀地区汇集了大量的人力资本，将个人所得税改为居住地和收入来源地政府共享，可以均衡发展京津冀三地，促进区域协同发展。此外，可在推进京津冀产业有序转移和融合的过程中，建立跨区域的GDP分计和税收分成机制，可避免争抢税源，防止重复征税，平衡财政利益。

参考文献

[1] 中华人民共和国国家发展和改革委员会. 河北省主体功能区划 [Z]. 2013-07-31.

[2] 中国承德·承德概况 [EB/OL]. http://www.chengde.gov.cn/cdgk/2007-10/12/con-

tent_2024.htm，2007-10-12/2015-04-22.

　　［3］韩欣.中国名城［M］.北京：东方出版社，2006.

　　［4］人口宗教［EB/OL］.唐山政府门户网站，http：//www.tangshan.gov.cn/zhuzhan/tsgl/20140719/68991.html，2014-07-09-2015-04-22.

　　［5］近代工业［EB/OL］.唐山政府门口网站，http：//www.tangshan.gov.cn/zhuzhan/tsgl/20150408/208612.html，2015-04-08/2015-04-22.

　　［6］邯郸综合概况［EB/OL］.邯郸市人民政府网站，http：//www.hd.gov.cn/zjhd/hdgk/.

　　［7］中国·张家口·张垣概况［EB/OL］.http：//www.zjk.gov.cn/syscolumn/zjzjk/zygk/index.html，2012-04-08/2015-04-22.

　　［8］中国·邢台·邢台市情介绍［EB/OL］.http：//info.xingtai.gov.cn/content.jsp?code=000721000/2008-00043.2008-04-29/2015-04-22.

　　［9］邢台市统计局.邢台市2013年国民经济和社会发展统计公报［Z］.2014-03-13.

　　［10］国务院.曹妃甸循环经济示范区产业发展总体规划［Z］.2008-01-25.

　　［11］唐山市城乡规划局.曹妃甸工业区总体规划（2009~2020年）［Z］.2009-12-23.

　　［12］秦皇岛北戴河新区管委会.北戴河新区城市总体规划（2008~2020年）［Z］.2010-03-13.

　　［13］中华人民共和国国家发展和改革委员会.中原经济区规划（2012~2020年）［Z］.2012-12-03.

　　［14］河北省住房和城乡建设厅.河北省住房和城乡建设事业发展第十二个五年规划纲要［Z］.2012-03-16.

　　［15］河北省政府.河北省新型城镇化规划（2014~2020年）［Z］.2014-03-27.

　　［16］中华人民共和国国家发展和改革委员会.国家新型城镇化规划（2014~2020年）［Z］.2014-04-18.

　　［17］梁倩，方烨.京津冀将打造协同创新共同体，共建全国科创中心［N］.经济参考报，2014-04-08.

　　［18］京津冀协同发展领导小组办公室负责人答记者问［EB/OL］.新华网，http：//news.xinhuanet.com/2015-08-23/c_1116342156.htm，2015-08-23.

第八章 交通基础建设与公共服务建设

交通基础设施同通信、水电煤气、教育、科技、体育、文化等公共服务一样，对一个地区的经济发展和民生起着至关重要的作用。一方面，交通基础设施和公共服务的发展，直接推动了生产和人口向城市集中，导致经济活动在地理上的集中，可以实现规模经济活动；另一方面，基础设施投资和公共服务的建设也可以拉动经济增长，并增加就业，有利于社会经济结构的转变和人民生活水平的提高。

第一节 交通基础设施

交通的通达程度是衡量一个地区经济发展程度的重要指标之一，而交通基础设施是保证交通通达度的重要基础。河北省地处华北平原地区，具有建设公路、铁路等基础设施的优越条件，且内环京津，是两地通往全国各地的必经之路，是华东、华中同东北地区连接的交通枢纽。在京津冀协同发展大背景下，交通成为先行领域之一，这给河北交通发展带来了前所未有的机遇，对加强三地科技、人才等方面的交流与流通，以及促进河北经济的发展等方面具有举足轻重的作用。

一、港航建设

（一）概况

新中国成立时，河北省内河航运通航里程可达 2368 公里，共有 4881 艘私营木船。航运为补充公路运输能力的不足、促进各地之间的经济联系发挥了重要作用，1963 年后因部分河道干涸、水位下降，不能满足行船需要，内河航运逐渐衰落。1969 年开辟了秦申运煤航线并从国外买进"冀海一号"，自此河北省开始将重点转向海上运输。到 1976 年底，全省共有各类船舶 71 艘、载重 43232 吨、1146 客位。[①]

改革开放之后，河北省航运事业进入大力发展阶段。改革开放初期，河北省只有隶属交通部管理的秦皇岛港投入运营，有 11 个生产性泊位，通航能力只有2525 万吨。1980 年 6 月，中国远洋运输总公司河北省公司正式成立，有力地促进了河北省港口以及航海事业的发展。1980 年 8 月，以远洋货轮"兴隆"号第一次成功航行至香港为标志，意味着河北远洋国际货轮业务正式开展，河北的远洋运输行业在历史上实现了第一次突破。秦皇岛港开始加大建设力度，利用国内、国外资本，相继建成了第一期、第二期、第三期专业化煤码头，装船能力达到6000 万吨；1984 年经河北省人民政府批准，黄骅地方港建设开工，至 1986 年已完成河口港区 2 个 1000 吨级煤炭杂货泊位的建设并投产使用；1985 年，各级领导和专家经过反复论证提出了建设唐山港的必要性，1988 年 10 月，经河北省人民政府批准于 1989 年建设开工。[②]自此，以秦皇岛港、唐山港、黄骅港为基础的河北省沿海港群系统开始具备雏形。到 1992 年底，河北省港口泊位达到 28 个，设计通过能力 9360 万吨，其中，地方港口泊位 4 个，设计通航能力 125 万吨。[③]

唐山港于 1992 年 7 月正式通航，于 1993 年 7 月改名为京唐港并作为国家一类口岸对外开放。1996 年底，京唐港一号港池的 8 个泊位全部完工并投入使用，1998 年之后京唐港进入快速发展时期，每年吞吐量增长率超过 20%。[④]此外，黄骅港煤炭港区一期工程、二期工程相继完工，现已成为我国第二大煤炭输出港。

到 2013 年底，河北省有秦皇岛港、唐山港和黄骅港三个大港口（见图 8-1），有秦皇岛港区、京唐港区、曹妃甸港区和黄骅港区四个港区。全省万吨级泊位 139 个，码头总长 4.18 万米，设计吞吐能力 8.09 亿吨。其中唐山港京唐港区吞吐量 4.22 亿吨，位居榜首；曹妃甸港区以 3.12 亿吨紧随其后，秦皇岛港以2.37 亿吨位居第三。港口新增设计通航能力 1.2 亿吨，集装箱设计通航能力达到

---

①③④ 中华人民共和国交通运输部. 新中国成立 60 年河北交通运输事业发展成就纵览[EB/OL]. http://www. moc. gov. cn/huihuang60/difangzhuanti/hebei/lishijincheng/200906/t20090626_594587. html，2009-06-26/2015-04-22.

② 李杰，赵雅洁. 唐山港京唐港区建设发展回顾与展望[J]. 区域交通，2009（2）：53-56.

200万标箱。① 同时，远洋运输船舶向着大型化、专业化的方向发展，主力运输船舶以超大型邮轮为主，具有较强适应市场需求能力和国际竞争力，河北远洋综合运输规模已跃居全国第三位。

图 8-1　河北省主要港口分布示意图

资料来源：中国港口协会官网。

---

① 河北省统计局. 河北经济年鉴［M］. 北京：中国统计出版社，2014.

（二）主要港口功能布局

2007 年，河北省政府在《关于进一步加快沿海港口发展的意见》中对三大港口的未来发展做了明确定位，即把三大港口打造为河北省发展临港产业的重要依托、国家"北煤南运"的重要通道、全省打造经济隆起带的基础。目前，三大港口的功能定位也在逐步明晰（见表 8-1）。

表 8-1　河北省港口的基本情况

港口	发展定位	建设规模（规划）	腹地经济
秦皇岛港	秦皇岛港以能源、原材料等大宗散货运输为主，集装箱和其他散杂货运输为辅，延伸物流服务体系，实现国际化发展，建成多功能、综合性的现代化港口	世界上最大的煤炭输出港之一。陆域面积 11.3 平方公里，水域面积 226.9 平方公里，47 个生产泊位，4 条国家铁路干线直达港口，1 条地下输油管线	腹地包括东北、华北、西北各省市自治区。主要货种有煤炭、石油、粮食、化肥、矿石等
唐山港	我国北方国际性铁矿石、煤炭、原油、天然气等能源原材料主要集疏大港、世界级重化工业基地、国家商业性能源储备和调配中心、国家循环经济示范区	包括曹妃甸港和京唐港，两港距离 32 海里。京唐港拥有泊位 17 个，年吞吐量 3000 万吨。曹妃甸总体规划泊位 264 个，其中 25 万~40 万吨级各类泊位 22 个	经济腹地包括北京、河北等华北、西北、东北和内蒙古西部等，主要运送铁矿石、石油天然气和煤炭，可以停靠 30 万吨级以上的大型货轮
黄骅港	北方地区中枢综合港，以煤炭运输为主，综合散杂货运输，与曹妃甸港形成联合优势，共同打造北方物流中心	我国第三大能源输出港，西煤东输第二大通道出海口。拥有 1 个 10 万吨级、4 个 5 万吨级、1 个 3.5 万吨级码头	经济腹地包括冀中南及晋中、陕北、内蒙古西部、鲁西北等地区

资料来源：周立群. 创新、整合与协调［M］. 北京：经济科学出版社，2007：198-200.

秦皇岛港是我国"西煤东运、北煤南运"大通道的主枢纽港，也是世界上最大的煤炭输出港。目前，秦皇岛港拥有泊位 86 个，其中煤炭专用泊位 21 个，设计煤炭通航能力为 1.93 亿吨，最小可以装载 0.5 万吨级的煤船，最大可装载 14 万各吨级的煤船，并可停靠 14 万吨级船舶。2013 年，秦皇岛港货物吞吐量完成 2.73 亿吨，其中煤炭完成 2.38 亿吨，煤炭运输量占港口吞吐量的 87%，承载全国 50% 以上的煤炭运输。

唐山港地处环渤海经济圈的中心地带，货种主要以煤炭、金属矿石、钢铁为主。唐山港包括曹妃甸港区和京唐港区，曹妃甸港区承担"北煤南运"的重要任务，并为邻港冶金、石化、装备制造、能源等大型重化工业服务；京唐港区重点发展钢铁、建材杂货等各类物资的综合运输和物流服务。[①] 2013 年，唐山全港完

[①] 焦知岳，张冬梅. 京津冀港口互动协调发展建议［J］. 合作经济与科技，2014（23）.

成货物吞吐量 4.46 亿吨, 同比增长 22.39%。按区域划分, 曹妃甸港区完成货物吞吐量 2.4 亿吨, 京唐港区完成货物吞吐量 2.06 亿吨, 分别比上一年增长 20.8% 和 18.2%。

黄骅港是我国 "西煤东运、北煤南运" 第二大通道的出海口, 已建成 20 万吨级航道和 25 个万吨级以上泊位。黄骅港煤炭港区现有泊位 15 个, 2011 年其吞吐量已突破 1 亿吨。2013 年, 黄骅港口岸共完成货物吞吐量 1.71 亿吨, 同比增长 35.42%。其中, 煤炭港区突破 1 亿吨达到 1.37 亿吨, 同比增长 30.52%, 综合港区完成吞吐量 0.33 亿吨, 同比增长 62.85%。

(三) 存在问题

河北省港口建设取得一定成绩的同时, 也出现一些急需解决的问题。

(1) 各港口间竞争大于合作。由于受到区划内经济利益限制, 各个港口各自为战, "同质化竞争" 日益严重。目前三大港区均以煤炭码头和杂货码头为主, 煤炭竞争愈演愈烈, 秦皇岛港的煤炭运量在 2013 年完成 2.38 亿吨, 而黄骅港的煤炭运量也在 1.71 亿吨。

(2) 各港口经济腹地交叉。腹地的优势资源或产业构成了港口的主要货源, 因此腹地的经济水平影响着港口经济的发展水平。秦皇岛港的直接腹地为秦皇岛市, 其次为京津、塞北以及辽西地区, 其主要货源煤炭分布于山西北部、内蒙古西部以及宁夏地区; 唐山港直接腹地为唐山, 其次为环渤海及西北地区, 为能源、矿石等大宗燃料的集输港; 黄骅港主要腹地为沧州黄骅, 其次为环渤海及西北地区, 主要货源为铁矿石、煤炭、铝矾土等。由此可以看出, 三大港区的直接腹地狭窄, 西北地区以及环渤海地区是三大港区共同的货源供给地, 经济腹地严重交叉。

(3) 缺乏统一规划。虽然三大港区均以自身利益为出发点, 制定了各自的发展规划, 但是由于缺乏一个综合港口群整体利益的发展规划, 各港口间职能分工不明确, 港口基本设施重复建设现象严重, 各港口不断加大投资扩建力度, 已经造成吞吐能力的闲置和浪费, 使港口都不同程度地出现运力不足的问题, 即实际运量小于综合通航能力和核定吞吐能力。

二、公路运输

(一) 概况

新中国成立时，河北省公路已经有了初步发展，公路里程已达到 7984 公里，约占当时全国公路总里程的 6.7%，其中通车里程为 5310 公里，约占全国公路通车里程的 6.2%。但是，由于技术和资金等方面的限制，河北省当时修建的多是标准低、质量差的土路，需要进行大规模整修。在中国十年建设时期，河北省共整修了 11 条重点干线公路。自 1953 年起，河北省政府相关部门加强公路建设，开始通过各种办法建设中、低级公路，到 1958 年已经基本实现各个县之间有公路衔接。1963 年末，河北省公路通车里程达到 25531 公里，是 1949 年的 4.8 倍，其中晴雨通车里程达 4187 公里，占河北省公路通车总里程的 16.4%。到 1978 年末，全省公路通车里程达到 40260 公里，是新中国成立之初的 7.6 倍。[①]

在改革开放初期，政府财政集中于对国道、省道按照公路分级标准进行技术改造，并开始进行快、慢车道的分道实验，于 1985 年在京深公路邯郸至马头段，完成了河北首条汽车专用公路的建设，并以此为基础上升为国家标准，成为日后制定公路工程技术标准的范例。随后，河北开展了更大规模、更多投入的公路建设，建设的目标逐渐指向更高规格的高速公路项目。1987 年 3 月，河北启动京石高速公路 (河北段) 建设并于 1992 年实现局部通车，1994 年全线通车，这是河北省第一条高速公路，也是省会石家庄通往北京最主要的主干公路。为适应经济发展需要，陆续完成石安 (石家庄—安阳) 高速公路，全长 216 公里；京石 (石家庄—北京) 高速公路，全程 278 公里；石黄 (石家庄—黄骅) 高速公路，全长 187.5 公里；京深 (北京—深圳) 高速公路宝坻至山海关段，全长 199.3 公里；唐津 (唐山—天津) 高速公路，全长 59.9 公里；津保 (天津—保定) 高速公路，全长 107 公里等。

到 2013 年底，河北省公路通车里程 17.4 万公里，比上年增长 7.0%，其中新建成高速公路 550 公里，高速公路通车总里程达 5619 公里。同时，大力推广高速公路电子不停车收费，完成 100 条 ETC 车道建设任务，ETC 用户数超过 25 万

---

① 中华人民共和国交通运输部. 新中国成立 60 年河北交通运输事业发展成就纵览 [EB/OL]. http: // www. moc. gov. cn/huihuang60/difangzhuanti/hebei/lishijincheng/200906/t20090626_594587. html, 2009-06-26/ 2015-04-22.

户，实现了京津冀鲁晋五省（市）电子不停车收费联网。[①]普通干线公路新改建完成557公里，完成养护维修2566公里。[②]从2003年到2013年的10年期间，河北省农村公路建设取得瞩目成就，新建改建农村公路累计完成投资792.8亿元。截至2013年底，全省农村公路通车里程15.5万公里，占全省公路总里程的89%，并基本实现建制村通沥青（水泥）路全覆盖。[③]

（二）建设布局及主要公路布局

截至2013年，河北省有干线公路17条，高速公路通车里程达5619公里。《河北省普通干线公路网规划》中提出，到2030年将建成由12条北京放射线、8条纵线、9条横线、7条联络线组成的国道网，由11条城市环线、50条纵线、50条横线、50条联络线组成的普通省道网（见图8-2）。

1. 布局特点

河北省已经基本形成以北京、天津为中心，连接承德、廊坊、张家口、秦皇岛、保定、沧州等重要城市的高速公路放射线，以石家庄为中心，向张家口、邢台、邯郸、保定、沧州、衡水、邢台、山东省以及山西省放射的高速公路运输网络（见表8-2），这为形成河北省提出的"五纵六横七条线"的公路网，以及为在《京津冀协同发展交通一体化规划》中提出的到2020年建成"一环六放射二航五港"的交通一体化体系奠定了坚实的基础。

2. 主要干线公路

京哈高速公路（北京—哈尔滨），是连接北京到哈尔滨的重要通道，全长1209公里，途经河北省的唐山和秦皇岛，是国家规划的"五纵七横"国道主干线中优先实施"两纵两横及三条重要路段"中建成的第一条公路。京哈高速公路河北段由两部分组成，一部分由京冀界经香河到冀津界，过境里程为21.3公里；另一部分由冀津界到山海关（冀辽界），过境里程为199.3公里。途经河北省廊坊、唐山、秦皇岛三市。

京沪高速公路（北京—上海），是国家"7918"高速公路网中的一条纵向主干线，以北京为起点直通上海，全程1261.99公里，途经河北廊坊和沧州两市。

---

①② 河北省交通通信管理局. 高金浩同志在2014年全省交通运输暨廉政工作会议上的讲话. 2014-04-16.

③ 秦皇岛市物流统计直报系统. 10年河北农村公路建设惠及5000万百姓［EB/OL］. http://www.qhd-jtwl.com/wszbs_hytjs.php?bigclass_id=122&news_id=9249，2014-12-23/2015-04-22.

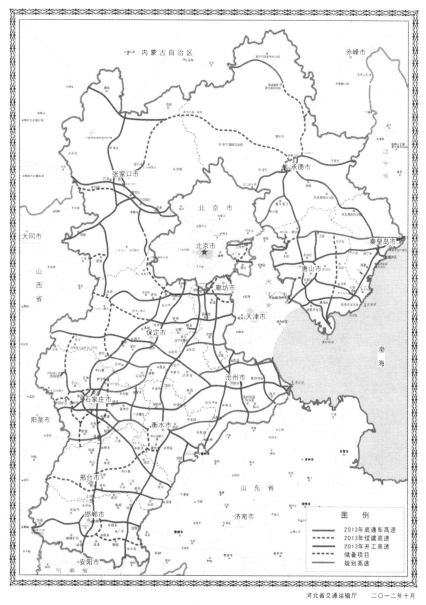

图 8-2　河北省高速公路规划建设示意图

资料来源：《河北省"十二五"交通运输发展规划》。

其河北段由京津塘高速公路河北段（通州区—廊坊）和京沪公路冀境青县至吴桥段组成，河北境内总长 147.84 公里，共投资 39.37 亿元。

京港澳高速公路（北京—港澳），是中国大陆第三条开工建设的高速公路，被誉为"中国公路建设的新起点"。在河北境内由河北段和石安段组成，河北段

表 8-2　河北省已建和在建的省级、国家级高速公路汇总

	省级高速公路	国家级高速公路
河北	张石高速公路、张承高速公路、张涿高速公路 承秦高速公路、廊涿高速公路、唐曹高速公路 宣大高速公路、保沧高速公路、邢汾高速公路 唐港高速公路、廊沧高速公路、承唐高速公路 保阜高速公路、衡德高速公路、邢临高速公路 承朝高速公路、石家庄绕城高速公路	G1 京哈高速公路、G2 京沪高速公路 G4 京港澳高速公路、G6 京藏高速公路 G18 荣乌高速公路、G1811 黄石高速公路 G20 青银高速公路、G22 青兰高速公路 G25 长深高速公路、G45 大广高速公路

是河北省内修建的第一条高速公路，全长约 224 公里，贯穿河北省中部的涿州市、高碑店市、定兴县、徐水县、保定北市区、南市区、清苑县、望都县、定州市、新乐市、正定县、藁城市共计 12 个县（市、区）；石安段全长约 216 公里，途径石家庄、邢台、邯郸三市。

青兰高速公路（青岛—兰州），是国家重点工程，全长 1795 公里。其河北段是国家"7918"高速公路网的组成路段，是河北省"五纵六横七条线"高速公路主骨架的重要组成部分，全长近 200 公里，途经馆陶、曲周、广平、肥乡、邯郸县、高开区、邯山区、马头生态工业城、磁县、峰峰、武安、涉县共 12 个县（市、区），覆盖邯郸总辖区的 73%。

承秦高速公路（承德—秦皇岛），是河北省高速公路网布局规划"五纵六横七条线"中的第一条，也是承德和秦皇岛两市路网规划的重要组成部分，于2009 年 6 月正式开工建设，全长 196 公里。其中，承德段与京承高速（北京—承德）、承朝高速（承德—朝阳）相连，途经上板城、承德县、甲山、黄杖子、龙须门、宽城县、崖门子、板城、庙岭，全长 92 公里；秦皇岛段起自庙岭，途经八道河、青龙县城北、朱杖子、茨榆山、隔河头、大新寨、北寨、龙腰等县市，全长 99.5 公里。

张石高速公路（张家口—石家庄），是河北省高速公路网主骨架"五纵六横七条线"规划中"五纵"的重要组成部分，是河北省政府"6+3"项目之一。由张家口段、保定段、石家庄段以及石家庄北出口支线 4 部分组成，全长 262公里。

张承高速公路（张家口—承德），是河北省高速公路网布局"五纵六横七条线"规划中的重要组成部分，全长 375 公里，是连接张家口和承德的重要线路，现已开通 62 公里。

廊涿高速公路（廊坊—涿州），自涿州南 8 公里处的松林店至廊坊市的旧州，

是涿密高速公路的一部分，全长 58.4 公里，设计时速 120 公里。其建成通车使河北省的高速公路通车里程突破 3000 公里，达到 3010 公里。

廊沧高速公路（廊坊—沧州），由廊坊段和沧州段组成，全长 140 公里，其中廊坊段 93.3 公里，沧州段 48 公里。该公路从 2006 年组织建设，历经 5 年时间于 2011 年建成通车，是河北省"五纵六横七条线"高速公路网规划的重要组成部分。

承唐高速公路（承德—唐山），由唐山段和承德段组成，是国家高速公路网规划长春至深圳高速公路的重要组成部分，是河北省高速公路网"五纵六横七条线"规划中的"五纵"中的重要路段，全长 82.3 公里，于 2010 年 11 月 8 日竣工通车。

承朝高速公路（承德—朝阳），是国家长深（长春—深圳）高速公路的重要组成部分，是河北省高速公路网"五纵六横七条线"规划中的"横一"中的重要路段，途经杨树岭、平泉、东山嘴、东营子、双峰寺、红石砬，在大石庙与京承高速公路相连接，全长 118.3 公里，于 2010 年 11 月正式通车。

保阜高速公路（保定—阜平），是河北省高速公路网"五纵六横七条线"规划中的"六横"中的重要路段，与"五纵"中的张石和京石、保津、保沧高速公路相连接。途经满城、顺平、望都、唐县、曲阳、阜平，全长 147.21 公里。

其余比较重要的干线公路还有张涿高速公路（张家口—涿州）、唐曹高速公路（唐山—曹妃甸）、宣大高速公路（宣化—大同）、保沧高速公路（保定—沧州）、邢汾高速公路（邢台—汾阳）、邢临高速公路（邢台—临清）、石家庄绕城高速公路等。

（三）存在的问题

（1）网络化程度低，通行能力差。虽然目前高速公路已经遍布河北省 11 个地级市，但是存在大量的"断头路"。据统计，河北省内各个地方的"断头路"加起来长达 11200 公里，河北省通往京津两地的"断头路"总里程达 2300 公里，"断头路"的存在限制了省内及与京津之间的网络化发展，致其通行能力不足，阻碍了区域之间的有效连通和经济的快速发展。

（2）建设资金不足。一方面，河北省一直以来并不是经济强省，且经济发展一直受到京津两地的制约，导致政府财力不足，从而交通建设资金有限。另一方面，河北省境内平原地区虽已经基本形成交通运输网络，但是山区交通仍有待完善，而山路修葺施工难度大、投资效益差，在本身建设资金不充足的情况下更加大了筹措资金的难度。

（3）管理水平落后。一方面，河北省至今尚未形成一个健全的涉及公路建设、养护以及运营的管理体系，而湖南、湖北、云南、贵州、云南等各省市已相继出台了《高等级公路管理条例》。另一方面，河北省的公路管理部门不仅负责日常的行政管理，同时还负责公路建设的设计、施工、维修养护等，这种建设、养护、质量监督同属一个部门的管理机制势必会影响公路建设的质量。

三、铁路运输

（一）概况

1881年清政府在唐山建立了第一条官办铁路，即唐胥铁路，结束了中国没有铁路的历史，后经多次扩建形成京山铁路。1886年，成立中国自办的第一个铁路公司，即开平铁路公司，独立经营铁路业务。1905年，清政府开工修建京张铁路，这是中国首次独立完成修建的铁路，新中国成立后改名为京包铁路。

河北省于1958年修建了第一条地方铁路，即从高碑店至涞水的窄轨铁路。之后又相继修建了秦石线、前安线、望白线、沧港线等10条地方铁路。在改革开放之前，全省地方铁路建设完成562.7公里。1985年10月，沧州至黄骅港铁路实现全线贯通，有力地支持了地方港口建设，并为今后货物在陆地以及海上综合运输开辟了一条新的途径。为了服务京唐港区的建设和日后港区发展，1992年，河北省结合新的建设思路，建成了省内第一条联建联营的地方铁路即坨港铁路。到1992年底，河北地方铁路延展里程达886公里。①

到20世纪末，河北省地方铁路发展可以用调整、适应、升级来形容。一方面，受到运输市场需求变化的影响，窄轨铁路已经不能满足运输需要，一部分渐渐退出历史舞台，如1993年起包括邯常线的广常段、辛成线、王饶线在内的300多公里的窄轨铁路相继停运、拆除，另一部分如高易线等，则在原基础上完成由窄轨至准轨的改造，脱胎换骨继续发挥作用。另一方面，由于资金投入压力，河北省地方铁路局在铁路项目建设上探索新的筹资渠道，如1992年因资金

---

① 中华人民共和国交通运输部. 新中国成立60年河北交通运输事业发展成就纵览［EB/OL］. http://www. moc. gov. cn/huihuang60/difangzhuanti/hebei/lishijincheng/200906/t20090626_594587. html, 2009-06-26/2015-04-22.

问题被迫停工的沙蔚铁路，在 1993 年重新确定为由国家和地方合资建设，并被列入国债资金支持项目，并于 2003 年 7 月通车试运行，随后沙蔚、张双、司曹、唐承等铁路也相继完工。

到 2013 年底，全省地方铁路延展里程已达 2193.4 公里，地方铁路机车 205 台，货车 1923 辆，客车 14 辆。2012 年，地方铁路运输完成货运量 3.01 亿吨，货物周转量 270.65 亿吨公里。[①] 到 2013 年底，全省地方及合资铁路货运量已经达到 30063.46 万吨，比 2012 年同期增长了 21.04%，为年度计划的 150.32%；货物周转量完成 27.06 亿吨，比 2012 年同期增长了 26.86%，为年度计划的 150.36%。[②]

（二）铁路干线

河北省现有 15 条国家干线铁路通过境内，即京哈线（北京—哈尔滨）、京广线（北京—广州）、京沪线（北京—上海）、石太线（石家庄—太原）、京包线（北京—包头）、京承线（北京—承德）、锦承线（锦州—承德）、丰沙线（丰台—沙城）、石德线（石家庄—德州）、京原线（北京—原平）、京秦线（北京—秦皇岛）、京通线（北京—通辽）、邯长线（邯郸—长治）、京九线（北京—九龙）、大秦线（大同—秦皇岛），另有 9 条地方铁路构成河北省四通八达的铁路运输网络。除了干线铁路外，河北省石家庄、廊坊、保定等城市均有高铁连通，石太客专（石家庄—太原）、京广高铁（北京—郑州段）、津秦客专（天津—秦皇岛）、京沪高铁（北京—上海）已开通运营。此外，河北省目前加强了对高速铁路和客运专线的重视，在《河北省国民经济与社会发展的"十二五"规划》中提出建设张呼客运专线（张家口—呼和浩特）、京张客运专线（北京—张家口）、京石客运专线（北京—石家庄）、保津客运专线（保定—天津）、石张城际铁路（石家庄—张家口）等 13 条客运专线和 14 条城际铁路（见图 8-3）。

1. 京九铁路（北京—九龙）

京九铁路北起北京，跨过北京、河北、山东、河南、安徽、湖北、江西、广东和香港九个省级行政区的 103 个市县，是连接环渤海和珠三角的重要高速铁路干线。于 1993 年开工建设，1996 年 9 月 1 日建成通车，全长 2553 公里，是我国南北最长、建设规模最大、投资最多的铁路干线。京九铁路途经河北固安、霸

---

① ② 河北统计局. 河北统计年鉴 ［M］. 北京：中国统计出版社，2014.

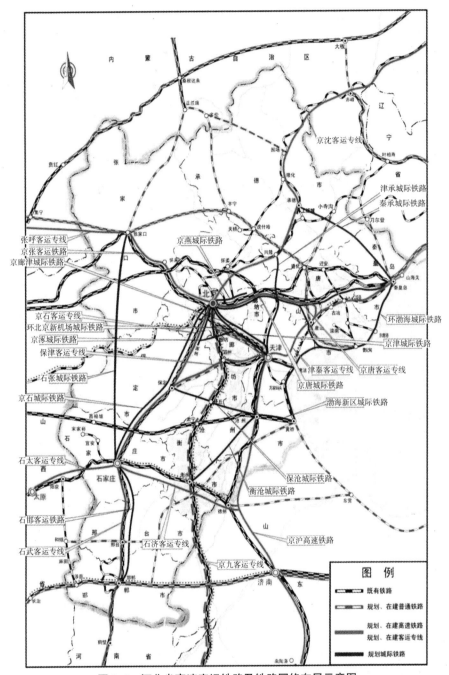

图 8-3　河北省高速客运铁路及铁路网络布局示意图

资料来源：《河北省国民经济和社会发展第十二五年规划纲要》。

州、文安、任丘、肃宁、饶阳、深州、衡水、枣强、清河城 10 个县市，对方便人们出行以及促进河北经济发展具有重要意义。

2. 京广铁路（北京—广州）

京广铁路自北京南至广东省广州市，由北段的"京汉铁路"和南段的"粤汉铁路"组成。1957 年武汉长江大桥建成通车后，2 条铁路接轨并改名为京广铁路，全长 2324 千米。京广铁路在河北省境内的高碑店与高易铁路交会，在保定与保满铁路和津保铁路交会，在定州与朔黄铁路交会，在石家庄与石太铁路和石德铁路交会，在邢台与邢和铁路和邢黄铁路交会，在沙河市与沙午铁路交会，在邯郸与邯长铁路和邯济铁路交会，设有涿州站、松林店站、高碑店站、定兴站、北河店站等 40 个站点，构成四通八达的交通运输网。

3. 朔黄铁路（山西神池—河北黄骅）

朔黄铁路是神黄铁路的组成部分，自山西省神池县东至河北省沧州市的黄骅港，全长 598 公里，于 1997 年 11 月 25 日正式开工，1998 年完成第一期工程，过太行山北段修至河北省肃宁县太师庄站，计长 422 公里，2002 年 11 月 1 日全线建成，总投资 150 亿元，是我国目前投资与建设规模最大的一条合资铁路，也是我国"西煤东运"的第二大通道。朔黄铁路的西端是神朔铁路，在神朔铁路起点站神木北站与包神铁路相连，是我国四大"跨世纪工程"之一的"神华工程"的重要组成部分。

4. 石德铁路（石家庄—德州）

石德铁路修建于 1940 年 6 月，连接河北石家庄和山东德州，全长 181.9 公里，在衡水与京九铁路交会，在石家庄与京广铁路、石太铁路交会，在德州与京沪铁路交会。在河北境内设有石家庄、土贤庄、良村、藁城、贾村等 18 个站点以及山东境内 2 个站点，是山西省煤炭外运的重要通道。

5. 石太铁路（石家庄—太原）

石太铁路起于河北省石家庄，止于山西太原，由石太段和获太段组成，全长 242.95 公里，在石家庄与京广铁路（北京—广州）、石德铁路（石家庄—德州）相连，在太原与同蒲铁路（大同—蒲州）、太焦铁路（太原—焦作）相接，是矿产资源外运的重要通道。

6. 石太客运专线（石家庄—太原）

石太高铁是中国最早开工建设的高速铁路，连接河北石家庄与山西太原，全长 225 公里，于 2009 年 4 月正式通车，是中国铁路规划的"四纵四横"客运专线中"一横"的重要组成部分。在河北省境内约有 60 公里，途径石家庄、鹿泉市、井陉县。

7. 京广客运专线（北京—广州）

京广高铁是中国第二条高速铁路，中国铁路规划的"四纵四横"客运专线的"一纵"，也是世界上运营里程最长的高速铁路。由京石高铁、石武高铁和武广高铁组成，于 2012 年 12 月 26 日全线开通运营，通行速度为每小时 380 公里。其中，京石段在河北境内约有 229.5 公里，设有涿州、高碑店、保定、定州、正定机场站、石家庄站 6 个站点，石武段在河北境内 202.6 公里，设高邑、邢台、邯郸 3 个站点。

8. 津秦客运专线（天津—秦皇岛）

津秦客运专线与京哈线相连，全长 261 公里，其中河北境内为 192.1 公里，设有唐山、滦河、北戴河、秦皇岛 4 站。于 2003 年 12 月 1 日建成通车，通行速度为每小时 350 公里，单向运输能力为每年 8000 万人次。

9. 京沪客运专线（北京—上海）

京沪高铁是中国"四纵四横"客运专线网中的"一纵"，建设规模大，技术水平高。其连接北京南站与上海虹桥站，全长 1318 公里，经过河北廊坊站和沧州西站。

（三）主要铁路枢纽

1. 石家庄

石家庄位于京广（北京—广州）、石太（石家庄—太原）、石德（石家庄—德州）三条干线的交会点，是西安煤炭输出的必经之路。随着石太、京广等客运专线的开通运行，石家庄每日客流量已达 4 万人，2013 年旅客运输量达 13573 万人，货物运输量达 35893 万吨。① 枢纽内拥有 3 座客运站，其中石家庄站建筑面积在全国客运站建设中排名第六位。

2. 秦皇岛（含山海关）

秦沈高速铁路（秦皇岛—沈阳）、京哈（北京—哈尔滨）、京秦（北京—秦皇岛）、大秦（大同—秦皇岛）四条铁路干线贯穿秦皇岛，此外，距离秦皇岛市 15

---

① 中华人民共和国国家统计局. 中国统计年鉴［M］. 北京：中国统计出版社，2014.

公里处的山海关是华北地区通往东北地区的咽喉要道。枢纽内设 4 个客运站，2013 年铁路货运周转量达 8547 万吨。

3. 唐山

唐山有京哈铁路（北京—哈尔滨）、津山铁路（天津—山海关）、大秦铁路（大同—秦皇岛）、津秦高铁（天津—秦皇岛）、迁曹铁路（迁安—曹妃甸）5 条国家级铁路干线以及唐山坨港铁路（滦县—乐亭县）、遵小铁路（唐山—承德）、唐港铁路（迁安—唐山港）3 条地方铁路通过境内，是"西煤东运、北煤南运"的重要通道。唐山是铁道部于 2012 年公布的 72 个铁路枢纽城市之一。

4. 邯郸

邯郸位于京广线（北京—广州）与邯济线（邯郸—济南）的交会处，随着石武（石家庄—武汉）客专、邯黄（邯郸—黄骅）铁路通车以及邯长（邯郸—长治）铁路电气化改造完成，邯郸于 2012 年正式升级为中国铁路枢纽城市。

5. 其他铁路枢纽

除了石家庄、秦皇岛、唐山位列发改委在《促进综合交通枢纽发展的指导意见》中公布的综合交通枢纽城市外，衡水、沧州的铁路枢纽地位也日益显现。衡水位于京九铁路（北京—九龙）和石德铁路（石家庄—德州）的交会点，是连接石家庄、上海、山西、东北地区与京津地区的重要枢纽。沧州位于京沪铁路（北京—上海）和神黄铁路（神木—黄骅）的交会点。神黄铁路是西安煤炭外运到沧州黄骅港的重要路线，这在一定程度上促进了沧州的发展，黄骅港业务的拓展也提升了沧州的枢纽地位。

（四）存在的问题

河北省铁路建设水平及覆盖面积一直在中国大陆地区处于领先水平，省内已基本实现各市之间铁路相连。但是，其铁路建设仍存在一些问题。

（1）缺少规划，盲目建设，危及生态。一方面，河北省在铁路建设的过程中盲目投资，缺乏合理规划，没有处理好铁路建设与经济发展、环境保护之间的关系；另一方面，河北省存在水资源缺乏、土壤质量不高等问题，盲目进行铁路建设更加剧了土地负担，使其面临更加严重的生态危机。

（2）资金短缺，融资困难。一方面，在河北省政府财政实力有限、国家支持资金不能很快到位的情况下，还面临着庞大的居民拆迁、耕地补偿等费用需支付的问题；另一方面，铁路建设成本的不断增加、铁路运营效率不高等问题，严重制约了铁路资金建设的后续投入。

（3）轨道交通建设滞后。在京津冀地区，北京人均轨道长度为 30.3 毫米，天津人均轨道长度为 23.4 毫米，而河北省目前没有轨道交通，人均轨道长度为"零"，这加大了城市公交的压力。

四、航空建设

（一）概况

河北省的航空建设最早可以追溯到 1958 年，当时建立的马头直升机机场已经发展为如今的邯郸机场。1985 年秦皇岛山海关机场开始通航，这是河北省最早通航的机场，属于军民合用机场，经过 3 次改造扩建后，旅客吞吐量达到 15.54 万人次，货邮吞吐量达 605.6 吨。随后，石家庄正定机场、邯郸机场、张家口宁远机场相继通航。截至 2014 年，河北省民航机场旅客吞吐量和货邮吞吐量分别完成 642.8 万人次和 4.7 万吨。

除了民用机场外，河北省现有 6 个通用机场建成使用，分别为石家庄栾城通用航空产业制造基地试飞机场、保定江城机场、空军平泉机场、黄骅防蝗机场、任丘和迁安临时起降点，同时还有张北中都机场、三河公务机机场等多个通用机场在建项目正在抓紧实施。目前，石家庄和张家口已经成为我国通用机场的制造基地，这将有力地促进河北省通用机场的发展。未来，河北省将新建平山（西柏坡）、辛集、衡水、唐山湾国际旅游岛等 11 个通用机场，改扩建保定江城、黄骅、迁安通用机场。预计到 2020 年，河北省将形成环首都、沿海和冀中南三大通用机场群，航空应急救援可以各县贯通。到 2030 年，将新增布局基地通用机场 27 个，全省二类以上通用机场布局总数达 51 个，通用机场 50 公里范围内覆盖 86% 的地区、91% 的人口和 93% 的 GDP，初步建成"规模适当、布局合理、层次分明、功能完善"的现代化通用机场体系。[①]

（二）主要航线和机场

1. 主要航线

目前，河北省已经初步建成以石家庄、邯郸、张家口、秦皇岛为中心的省

---

① 河北省交通运输厅. 小飞机演绎大精彩 [EB/OL]. http://www.moc.gov.cn/st2010/hebei/hb_jiaotongjs/jtjs_jichangjs/201412/t20141202_1736502.html，2014-10-24/2015-04-22.

内、省际航空运输网。可以通达广州、长春、成都、海口、上海、西安、珠海、深圳、呼和浩特等除西藏、青海外的全部省会城市（见表8-3）。

表8-3 河北省五大机场主要航线

石家庄正定机场	石家庄—广州、石家庄—长春、石家庄—重庆、石家庄—长沙、石家庄—成都、石家庄—大连、石家庄—鄂尔多斯、石家庄—福州、石家庄—海口、石家庄—呼和浩特、石家庄—合肥、石家庄—杭州、石家庄—海拉尔、石家庄—哈尔滨、石家庄—南昌、石家庄—昆明、石家庄—南京、石家庄—上海、石家庄—秦皇岛、石家庄—青岛、石家庄—武汉、石家庄—西安、石家庄—烟台、石家庄—珠海
邯郸机场	邯郸—上海、邯郸—重庆、邯郸—海口、邯郸—青岛、邯郸—广州、邯郸—天津、邯郸—南京、邯郸—大连、邯郸—深圳
秦皇岛山海关机场	秦皇岛—上海、秦皇岛—石家庄、秦皇岛—大连、秦皇岛—青岛、秦皇岛—广州、秦皇岛—哈尔滨、秦皇岛—重庆、秦皇岛—鄂尔多斯
唐山三女河机场	唐山—上海、唐山—广州、唐山—成都、唐山—昆明、唐山—长沙、唐山—西安、唐山—三亚、唐山—石家庄、唐山—大连、唐山—青岛、唐山—哈尔滨
张家口宁远机场	张家口—石家庄、张家口—上海浦东、张家口—深圳、张家口—沈阳

资料来源：根据各机场官网整理所得。

2. 主要民航机场

河北省主要民航机场分布如图8-4所示。

石家庄正定机场，位于河北省省会石家庄市，于1995年2月18日正式通航，是河北省最早通航的机场，机场面积达20235平方公里。在河北省所有机场中，石家庄正定机场发展较快，水平最高，作为国内4E级主干线机场，是河北省最重要的空中门户，也是环首都经济圈的重要一环。目前，通航城市已达到70多个，并开通了美国、俄罗斯、中国香港、中国台湾等多个国际国内航线。

邯郸机场。位于河北省邯郸市西南11公里冀南新区码头镇，于2007年8月正式通航，为4D级民航机场。2013年，旅客吞吐量达到23万人次，在河北省6个民航机场中仅次于石家庄正定机场。

秦皇岛山海关机场，位于秦—山公路和秦—山沿海公路之间，属于军民合用机场，于1985年正式通航，距秦皇岛市约12.6公里，为4D级民航机场，可以满足B-737、MD-82、空客320等中型飞机起降要求。目前，机场开通了20多条国内航线，可以通达北京、上海、广州、武汉、石家庄、大连、沈阳等20多个国内城市和布拉戈维申斯克、仁川等国际城市。

唐山三女河机场。位于河北省唐山市丰润区境内，于2010年7月13日通航，是继石家庄正定、邯郸、秦皇岛山海关后河北省正式运营的第4个客运机

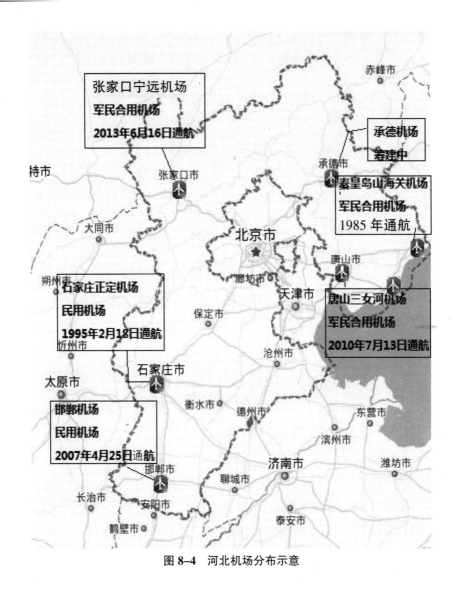

图 8-4 河北机场分布示意

场，为 4C 级民用支线机场、民航中小型机场。开通 7 条飞往上海、广州、成都、昆明、长沙、西安、三亚的远距离航线以及 4 条飞往石家庄、大连、青岛、哈尔滨的近距离航线。

张家口宁远机场，位于河北省张家口市，于 2013 年 6 月 16 日正式通航，属于军民合用机场。建成后初步确定开通石家庄、上海、广州、西安、成都、海口 6 条航线。

（三）存在的问题

（1）临近首都的区位限制了河北省机场的发展。首都机场是国内最繁忙的机场，承担了京津冀都市圈内大部分的航运任务。由于首都机场的"虹吸效应"导致河北省内机场旅客、货邮吞吐量一直较小（见表8-4）。

表 8-4　2012~2013 年京津冀 3 大民航机场业务量

旅客吞吐量（万人）				
机场名称	名次	2013 年	2012 年	比上年同期增减（%）
北京/首都	1	8371.24	8192.94	2.2
天津/滨海	24	1003.58	814.00	23.3
石家庄/正定	37	511.05	485.21	5.3
货邮吞吐量（万吨）				
机场名称	名次	2013 年	2012 年	比上年同期增减（%）
北京/首都	2	184.37	179.99	2.4
天津/滨海	13	21.44	19.42	10.4
石家庄/正定	34	4.30	3.97	8.4
起降架次（次）				
机场名称	名次	2013 年	2012 年	比上年同期增减（%）
北京/首都	1	567757	557159	1.9
天津/滨海	21	100729	83700	20.3
石家庄/正定	39	51980	54647	-4.9

资料来源：《2012~2013 年民航机场业务量排名》。

（2）各机场之间竞争大于合作。由于各机场分属不同的航空公司，缺乏一种行之有效的合作机制，导致出现航线重叠、争抢客源等问题。从河北省 5 个机场开辟的航线中，可以看出航线重复开辟问题突出，石家庄机场基本覆盖了邯郸机场的所有航线，而邯郸到石家庄只有 165 公里，严重制约了邯郸机场的发展，不均衡问题日益突出。

（3）机场发展整体水平落后。在京津冀都市圈中，北京、天津各有一个 4F 级别的机场，即北京首都机场和天津滨海机场。河北省机场发展整体水平则落后，只有石家庄正定机场发展较快，作为国内 4E 级主干线机场，是河北省最重要的空中门户（见表 8-5）。

表 8-5　京津冀区域各机场比较

机场名称	机场等级	起降机型	航站楼面积（万平方米）	客运航线	跑道条数（条）
北京首都机场	4F	A380、B747 等各类飞机	140	200 余条	3
天津滨海机场	4F	B747、A340、B767 等	14.2	60 余条	2
石家庄正定机场	4E	B747、A340 等	20.9	50 余条	1
邯郸机场	4D	B737、A320、MD82 等	0.39	20 余条	1
秦皇岛山海关机场	4D	A319、B737、MD82 等	0.62	20 余条	1
唐山三女河机场	4C	B737、A320 等	0.62	11 条	1
张家口宁远机场	4C	B738、B737、E190 等	0.54	6 条	1

资料来源：作者根据各机场官网数据整理所得。

第二节　公共服务建设

河北省公共服务发展历程与我国公共服务体系发展的步伐一致，大致经历了四个阶段：第一阶段是 1949~1978 年，在公有制基础上建立起苏联式的公共服务体系；第二阶段是 1978~1994 年，经济体制改革优先性使政府较为忽略公共服务供给，同时旧的公共服务体系开始瓦解；第三阶段是 1994~2002 年，伴随着国企改革的深化，政府着手在城市建立新型社会保障制度；第四阶段是 2002 年至今，在以人为本和科学发展的新理念指导下政府试图建立一个更具普遍性和全面性的公共服务体系。[①] 进入 21 世纪之后，完善公共服务成为了各级政府工作的重要组成部分，2002 年以来通过积极的社会政策体系建设，河北省的基本公共服务项目得到了健全和发展，在政策和制度层面基本实现了基本公共服务的普遍性和可及性，公共服务供给的公平性和均等化程度明显提高，特别是扭转了 20 世纪八九十年代农村公共服务供给的严重缺失状态。

一、科研

（一）概况

近年来，河北省加大科学研究方面的投入，积极推动高新技术产业化。除了

---

① 郁建兴. 中国的公共服务体系：发展历程、社会政策与体制机制 [J]. 学术月刊 2011（3）：5-17.

科技活动经费支出不断增加外，省政府还积极建设企业技术中心、工程技术中心以及重点实验室，以提高河北的科技创新能力（见表8-6）。2013年河北省R&D经费支出为290亿元，比上年增长26.1%。随着科技投入的不断增加，科技成就斐然，2013年，全省组织滚动实施了国家和省高新技术产业化项目205项，专利授权量达到18186件。[①]

表 8-6　2010~2013 年科研项目建设对比

指标	R&D 经费支出（亿元）	企业技术中心（个）	工程技术中心（个）	重点实验室（个）	省级以上科技成果（项）	专利申请量（件）
2010 年	160	250	107	78	2903	12300
2011 年	187	304	133	84	3131	17595
2012 年	230	345	155	83	3544	23241
2013 年	290	409	175	87	3136	27619

资料来源：作者根据 2010~2013 年《河北省国民经济和社会发展统计公报》整理所得。

（二）主要城市的科技发展情况

河北省科技成果主要产生于石家庄、唐山、秦皇岛、保定，四地的科技产量之和已接近河北省科技产出总量的一半。一个地区科技创新能力的大小与其经济发展程度息息相关，石家庄、唐山、秦皇岛作为河北省经济发展比较迅速的城市，较强的经济基础支撑并推动了科技事业的发展。

1. 石家庄

石家庄作为河北省的省会，为河北省区域科技创新中心城市，其自主创新能力一直高于河北省其他市区。其专利申请量、授权量、商标数量、驰名商标数量以及版权登记数量均处于全省第一位。2013年，石家庄所取得的320项科技成果中，有1项达到国际领先水平，47项达到国际先进水平。[②]

2. 唐山

唐山的科技创新能力仅次于石家庄。截至2013年末，唐山市共拥有18家省级工程技术研究中心，12家省级院士工作站，120家高新技术企业，4家省级创新企业，并荣获"2013年中国智慧城市推进杰出成就奖"。在2013年所取得的

---

① 河北省统计局. 河北省 2013 年国民经济和社会发展统计公报. 2014-02-25.
② 石家庄市统计局. 石家庄市 2013 年国民经济和社会发展统计公报. 2014-04-11.

448 项科技成果中，有 44 项达到国际先进水平。[①]

3. 秦皇岛

秦皇岛以建设创新城市为核心，积极支持创新产业发展。截至 2013 年，秦皇岛市共有创新型单位 57 家，高新技术企业 80 家，1 家省级产业技术研究院，71 家市级以上工程技术研究中心，实施了 38 项省级以上科技项目并获得 4028 万元的科技资金支持。[②]

4. 保定

保定作为河北省最早的省会，于 2014 年被确定为首批创新型试点城市，拥有一大批科研机构及高等院校，这为保定科研事业的发展奠定了基础。截至 2013 年末，保定市共有 13 家院士工作站，92 家企业技术工程中心，24 家重点实验室，获得省级科技成果 302 项，高新技术企业 154 家。[③]

5. 承德

为培养和引进一批高层次人才，建立一批高科技创业团队，承德市"十二五"时期重点实施了五大人才工程，即创新创业"筑巢引凤"工程、重点产业"人才聚集"工程、文教卫生"名家名人"工程、技能人才"金牌蓝领"工程和农村实用人才"百千万"工程，并取得显著成果。2013 年，承德市共争取了 38 项省级以上科技项目以及 4254 万元的科技资金，主要围绕工业转型、农业产业化、医药卫生等方面展开科技研究和科技建设，其承钢钒钛磁铁矿冶炼、冶金提钒和化工提钒三项技术处于国际领先水平。

二、学校

（一）概况

教育是立国之本，学校建设对一个地区的经济发展、居民素质、文化水平以及创新能力的增强有着举足轻重的作用。近年来，河北省在学校建设方面一直保持增长趋势。截至 2013 年末，河北省共有 12538 所小学、2944 所普通中学、636 所中等职业教育学校、118 所普通高等学校，[④] 各类学校招生、在校生和毕业

---

① 唐山市统计局. 唐山市 2013 年国民经济和社会发展统计公报 [Z] . 2014-04-03.
② 秦皇岛市统计局. 秦皇岛市 2013 年国民经济和社会发展统计公报 [Z] . 2014-05-23.
③ 保定市统计局. 保定市 2013 年国民经济和社会发展统计公报 [Z] . 2014-05-21.
④ 河北省统计局. 河北省 2013 年国民经济和社会发展统计公报 [Z] . 2014-02-25.

生情况如表 8-7 所示。从各地级市学校分布情况来看，普通高等学校主要集中在
石家庄、保定、秦皇岛和廊坊，中等职业教育学校主要集中在石家庄和保定（见
表 8-8）。

表 8-7　2013 年河北省各类学校招生、在校生和毕业生情况

指标	学校数（所）	招生数（万人）	在校生数（万人）	毕业生数（万人）
普通高等学校	118	34.7	117.4	33.4
中等职业教育学校	636	22.1	75.2	33.7
普通中学	2944	115.9	318.1	107.2
小学	12538	99.6	546.2	84.0

资料来源：作者根据《河北省 2013 年国民经济和社会发展统计公报》整理。

表 8-8　2013 年各地级市的学校分布情况

单位：所

地区	幼儿园	小学	普通中学	中等职业教育学校	普通高等学校
石家庄	1227	1418	421	134	48
承德	975	512	122	30	4
唐山	847	1122	330	51	8
沧州	113	193	90	28	1
邯郸	1829	1966	372	58	4
衡水	793	879	176	41	2
保定	—	1925	401	76	16
秦皇岛	281	429	165	34	13
廊坊	438	807	173	30	12
张家口	456	537	170	52	4
邢台	—	1375	262	51	2

资料来源：作者根据各地级市《国民经济和社会发展统计公报》整理。

相较于 2012 年，河北省政府教育支出有所回落，2013 年河北省教育支出为
769.33 亿元，与上一年相比减少 3.33%。教育支出所占公共财政比例低于环渤海
经济圈内天津、山东的支出水平，但仍高于全国平均水平（见表 8-9）。除高等
院校外，各级教育人均公共财政预算教育事业费持续增长，但距离全国水平还有
差距（见表 8-10）。

（二）主要高校建设

早在 20 世纪 80 年代，河北省开始重点建设河北大学和河北工业大学。90
年代中期是河北省高等教育发展的迷茫期，高校发展问题凸显，如河北大学、燕

表 8–9　2012~2013 年各省市间公共财政支出对比

地区	公共财政教育支出（亿元）			公共财政教育支出占公共财政支出比例（%）		
	2012 年	2013 年	增减百分点（%）	2012 年	2013 年	增减百分点
全国	20314.17	21405.67	5.37	16.13	15.27	-0.86
河北	795.83	769.33	-3.33	19.51	17.45	-2.06
北京	611.92	699.14	14.25	16.60	16.75	0.15
天津	378.75	461.51	21.85	17.67	18.10	0.43
山东	1311.11	1397.67	6.60	17.77	20.90	3.13
辽宁	722.57	671.01	-7.14	15.85	12.91	-2.94

资料来源：作者根据 2012~2013 年《全国教育经费执行情况统计公告》整理。

表 8–10　2013 年河北省各级教育人均公共财政预算教育事业费增长情况

地区	普通小学		普通初中		普通高中		中等职业学校		普通高校	
	金额（元）	增长率（%）	金额（元）	增长率（%）	金额（元）	增长率（%）	金额（元）	增长率（%）	金额（元）	增长率（%）
全国	6901.77	12.61	9258.37	13.78	8448.14	8.64	8784.64	16.14	15581.72	-4.74
河北	4936.80	3.15	7470.83	3.02	7105.34	0.92	6890.12	15.95	12904.36	-21.19

资料来源：作者根据《2013 年全国教育经费执行情况统计公告》整理。

山大学、河北工业大学等重点大学实力相近，龙头之争愈演愈烈，与其他地区高校相比存在较大的差距，省内没有一流高校等。基于以上问题，河北省开始重点建设燕山大学、河北大学、河北工业大学、河北师范大学、河北医科大学、河北农业大学、石家庄铁道大学、河北联合大学、河北科技大学、河北经贸大学这10 所高校。

截至 2013 年，河北省有公办普通本科院校 31 所（部属院校除外），其中 1 所"211 工程"高校即河北工业大学，省属重点骨干高校 12 所，一般高校 6 所，新建本科高校 13 所。设置本科专业 274 种，专业布点 1366 个，覆盖了专业目录的 12 大类 95 个专业类（见图 8-5）。[①]

1. 河北工业大学

河北工业大学隶属河北省，位于天津，是全国唯一一所异地办学的高等学校。其前身为 1903 年创办的北洋工艺学堂，1995 年改名为河北工业大学，1996 年首批进入国家"211 工程"建设行列。设有本科专业 69 个，其中工学类专业

---

① 河北省教育厅. 河北省 2013 年本科教学质量分析报告. 2015-02-16.

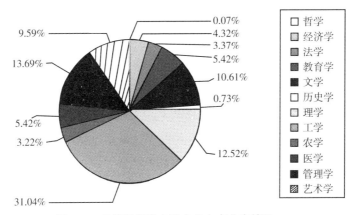

图 8-5　各学科门类本科专业布点分布情况

资料来源:《河北省 2013 年本科教学质量分析报告》。

40 个、理学类 7 个、经济学类 4 个、管理学类 8 个、文学类 4 个、法学类 2 个、艺术学 4 个，是一个"工学并举"的综合性大学。

在人才培养方面，学校陆续开展了"卓越工程师"培养计划、专业综合改革试点、精品资源共享课、视频公开课、大学生创新创业训练计划等一系列项目。在科研机构建设方面，截至 2013 年 7 月，学校建有 1 个国家级工程技术研究中心即国家创新方法与实施工具工程技术研究中心，1 个省部共建国家重点实验室培育基地即河北省电磁场与电器可靠性重点实验室，1 个教育部工程研究中心即海水资源高效利用化工技术教育部工程研究中心，以及 10 个省部级重点科研机构和 4 个科技园区。在学术资源方面，1917 年创办的《河北工业大学学报》是国家科技部"中国科技核心期刊"，曾获全国优秀科技期刊、全国优秀高校自然科学学报一等奖和河北省优秀期刊一等奖。

2. 河北大学

河北大学位于河北省保定市，是河北省唯一一所入选国家"中西部高校综合实力提升工程"的高校。截至 2013 年底，学校共设有 87 个本科专业，其中文学类 13 个、历史学类 1 个、经济学类 6 个、管理学类 13 个、教育学类 3 个、法学类 3 个、哲学类 1 个、艺术学类 9 个、工学类 22 个、理学类 9 个、医学类 7 个，是一座具有 94 年历史的综合性大学。

在人才培养方面，河北大学积极开展精品资源共享课、视频公开课建设，在文学、哲学等传统学科专业开发面向社会的公开免费的科学、文化素质教育网络视频课程和学术讲座。在科研机构建设方面，学校建有1个教育部省属高校人文社会科学重点研究基地即河北大学宋史研究中心，1个教育部重点实验室即河北大学药物化学与分子诊断教育部重点实验室，1个国家地方联合工程实验室即新能源光电器件国家地方联合工程实验室，以及2个省级工程实验室和7个重点实验室。在学术资源方面，有1962年创建的《河北大学学报》（自然科学版）、1960年创办的《河北大学学报》（哲学社会科学版）、1984年创办的《医学研究与教育》以及1964年创办的《日本问题研究》。

3. 燕山大学

燕山大学源于哈尔滨工业大学，位于河北省秦皇岛市，于1978年被确定为全国重点大学。搬迁至河北秦皇岛之初由机械工业部管理，1998年划到河北省，实行中央与地方共建，2014年开始由河北省、工业和信息化部和教育部共建。学校共有62个本科专业，分布在工学类、文学类、理学类、经济学类、管理学类、法学类、教育学类和艺术学类8个学科门类中，是一个以工科为主的理工类院校。

在人才培养方面，燕山大学拥有5个国家重点学科、4个国防重点学科和16个省级重点学科。在科研机构建设方面，燕山大学有1个国家重点实验室即亚稳材料制备技术与科学国家重点实验室，1个国家工程技术研究中心即国家冷轧板带装备及工艺工程技术研究中心，1个国家地方联合工程研究中心即先进制造成形技术及装备国家地方联合工程研究中心，1个国防重点学科实验室即极端条件下机械结构和材料科学国防重点学科实验室，1个河北省应用基础研究基地即现代轧制技术与先进钢铁材料应用基础研究基地，2个教育部科研平台，11个河北省重点实验室，4个河北省工程技术研究中心以及4个行业重点科研平台。

三、文化

新中国成立以来，河北省文化产业进入空前发展阶段，博物馆、文化馆、公共图书馆等基础设施的数量在不断增加（见表8-11）。截至2013年末，河北全省共有122个艺术表演团体、103个博物馆、182个文化馆、173个公共图书馆，建成1座电视台、150座广播电视台以及252座电视转播台。[①] 从文化馆和图书馆

---

① 河北省统计局. 河北省2013年国民经济和社会发展统计公报. 2014-02-25.

的分布数量来看，主要集中在石家庄、邯郸、保定和邢台（见表 8-12）。各地级市的广播及电视的覆盖率基本达到 98% 以上。

表 8-11　2010~2013 年文化设施建设对比

单位：个

指标	博物馆	文化馆	公共图书馆
2010 年	64	177	165
2011 年	68	178	166
2012 年	75	180	169
2013 年	103	182	173

资料来源：作者根据 2010~2013 年《河北省国民经济和社会发展统计公报》整理所得。

表 8-12　2013 年各地级市文化馆和图书馆分布情况

单位：个

地区	文化馆	公共图书馆
石家庄	29	43
承德	10	11
唐山	15	13
沧州	16	2
邯郸	27	20
衡水	11	11
保定	22	21
秦皇岛	8	6
廊坊	8	10
张家口	16	16
邢台	20	20

资料来源：作者根据各地级市《国民经济和社会发展统计公报》整理。

四、医疗设施

（一）概况

为城乡居民提供均衡的基本医疗卫生服务，是河北省全面建成小康社会的重要目标之一。近年来河北省城镇居民医疗卫生服务事业不断得到加强，全省居民普遍享受到较高水平的医疗卫生服务，卫生机构、卫生技术人员、卫生机构床位保持逐年增长的趋势（见表 8-13）。2008 年河北省医疗卫生机构有 19176 个，2013 年增长到 78486 个；卫生技术人员从 2008 年的 24 万人增长到 2013 年的

33.31 万人；卫生机构床位从 2008 年的 19.80 万张增长到 2013 年的 30.35 万张。①
此外，每千人口卫生技术人员和每千人口医院和卫生院床位是衡量基本医疗服务
体系差距的重要指标，河北省这两个指标保持逐年增长的趋势（见图 8-6）。

表 8-13　2008~2013 年河北省基本医疗卫生服务发展状况

指标	2008 年	2009 年	2010 年	2011 年	2012 年	2013 年
卫生机构（个）	19176	14757	14823	83916	79688	78486
卫生技术人员（万人）	24.00	25.90	26.90	29.50	31.50	33.31
卫生机构床位（万张）	19.80	23.30	24.70	26.90	29.30	30.35

资料来源：作者根据历年《河北省国民经济和社会发展统计公报》整理。

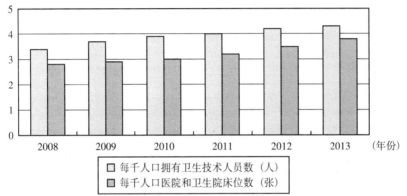

图 8-6　河北省历年每千人口拥有卫生技术人员、每千人口医院和卫生院床位情况
资料来源：作者根据《中国经济年鉴》（2009~2014）整理。

（二）主要分布情况

在河北省 11 个地级市中，保定、邯郸和石家庄拥有数量较多的医疗卫生
机构（见图 8-7）。保定有 10917 家医疗卫生机构，其中医院 122 家；石家庄有
6475 家卫生机构，其中医院 174 家；邯郸有 8261 家医疗卫生机构，其中医院
167 家；衡水有 5836 家医疗卫生机构，其中医院 101 家。河北省的三级甲等医
院主要集中在石家庄、唐山和保定（见表 8-14），在石家庄 66 个二级以上医
院中有 14 个是三级甲等医院，唐山有 6 个三级甲等医院，保定有 5 个三级甲
等医院。

---

① 河北省统计局. 河北省 2013 年国民经济和社会发展统计公报. 2014-02-25.

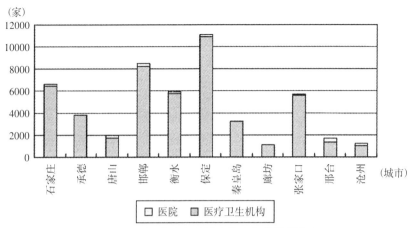

图 8-7　河北省主要城市医疗机构数量分布

资料来源：作者根据各地级市《2013 年国民经济和社会发展统计公报》整理所得。

表 8-14　河北省三级医院分布情况

地级市	三级医院	数量
石家庄	河北医科大学第二医院，河北省人民医院，河北医科大学第四医院，河北医科大学第一医院，石家庄市第一医院，河北医科大学第三医院，白求恩和平医院，河北省胸科医院，河北省儿童医院，河北省中医院，石家庄市中医院，石家庄市第五医院，石家庄第四医院，河北省口腔医院	14
承德	承德医学院附属医院、承德市中心医院	2
唐山	唐山工人医院、华北煤炭医学院附属医院、唐山市妇幼保健医院、唐山市人民医院、河北医科大附属唐山工人医院、唐山市第六医院	6
沧州	沧州市中心医院、沧州市人民医院、沧州市中西医结合医院	3
邯郸	邯郸市中心医院、邯郸市第一医院、峰峰集团总医院、邯郸荣耀心血管病医院	4
衡水	衡水市哈励逊国际和平医院、衡水市第四医院	2
保定	保定市第一中心医院、河北大学附属医院、保定市第二医院、保定市第一中医院、中国人民解放军第二五二医院	5
秦皇岛	秦皇岛市妇幼保健院、秦皇岛市第一医院、秦皇岛市中医医院	3
廊坊	廊坊市人民医院、中国石油中心医院、廊坊市中医院、廊坊市妇幼保健中心	4
张家口	中国人民解放军第二五一医院、河北北方学院附属第一医院	2
邢台	邢台市人民医院	1

资料来源：作者根据各地级市政府官网数据整理所得。

五、通信

邮电通信业是现代服务业的重要组成部分，邮电网络是国家重要的通信基础设施，在促进国民经济和社会发展、保障公民基本通信权利等方面发挥着重要作用。加快邮电通信业务的发展,对于转变经济发展方式,调整产业结构,拉动城乡消费,促进商贸流通,吸纳社会就业等方面具有十分重要的意义。[①]

1978 年到 1998 年是邮政和电信合营的 20 年,在这期间邮政收入与电信收入在统计口径上还没有完全分开。这一时期,河北省电话普及率很低,个人、企业、政府等信息沟通、资金往来主要依赖邮政通信。从河北省邮电业务量看,改革开放之初仅 0.6 亿元,短短 20 年的时间增长了近 150 倍达到 88.5 亿元。虽然这一时期邮电事业取得较快发展,但是仍低于全国平均水平,1978 年到 1998 年河北省邮电业务的平均增长率为 31.15%,而全国平均水平为 33.18%。[②] 此外,河北省邮电通信收入虽逐年进步,但在全国的排名一直低于河北省整体经济在全国的名次,邮电事业处于落后水平(见表 8-15)。

表 8-15　1978~1998 年河北省邮电收入的全国排名与经济总量全国排名的比较[③]

年份	河北邮电排名	经济排名	年份	河北邮电排名	经济排名
1978	17	7	1989	13	7
1979	15	7	1990	9	7
1980	18	9	1991	10	6
1981	14	9	1992	10	7
1982	14	8	1993	9	6
1983	14	8	1994	10	7
1984	14	8	1995	9	6
1985	14	9	1996	9	6
1986	14	10	1997	10	6
1987	14	9	1998	10	6
1988	13	7			

21 世纪以来,社会经济迅速发展,人民生活水平大幅提高,河北邮政事业迎来了快速发展的外部机遇,电信业务量在 2010 年达到顶峰之后有所回落,邮政业务在逐年增长(见图 8-8)。从具体业务来看,2013 年邮政函件业务增长明显,全年函件业务量完成 3.21 亿件;全年包裹业务量完成 348.5 万件;年订销报纸业务完成 731.6 万份;汇兑业务持续下降,全年汇兑业务完成 439 万笔。固定

① 河北省邮政管理局.河北省邮政业发展"十二五"规划 [Z]. 2011–03.
②③ 河北省邮政管理局.河北省"大省邮政"建设纲要 [Z]. 2010.

电话用户持续下降，从 2004 年的 1554.9 万户已下降至 2013 年的 1152.4 万户。与此同时，移动电话年末用户实现了多年不间断增长，已从 2004 年的 1512.2 万户增加至 2013 年的 6006.2 万户，特别是 3G 移动电话用户，自 2009 年业务起步的 43.7 万户已经飞速增加至 2013 年末的 2003.5 万户。①

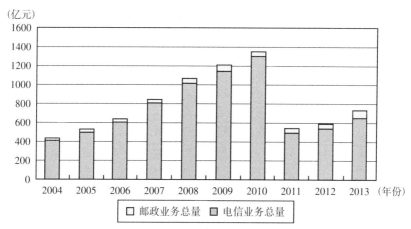

图 8-8　2004~2013 年河北省邮电业务量

资料来源：根据国家统计局数据和《中国统计年鉴》（2014）整理。

在河北省邮电通信业务不断提升的同时，宽带互联网发展迅速（见表 8-16）。2013 年河北省互联网上网人数达 3389 万人，比上年增长 11.24%；宽带接入用户 1031.5 万户，比上年增长 6.55%；互联网宽带接入端口 2049.3 万个，比上年增长 14.31%。②

表 8-16　河北省互联网主要指标发展情况

指标	2011 年	2012 年	2013 年
互联网上网人数（万人）	2597	3008	3389
网页数（万个）	218263.50	260005.95	543079.96
城市宽带接入用户（万户）	631.5	741.3	601.1
农村宽带接入用户（万户）	193.0	222.6	430.4

资料来源：作者根据《中国数据统计年鉴》整理。

① 河北省统计局. 河北统计年鉴［M］. 北京：中国统计出版社，2014.
② 中国统计局. 中国统计年鉴［M］. 北京：中国统计出版社，2014.

六、其他基础设施建设

河北省各项市政基础设施建设水平快速提高，2013 年河北省完成城市市政基础设施建设投资 1017.65 亿元，占年度计划的 102.58%。截至 2013 年，河北省城市用水普及率和城市燃气普及率基本实现了社会全覆盖；人均道路面积为 18.22 平方米，高于全国人均道路面积 10.6 平方米的水平；人均公园绿地面积为 14.05 平方米，高于全国人均公园绿地面积 12.64 平方米的水平（见表 8-17）。此外，河北省政府积极推进排水防涝设施、供水设施、燃气设施、供热设施、城市电网、污水处理、垃圾处理、园林绿化等市政项目的建设。

表 8-17 河北省近年市政基础设施建设情况

指标	2008 年	2009 年	2010 年	2011 年	2012 年	2013 年
城市用水普及率（%）	99.97	99.97	99.97	100	99.96	99.85
城市燃气普及率（%）	97.11	97.86	99.07	99.86	99.79	98.35
万人拥有公共交通车辆（台）	9.79	9.02	9.53	10.44	11.29	12.62
人均道路面积（平方米）	14.49	15.32	17.35	17.84	17.84	18.22
人均公园绿地面积（平方米）	9.49	11.19	14.23	14.26	14	14.05
万人拥有公共厕所（座）	3.46	3.54	4.22	4.23	4.18	4.07

资料来源：作者根据《中国统计年鉴》（2009~2014）整理。

第三节　交通基础设施与公共服务的建设提升

交通基础设施与公共服务建设是实现居民公共利益的重要载体，在社会经济发展中发挥着至关重要的作用。河北省作为北方重要的经济大省和京津冀协同发展中的重要一极，对基础设施和公共服务建设的投入程度、有效性以及多样性的需求也越来越强烈。改革开放以来，河北省在发展经济的同时，日益重视交通基础设施与公共服务建设，在其人均基础设施水平和覆盖率稳步提升的同时，供给质量也在不断加强。然而对于河北省而言，当前交通基础设施与公共服务建设仍然存在问题，如基础设施供给总量短缺，供给效率不高，基础教育、医疗卫生、社会保障在城乡、区域、群体间分布不均衡等。针对这些问题，需要从制度层面、市场层面、技术层面等多重角度予以解决。

一、交通基础设施方面

（一）加快建设现代化综合运输网

针对海陆空综合运输能力低、盲目建设、发展不协调等问题。政府要以中心城市为依托，树立多种运输方式相辅相成、优势互补的思想，着眼于整个城市群空间布局和结构，着力建设便捷高效、互联互通的综合交通运输体系。强化石家庄、秦皇岛、唐山、张家口、承德等城市区域枢纽功能，加快建设现代综合运输枢纽。同时，要注重农村和落后地区的交通建设，实现城乡间、区域间的协调发展。据初步规划，到 2020 年，将着力打造京津冀"一环六放射二航五港"的交通一体化体系。届时，将形成京津冀 9000 公里的高速公路网和主要城市 3 小时公路交通圈、9500 公里的铁路网和主要城市 1 小时城际铁路交通圈。

（二）加快建设大容量城市交通网

构筑城市快速公交体系，实现与京津的互联互通是河北省城市交通建设的重要方向。积极打造与北京同城化交通设施，用轻轨和地铁等公共交通，把北京与河北周边地区连接成"半小时交通圈"。协调推进北京地铁 6 号线延长到燕郊、北京城市轨道大兴线延长到固安、房山线延长到涿州等。进一步增加北京通达廊坊、保定等周边县、区的公交班线数量和运输能力。采取低价灵活票制，实现城际轨道交通和道路客运的公交化运营，推进环首都公共交通一体化进程。

（三）加快推进交通运营市场化

针对交通基础设施建设资金不足等问题，应采取将社会资本和民营资本纳入投融资渠道的措施，推进交通运营市场化。首先，要完善投融资制度，整合资源，形成优势，以市场机制调节资源配置，吸引更多社会资本与民营资本主动流入高利润的优质资源，倒逼运输企业转换经营机制，激活资源开发潜能。其次，转变政府观念，实现合作共赢，鼓励跨省的国有运输企业与非国有运输企业之间相互持股，支持符合条件的企业进行股改上市，推动股权结构多元化，增加企业参与决策的主体，避免国有出资人越权寻租。

（四）加快推进港口功能发展规划

针对港口之间盲目竞争、同构化严重等问题，首先，应建立有效的利益分享机制、战略协商机制，以推进各港口的和谐发展。其次，通过资本市场以资产经营为纽带，实现津冀港口之间跨地区的资本运作，建立彼此的战略结盟，各港口之间通过资产重组、相互交换股权、收购股权、资本嫁接股权参与等资本运作形式，形成比较紧密的经济联合实体。

二、公共服务建设方面

(一) 理顺城市基础设施建设管理体制

针对目前河北省城市建设存在的规划水平低、城市建设条块分割、分散建设等问题，政府应按照河北省城市化战略的具体要求，进一步加强城市基础设施建设，提高城市承载能力，完善城市服务功能，促进经济繁荣和社会发展。同时，采取行政手段与经济手段并重的方式，从提高城市整体规划水平、提高基础建设功能性、方便人民生产生活、发挥投资效益的角度出发，最终打破城市设施条块分割现状。

(二) 合理规定社会公共产品和服务的价格

首先，城市基础设施建设不能完全按照市场运行机制进行，制定各类公共服务产品的价格要同时考虑居民接受能力和市场供求关系，在保证服务和投资资本金的条件下实现微利运行，比如水资源欠缺的城市和地区，应基于使用量、时段以及季节等因素来确定自来水价格，以确保在实现效益的同时培养居民节水意识。其次，完善城市环境卫生有偿制度，对目前的垃圾处理费等环境卫生服务制定更为细致、严格的收费标准，规范收费行为和收费方式，推动居民生活垃圾分类制度。

(三) 明确目标，做好工程专项规划

针对河北省目前存在的城市基础设施规划设计水平低、工程布局不合理、建设质量不高等问题，政府应明确目标，做好规划，充分发挥工程专项规划在城市基础设施建设和管理中的作用，提高城市道路、给排水、供热、燃气、环卫和园林绿化等专项规划匹配程度，保证所有专项规划统一制定、统一调度，成为城市总体规划的合理组成部分。对各类专项规划做到严格管理、积极推进、齐头并举、认真实施，审批制度做到严格审核以提高规划水平，并由具备相应资质的专业部门或机构来进行，按照国家相关要求进行上报审批、监督实施，而且要符合城市定位和功能区划分，城市定位和城市功能区划分对各项专项规划有不同要求，因此应做到统筹安排，统一发展，以避免朝令夕改和盲目上马。

（四）完善城市基础设施投融资体制

针对河北省城市基础设施建设投入不足，投资主体单一，融资渠道狭窄，社会力量参与度不高的问题，应深化城市基础设施投融资体制改革，加大城市基础设施投入。首先，应改变政府充当投资主体的现状，使政府角色逐渐过渡为政策扶持、引导运行、监督管理方向，逐步建立起以市场运作为主体的多元化、多渠道的投融资制度。其次，对现有城市投资公司和国有市政公共服务运营公司的资本运作模式和管理方式做到有效监管、继续规范，推进"投资—经营—受益"模式，大力吸引民间资本和外国资本进入城市基础设施建设领域，并保证对外部资本的统一规划与统一管理，在保证对国债和银行贷款充分利用的基础上，对于发展较为成熟、运作较为正规的建设项目，可探索以发行债券等方式筹集资金。

（五）明确政府职责，促进区域公平

近年来，河北省财政用于城市公共服务建设的投入远高于农村地区，虽然农村地区的公共服务水平也在以倍数递增，但始终不能达到平均水准，城乡之间差异过大，城乡二元结构明显。同时，各个地区之间由于经济发达程度不同，其教育、卫生、文化等公共服务水平方面也存在较大差距（见表8-18）。首先，政府需改变决策思路以及只重视工业、注重大城市而忽略乡村的价值取向，通过制度层面调节来保障人员、资金、技术等战略资源向乡村地区的倾斜。其次，加大对落后区县公共服务的投入，促进城乡基本公共服务公平，合理确定公共财政覆盖农村的优先顺序，分阶段、分区域有条不紊地持续推进。最后，需求是决定公共产品投资范围和力度的关键因素，在落后地区应建立起由内部需求决定的服务供给机制，进一步提高对当地的服务投入水平，同时也要加强和改善对服务质量的监督机制，以确保实现城乡基本公共服务公平。

表8-18　河北省各市公共服务指标（2013年）

地区	每万人拥有教师人数（人）		每万人拥有图书馆数（个）	每人拥有藏书（册）	每万人拥有医疗机构（个）	每万人拥有医生人数（人）	每万人拥有床位数（张）
	小学	中学					
河北省	7.89	8.57	0.024	0.026	10.70	20.48	41.40
石家庄	8.07	10.20	0.024	0.031	6.17	25.77	45.54
承德	6.18	9.16	0.031	0.024	10.67	21.86	47.69
张家口	8.58	10.82	0.036	0.016	12.76	16.15	43.68
秦皇岛	14.54	13.04	0.020	0.040	10.57	25.05	54.23

续表

地区	每万人拥有教师人数（人）		每万人拥有图书馆数（个）	每人拥有藏书（册）	每万人拥有医疗机构（个）	每万人拥有医生人数（人）	每万人拥有床位数（张）
	小学	中学					
唐山	15.84	17.51	0.017	0.028	11.36	23.53	49.66
廊坊	8.27	6.95	0.022	0.046	12.58	19.36	37.00
保定	2.80	3.40	0.019	0.016	10.18	17.89	33.68
沧州	4.20	3.97	0.021	0.016	13.69	21.20	38.67
衡水	5.15	8.02	0.027	0.013	13.24	19.18	36.13
邢台	11.81	6.38	0.028	0.018	12.89	19.43	38.70
邯郸	6.47	9.24	0.021	0.017	8.86	16.63	40.55

资料来源：作者根据《河北经济年鉴》（2014）计算所得。

（六）保证投入水平，探索新式公共服务供给机制

同京津相比，虽然河北省公共服务供给总量居首，但考虑到庞大的人口基数，地方财政预算支出水平明显偏低，导致河北省居民所享受的公共福利空间有限。因此，在保证投入水平的同时，应探索新式公共服务供给机制。在明确各供给主体的前提下，可实行不同的区域公共服务供给体制，进行不同程度的市场化改革，如政府间协议、重要项目招投标、财政拨款、政策倾斜、民营资本合作合营等形式，最终形成以政府为主导、民营资本参与竞争、第三方监督共管的多种公共服务供给机制。

参考文献

［1］中华人民共和国交通运输部. 新中国成立 60 年河北交通运输事业发展成就纵览［EB/OL］. http：//www.moc.gov.cn/huihuang60/difangzhuanti/hebei/lishijincheng/200906/t20090626_594587. html, 2009-06-26/2015-04-22.

［2］李杰，赵雅洁. 唐山港京唐港区建设发展回顾与展望［J］. 区域交通，2009（2）.

［3］河北省统计局. 河北经济年鉴［M］. 北京：中国统计出版社，2014.

［4］焦知岳，张冬梅. 京津冀港口互动协调发展建议［J］. 合作经济与科技，2014（23）.

［5］周立群. 创新、整合与协调［M］. 北京：经济科学出版社，2007.

［6］河北省交通通信管理局. 高金浩同志在 2014 年全省交通运输暨廉政工作会议上的讲话［EB/OL］. http://txj.hbsjtt.gov.cn/erji/content/2014-04/16/content_345526.htm, 2014-04-16/2015-04-22.

［7］秦皇岛市物流统计直报系统. 10 年河北农村公路建设惠及 5000 万百姓［EB/OL］. http://

www.qhdjtwl.com/wszbs_hytjs.php?bigclass_id=122&news_id=9249，2014-12-23/2015-04-22.

［8］刘清泉.四川省经济地理［M］.北京：新华出版社，1997.

［9］国家统计局.中国统计年鉴［M］.北京：中国统计出版社，2014.

［10］河北省交通运输厅.小飞机演绎大精彩［EB/OL］.http：//www.moc.gov.cn/st2010/hebei/hb_jiaotongjs/jtjs_jichangjs/201412/t20141202_1736502，html，2014-10-24/2015-04-22.

［11］郁建兴.中国的公共服务体系：发展历程、社会政策与体制机制［J］.学术月刊，2011（3）.

［12］河北省统计局.河北省2013年国民经济和社会发展统计公报［Z］.2014-02-25.

［13］石家庄市统计局.石家庄市2013年国民经济和社会发展统计公报［Z］.2014-04-11.

［14］唐山市统计局.唐山市2013年国民经济和社会发展统计公报［Z］.2014-04-03.

［15］秦皇岛市统计局.秦皇岛市2013年国民经济和社会发展统计公报［Z］.2014-05-23.

［16］保定市统计局.保定市2013年国民经济和社会发展统计公报［Z］.2014-05-21.

［17］河北省邮政管理局.河北省邮政业发展"十二五"规划［Z］.2011-03.

第九章　新型城镇化建设与城乡统筹发展

第一节　新型城镇建设现状与特征

一、河北城镇化发展三大阶段

新中国成立以来，随着我国经济的快速发展和社会水平的不断提高，城镇化道路正逐渐走上正轨。河北省城镇化发展大体上经历了缓慢发展、稳步上升和加速推进三大阶段，总体呈上升趋势。

（一）缓慢发展阶段

第一阶段为新中国成立开始到"文化大革命"结束，即 1949 年至 1978 年。该时期我国生产力水平较低，人民生活水平较差，河北省城镇化发展较为缓慢，城镇化率处于较低水平，城镇化主要表现为城镇人口的自然增长。1949 年河北省城镇化率为 6.71%，1978 年河北省城镇化率为 10.94%，30 年仅提高 4.23 个百分点。[①] 1978 年，十一届三中全会上我国确立了改革开放的基本国策，河北省城镇化才开始出现明显变化。在此之前，受到国内政策以及国际形势等因素的影响，城镇化发展并不显著。

---

① 彭建强，唐丙元. 河北省城镇化的历程、现状及特征　[EB/OL]. http：//www. hebei. com. cn/xwzx/ztk/
sndby/qwjd/200907/t20090709_45556. shtml，2008.

这一时期最显著的特点是工业化优先于城镇化发展。新中国成立之后，国家借鉴苏联的建设经验，确定了以重工业为指导，优先发展重工业，兼顾农业和轻工业的社会主义工业化道路，因此国内城镇化建设并非工作重点。以工业化先行为发展方向，"一五"期间河北省在电力、黑色金属冶炼和压延加工、机器制造、化学与建材等产业上初具规模，建立起相对独立完整的工业体系。"二五"及以后很长一段时期，河北省继续推进以重工业为中心的工业建设，推进国民经济技术改造，到1978年河北省工业化水平跃至45.4%，比1953年提高了28.1个百分点，年均增长1.124个百分点，但城镇化水平年均增长仅为0.146个百分点，处于自然增长状态，远远落后于工业化水平。

（二）稳步上升阶段

第二阶段为改革开放到21世纪初，即1979年至2002年。这一时期，我国拉开了改革开放的序幕，不仅大城市、特大城市有了革命性的变化，中小城市、乡镇等也发生了翻天覆地的变化。河北省1993年GDP总量为1690.84亿元，2003年GDP总量跃升至28301.41亿元，经济基础进一步夯实。在该阶段，河北省乡镇企业异军突起，城镇化率稳步上升。1984年国务院批转民政部《关于调整建制镇标准的报告》，对建制镇的标准重新进行了修订，按照报告要求河北省内部分地区实行了地改市、县改市、乡改镇等举措。这使得河北省城镇数量大幅提高，城镇人口迅猛增加，其城镇化率从1979年的11.54%增至2002年的33.08%，增长了21.54个百分点，年均增速达0.93个百分点。[①]

1. 城镇化与工业化差距缩小

1993年至2001年，河北省工业化率维持在48%左右，浮动变化较小，城镇化则呈低水平稳定增长，虽然这一时期城镇化仍然落后于工业化，且差距较为明显，但是差距在逐步缩小。1993年两者相差35个百分点左右，2001年缩小至约29个百分点，城镇化增速快于工业化（见图9-1）。

2. 乡镇企业迅猛发展

这一时期，乡镇企业异军突起，并逐步成为农村经济的重要组成部分和全省农村剩余劳动力的主要流向，它使农村劳动力"离土不离乡"，"进厂不进城"，

---

① 马树强等. 河北省经济发展报告（2014）——新型城镇化的路径选择与运行模式 [M]. 北京：社会科学文献出版社，2014.

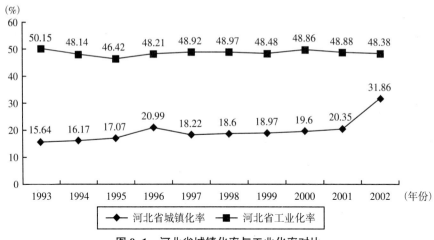

图 9-1　河北省城镇化率与工业化率对比

资料来源：根据《中国统计年鉴》（1994~2003）整理计算。

为广大农民致富奔小康做出了巨大贡献。同时，作为以工补农、以城带乡和社会主义市场经济建设的先导力量，乡镇企业成为政府财政收入的重要来源之一，1993 年河北省乡镇企业实现利润 168.5 亿元，上缴税金 33.8 亿元，占当时全省工商税收的 26.4%，部分地区来自乡镇企业的税收已占到当地财政收入的一半以上。[①]

（三）加速发展阶段

第三阶段为 2003 年至今，属加速发展阶段。根据世界城镇化发展的一般规律，城镇化水平达到 30% 后，其发展将呈加速趋势。河北省城镇化率在 2002 年超过了 30%，因此在随后十几年迎来了快速发展的黄金期。党的十六大提出"要逐步提高城镇化水平，坚持大中小城市和小城镇协调发展，走中国特色的城镇化道路"，这为河北省的城镇化发展指明了方向。2007 年 12 月，河北省政府出台了《关于加快推进城镇化进程的若干意见》，指出要以城镇建设"三年大变样"为重要举措和抓手，对河北省城镇化发展的目标、空间布局、产业和人口集聚、城市综合承载能力和体制创新等方面进行全面部署。预计到 2017 年，河北省城镇化率将达到 53% 左右，到 2020 年，河北省城镇化率将达到 56% 左右，新增城镇人口 800 万左右，户籍人口城镇化率达到 45% 左右，实现 1000 万左右农业转移

---

① 薛海深. 河北省乡镇企业发展中的问题及战略对策 [J]. 河北经贸大学学报，1995（4）：24-27.

人口和其他常住人口的城镇落户。[1]

1. 城镇化速度加快

2003~2013 年，河北省城镇化率年均增长 1.33 个百分点，比全国平均水平高 0.13 个百分点。2003 年河北省的城镇化率为 33.51%，低于全国平均水平 7.02 个百分点，到 2013 年，这一差距缩至 5.61 个百分点，期间差距一直保持在 5% 左右（见表 9-1）。这一阶段城镇化发展速度与上一阶段相比，有了一个跨越式增长。

表 9-1　2003~2013 年河北省与全国城镇化率对比

单位：%

年份	河北省城镇化率	全国城镇化率	城镇化率之差
2003	33.51	40.53	7.02
2004	35.83	41.76	5.93
2005	37.69	42.99	5.30
2006	38.77	44.34	5.57
2007	40.25	45.89	5.64
2008	41.90	46.99	5.09
2009	43.74	48.34	4.60
2010	44.50	49.95	5.45
2011	45.60	51.27	5.97
2012	46.80	52.57	5.77
2013	48.12	53.73	5.61

资料来源：根据《河北经济社会发展报告（2014）》、《2013~2014 年河北发展蓝皮书（总报告）》整理。

2. 两大中心城镇化发展相对突出

石家庄作为河北省的省会，近年来着力提高环境质量、改善区域交通、提升文化品位、优化产业结构、推动主导产业向高端进军。唐山市按照"双核"城市空间布局，以曹妃甸工业区和曹妃甸生态新城为建设重点，着力打造区域核心竞争力，增强了对周围经济的辐射作用。2013 年河北省 GDP 总量达 28301.41 亿元，石家庄地区生产总值为 4863.6 亿元，城镇化率为 55.72%，唐山地区生产总值为 6121.2 亿元，城镇化率为 54.97%，两市城镇化发展水平远高于省内其他地区。作为全省的南北两大经济中心，石家庄、唐山在河北省城镇化发展进程中起

[1] 河北省政府. 中共河北省委河北省人民政府关于推进新型城镇化的意见. 2014-03-27.

到了"领头羊"作用。

3. 劳动力流动性不足

第三产业的快速发展可吸收大量劳动力就业,并促进劳动力由从农村向城市或在区域之间流动。2003 年河北省第三产业占比仅为 35.25%,到 2013 年为 35.47%,产业结构调整缓慢,金融、保险业、房地产业等新兴产业发展水平不高,对农村剩余劳动力吸纳较少,对农村人口向城镇转移带动效应不明显。因此,由于缺乏必要的产业支撑和产业带动,全省劳动力流动性不足,城镇化发展缺乏必要的人口积累。

4. 城乡收入差距扩大

随着经济的快速发展,全省农村居民收入一直保持高速增长,但与城镇居民相比,收入差距却在不断扩大。2010 年城乡居民人均收入差距为 10305.4 元,2013 年城乡居民人均收入差距扩大至 13570.2 元,并且收入差距呈现出扩大趋势,城乡二元结构凸显(见表 9-2)。

表 9-2　河北省城镇居民、农村居民收入状况

单位:元/年

指标	2010 年	2011 年	2012 年	2013 年
城镇居民人均可支配收入	16263.4	18292.2	20543.4	22580.3
农村居民家庭人均收入	5958.0	7119.7	8081.4	9010.1
差距	10305.4	11172.5	12462.0	13570.2

资料来源:根据《中国统计年鉴》(2010~2014)整理。

5. 工业化与城镇化差距不断缩小

在河北省工业化率长期稳定的状态下,城镇化率在不断上升,两者差距不断缩小。2003 年河北省工业化率高于城镇化 15.87 个百分点,2013 年差距缩小至 4.04 个百分点,城镇化与工业化正在逐步实现协调发展(见图 9-2)。

6. 社会保障进一步完善

随着城镇化步伐的加快,全省社会保障程度不断提高,城镇养老保险人数、城镇医疗保险人数、失业保险人数、工伤保险人数、工伤保险农民工人数、生育保险人数、新型农村合作医疗参合率都在稳步增加,社会保障的普惠度进一步扩大(见表 9-3)。城镇化的发展使社会保障制度不断完善,各项社会保险覆盖范围的扩大和参保人数的增长,保障了社会劳动力再生产,保障了城乡居民的基本福利。

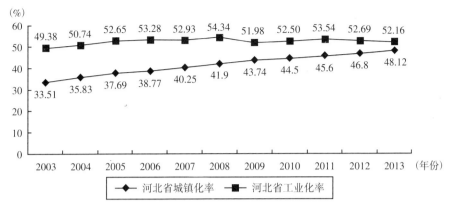

图 9-2　2003~2013 河北省城镇化率与工业化率对比

资料来源：根据《中国统计年鉴》（1994~2014）计算所得。

表 9-3　2011~2014 年河北省社会保障状况

单位：万人，%

指标	2011 年	2012 年	2013 年	2014 年
城镇养老保险人数	1059.34	1125.68	1194.6	1261.4
城镇医疗保险人数	1556.86	1628.17	1674.6	1697.2
失业保险人数	498.70	501.74	503.9	508.7
工伤保险人数	640.64	694.70	737.0	778.7
工伤保险农民工人数	155.98	180.65	195.2	222.7
生育保险人数	593.10	634.38	667.6	684.0
新型农村合作医疗参合率	95.43	96.24	97.9	98.5

资料来源：根据《河北省国民经济和社会发展统计公报（2011~2014）》整理。

二、河北省各设区市城镇化基本特征

近年来河北省城镇聚集能力增强，产业发展与人口聚集互推互助，综合承载能力不断提高，但具体到各地区发展水平也有所差异。首先，河北省各设区市城镇化率总体不高，2013 年超过全省平均城镇化率的城市为石家庄、唐山、廊坊、秦皇岛、张家口，而超过全国平均水平的只有石家庄和唐山，分别为 55.72% 和 54.97%，整体而言河北省城镇化率处于较低的水平。其次，各设区市城镇化发展不均衡，2013 年河北省城镇化发展差异较为明显，省会石家庄城镇化增长速度最快，增速为 2.25%，远超河北省其他设区市，也远超全国平均增长水平，河北省其他设区市的增长水平普遍低于 1.50%，廊坊市城镇化增长速度最为缓慢，仅为 0.80%，远低于全国和全省平均水平。最后，城市发展规模不断扩大，2003 年唐山全市年末总人口 706 万，石家庄全市年末总人口 910.5 万，截至 2013 年，唐山年末常住人口超过 747.4 万，石家庄年末常住人口超过千万。[①]河北省城市规模正在不断扩大，尤其是省会石家庄，城市人口规模在全省居首，其城镇化发展所需的人口积累条件已经具备（见表 9-4）。

表 9-4　2013 年河北省各设区市城镇化率统计情况

地区	2013 年城镇化率（%）	2013 年常住人口（万人）
石家庄	55.72	1049.98
唐山	54.97	747.40
廊坊	51.40	446.84
秦皇岛	50.81	304.52
张家口	48.95	441.33
邯郸	47.91	932.51
沧州	45.18	730.95
邢台	44.20	721.68
承德	43.27	351.51
保定	42.93	1141.63
衡水	42.92	440.85
全省	48.12	7333.00
全国	53.73	—

资料来源：根据《河北经济年鉴》（2014）计算整理。

河北省共有 11 个设区市，石家庄、唐山、廊坊、秦皇岛、张家口、邯郸、沧州、邢台、承德、保定、衡水各个地区城镇化发展虽有差异，但总体而言都进入了快速发展期，发展势态良好。

（一）石家庄

石家庄市为河北省省会，辖裕华区、长安区、桥西区、新华区、藁城区、鹿泉区、栾城区、井陉矿区八区，另下辖正定县、井陉县、赵县、高邑县、元氏县、赞皇县、平山县、灵寿县、行唐县、无极县、深泽县 11 个县，代辖晋州市、新乐市、辛集市 3 个县级市。近年来，石家庄城镇化速度在逐步加快，城镇化率由 2009 年的 48.62% 增长至 2013 年的 55.72%，年均增长 1.42 个百分点；生产总值也有较大幅度增长，由 2009 年的 3114.90 亿元增至 2013 年 4863.60 亿元；人

[①] 唐山市统计局. 唐山市国民经济和社会发展统计公报（2003~2013 年）[Z]；石家庄市统计局. 石家庄市国民经济和社会发展统计公报（2003~2013 年）[Z].

均收入逐步增加，其中城市人均可支配收入由 2009 年的 16607 元增长至 2013 年的 25274 元，增长约 52.19%，农民人均纯收入由 2009 年的 5977 元增至 2013 年的 10066 元，增长约 68.41%，首次突破万元，城市与非城市地区人均收入依旧差距明显；2013 年城乡养老保险参保人数达 380.40 万人，参保人数稳定增长，城镇医保人数达 276.50 万人；失业保险人数在平稳中增长，由 2009 年的 88.60 万人增至 2013 年的 90.20 万人，增长约 1.8%，增长速度不明显；城镇与农村低保人数逐年减少，截至 2013 年末，城镇最低生活保障人数减至 3.70 万人，相对于 2009 年下降了 40.32%，农村最低生活保障人数减至 14.40 万人；2010 年村卫生室个数为 3878 个，到 2012 年村卫生室个数达 4119 个，2013 年有一个小幅度下降，减少至 3989 个（见表 9-5）。总体来看，石家庄城镇化建设在稳步中增长，各项指标均处于河北省上游水平，城乡居民的生活状况有较为明显的改善。

表 9-5　石家庄 2009~2013 年城镇化及社会保障状况

指标	2009 年	2010 年	2011 年	2012 年	2013 年
城镇化率（%）	48.62	50.81	52.01	53.47	55.72
生产总值（亿元）	3114.90	3401.00	4082.60	4500.20	4863.60
城市人均可支配收入（元）	16607	18290	20534	23038	25274
农民人均纯收入（元）	5977	6577	7822	8993	10066
城镇养老保险人数（万人）	95.40	102.20	162.30	174.50	186.60
城乡养老保险参保人数（万人）	—	—	—	380.30	380.40
城镇医疗保险人数（万人）	121.90	—	247.60	269.20	276.50
失业保险人数（万人）	88.60	89.60	89.80	89.90	90.20
城镇最低生活保障（万人）	6.20	5.80	5.60	4.60	3.70
农村最低生活保障（万人）	—	—	15.20	14.80	14.40
村卫生室数（个）	—	3878	4031	4119	3989

　　资料来源：根据《石家庄市国民经济和社会发展统计公报》（2009~2013 年）、《河北经济社会发展报告》（2009~2013 年）、《河北经济年鉴》（2014）计算整理。

（二）唐山

　　唐山市为河北省地级市，辖路南区、路北区、古冶区、开平区、丰南区、丰润区、曹妃甸区七区，另下辖滦南县、滦县、乐亭县、迁西县、玉田县五个县，代辖遵化市、迁安市两个县级市。唐山城镇化发展不稳定，城镇化率在 2010 年有一个较大幅度的下降，其他年份多呈增长趋势，城镇化率由 2009 年的 53.42%

增长至 2013 年的 54.97%，仅提高 1.55 个百分点，年均增长 0.31 个百分点，增长幅度较为缓慢；生产总值增幅较大，由 2009 年的 3781.44 亿元增至 2013 年 6121.21 亿元，年均增长 12.38%；人均收入逐步增加，其中城市人均可支配收入由 2009 年的 18053 元增长至 2013 年的 26647 元，增长约 47.60%，农民人均纯收入由 2009 年的 7420 元增至 2013 年的 11937 元，增长约 60.88%，城乡收入差距较为明显；2013 年城乡养老保险参保人数达 332.66 万人，相对于 2011 年增长约 6.28%，城镇医保人数达 226.60 万人；失业保险人数在平稳中增长，由 2009 年的 74.25 万人增至 2013 年的 79.83 万人，增长约 7.52%，增长速度不明显；工伤保险农民工人数由 2009 年的 79.26 万人增至 2013 年的 108.88 万人，增长约 37.37%，参保人数有较大幅度增长；城镇低保人数逐年减少，截至 2013 年末，城镇最低生活保障人数减至 4.14 万人，下降了 23.33%，农村低保人数却逐年上升，农村最低生活保障人数增至 15.06 万人，增长约 28.72%；2009 年村卫生室个数为 7930 个，到 2012 年村卫生室个数减少至 7074 个，2013 年有一个小幅度下降，减少至 6939 个（见表 9-6）。总体来看，唐山城镇化水平在逐年提高，城乡居民社会福利状况有了较大的改善，发展前景十分广阔。

表 9-6　唐山 2009~2013 年城镇化及社会保障状况

指标	2009 年	2010 年	2011 年	2012 年	2013 年
城镇化率（%）	53.42	50.85	52.14	53.60	54.97
生产总值（亿元）	3781.44	4469.08	5442.41	5861.63	6121.21
城市人均可支配收入（元）	18053	19556	21785	24358	26647
农民人均纯收入（元）	7420	8310	9460	10698	11937
城镇养老保险人数（万人）	151.86	161.92	171.81	153.70	197.90
城乡养老保险参保人数（万人）	—	—	313	329.13	332.66
城镇医保人数（万人）	197.70	206.70	215.79	225.20	226.60
失业保险人数（万人）	74.25	75.32	76.80	79.37	79.83
工伤保险农民工人数（万人）	79.26	85.46	90.99	101.98	108.88
城镇最低生活保障（万人）	5.40	4.92	4.95	4.39	4.14
农村最低生活保障（万人）	11.70	13.29	14.33	14.06	15.06
村卫生室数（个）	7930	—	7249	7074	6939

资料来源：根据《唐山市国民经济和社会发展统计公报》（2009~2013 年）、《河北经济社会发展报告》（2009~2013 年）、《河北经济年鉴》（2014）计算整理。

（三）廊坊

廊坊市为河北省地级市，辖安次区、广阳区两区，另下辖永清县、固安县、文安县、大城县、大厂县、香河县六个县，代辖三河市、霸州市两个县级市。廊坊城镇化率稳步上升，由 2009 年的 47.29% 增长至 2013 年的 51.40%，增长幅度较为稳定，年均保持在一个百分点左右；生产总值有较大幅度增长，由 2009 年的 1160.40 亿元增至 2013 年的 1943.10 亿元，年均增长率为 13.46%；人均收入逐步增加，其中城市人均可支配收入由 2009 年的 18333 元增长至 2013 年的 26985 元，增长幅度约为 47.19%，农民人均纯收入由 2009 年的 6834 元增至 2013 年的 11624 元，增长率约为 70.09%，虽然农民人均纯收入增长速度快于城镇人均可支配收入，但是城乡收入差距依旧较为明显；2013 年城镇养老保险人数达 72.61 万人，城乡养老保险参保人数达 211.11 万人，城镇医保人数达 95.40 万人；失业保险人数在平稳中增长，由 2009 年的 21.90 万人增至 2013 年的 24.98 万人，增长约 14.06%，总体参保人数较少；工伤保险农民工人数由 2009 年的 24.80 万人增至 2010 年的 31.00 万人，参保人数有较大幅度增长，2011 年降至 30.00 万人；城镇低保人数逐年减少，截至 2013 年末，城镇最低生活保障人数减至 1.60 万人，与 2009 年相比下降约 56.76%，农村低保人数逐年减少，农村最低生活保障人数降至 8.78 万人，相对于 2009 年下降约 22.98%（见表 9-7）。总体来看，廊坊城镇化水平有较大的提升，各项指标处于河北省中上游水平，仍有较大的提升空间。

表 9-7　廊坊 2009~2013 年城镇化及社会保障状况

指标	2009 年	2010 年	2011 年	2012 年	2013 年
城镇化率（%）	47.29	48.47	49.85	50.60	51.40
生产总值（亿元）	1160.40	1331.10	1612.00	1793.80	1943.10
城市人均可支配收入（元）	18333	20268	22818	25766	26985
农民人均纯收入（元）	6834	7589	9102	10447	11624
城镇养老保险人数（万人）	—	—	42.70	62.84	72.61
城乡养老保险参保人数（万人）	—	—	—	207.81	211.11
城镇医保人数（万人）	75.60	83.30	89.10	94.31	95.40
失业保险人数（万人）	21.90	23.50	24.70	24.77	24.98
工伤保险农民工人数（万人）	24.80	31.00	30.00	—	—
城镇最低生活保障（万人）	3.70	3.30	3.00	2.07	1.60
农村最低生活保障（万人）	11.40	11.40	11.20	10.08	8.78

资料来源：根据《廊坊市国民经济和社会发展统计公报》（2009~2013 年）、《河北经济社会发展报告》（2009~2013 年）、《河北经济年鉴》（2014）计算整理。

（四）秦皇岛

秦皇岛市为河北省地级市，辖海港区、山海关区、北戴河区三区，另下辖昌黎县、抚宁县、卢龙县三个县以及青龙满族自治县一个自治县。秦皇岛城镇化率处于河北省中游水平，自 2009 年至 2013 年，城镇化率由 47.24%增长至 50.81%，增长了 3.57 个百分点，年均增长 0.71 个百分点，增长速度较为平缓。秦皇岛地区生产总值处于省内中下游水平，由 2009 年的 877.01 亿元增长至 2013 年的 1168.75 亿元，增长速度较为缓慢；人均收入水平有较大的提升，其中城市人均可支配收入由 2009 年的 15458 元增至 2013 年的 24353 元，增长幅度明显，增速较快，增长约 57.54%，农民人均纯收入由 2009 年的 5516 元增长至 2013 年的 9356 元，增长约 69.62%，农民人均纯收入增长速度快于城镇人均可支配收入；城镇养老保险参加人数由 2009 年的 49.29 万人增长至 2013 年的 71.17 万人，增长约 44.39%，城乡养老保险参保人数至 2013 年达 127.30 万人；城镇医保人数由 2009 年的 33.80 万人增至 2013 年的 35.62 万人，增长约 5.38%；失业保险人数由 2009 年的 29.06 万人增至 2013 年的 31.86 万人，增长约 9.64%；工伤保险农民工人数由 2009 年的 29.50 万人增至 40.13 万人，增长 36.03%；低保人数有较大幅度的降低，城镇最低生活保障人数由 2009 年的 6.11 万人降至 2013 年的 3.75 万人，下降了 38.63%，农村最低生活保障人数由 2009 年的 10.91 万人增长至 11.45 万人，增加约 4.95%（见表 9-8）。秦皇岛城镇化率在一个较低的水平稳定增长，城镇化建设亟须加快。

表 9-8　秦皇岛 2009~2013 年城镇化及社会保障状况

指标	2009 年	2010 年	2011 年	2012 年	2013 年
城镇化率（%）	47.24	47.28	48.45	49.67	50.81
生产总值（亿元）	877.01	930.49	1064.03	1139.17	1168.75
城市人均可支配收入（元）	15458	17118	19385	21919	24353
农民人均纯收入（元）	5516	6214	7365	8315	9356
城镇养老保险人数（万人）	49.29	53.86	60.20	67.50	71.17
城乡养老保险参保人数（万人）	—	—	128.91	126.03	127.30
城镇医保人数（万人）	33.80	35.51	35.62	35.62	35.62
失业保险人数（万人）	29.06	29.52	30.71	31.09	31.86
工伤保险农民工人数（万人）	29.50	31.62	33.72	36.87	40.13
城镇最低生活保障（万人）	6.11	6.08	5.79	4.77	3.75
农村最低生活保障（万人）	10.91	11.27	11.97	11.71	11.45

资料来源：根据《秦皇岛市国民经济和社会发展统计公报》（2009~2013 年）、《河北经济社会发展报告》（2009~2013 年）、《河北经济年鉴》（2014）计算整理。

（五）张家口

张家口市是河北省地级市，辖桥东区、桥西区、宣化区、下花园区四个区，另下辖宣化县、张北县、康保县、沽源县、尚义县、蔚县、阳原县、怀安县、万全县、怀来县、涿鹿县、赤城县、崇礼县十三个县。张家口城镇化发展较为迅速，2009年张家口城镇化率只有43.98%，经过五年的发展，2013年张家口城镇化率已经达到48.95%，虽不及全国的平均水平，但是已经达到了河北省的中游水平，尤其是2012年城镇化发展速度最快，一年增长了约2.25个百分点。张家口生产总值由2009年的800.49亿元增长至2013年的1317亿元，生产总值较低，年均增长速度为12.90%；城市人均可支配收入由2009年的13246元增长至2013年的20525元，五年时间增长了54.95%，农民人均纯收入由2009年的3559元增长至2013年的6384元，增长约79.38%，城市人均可支配收入总体高于农民人均纯收入，但是前者的增长速度低于后者；城乡养老保险参保人数由2009年的63.42万人增长至2013年的70.76万人，增长约11.57%；失业保险人数由2012年的38.50万人增长至2013年的38.56万人，增长幅度较小；城镇最低生活保障人数由2009年的14.16万人降低至2013年的12.26万人，下降幅度为13.42%，农村最低生活保障人数由2009年的29.48万人增长至43.65万人，基数较为庞大，增长率约为48.07%（见表9-9）。张家口城镇化率较低，但是增长速度较快，发展前景良好。

表9-9　张家口2009~2013年城镇化及社会保障状况

指标	2009年	2010年	2011年	2012年	2013年
城镇化率（%）	43.98	44.42	45.38	47.63	48.95
生产总值（亿元）	800.49	966.12	1124.87	1233.67	1317
城市人均可支配收入（元）	13246	14649	16401	18441	20525
农民人均纯收入（元）	3559	4119	4854	5564	6384
城乡养老保险参保人数（万人）	63.42	67.20	71.15	74.20	70.76
城镇医保人数（万人）	106.30	112.95	114.20	116	117.60
失业保险人数（万人）	—	—	—	38.50	38.56
城镇最低生活保障（万人）	14.16	13.51	13.33	12.78	12.26
农村最低生活保障（万人）	29.48	33.13	40.77	41.01	43.65

资料来源：根据《张家口市国民经济和社会发展统计公报》（2009~2013年）、《河北经济社会发展报告》（2009~2013年）、《河北经济年鉴》（2014）计算整理。

（六）邯郸

邯郸市是河北省地级市，辖邯山区、丛台区、复兴区、峰峰矿区四个区，另下辖邯郸县、临漳县、成安县、大名县、涉县、磁县、肥乡县、永年县、邱县、鸡泽县、广平县、馆陶县、魏县、曲周县十四个县，还包括武安市一个县级市。邯郸城镇化水平较低，截至2013年末，邯郸地区城镇化率仅为47.91%，处于河北省中等偏下水平，增长速度也较为缓慢，相对于2009年，城镇化率仅提高了2.7个百分点；邯郸生产总值增长速度较快，从2009年的2015.30亿元增长至2013年的3061.50亿元，增长了51.91%；邯郸城市人均可支配收入由2009年的15961元增长至2013年的23936元，增长约49.97%，农民人均纯收入由2009年的5323元增长至2013年的9542元，增长约79.26%，可见虽然农民人均纯收入低于城市人均可支配收入，但是其增长速度较快，超过了城市人均可支配收入的增长速度，也超过了生产总值的增长速度；城镇养老保险人数在2011年增长至104.59万人；城镇医保人数在2011年增长至99.05万人；失业保险人数由2009年的66.64万人增长至2013年的66.80万人，增长幅度较小；工伤保险农民工人数由2009年的59.64万人增长至2013年的77万人，增长约29.11%；城镇最低生活保障人数由2009年的15.20万人降低至2012年的13.20万人，降低约13.16%，农村最低生活保障人数由2009年的20.20万人增长至2012年的26.90万人，增长约33.17%（见表9-10）。总体来看，邯郸城镇化率偏低，处于省内较低水平，城市人均可支配收入、农民纯收入等指标均处于河北省中等偏下水平，邯郸城镇化发展还需要较长的过程。

表9-10　邯郸2009~2013年城镇化及社会保障状况

指标	2009年	2010年	2011年	2012年	2013年
城镇化率（%）	45.21	45.17	46.42	46.58	47.91
生产总值（亿元）	2015.30	2342.20	2787.40	3023.70	3061.50
城市人均可支配收入（元）	15961	17562	19322	21740	23936
农民人均纯收入（元）	5323	6085	7366	8447	9542
城镇养老保险人数（万人）	88.09	96.69	104.59	106.46	109.96
城镇医保人数（万人）	92.70	96.86	99.05	—	—
失业保险人数（万人）	66.64	67.73	66.13	66.28	66.80
工伤保险农民工人数（万人）	59.64	61.21	66.78	72.77	77
城镇最低生活保障（万人）	15.20	15.70	16.00	13.20	—
农村最低生活保障（万人）	20.20	24.10	27.30	26.90	—

资料来源：根据《邯郸市国民经济和社会发展统计公报》（2009~2013年）、《河北经济社会发展报告》（2009~2013年）、《河北经济年鉴》（2014）计算整理。

（七）沧州

　　沧州市是河北省地级市，辖运河区、新华区两个区，另下辖沧县、青县、东光县、海兴县、盐山县、肃宁县、南皮县、陈桥县、献县九个县，辖泊头市、任丘市、黄骅市、河间市四个县级市，还有孟村回族自治县一个自治县。沧州城镇化发展水平较低，2009年沧州城镇化率仅为42.01%，至2013年城镇化率为45.18%，仅增长了3.17个百分点；生产总值从2009年的1900亿元增长至2013年的3013亿元，增长约58.58%，发展速度较快；城市人均可支配收入五年时间内从14518.50元增长至22885元，增长约57.63%，农民人均纯收入从2009年的5000元增长至2013年的8603元，增长约72.06%，增长速度快于前者；城镇养老保险人数、城镇医保人数、失业保险人数、工伤保险农民工人数在2013年分别为81.20万人、104.22万人、35.84万人、47.80万人（见表9-11）。总体而言，沧州城镇化水平偏低，各项指标均低于全省平均水平，城镇化发展步伐缓慢，亟须提升区内城镇化质量和速度。

表9-11　沧州2009~2013年城镇化及社会保障状况

指标	2009年	2010年	2011年	2012年	2013年
城镇化率（%）	42.01	42.01	43.02	44.03	45.18
生产总值（亿元）	1900	2203	2600	2811.90	3013
城市人均可支配收入（元）	14518.50	16116	18375	20805	22885
农民人均纯收入（元）	5000	5528	6540	7514	8603
城镇养老保险人数（万人）	—	—	—	75.90	81.20
城镇医保人数（万人）	—	—	—	103.59	104.22
失业保险人数（万人）	—	—	—	35.13	35.84
工伤保险农民工人数（万人）	—	—	—	43.29	47.80

　　资料来源：根据《沧州市国民经济和社会发展统计公报》（2009~2013年）、《河北经济社会发展报告》（2009~2013年）、《河北经济年鉴》（2014）计算整理。

（八）邢台

　　邢台市是河北省地级市，辖桥东区、桥西区两个区，另下辖清河县、宁晋县、内丘县、广宗县、邢台县、任县、临西县、新河县、隆尧县、柏乡县、威县、临城县、平乡县、南和县、巨鹿县十五个县，辖沙河市、南宫市两个县级市。城镇化率由2009年的41.01%增长至2013年的44.20%，增长了约3.19个百分点，增长速度较为缓慢，年均仅增长0.64个百分点；生产总值由2009年的1056.00亿元增长至2013年的1604.60亿元，增长约51.95%，总体经济基础薄弱；城市人均可支配收入由 2009 年的 11922 元增长至 2013 年的 20634 元，增长了约 73.07%，农民人均纯收入由 2009 年的 4467 元增长至 2013 年的 7477 元，增长约 67.38%；城镇养老保险人数由 2009 年的 37.86 万人增长至 2013 年的 59.90 万人，增长约 58.21%；城镇医保人数由 2009 年的 122.18 万人增长至 2013 年的 164.50 万人，增长约 34.64%；失业保险人数由 2009 年的 33.04 万人增长至 2013 年的 34.40 万人，仅增长了 1.36 万人；城镇最低生活保障人数由 2010 年的 11.15 万人降低至 2013 年的 9.60 万人，降低约 13.90%，农村最低生活保障人数由 2010 年的 18.86 万人增长至 2013 年的 23.70 万人，增长约 25.66%（见表 9-12）。总体而言，邢台城镇化水平偏低，远不及河北省平均水平和全国平均水平，且增长速度较为缓慢，各项指标也处于落后状态，城镇化发展压力重大。

表 9-12　邢台 2009~2013 年城镇化及社会保障状况

指标	2009 年	2010 年	2011 年	2012 年	2013 年
城镇化率（%）	41.01	40.93	41.84	42.85	44.20
生产总值（亿元）	1056.00	1200	1426.30	1532.00	1604.60
城市人均可支配收入（元）	11922	14744	16592	18639	20634
农民人均纯收入（元）	4467	4966	5814	6601	7477
城镇养老保险人数（万人）	37.86	50.30	54.44	56.10	59.90
城镇医保人数（万人）	122.18	144.34	148.00	164.30	164.50
失业保险人数（万人）	33.04	33.56	34.24	34.30	34.40
城镇最低生活保障（万人）	—	11.15	9.20	9.40	9.60
农村最低生活保障（万人）	—	18.86	20.40	21.60	23.70

资料来源：根据《邢台市国民经济和社会发展统计公报》（2009~2013 年）、《河北经济社会发展报告》（2009~2013 年）、《河北经济年鉴》（2014）计算整理。

（九）承德

承德市是河北省地级市，辖双桥区、双滦区、鹰手营子矿区三个区，另下辖围场县、平泉县、丰宁县、滦平县、兴隆县、宽城县、隆化县、承德县八个县，辖丰宁满族自治县、宽城满族自治县、围场满族蒙古族自治县三个自治县。城镇化水平偏低，2009 年承德地区城镇化率仅为 38.64%，2013 年承德地区城镇化率为 43.27%，仍然处于较低水平，五年时间城镇化率提升了 4.63 个百分点；生产总值由 2009 年的 763.70 亿元增长至 2013 年的 1272.09 亿元，增长了约 66.57%；城市人均可支配收入从 2009 年的 11951 元增长至 2013 年的 20636.80 元，增长了约 72.68%，农民人均纯收入由 2009 年的 3926 元增长至 2013 年的 6225.60 元，

增长了约 58.57%；城镇医保人数由 2009 年的 70.40 万人增长至 2012 年的 93.12
万人，增长约 32.27%；失业保险人数由 2009 年的 24.90 万人增长至 2012 年的
25.03 万人，增长了 0.13 万人；城镇最低生活保障人数由 2009 年的 8.40 万人降
至 2013 年的 7.90 万人，降低约 5.95%，农村最低生活保障人数由 2009 年的
15.60 万人增长至 2013 年的 23.00 万人，增长约 47.44%（见表 9-13）。总体而言，
承德城镇化率较低，且增长幅度缓慢，城市经济基础不及河北省其他地区，城市
人均可支配收入、农民人均纯收入均较低，城镇化水平处于河北省下游水平。

表 9-13　承德 2009~2013 年城镇化及社会保障状况

指标	2009 年	2010 年	2011 年	2012 年	2013 年
城镇化率（%）	38.64	39.41	40.71	41.92	43.27
生产总值（亿元）	763.70	880.50	1100.80	1180.90	1272.09
城市人均可支配收入（元）	11951	13212	15037.60	16832	20636.80
农民人均纯收入（元）	3926	4382	4935	5546	6225.60
城镇医保人数（万人）	70.40	81.30	82	93.12	—
失业保险人数（万人）	24.90	25	25	25.03	—
城镇最低生活保障（万人）	8.40	8.16	8.26	7.94	7.90
农村最低生活保障（万人）	15.60	16.99	18.02	21.12	23.00

资料来源：根据《承德市国民经济和社会发展统计公报》（2009~2013 年）、《河北经济社会发展报告》
（2009~2013 年）、《河北经济年鉴》（2014）计算整理。

（十）保定

保定市是河北省地级市，辖北市区、南市区、新市区三个区，另下辖易县、
徐水县、涞源县、定兴县、顺平县、唐县、望都县、涞水县、清苑县、满城县、
高阳县、安新县、雄县、容城县、曲阳县、阜平县、博野县、蠡县 18 个县，辖
涿州市、安国市、高碑店市三个县级市。保定城镇化率偏低，2009 年城镇化率
仅为 35.85%，截至 2013 年，保定地区城镇化率也仅为 42.93%，处于河北省城镇
化下游水平，年均增长 1.416 个百分点，虽然保定地区城镇化处于较低水平，但
保持着快速的增长，发展潜力巨大；保定地区生产总值由 2009 年的 1737.64 亿
元增长至 2013 年的 2650.60 亿元，年均增长速度为 10.51%；城市人均可支配收
入由 2009 年的 13555 元增长至 2013 年的 21181 元，增长约 56.26%，农民人均
纯收入由 2009 年的 4682 元增长至 2013 年的 8675 元，增长约 85.28%；城镇养
老保险人数由 2009 年的 87.35 万人增长至 2013 年的 162.60 万人，增长约
86.15%；城镇医保人数由 2009 年的 169.90 万人增长至 2013 年的 188.80 万人，

增长约 11.12%；失业保险人数五年的时间里由 51.10 万人下降至 48.60 万人，下降约 4.89%；截至 2013 年末工伤保险农民工人数达到了 69.60 万人；城镇最低生活保障人数变化不大，维持在 10 万人左右，农村最低生活保障人数小幅度上升（见表 9-14）。总体而言，保定地区城镇化率处于较低的水平，人口多，经济实力不强，城镇化发展所需的基础条件不足，但保定地区自 2009 年以来城镇化发展保持了较快的增长速度，发展潜力巨大。

表 9-14 保定 2009~2013 年城镇化及社会保障状况

指标	2009 年	2010 年	2011 年	2012 年	2013 年
城镇化率（%）	35.85	39.47	40.36	41.58	42.93
生产总值（亿元）	1737.64	2050.30	2449.90	2720.90	2650.60
城市人均可支配收入（元）	13555	15048	16912	19048	21181
农民人均纯收入（元）	4682	5446	6656	7696	8675
城镇养老保险人数（万人）	87.35	107.70	106.80	112.30	162.60
城镇医保人数（万人）	169.90	181.30	186.60	189.20	188.80
失业保险人数（万人）	51.10	51.80	51.90	52.10	48.60
工伤保险农民工人数（万人）	40.40	51.80	48.70	51.40	69.60
城镇最低生活保障（万人）	10	10	10.05	—	—
农村最低生活保障（万人）	23.77	24.19	24.78	—	—

资料来源：根据《保定市国民经济和社会发展统计公报》（2009~2013 年）、《河北经济社会发展报告》（2009~2013 年）、《河北经济年鉴》（2014）计算整理。

（十一）衡水

衡水市是河北省地级市，辖桃城区一个区，另下辖枣强县、武邑县、武强县、饶阳县、安平县、故城县、景县、阜城县八个县，辖冀州市、深州市两个县级市。衡水城镇化率偏低，2009 年衡水地区城镇化率为 38.18%，2013 年衡水地区城镇化率为 42.92%，年均增长 0.948 个百分点，城镇化发展水平处于河北省最低水平；衡水地区经济薄弱，2009 年经济生产总值为 652.10 亿元，2013 年经济生产总值为 1070.10 亿元，增长约 64.1%；2009 年衡水地区城市人均可支配收入为 13142 元，2013 年增长至 20541 元，增长约 56.3%，农民人均纯收入由 2009 年的 3918 元增至 2013 年的 6975 元，增长约 78.02%；城镇养老保险人数由 2009 年的 32.92 万人增长至 2013 年的 46.40 万人，增长约 40.95%；城镇医保人数在 2013 年也达到了 64.20 万人；失业保险人数由 2009 年的 18.51 万人下降至 2013 年的 18.30 万人，下降了 0.21 万人；工伤保险农民工人数由 2009 年的 17.90 万人增长至 2013 年的 25.10 万人，增长约 40.22%（见表 9–15）。总体而言，衡水地区城镇化发展水平略显滞后，城乡二元结构明显，社会保障水平还有较大提升空间。

表 9–15 衡水 2009~2013 年城镇化及社会保障状况

指标	2009 年	2010 年	2011 年	2012 年	2013 年
城镇化率（%）	38.18	39.23	40.33	41.39	42.92
生产总值（亿元）	652.10	781.50	929.00	1011.50	1070.10
城市人均可支配收入（元）	13142	14525	16506	18504	20541
农民人均纯收入（元）	3918	4370	5355	6167	6975
城镇养老保险人数（万人）	32.92	35.25	40.80	43.70	46.40
城镇医保人数（万人）	—	56.30	59.50	63.10	64.20
失业保险人数（万人）	18.51	18.31	18.30	18.30	18.30
工伤保险农民工人数（万人）	17.90	19.40	21.00	23.40	25.10

资料来源：根据《衡水市国民经济和社会发展统计公报》（2009~2013 年）、《河北经济社会发展报告》（2009~2013 年）、《河北经济年鉴》（2014）计算整理。

第二节 农村城镇化与小城镇发展

河北省城镇化发展模式从空间角度看分为两种：第一种是远离城市，依托自身优势实现城镇化建设；第二种是靠近城市，依靠城市的优势资源实现城镇化建设。这两种不同的发展模式主要体现为农村城镇化和小城镇发展，其各具特色，目前省内不同模式的城镇化试点已经取得显著成效。根据 2014 年河北省县域经济排名，现选取省内 50 强中具有代表性的五个县市，介绍其城镇化发展及特色。

一、迁安

迁安市隶属于河北省，位于河北省东北部，东经 118°37′~118°55′，北纬 39°51′~40°15′，北临承秦高速，南接京哈高速，东面滦河，西临京哈高速迁西支线，总面积 1208 平方公里，辖 12 个镇、7 个乡、1 个城区街道办事处。西距北京市 195 公里、距天津市 160 公里，东距秦皇岛市 75 公里，北距承德 272 公里，南距京唐港 90 公里、距曹妃甸港 120 公里，是河北省贯彻"东出西联"、"两环带动"经济发展战略的一线地区。境内有卑水、迁曹、京秦、大秦、通坨、津沈客运专线六条铁路，京哈、京秦、102 三条国道，三抚路、新三抚路、平青大公路、长城旅游路四条省道，公路通车总里程达到 2338 公里，公路密度位居河北省首位。2011 年 10 月，经国务院批准成为河北省辖副地级市，由河北省直属，2015 年 2 月，迁安被确立为省直管县（市）体制改革试点地区之一。

迁安市丰富的铁矿资源，为其重工业发展奠定了良好的基础，因此以"工业化、城镇化、民营化"为战略指导，全市走的是资源型城市的高速发展之路，并以此引入了首都钢铁公司。但是受国际金融危机、资源瓶颈、产业战略转变等影响，我国钢铁业遭遇前所未有的挑战，迁安经济也暴露出过度依赖钢铁产业的结构性弱点。同时，生态环境保护、资源过度开发等诸多社会问题日渐凸显，战略转型迫在眉睫。迁安在矛盾与困难并存的现状下，主动探索新的可持续发展模式，开辟了工业化与产业转型并存、加速城镇化与城市现代化并重、城市功能转型与产业转型同步的发展新思路。以"魅力钢城、绿色迁安"为奋斗目标，积极调整产业结构，改变了过去单纯依赖钢铁业的发展模式，加快产业转型与升级，走出了一条"绿色钢铁之城"的科学发展新道路。

（1）规划引领转型。迁安市重点构筑三大主体经济区以优化城市布局，把全市 1208 平方公里作为一个中等城市规模规划建设，根据区域资源禀赋和发展基础，全市划分为西部工业区、中部生活服务区、北部东部农业生态区三大主体功能区。西部工业区定位于重点开发的新型工业区，推进产城一体化、全域城镇化，打造产业新城；中南部生活服务区定位于优先开发都市文化生活区，打造品质靓城、创新智城；东北部农业生态区坚持生态优先、旅游兴镇、农业富民，实行禁建、禁采、禁伐，打造生态绿城。实现三区互动、分类推进、重点攻坚、差异发展。

（2）产业体系转型。迁安坚持以项目建设为载体，加快产业的适应性调整与战略性调整，积极搭建以精品钢铁业为立市之本，以现代装备制造业为主攻方向，以现代物流业为支柱，以传统优势产业和战略新兴产业为驱动的产业体系，从而实现从"一钢独大"到"三足鼎立、两翼齐飞"的产业体系的跨越。

（3）城市发展转型。迁安市按照"抓城市就是抓产业、抓转型、抓发展"的理念，围绕建设区域性中心城市的发展目标，加快城镇化与产业化同步发展步伐。按照"沿河布局、跨河发展"的思路，规划建设了现代化标志区、滦河生态休闲区、右岸新城三大城市板块，实现了城市由单一中心向多核中心的转变。同时加快推进城镇建设与产业的融合发展，金融服务、教育培训、消费购物、体育会展、休闲养生、游客集散六大区域性功能中心已初具规模。

二、景县

景县隶属于河北省衡水市，位于河北省东南部，东经 115°54′~116°27′，北纬 37°28′~37°51′，地处黑龙港流域，地势平坦，最高点海拔 25 米，最低点 14.1 米，地势自西南向东北缓缓倾斜。景县西邻衡水市，南接山东德州，东面京沪高速，北接沧州东光，总面积 1183 平方公里，耕地 125 万亩，辖 10 镇、6 乡、848 个行政村，总人口 50 万，是河北省"一线两厢"战略重点区域之一。北距北京 255 公里、距天津 210 公里，南距山东省省会济南 150 公里，西距河北省省会石家庄 150 公里，境内有京沪、德石、石济三条铁路，京富、石德、衡滨三条高速公路，全县公路通车总里程 1503 公里，路网密度居衡水市第一位。

作为一个典型的内陆县，景县自然资源匮乏，但依靠优越的地理位置、便利的交通区位和周边城市的有力资源，制定了"工业强县"战略。橡塑制品、机械制造、铁塔钢构是本县三大传统特色产业，建有中国（景州）橡塑管业、中国货叉制造业、中国铁塔生产业三大产业基地。依托工业园区建设，全县实现"双聚集"，即园区向城镇集聚、产业向园区集聚，加快了城镇化的发展进程。

（1）园区向城镇集聚。为促进小城镇发展，景县把园区建设作为加快城镇化建设的重点工程，先后建立了多个工业基地。工业园区和工业基地构成了景县"工业走廊"，工业园区和工业基地依城镇而建，城镇发展与工业建设相辅相成。随着园区的不断扩大，特色产业板块逐渐向城镇集中，产业的集中又加速了农村劳动力向城镇转移。人口、特色产业向城镇集中，带动了消费增长和人口聚集，使就业渠道不断增多，公共设施服务能力不断加强，城镇化水平不断提高。

（2）产业向园区聚集。首先，为夯实城镇化基础，景县坚持扩大产业面，让产业在园区内聚集，在空间上形成较为健全的产业链。如在橡胶产业上，不仅要摆脱单一的高压油管产品生产，还要使橡胶生产相关企业汇集于产业园区，在园区中建立橡胶产业的全产业链布局，目前景县橡胶制造园区的生产涉及产品的上、中、下游，有效地节约了交易成本。其次，景县还积极推动产业升级，立足于现有的产业特色，着力打造"一镇一品"、"一镇一业"，在城镇中布局若干特色园区，加大科技投入，加快创新步伐，优化产品结构，不断提高自主创新能力，提升产品科技含量，研发有较高科技含量和较强竞争力的新技术、新产品，为城镇特色园区的健康发展提供不竭动力。

景县在推进城镇化过程中，大力实施"农转工"战略，推动城市工业化、农业产业化、乡村城镇化"三化互动"，推动区域经济社会各项事业的协调发展。依托工业园区中乡镇企业的资金和劳动力优势，采取"龙头+基地+农户"、"龙头+经济合作组织+农户"等多种生产形式，选择有潜力、有市场的农业项目进行开发，推进农业产业化经营，整合了农村劳动力资源，拓宽了经营范围，壮大了企业规模。景县从制约城镇化发展的瓶颈入手，采取"清障、增岗、修渠"的策略，积极疏通农民进城之路，取消针对农民进城的 7 项行政性收费和 4 项行政审批项目，实施户籍和土地流转等相关制度改革，进一步促进了城镇化健康、快速、稳定发展。

三、藁城

藁城隶属于河北省石家庄市，东经 114°39′~114°59′，北纬 37°51′~38°18′，过境水有滹沱河水、木刀沟水和石津总干渠，北邻新乐市，南接赵县，东与晋州市、无极县接壤，西与长安区、裕华区及正定县搭界，西南与栾城区毗邻。藁城辖 13 镇、1 个民族（回族）自治乡、1 个经济技术开发区、239 个行政村、240个自然村。西距石家庄市 31 公里，东北距首都北京 264 公里。黄石高速贯穿东西，京港澳高速贯穿南北。藁城曾是石家庄市唯一的省级统筹城乡发展试点县（市）和石家庄市 7 个试点县（市）之一（现已规划为石家庄藁城区）。

在推进统筹城乡发展工作中，藁城明确"三三三六六"的工作思路，坚持省会先进制造业中心、国家现代农业示范区和省会新兴休闲度假区的发展定位，即三个定位；推进工业向园区集中、农民向城镇和新型社区集中、土地向适度规模经营集中，即三个集中；促进新型工业化、农业现代化、农村城镇化相互促进，相互发展，即"三化"联动；统筹城乡规划建设、统筹城乡产业发展、统筹城乡基础设施、统筹城乡公共服务、统筹城乡社会保障、统筹城乡社会管理，即六个统筹；深化城乡用地制度改革、农村产权制度改革、城乡户籍制度改革、城乡就业制度改革、财税金融体制改革、基层治理机制改革，即六项改革，以此全面推进统筹城乡试点工作。[①]按照既定的工作思路，藁城充分发挥自身工业强县的优势，改善城区生产、生活方式，加快城区基础设施建设，沿工业反哺农业的发展思路，打造藁城发展新局面。

（1）示范项目引领发展。藁城开发区、岗上镇是省会"5+4"城镇化战略的重要载体，也是藁城城镇化发展的重点方向。按照河北省"幸福乡村"建设的要求和部署，以城镇化重点示范村为关键环节，推动示范村内重大项目建设，改造提升农村面貌，打造环境良好、生活宜居、设施完善的新农村，打破原来城市与农村分割的二元结构，从全市层面统筹考虑城乡发展，消除城乡二元差距。

（2）产业引领反哺农业。藁城按照城乡产业一体化要求，进一步坚定"省会先进制造业中心、国家现代农业示范区和省会新兴休闲度假区"的产业定位，进一步优化产业布局和功能分区，加快转变发展方式，以工业化思路发展现代农业，以工哺农、以工促农。通过成立专业合作社、建立专业市场、打造龙头企业等渠道，努力实现"创品牌、扩规模、进京津、建网络"战略，围绕国家现代农业示范区建设，藁城继续巩固粮食生产在全国的领先地位，并积极优化农业结构，提升农业质量，增加农民收入。

（3）基础建设改善民生。以新民居为载体，改善农民居住条件，提高农民生活质量，推动农村新型化建设，坚持"规划先行、突出重点、因地制宜、分类指导、注重特色、提升水平"的工作思路，示范先行，以点带面，有序推进，同时促使水电路、医疗卫生、文化教育、社会保障等公共服务加快融入农民日常生活，使农民真正享受到与市民同等的服务。把新农保、新农合等惠民政策办实办好的同时，藁城全力实施交通畅通、电网提升、饮水安全、环境整治、新能源建设"五大基础工程"，着力推进基础设施建设向农村延伸。

（4）机制创新稳定就业。藁城提出"每户至少一人稳定就业"工程，稳定就业是"宜工则工，宜商则商，宜农则农，宜菜则菜"，按照这个工作思路，农业上建设"东果、西菜、南粮、北畜"四大特色板块，工业上规划"一城三区、八园（八个乡镇级工业园区）"区域格局，服装加工、果品冷藏、蔬菜种植、面点加工、焊工、车工等各个行业齐头并进，不固定一个模式，不搞"一刀切"，选取灵活多样的就业形式，把农村剩余劳动力转移到高效农业、种植养殖、乡镇企

---

① 边利伟等. 统筹发展推倒城乡"二元墙"［N］. 石家庄日报，2011-07-25.

业等上面，让剩余劳动力实现就近就业。

四、肃宁

肃宁县，隶属于河北省沧州市，位于河北省中部，东经 115°42′~116°02′，北纬 38°16′~38°32′，东与河间市交界，南与饶阳县和献县毗邻，西与蠡县为邻，北与高阳县接壤，总面积 515 平方公里。县人民政府驻地肃宁镇，东距沧州市 92 公里，西南距石家庄市 127 公里，西北距保定市 70 公里，辖 6 镇、3 乡、6 社区、253 村。肃宁县总面积 525 平方公里，城区面积 10 平方公里，总人口 33 万，其中城镇人口 10 万。大广高速位于县域西侧，京九、朔黄铁路在肃宁境内交叉而过。肃宁是国家级商品粮基地，是河北省核心区产粮大县之一。

党的十八大报告提出，要发展现代农业，需要建立多种形式的规模化经营和集约化、专业化、组织化、社会化相结合的新型农业经营体系。在实现土地有序流转的情况下，发展多种形式的规模经营，是改善农民收入、夯实城镇化的基础条件，如何实现土地有序流转是其中的难点。河北省肃宁县把土地承包经营权流转和设施农业发展作为工作重点，以科学发展观为指导，以发展蔬菜产业为农村经济发展的重心，按照"依法、自愿、有偿"的原则，创新机制、积极引导、大胆实践，破解土地流转难题，推进设施农业发展步伐，通过"三步一创"成功实现土地流转规范化管理和服务。

（1）体制机制创新推动。肃宁县坚持平等协商、依法、自愿、有偿的原则，在县、乡、村逐级建立土地流转服务网络，以"预流转"形式建立信息登记与发布制度，印制标准制式合同，免费提供给土地流转双方，并且存档备案，保障农民的土地承包权、经营权。在实际操作中，流转合同设置通常较为合理，约定的是流转双方都接受的条件，并且粮食作价也可以作为流转条件。肃宁县采取一系列对农民具有保护性的土地流转措施，开展不下任务、不定指标的土地流转工作，打消农民以及基层干部顾虑，取得快速推进。目前全县超过 1/6 的耕地进行了流转，平均每 7 户农户中就有 1 户参与了土地流转。

（2）设施蔬菜重点发展。肃宁县鼓励农户组建专业合作社，发展设施蔬菜。肃宁县出台政策，由县财政出资，奖励蔬菜种植专业合作社，并且财政资金还对设施蔬菜基础建设进行补贴。政府扶持设施蔬菜产业，以设施蔬菜为主的农业属性不变，不仅带动了肃宁全县的生产，也活跃了全县土地流转的热情。目前肃宁全县已有农民专业合作社及农业协会上百家，并且与中国农业大学、山东大学等建立了长期的合作关系，加快了设施蔬菜产业的发展。

（3）金融服务大力扶持。为解决农户和农业合作社的资金短缺问题，肃宁县出台了鼓励金融机构扶持设施蔬菜生产的产业政策，对新增贷款 5 万元以下的全额贴息，新增贷款 15 万元以上的贴息 50%，介于两者之间的贴息 80%；对新建蔬菜园区、蔬菜加工销售合作社、新增土地承包经营权流转双方、优秀经济合作组织进行金融扶持和政策奖励；在万亩现代农业示范园区内建大棚的起奖标准由原来的 100 亩降低到 50 亩，作为试点，资金支持使得设施蔬菜产业得以长远的发展。除此之外，在土地流转过程中，各镇将土地流转奖励资金全额交付农村、园区和土地流转经营者，同时拨出专项财政资金，为土地流转规模较大的地区解决基础设施建设问题。

五、固安

固安县隶属河北省廊坊市，地处华北平原北部，京津保三角中心。位于东经 116°17′，北纬 39°19′，东连永清，西接涿州，南邻霸州，北隔永定河，与北京市大兴区相望，古有"天子脚下"之称，今有"京南明珠"之美誉。全县辖 12 个乡镇、3 个省级园区、1 个街道办事处、419 个行政村。廊涿、大广两条高速贯穿其中，京九铁路纵贯全境。县域内规划建设了固安工业区、新兴产业示范区、温泉园区、空港产业园区、大清河经济技术开发区和现代农业园区，"三城六园"格局已经初步形成。

在加快转变经济发展方式的大背景下，固安城镇化发展已经进入到与产业化对接、融合阶段。以产业发展为先导，带动城市建设、功能完善与生态环境改善，形成集生产、生活、生态于一体的新的城市形态——"产业新城"，已经成为城镇化道路上的新实践。固安作为河北省距离北京最近的县城，十年前还是典型的农业县，在确立了"京南卫星城"的发展定位，建设科学发展强县的奋斗目标和实施"工业立县、项目壮县、园区强县、环境兴县"的发展战略后，固安县则作为"京南第一县"实现了经济的腾飞。

（1）产城融合发展。固安产业新城坚持走"以产兴城、以城带产、产城共建"的产城融合之路，推动信息化和工业化深度融合、工业化和城镇化良性互动、城镇化和农业现代化相互协调发展。2002 年启动固安工业园区建设以来，园区坚持用建设城市的理念发展园区，坚持规划高起点、发展新方法、建设高标准，打造京南产业高地。经过十多年的建设，固安工业园区依靠独特区位优势，融入首都经济圈，积极承接首都产业外溢与转移，成为河北环首都新兴产业园区中的领军者，开辟出县域经济跨越式发展的新局面。固安工业区相继获得了"中国最具投资潜力省级十强开发区"、"跨国公司最佳投资开发区"、"2009 年最佳通信产业基地"等荣誉称号。通过工业化和城市建设的双核驱动推进全县提速农业现代化、信息化发展，实现城市建设和农业现代化建设统筹协调发展。固安的生态农业、旅游农业、观光农业、体验农业等都市农业迅速成长壮大，固安涌现出大批重点农业龙头企业和农民合作组织，新民居建设快速推进，已经打造出一批展现固安风格、功能先进的优质小镇和社会主义新农村示范区。

（2）园区绿色发展。"人民幸福"是经济发展的出发点和落脚点，固安园区建设者在对城市发展规划、城市功能布局、生态体系以及人居环境做了深入系统的研究后，最终确立了坚持以人为本，树立全面、协调、环保、可持续的发展观，以促进经济社会和人的全面发展作为城市发展的根本诉求，在集约、智能、绿色、低碳的新型城镇化道路上探索前行。坐落在城市核心区以北的生活配套区，是专门为入园企业而建的居住设施，特别突出了自然与城市有机的融合，固安产业新城还系统规划了生活安置、免费职业培训等具体方案，在改善居民生活硬件设施的同时，促进了城乡居民就业，提高了城乡居民收入水平，使得固安综合竞争力加速提升。

第三节　新型城镇化与区域城乡二元结构

一、新型城镇化的特点

与国内其他省份的城镇化相比，河北省的城镇化道路漫长而艰难。河北省城镇化率长久以来低于全国平均水平，适度提高城镇人口比重，逐步扭转、缩小工农差别、城乡差别、地区差别是河北省城镇化工作中的重要目标之一，按照高起点规划、多元化途径、规模聚集、效益辐射、突出特色、以人为本、城镇互联、城乡互补的城镇化要求，亟须消除不利于城镇化发展的体制障碍和政策障碍，走出一条具有河北省特色的城镇化之路。

党的十八大报告提出，要坚持走中国特色新型城镇化道路，推动工业化和城镇化良性互动，城镇化和农业现代化相互协调，必须以改善需求结构、优化产业结构、促进区域协调发展、推进城镇化为重点，加快经济结构战略性调整。河北省新型城镇化是以科学发展观为统领，坚持以人为本和生态文明的理念与原则，坚持工业化、信息化、城镇化、农业现代化"四化同步"，全面提升河北省城镇化质量和水平，走城乡一体、区域协调发展，集约、智能、绿色、低碳的中国特色新型城镇化道路。

（一）新核心——人口城镇化

2013 年 1 月 15 日，李克强总理在国家粮食局科学研究院考察调研时指出，新时期城镇化核心是人的城镇化，关键是提高城镇化质量，目的是造福百姓和富裕农民。推进新型城镇化，需以科学发展观为指导，坚持"以人为本"，以实现可持续发展为目标，改变过去注重城市建设规模的扩张而忽略农业人口的转变的思路，不仅把农业转移人口当作生产者、劳动力，更要把他们当作城市人口对待，让农民工逐步融入城镇，获得均等的公共服务与社会福利，同时着重进行农民工市民化建设，保障农民工享受与城市户籍人口同等的教育、就业、医疗等方面服务。

（二）新动力——信息化、农业现代化和新型工业化

信息化是当今科技进步的集中体现，直接影响着未来城镇化的规模、速度和水平，基于信息化实现低污染、低耗能、高知识含量的新型产业将成为新型工业化的支撑点，通过产业结构的大力调整来构建适应城市空间要求的现代服务经济体系，提升城市的发展质量，使大城市承担起区域经济中心、对外开放门户、科技创新基地和教育文化中心的使命。同时坚持城市发展与产业增长两手抓，着重改善需求结构、优化产业结构，以经济的转型来推进城市与区域发展转型。充分利用信息技术和信息系统实现农业现代化，促使生产工具机械化、生产技术科学化、生产组织产业化，农业科技化与农业现代化将构成城镇化新的推动力。

（三）新内涵——集约发展

集约发展指依托合理的城镇和乡村空间布局，完善城乡基础设施的配套，加强公共服务体系建设，提升基础设施与公共服务质量，优化城镇和乡村的资源配置，增加人口密度，提高环境承载力。其中土地城镇化是新型城镇化的关键，在

城镇化过程中保障失地农民的主体谈判地位，积极进行引导，通过资金补偿、就业培训、产业入股等方式将其纳入城市社会保障安置体系中，解除失地农民的后顾之忧，进行合理规划促使空间和土地实现集约利用，加强城市产业布局聚集化管理，促使产业升级，改变过去高消耗、低产出的经济增长方式，扩大人力资本与技术资本投资，鼓励创新，以新的经济增长方式促进城镇化发展。

（四）新目的——推进区域协调和城乡统筹发展

新型城镇化战略以推进区域协调发展、区域均衡发展、城乡统筹发展、城乡一体化发展、区域联动发展为导向，改变过去大城市、中心城市自我膨胀的"恐龙型"增长方式，实现与中小城市、小城镇形成有机化的"都市圈"、"城市群"，加大对城市群边缘地带的辐射。在形成合理的空间梯次布局的同时，需要依托新型城镇化来分解城市群内部的压力，减缓城市人口的过分集聚，使城乡两个主体逐渐成为相互联系密切、唇齿相依的区域发展共生体，促进区域协调发展，消除城乡二元结构，实现城乡统筹发展。乡村的基础设施与公共服务须实现均衡化、普惠化、合理化分布，改善过去收入分配不均，城乡差距过高的现状，实现农民的生产结构、就业方式、人居环境、医疗体制、社会保障等由"乡村式"到"城市式"的重要转变，落实进城农民的均等化待遇，实现其生活方式现代化、社会交往国际化、居民生活多样化的和谐面貌。

二、消除区域城乡二元结构

（一）坚持城镇化与工业化协调发展

工业化与城镇化之间是一种相互联系、互相促进的关系。工业化是加快经济社会发展的第一推动力，只有加快工业化进程，扩大产业规模，优化产业结构，才能吸纳城市人口并消化农业现代化释放出来的农村剩余劳动力，并且可以培育稳定可靠的财政来源，从而能够使更多的资金投入到城镇基础设施建设上，有效推进城镇化发展。城镇化是工业经济的载体和平台，工业化必须以城镇化发展为基础，以城镇化发展为支撑。城市作为一定区域的政治、经济、科技和文化中心，大大提高了经济的社会化、集约化和现代化程度，容易产生集聚效应和规模效应。坚持城镇化与工业化协调发展，首先，需要大量转移农村剩余劳动力，增加就业，正确认识农民工问题，善待农民工，消除旧观念，从多方面给农民工"减负"，减少各种收费，降低农民进城务工的成本，搞好多方面"服务"，建立劳务市场，提供就业信息，加强就业指导与培训，提供法律援助、劳动安全、子女教育等方面的服务。其次，大力促进农业发展，农业发展是城镇化的根本前提，城镇化离不开农业的发展，农业的发展主要表现为农业的商品化、农村剩余的增加、农业资源的开发和集约化经营等几个方面，财政专项给予农业生产补贴，探索对农用机械的升级换代与创新，扶持农村生产工作等。最后，大力加快服务业的发展，深化城镇住房制度改革，落实住房分配货币化政策，加大旅游市场促销和新产品开发力度，加强旅游基础设施和配套设施建设，优化配置和充实社区服务设施，鼓励创办各种便民利民的社区服务企业，理顺职业培训的管理体制，探索多种办学方式，开发健康有益大众化的娱乐、健身项目，发展文化和体育产业，积极引进新型业态和技术，推行连锁经营、物流配送、代理制、多式联运，改造提升传统流通业、运输业和邮政服务业，实现中介机构脱钩改制，确保其独立、客观、公正地执业，大力发展会计服务、法律服务、管理咨询、工程咨询等中介服务业，积极推进商业、外贸、供销、粮食等系统的改革，增强流通企业活力。

（二）规划土地合理流转

农村土地流转是指农村家庭承包的土地通过合法的形式，保留承包权，将经营权转让给其他农户或其他经济组织的行为。土地流转是农村经济发展到一定阶段的产物，通过土地流转，可以开展规模化、集约化、现代化的农业经营模式。在农村城镇化方面，很多地方的土地改革试点积累了不同的经验：重庆的地票式交易、成都的土地流转、广东佛山的股权分红、天津的宅基地换房。不同的地方做法不同，都为河北省的土地改革提供了借鉴。

河北省加快土地流转步伐，必须从三个方面着手：首先，认真完成土地确权工作，对村镇土地进行测量，由各利益主体与村负责人对入户产权调查和实测结果进行评议，特别是对有异议和纷争的疑难案例进行梳理，最终将评议结果作为确权预案公示，待各利害相关方均接受后，才向政府上报确权方案，由当地国土局、房管局、农业局发放各种权证。其次，加强监管，保护耕地。市、县政府加强对农村承包土地流转的管理，跟踪监管流转的承包地，建立结构调整项目的审核机制，不得改变流转土地的农业用途，要坚持最严格的耕地保护制度，实行最严格的节约用地，通过新的用地布局规划，调整和优化用地结构，合理开发利用，以实现耕地保护，实现土地综合利用效益最大化，更好地促进地方经济发展。最后，做好配套保障。土地流转后，分红和补偿减少，如果缺乏配套工作，农民的基本生活可能失去保障，配套工作是土地改革的保障，也是农民持续受益的保障，因此河北省应加强教育、医疗、社保等方面的建设，为土地流转提供后续保障。

（三）促进教育体系发展

随着城镇化水平的不断提高，大量农村人口和劳动力不断向城镇聚集，农村劳动力的就业地点和职业角色随之发生转变。现代工业部门和城市经济对迁移人口素质和人力资本状况等方面有了新的要求，农村劳动力素质水平较低的问题亟待解决，而教育是提高劳动力素质的最有效方式。

河北省农村从业人员科学文化素质偏低，制约着生产力的发展、技术结构的升级和产业结构的调整。为加快城镇化建设，河北省必须完善城市型教育体系和构建学习化社会：首先，积极发展地区职业性、社区性的高等教育，开展多样化的高中后非学历教育培训，对不同类型的学校进行重组、重新定位和特色改造。其次，加强联合办学，充分发挥潜力，扩大教育资源的共享程度，提高教育灵活性、贯通性和选择性。再次，构筑学习型城市，向终身参与各种学习培训的社会成员提供机会，是城市教育必须承担的历史使命，保证公民受教育机会的公平，构建社会化、开放式的终身学习网络。又次，继续促进劳动人事制度改革，促进教育培训与实行职业准入制度的密切配合，要建立职业技能标准和职业准入制度，建立健全职业岗位标准，确定岗位规范，逐步建立职业标准。最后，强化岗前培训制度，逐步做到"先培训、先执证、再就业"，职业技术学校继续推行毕业证书与职业资格证书并重的"双证书"制度。

（四）加快农村金融创新

城镇基础设施建设的主力是地方政府，但是由于地方政府的投资事权大大超过了财政可支配的财力，造成城镇基础设施尤其是公益性基础设施建设的巨大投资缺口。城镇基础设施尤其是公用基础设施建设具有投入规模大、建设周期长、运营成本高、资金回收慢等特点，需要与稳定的、长期的、低成本的投资来源渠道相匹配，所以需要积极探索城镇基础设施建设的多元投入机制。首先，需要实施政府主导，各级政府合理分工、合理负担的公共财政体制，发挥财政投资的杠杆功能，带动社会资金的跟进，打破国有机构的垄断，向社会资本开放投资。其次，加强金融机构新农村建设意识，鼓励和支持商业金融机构走进农村，拓展农村金融服务市场业务，拓宽企业融资渠道，丰富农民贷款抵押物种类。面对农民缺乏贷款抵押的问题，借鉴国外部分经验，建立健全信用担保机制，比如农民集体进行小额贷款，银行可以先对部分农民进行放贷，如果得到贷款农民按时按率归还借款，则银行继续为余下农民进行放贷，存在违约现象就停止对全部农民放款，把银行对贷款农民的监督转移为农民之间的相互监督，降低银行追款成本和贷款风险，提高银行的放款积极性。[①] 再次，加强金融机构对乡镇中小企业扶持力度，乡镇企业与农村经济紧密相连，是活跃农村经济、拓宽农民就业空间、吸纳农村剩余劳动力的主要途径。最后，我国农民储蓄率较高，很大程度上是由于投资渠道狭隘，应大力繁荣农村投资渠道，鼓励证券、保险等金融服务走进农村，吸纳农村大量剩余资金，为农民经济发展提供资金支持。

（五）推进户籍制度改革

城乡二元结构制直接导致了城乡居民在经济和文化上的差异。解决这一问题的方法是充分发挥地方政府的作用，进行城乡统筹发展、改革与创新，充分发挥城市的优势，提高农业生产效益，促进农民收入增加，改善农民居住环境，加快城乡一体化进程。[②]

深化户籍制度改革，打破二元结构。城乡分离的户籍制度是我国社会主义制度特有的组成部分，随着我国市场化改革进程和"三农"问题改革的不断推进，原有的城乡二元户籍分割体制已经不能很好地促进经济和社会的发展。城乡户籍制度严重制约了人口的合理流动，国家在逐步放开户籍管制，但程度相对较小，只能促使农村人口部分地、暂时性地流向城市或其他乡村地区，大量人口往返于工作所在地区和户口所在地，造成社会资源极大浪费。流动人口中最主要的组成部分是农村流向城市，农民进城不能享受到城市居民各种福利待遇，严重挫伤了农民进城务工的积极性，不利于和谐社会的建设。

消除户籍制度制约。首先，必须消除经济不平等的制约，尽快统一城乡商品建设市场，推进城乡医疗保障统筹安排，鼓励和促进农民跨地区流动就业，对于在城市长期居住的农民逐步消除其子女城市入学限制，取消就业过程中的户籍歧视。其次，尽快消除城乡户口、农业和非农业户口的分割，实现全国居民统一的

---

①　赵克华. 河北省农民收入增长水平研究 [D]. 保定：河北大学硕士学位论文，2011.

②　卞艳艳，雷娜，杨宏. 河北省农民收入现状与增收对策研究 [J]. 农业展望，2014（10）：9.

户籍管理制度，户籍制度改革牵扯面广，涉及我国整体社会经济的方方面面，应当缓步推行，实施配套改革。①

参考文献

［1］彭建强，唐丙元. 河北省城镇化的历程、现状及特征 ［EB/OL］. http：//www.hebei.com.cn/xwzx/ztk/sndby/qwjd/200907/t20090709_45556.shtml，2008.

［2］马树强等. 河北省经济发展报告 （2014） ——新型城镇化的路径选择与运行模式 ［M］. 北京：社会科学文献出版社，2014.

［3］薛海深. 河北省乡镇企业发展中的问题及战略对策 ［J］. 河北经贸大学学报，1995（4）.

［4］河北省政府. 中共河北省委河北省人民政府关于推进新型城镇化的意见. 2014-03-27.

［5］唐山统计局. 唐山市国民经济和社会发展统计公报 （2003~2013 年） ［Z］.

［6］石家庄统计局. 石家庄市国民经济和社会发展统计公报 （2003~2013 年） ［Z］.

［7］廊坊统计局. 廊坊市国民经济和社会发展统计公报 （2003~2013 年） ［Z］.

［8］秦皇岛统计局. 秦皇岛市国民经济和社会发展统计公报 （2003~2013 年） ［Z］.

［9］张家口统计局. 张家口市国民经济和社会发展统计公报 （2003~2013 年） ［Z］.

［10］邯郸统计局.邯郸市国民经济和社会发展统计公报 （2003~2013 年） ［Z］.

［11］沧州统计局. 沧州市国民经济和社会发展统计公报 （2003~2013 年） ［Z］.

［12］邢台统计局. 邢台市国民经济和社会发展统计公报 （2003~2013 年） ［Z］.

［13］承德统计局. 承德市国民经济和社会发展统计公报 （2003~2013 年） ［Z］.

［14］保定统计局. 保定市国民经济和社会发展统计公报 （2003~2013 年） ［Z］.

［15］衡水统计局. 衡水市国民经济和社会发展统计公报 （2003~2013 年） ［Z］.

［16］河北省统计局. 河北经济年鉴 ［M］. 北京：中国统计出版社，2014.

［17］边利伟等. 统筹发展推倒城乡"二元墙" ［N］. 石家庄日报，2011-07-25.

［18］赵克华. 河北省农民收入增长水平研究 ［D］. 保定：河北大学硕士学位论文，2011.

［19］卞艳艳，雷娜，杨宏. 河北省农民收入现状与增收对策研究 ［J］. 农业展望，2014（10）.

---

① 赵克华.河北省农民收入增长水平研究 ［D］. 保定：河北大学硕士学位论文，2011.

第十章　生态环保与可持续发展

可持续发展概念与生态文明理念，是 20 世纪以来人类为解决威胁自身持久健康发展的资源和生态环境问题，在对其产生的经济、社会、政治、文化根源的认识过程中，形成的理论成果与战略思想。可持续发展概念主要着眼于环境与经济社会发展的关系问题，强调环境保护、经济发展、社会进步这三者之间的协调发展；生态文明理念以可持续发展理论为基础，从人类社会文明转型的历史视角和中国特色社会主义总体布局的内在要求，强调人与人、人与自然关系的和谐。在内涵上，可持续发展和生态文明一脉相承，次第渐进，前者是后者的基础，后者是前者的扩展和升华。在实践上，二者是相通和统一的，建设生态文明，才能加快可持续发展的步伐，走可持续发展道路，才能建设生态文明。

第一节　生态建设

国家在 20 世纪 90 年代中期明确提出，在现代化建设进程中必须把实施可持续发展作为一项重大战略。中共十七大第一次把建设生态文明作为实现全面建设小康社会奋斗目标的新要求提出来；中共十七届五中全会则强调，要提高生态文明水平，增强可持续发展能力；中共十八大报告首次把生态文明建设提升到与政治、经济、文化、社会并列的高度，列为建设中国特色社会主义的"五位一体"的总体布局；中共十八届三中全会进一步对推进生态文明建设做出全面安排部署，即深化生态文明体制改革，加快建立生态文明制度。生态文明建设是河北省"两个环境"建设的重要内容，是优化各地区经济发展环境，实现可持续发展的重中之重。

河北省环绕京津，是京津地区重要的生态屏障，被誉为"拱卫京津的护城河"。河北省土地总面积 187693 平方公里，海域面积 7227 平方公里，大陆海岸线长 487 公里，湖泊面积 4156 平方公里，生态环境类型多样，处于生态脆弱地带。近年来，全省加强生态建设，在一定程度上控制了生态恶化，生态环境得到改善，但河北省仍是我国生态灾害种类最多的省份之一，生态建设任务重要而艰巨。

一、矿山

河北省是我国北方矿业大省，蕴藏着丰富的矿产资源，矿产资源的开采给河北省带来了巨大的经济效益。截至 2013 年底，全省拥有矿权 4597 个，矿区 1.4 万多个，矿山多达 1410 个。由于矿业开发中的高利润驱动，导致矿业开发秩序混乱，造成了对资源和矿山生态环境的破坏，引发了严重的矿山环境问题和地质灾害（见图 10-1 和图 10-2）。

（一）矿山生态现状

矿区环境破坏主要表现在水文、大气、地貌、植被等生态环境的破坏。如由于经济利益驱使，许多企业重生产、轻环保，矿山废石、尾矿随意堆放，占用大量田地；再如山区的一些矿山，大量剥离的岩土堆积，在雨季容易造成崩塌、滑坡、泥石流等人为地质灾害；一些选矿厂未经处理的尾矿废水外排以及采空区的地面沉陷，会对河道、地表水、土壤造成严重污染，使水资源遭到破坏；矿产资源开采过程中排放的废气、粉尘及烟尘，以气体或飘浮物的形态扩散到空气中，对周边大气环境造成污染，尤其在河北省能源利用构成中，煤炭比重达 70% 以上，燃煤会产生大量有害烟尘和二氧化硫，造成十分严重的大气污染。2011 年采矿引发次生地质灾害 421 起，直接经济损失 15 亿多元。2012 年矿区年疏排水总量达 5.3 亿立方米，尾矿和固体废弃物累计积存 40 多亿吨。据《2013 年河北省地质环境状况公报》，截至 2013 年全省矿山地质环境影响破坏面积达 119913 公顷，其中露天开采压占破坏面积 68110 公顷，地面塌陷破坏面积 51803 公顷。

图 10-1　承德黑山铁矿露天开采造成地形地貌景观和植被破坏

资料来源:《2013 年河北省地质环境状况公报》。

图 10-2　张家口蔚县开滦崔家寨煤矿地面塌陷和地裂缝

资料来源:《2013 年河北省地质环境状况公报》。

(二)矿山环境治理

2005 年以来,全省立足合理配置矿产资源、优化矿山企业布局,以全面提高矿产资源开发的规模化、集约化水平为目标,开展了矿产资源整合工作。2005~2010 年,全省共整合矿山 2601 个,减少矿山 1543 个,其中小煤矿由 2005 年的 937 个减少到 2010 年的 273 个。截至 2010 年底,河北的矿山数量同十年前相比减少了 50%,但仍有矿山 5120 个,因此《河北省矿产资源总体规划(2008~2015 年)》中提出全省矿山总数要继续压减,2015 年控制在 4950 个,矿产资源总回收率与共伴生矿产综合利用率分别提高 8~13 个百分点,并划分为 61 个矿山地质环境重点保护区,其中包括 27 个重点预防区,14 个重点治理区,9 个一般治理区,要求 2010 年矿山地质环境治理率应达 30%以上,土地复垦率达 25%以上,2015 年矿山地质环境治理率应达 40%以上,土地复垦率达 30%以上。为此,

2013 年开展了全省"三区两线"矿山地质环境调查和"矿山复绿行动实施方案"的制定工作，完成了西柏坡高速、京昆高速、102 国道三河段及鹿泉抱犊寨景区四个区域 430.92 公顷的矿山复绿工程，实施了张家口下花园、承德鹰手营子矿区资源枯竭城市和三河东部矿区、京昆高速沿线、隆尧尧山等矿山环境治理工程。至 2013 年末，全省已建成国家矿山公园 4 个。

二、水资源

水是生命之源，是人类赖以生存和发展的基础，是人类可持续发展的重要自然资源。水是农业的血脉，是任何农作物成长过程中不可或缺的要素。水是工业的血液，是河北省工业产值增加的推动力，是河北省经济的发展助推力。由于气候条件变化以及对水资源不合理的开发利用，河北省水环境已经发生了较大变化，导致河北省水资源的数量和质量明显下降。

（一）水资源生态现状

河北省水资源严重短缺，全省多年平均水资源总量为 205 亿立方米，人均水资源量仅 307 立方米，为全国平均水平的 1/7，远低于国际公认的 500 立方米的极度缺水标准，且部分山区自产地表水资源量还要专供北京、天津两市使用。与20 世纪 50 年代相比，近十年河北省入境水量由年均 100 亿立方米锐减到 27 亿立方米，减幅达 73%，自产水量由年均 300 亿立方米减少到 150 亿立方米，减幅达 50%。[①] 河北省年均用水总量 20 世纪 50 年代初期约为 40 亿立方米，而近十年年均用水总量为 50 年代初的 5 倍，约 200 亿立方米。其中，农业用水占了全省用水总量的 75% 左右，工业及生活用水等占约 25%。但目前，全省年均水资源可利用量仅有 150 亿立方米，与 200 亿立方米的年均水资源需求量相比缺口达 50亿立方米，再加之生态用水，年缺水量达到 100 多亿立方米。以 2013 年为例，全省上半年可供水量为 130.14 亿立方米，供需比仅为 0.84，缺口高达 24.29 亿立方米。目前河北省仍有 565 万农村群众没有从根本上解决饮水安全问题，平均每年因干旱造成 50 万群众临时性饮水困难（河北省旱庄分布图见图 10-2）。根据预测，到 2030 年，中线工程实施、南水北调、引黄水量充分利用后，河北省可

---

① 河北人民网.河北缺水严重　南水北调引黄工程也不能根本解决 ［EB/OL］. http：//he. people. com. cn/n/2014/1210/c200202-23174469. html，2014-12-10/2015-03-02.

供水量最多为 230 亿吨，但届时全省总需水量可达 240 亿吨左右，缺口仍将有 10 亿吨左右，[①] 缺水将是河北省长期面临的严峻挑战。水资源虽严重短缺，但是目前工农业用水浪费现象严重。全省农业是用水大户，全省高效节水面积仅有 2500 万亩，大水漫灌比较普遍，导致地下水位下降，因此每年报废机井近万眼。工业用水虽不如农业用水多，但河北省万元工业增加值用水量达 19 吨，远高于周边的天津 8 吨、山东 12 吨、北京 14 吨，因此从工业节水技术来看，在优化用水循环系统方面河北省有待提高。

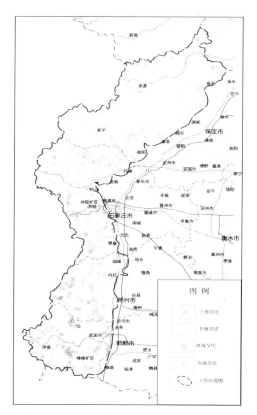

图 10-3　河北省太行山区及重点缺水地区水文地质调查旱庄分布示意图
资料来源：《2013 年河北省地质环境状况公报》。

由于长期严重缺水，河北省不得不靠超采地下水来补充每年缺水差额，可以说河北省是全国地下水利用程度最高的省份之一，专家形容其为"爷爷喝孙子的

　　① 河北人民网. 河北年缺水 50 亿吨　到 2030 年仍将缺 10 亿吨左右 ［EB/OL］. http：//he. people. com. cn/gb/n/2014/1211/c192235-23184215. html，2014-12-11/2015-03-04.

水"，每年地下水超采量达 50 亿立方米，已累计超采 1500 亿立方米，超采量为全国的 1/3。由于地下水长期过量开采，河北省地下水位持续下降，带来了地面沉降、海水入侵、咸淡水界面下移等严重的地质问题。据《河北省地质环境状况公报》，2013 年全省共有地下水位降落漏斗 23 个，总面积达 4 万平方公里左右，其中浅层水漏斗 12 个，深层水漏斗 10 个，岩溶水漏斗 1 个。漏斗面积超过 1000 平方公里的 7 个，包括邯郸市、邢台巨新、唐山宁河—唐海、沧州市、衡水市 5 个深层水漏斗和保定高蠡清、邢台宁柏隆 2 个浅层水漏斗（见表 10-1）。目前沧州市地下水漏斗中心地面沉降量已超过 2 米，沧州市、衡水市、天津市地下水漏斗基本已连成一片。同时，随着本省对水资源开发程度越来越高，达到了超常规开发的地步，造成自产地表水资源量明显减少，入境水量衰竭，入海水量锐减。地表水减少带来了河道中下游和城镇水污染严重，下游河道行洪能力降低，入海口淤积严重，部分河道、湖泊、洼淀除汛期外长年干涸无水等问题。

此外，工业用水不当造成了严重水资源污染，2013 年，全省污水排放总量约 14.46 亿吨，大量未经处理的污水倾注河流、渠道、地下，使得地表、地下水水质日趋恶化，目前河北省部分城市及农村的浅层地下水大部分已不能作为饮用水源。

表 10-1　河北省 2013 年地下水水位漏斗特征表

城市	漏斗名称	含水层类型	漏斗面积（平方公里）	漏斗中心水位变幅（米）
保定	保定市—亩泉—大册营漏斗	浅层	未封闭	29.25
	保定市区漏斗区	浅层	8.5	26.15
	高蠡清漏斗	浅层	1560	35.58
邯郸	永年东杨庄漏斗	浅层	742.7	30.4
	肥乡天台山—曲周东大由漏斗	浅层	724.3	47.8
	馆陶寿山寺漏斗	浅层	975.5	37.7
	邯郸城区北漏斗	浅层	38.3	35.11
	邯郸市漏斗	深层	3043.36	75.6
邢台	宁柏隆漏斗	浅层	1144.7	81.1
	巨新漏斗	深层	1746.09	101.57
	邢台市区漏斗	岩溶	12.2	68.65
石家庄	石家庄市区漏斗	浅层	452.5	47.63
唐山	唐山市区漏斗	浅层	331.9	25
	古冶漏斗	浅层	166.2	25.78
	宁河—唐海漏斗	深层	2057	70.1

续表

城市	漏斗名称	含水层类型	漏斗面积（平方公里）	漏斗中心水位变幅（米）
唐山	胥各庄漏斗	深层	158	39.28
	西葛庄漏斗	深层	119.7	54.73
	钱营漏斗	深层	208.5	66.7
沧州	沧州市漏斗	深层	5551.19	91.8
廊坊	廊坊漏斗	深层	367.8	79.03
	霸州牛百万漏斗	深层	184.2	83.5
衡水	衡水市漏斗	深层	8815	107.92
张家口	沙城漏斗	浅层	30.34	35.33

资料来源：《2013 年河北省地质环境状况公报》。

（二）水资源生态治理

河北省大量超采地下水，已形成全国最大的地下水漏斗区，到了非治理不可的地步。因此，2014 年中央财政安排 63 亿元，河北省级财政自筹配套 11.5 亿元开展地下水超采综合治理试点工作。为此，河北省制定了 2014 年度《河北省地下水超采综合治理试点方案》，并初步编制了《河北省地下水超采综合治理中长期规划（2014~2020 年）》。近期河北省已启动了地下水超采治理工作，治理目标是地下水超采量减少 47 亿立方米，压采率达到 87%；重点治理区地下水超采量减少 26 亿立方米以上，压采率达到 90%。治理范围为全省地下水超采区，涉及 8 个设区市 114 个县（市、区），面积 6.7 万平方公里。治理重点是以衡水为主的黑龙港远东地区，涉及衡水、沧州、邯郸、邢台 4 个设区市 45 个县（市、区），面积 3.5 万平方公里。经确定，2015 年试点区深层地下水漏斗中心水位下降速率明显减小，到 2017 年，引江、引黄全部建成后，这些水源将可以替代超采水源，2020 年实现地下水采补平衡，深层地下水漏斗中心水位大幅回升。

三、林地

历史上河北省曾是一个森林茂密的省份，夏商时期森林覆盖率约高达 68%。由于人类长时期的掠夺式开发破坏，使森林遭到严重的损害，新中国成立时，森林覆盖率（仅为 2.8%）低，分布不均，结构不合理，生态效益低，严重制约着河北省经济和社会的可持续发展。

(一) 林地生态现状

森林资源规划设计调研显示，2005 年河北省森林覆盖率为 23.25%，全省森林覆盖率在我国 31 个省、市、自治区（不包括港澳台）排第 20 位。全省有林地 6512 万亩，人均林地面积 0.73 亩，为全国平均的 1/3；活立木蓄积总量 $1.02×10^8$ 立方米，人均活立木蓄积超过 1 立方米，距离全国平均水平都有一定的差距。森林分布过度集中，近 2/3 的森林资源分布在承德、张家口等京津周边山区，从北向南依次递减。林地结构不合理，河北省森林资源以幼中龄林为主，比例占 84.22%，可供采伐利用的成熟林比例偏小；人工林纯林多，混交林面积少，针叶树多，阔叶树少。林地生产力低，生态功能不强，特别是承德和张家口坝上地区、太行山地区、黑龙港流域，仍属于生态脆弱区，森林生态系统不稳定，防风固沙和涵养水源的功能比较弱。

(二) 林地生态治理

"十一五"规划期间，河北省积极推进各项林业建设工作，加快林业建设步伐。"十一五"期间，河北省共完成造林绿化 2279.3 万亩，全省有林地面积达到 7400 万亩，增加 888 万亩，森林覆盖率达到 26%，比"十五"末增加 2.75%，荒漠化土地减少 270.3 万亩，沙化土地面积减少 417.3 万亩。但林业生态建设任务仍艰巨，森林资源总量不足，结构不合理，2012 年全省有沙化土地 3187.9 万亩、水土流失面积 9137 万亩亟须治理；城镇、村庄等人口密集区绿化水平较低，人居生态环境较差等。为此，2012 年河北省审议通过《河北省林业发展"十二五"规划》，提出新增林地 1300 万亩，森林覆盖率达到 31%，完成造林绿化 2100 万亩，重点生态公益林面积达到 3500 万亩。治理的主要任务是以生态建设为中心，全面推进林业生态工程，重点实施张家口、承德 2 市 29 县水土流失综合治理工程；严重沙化、盐渍化耕地退耕还林工程；承德、秦皇岛、唐山、廊坊、保定、石家庄、沧州、衡水 8 市 58 个县（市、区）三北防护林体系建设工程；保定、石家庄、邢台、邯郸 4 市 24 个县（市、区）太行山绿化工程；秦皇岛、唐山、沧州 3 市 23 个县（市、区）沿海防护林体系建设工程；石家庄、秦皇岛、唐山、廊坊、邯郸、保定、沧州、邢台和衡水 9 市 96 个平原县（市、区）平原绿化工程。

2013 年，河北省进一步加强林业生态建设，省政府常务会审议通过《河北省林地保护利用规划》（2010~2020 年），根据生态区位重要性、生态脆弱性、林地生产力等指标，将林地划分为 4 个保护等级，河北省林地、森林、森林公园、自然保护区等全部落实到具体山头地块，建立起详细的地理信息系统，实现全省林地"一张图"。2013 年河北省完成造林面积 31.9 万公顷，其中人工造林完成 23.8 万公顷，林业重点工程完成造林面积 16.3 万公顷，占全部造林面积的 51.1%，全民义务植树 1.1 亿株，全省森林覆盖率为 28%（见表 10-2）。经河北省决定，2014~2017 年 4 年时间将完成绿化造林 1680 万亩，每年森林覆盖率增加 1%，森林覆盖率达到 32%，到 2020 年，全省森林面积增加到 9850 万亩，森林覆盖率达到并稳定在 35% 以上。

表 10-2 2013 年河北省各市区造林情况

序号	设区市	造林面积（万公顷）	森林覆盖率（%）
1	石家庄	3.52	34.0
2	唐山	2.88	33.5
3	秦皇岛	10.00	44.0
4	邯郸	3.07	24.8
5	邢台	3.06	26.7
6	保定	4.57*	23.8
7	张家口	7.02	34.9
8	承德	4.89	55.8
9	沧州	1.41	23.0
10	廊坊	1.35	25.0*
11	衡水	1.07*	27.8*
12	全省	31.90	28.0

注：* 为 2013 年预计完成值。

资料来源：《河北省 2013 年国民经济和社会发展统计公报》。

四、农田

农田是农业生态系统的重要组成部分，对提高农业生产力和保障粮食安全具有重要意义，是人类生存发展的基础。它与草地、湿地和森林生态系统一样，对人类生存环境产生重大影响。

（一）农田生态现状

近年来，伴随着河北省经济的快速增长和人口的急剧增加，农田生态环境急剧恶化。1953~1996 年共 44 年时间，由于农业结构调整、各类建设及灾害损毁，河北省共减少耕地 114.64 万公顷（1719.6 万亩），年均减少 2.67 万公顷（40.05 万亩），而同期全省人口增加了 3141 万人。这使得人均耕地由 1949 年的 0.235 公顷（3.525 亩）下降到 1996 年的 0.1 公顷（1.5 亩），减少了 0.135 公顷（2.025 亩）。[①] 根据全省第二次土地调查，截至 2009 年 12 月 31 日，全省耕地为 9842.03 万亩，城镇村及工矿用地为 2628.78 万亩，交通运输用地为 588.70 万亩，水域及水利设施用地为 1326.85 万亩，其他土地为 1417.32 万亩。同第一次土地调查（1984~1996 年）相比，全省耕地面积减少 503.65 万亩，年均减少 38.74 万亩，人均耕地由第一次土地调查时的 1.60 亩减少到 2009 年的 1.40 亩，低于全国人均耕地 1.52 亩的平均水平。随着工业化和城镇化步伐的加快，高质量耕地还将继续减少，河北省人地矛盾将会日益加剧。与此同时，耕地后备资源数量不足，2009 年全省现有未利用地 5512.55 万亩，1996~2009 年全省沙地减少 31.33 万亩，盐碱地减少 30.10 万亩，其他草地减少 359.09 万亩，裸地减少 481.35 万亩。未开发耕地主要是位于偏远山区的裸地、荒草地，地形复杂、交通不便、自然条件恶劣，开发利用难度持续增大，耕地后备资源潜力不足，耕地占补平衡面临挑战。[②]

近年来，河北省对化肥、农药和农膜的使用量逐年增加，2013 年河北省施用化肥总量为 331.04 万吨，农药使用量为 8.67 万吨，农用塑料薄膜使用量为 6.78 万吨，地膜覆盖面积 1119.7 千公顷，均比 2002 年河北省施用化肥总量（折纯）278.8 万吨，农药使用量（折纯）7.5 万吨，地膜使用量 4.1 万吨，地膜覆盖面积 610.4 千公顷有所增加。[③] 大量和不合理的施用化肥、农药和农膜等农业投入品，造成农田肥力下降，土壤质量退化，危害了农业生态系统质量。

（二）农田生态治理

河北省作为国家绿色农副产品供应基地，农田污染防治势在必行。为此，2013 年河北省依据《全国土地整治规划（2011~2015 年）》和《河北省土地利用总体规划（2006~2020 年）》确定了河北省各设区市基本农田保护任务（见表 10-3），2013~2015 年需建设高标准农田 1820 万亩，推进"现代农业综合开发示范区"建设。2014 年河北省共建成高标准农田 109.14 万亩，进行生态综合治理

[①] 河北省资源网.河北省土地利用总体规划（1997~2010 年）.2009-12-20.

[②] 中国土地整网.摸清土地资源家底 夯实土地管理基础 [EB/OL].http://www.lcrc.org.cn/publish/portal0/tab38/info38203.htm, 2014-06-26/2015-03-27.

[③] 河北省环境保护厅.2013 年河北省环境状况公报.2014-06-06.

19.61 万亩。同时，2014 年河北省全面启动了山水林田湖生态整体修复工程，并出台了《关于加快山水林田湖生态修复的实施意见》，按照意见，2014~2017 年是河北省生态环境的全面恢复期。实施意见明确了未来三年河北省生态治理的具体目标，提出了建设高效清洁农田治理任务，总投资 2.4 亿元实施农田水利、田间工程等项目。2015 年河北省将继续建设 120 万亩以上高标准农田。

表 10-3 河北省 9 设区市高标准基本农田建设任务情况

单位：万亩

序号	设区市	2013 年	2014 年	2015 年	合计
1	石家庄	60	40	45	145
2	唐山	60	70	70	200
3	秦皇岛	30	10	10	50
4	邯郸	50	60	55	165
5	邢台	90	90	100	280
6	保定	80	90	90	260
7	沧州	120	140	140	400
8	廊坊	60	70	60	190
9	衡水	50	50	50	150
10	全省合计	600	600	620	1820

资料来源：《关于下达高标准基本农田建设任务的通知》。

五、湖泊湿地

湿地是位于陆生生态系统和水生生态系统之间的过渡性地带，是重要的自然资源，具有提供水源、补充地下水、蓄纳储水、保护堤岸和净化水质等功能，在经济发展中发挥了重要的作用。河北省曾是湿地大省，湿地面积占全省面积的5.9%。但是人类的过多开发利用水资源以及污染物的排放，严重威胁着湿地生态系统。

（一）湖泊湿地生态现状

河北省湖泊湿地数量有限，现存主要湖泊湿地为白洋淀、衡水湖、大浪淀、宁晋泊、大陆泽、永年洼 6 处，总面积 96630 公顷（见表 10-4）。1997~2002 年，由于河北省出现旱情，水资源持续减少，造成宁晋泊、大陆泽、大浪淀、永年洼湿地已经干涸。衡水湖原来靠滏阳河补给水源，后来滏阳河受到的污染日益严重，从而切断了与滏阳河的连接，加之气候变化，衡水湖湿地目前已经退化了

50 公顷。泥沙随洪水流入白洋淀，淤积在入淀口，造成白洋淀面积减少，加之围淀造田使萎缩更加严重，白洋淀是靠人工维系的湿地，一旦无水调入，将会干涸。

表 10–4　河北省湖泊型湿地基本情况

湿地名称	面积（公顷）	位置
白洋淀	36600	保定市安新县、雄县、容城县、高阳县，沧州任丘市
衡水湖	18787	秦皇岛市北戴河区
大浪淀	7493	河北省沧州市南皮县
宁晋泊	20970	河北省宁晋县、隆尧县、新河县和巨鹿县
大陆泽	11180	河北省邢台市隆尧、巨鹿、任县、平乡、南和、宁晋
永年洼	1600	邯郸永年县
合计	96630	

资料来源：作者根据相关资料整理。

同时，随着全省人口的增加和工业的迅速发展，城市生活污水以及工业废水排放量迅猛增加，给湿地生态系统造成了严重污染，致使湿地净化水质的生态功能遭到破坏，水质下降。如保定市区每天有约 9 万吨污水未经达标处理，通过府河排入白洋淀，造成白洋淀水域污染加重，2000 年和 2006 年发生了两次最为严重的死鱼事件，2000 年的调查结果是鱼的种类由 1965 年的 17 科 54 种减少到 11 科 18 种。

（二）湖泊湿地生态治理

为了更好地保护湿地，发挥湿地涵养水源、调节径流的作用，河北省制定出台了《河北省湿地保护规定》，编制了《河北省湿地保护规划》，大力加强湿地保护工作，全省实施了南大港、衡水湖等 9 个湿地保护与恢复项目，组织开展衡水湖、白洋淀等重要湿地的保护修复，加快东淀、文安洼、永定河泛区等洼淀退耕还湖还湿等，建立了 11 处湿地类型自然保护区和 48 处湿地公园。目前河北省湿地总面积 94.19 万公顷，占全国 34 个湿地类型的 55.88%，占国土面积的 5.02%，全省约 38% 的湿地得到了有效的保护。2014 年完成编制白洋淀综合治理规划和实施方案，到 2017 年确保入淀的水源达标，划定生态红线 28700 公顷，实施引黄补淀，年均补水 1.1 亿立方米；加快实施衡水湖治理重点项目，到 2017 年实现生态补水 1.5 亿立方米以上。加之湿地保护管理机构的建立和法规政策的完善，河北省湿地保护体系已初步建立。

六、海洋

河北省地处环渤海核心地带，是渤海湾重要沿海省份，海岸带及其所辖海域位于北纬 38° 07'14″~40° 01'37″，东经 117° 23'07″~119°57'02″，拥有大陆海岸线 487 公里，管辖海域总面积 7000 多平方公里，海岸带总面积为 11379.88 平方公里，占全省陆地总面积的 6%，其中陆域面积为 3756.38 平方公里，潮间带面积为 1167.9 平方公里，浅海面积为 6455.6 平方公里，岛岸线长为 199 千米。

（一）海洋生态现状

由于河北省水资源利用强度不断加大，河流上游水库、闸坝修建，造成河北省河流入海量严重偏低，全省入海水量从 20 世纪 70 年代的 6.0×10^9 立方米减少到 2013 年不足 1.0×10^9 立方米。同时，入海沙量减少造成了下游河道淤积、海洋自净能力下降、海岸侵蚀加剧等生态问题。

20 世纪 80 年代以来，河北省经济快速发展，沿海人口数量急剧增长，造成河北省近岸水体环境恶化，2008 年全省海水环境质量中，几乎没有清洁海域，其中，黄骅海域、山海关近岸海域、丰南海域、曹妃甸附近近岸海域污染严重。2004 年河北省滨海陆域污染物排放总量为 115888.37 吨，是 1984 年滨海陆域污染物排放总量（85919 吨）的 1.35 倍，2012 年由石河、洋河、滦河等河流携带入海的污染物数量达到 323914.32 吨，2003 年到 2012 年河北省严重污染海域面积增长了近 3 倍，造成了生物种类减少、高等生物全面退化。2004 年河北省共有海洋生物 409 种，比 20 世纪 80 年代海岸带调查时的 475 种减少了 66 种。

近年来，河北省赤潮灾害发生时间提前、发生频率提高、持续时间延长，给海洋生态环境造成严重污染和破坏。1984 年河北省赤潮面积很小，1989 年以后赤潮面积逐年增大。1989 年 8~10 月，河北省黄骅市、唐海县和天津塘沽沿岸海域及莱州湾的部分海域发生赤潮，面积达 1300 平方公里。1998 年 9 月，整个河北海域发生大面积赤潮，高峰期面积达 5855 平方公里。2006 年 10~11 月，河北省黄骅海域发生 1500 平方公里的赤潮。河北省赤潮面积逐年增加的同时，赤潮频次也逐年增加，1995 年赤潮频次为 0.6 次，2008 年增加到 3.75 次。

(二) 海洋生态治理

为加强海洋环境保护,推进海洋生态文明建设,2010 年 4 月开始,河北省大力建设海洋生态环境保护工程,总投资 2.66 亿元,恢复治理的浴场海岸线全长 5.4 公里,新增沙滩面积 40.6 公顷。2012 年 10 月 16 日,中央政府出台了《国务院关于河北省海洋功能区划 (2011~2020 年) 的批复》,到 2020 年,近岸海域保留区面积不低于区划面积的 2.5%,大陆自然岸线保有率不低于 35%,海洋保护区面积达到区划面积的 5%以上,海洋基本功能区海洋环境质量达标率达到 90%以上,整治修复海岸线长度不少于 80 公里,海洋基本功能区海洋环境质量达标率达到 90%以上。2012 年 12 月 11 日,河北省正式出台《河北省海洋环境保护管理规定》,鼓励和支持企业、企事业单位或者其他组织和个人投资海洋生态环境的保护、恢复、建设和治理工作,加大海洋生态环境保护力度。2013 年 3 月,河北省印发了《2013 年全省海洋管理工作要点》,部署海洋资源开发、海洋生态文明建设等 4 个方面 32 项重点工作,提升海洋管理支撑、服务能力,为海洋经济平稳较快发展提供有力保障。2014 年 3 月 9 日,河北省海洋局印发《2014 年河北省海洋工作要点》,从海域管理、海岛开发利用、海洋环境保护等方面入手,着力加强海洋环境保护,促进海洋生态文明建设。2014 年 3 月 27 日,《河北省海洋生态红线》经省政府同意正式出台,将重要海洋生态功能区、生态敏感区和生态脆弱区作为保护重点,首次划定 44 个海洋生态红线区,总面积 18.8 万公顷,占全省管辖海域面积的 26.02%。2014 年 9 月,河北省政府批复《河北省海域海岛海岸带整治修复保护规划 (2014~2020 年)》,整治修复保护范围包括秦皇岛、唐山和沧州 3 个设区市的海域、海岛和海岸带区域。到 2020 年,整治修复自然岸线不少于 80 公里,整治修复受损沙滩 17.5 公里,整治海域面积不少于 200 平方公里,整治修复海岛 5 个,构建海岸景观生态廊道 16 公里,退养还滩、还海 14 平方公里,修复滨海湿地 130 公顷。"十二五"期间,河北省曾计划投资 154.94 亿元,重点实施海洋污染控制、滨海生态保护与修复、海洋环境保护能力提升三大类工程。到 2015 年,河北省入海排污口、入海河口污染物达标排放率均超过 60%,近岸海域海洋功能区环境质量达标率达到 90%。

第二节　环境保护现状和趋势

在工业化进程中，会产生大量的"废气"、"废水"、"废渣"，从而造成环境的污染。环境是社会发展的基础，所以社会要想持续健康发展，就需要对环境加以保护，实现社会、环境和人的全面和谐发展。环境保护问题关系到世界经济社会可持续发展和人类的生存，影响着世界上每一个国家、民族和个人。随着河北省经济的快速发展，传统的"三高一低"即高投入、高消耗、高污染、低效率型经济增长方式仍占主导地位，从而导致污染物排放量较高，环境污染较为严重，河北省所面临的环境污染问题越来越严重。

近几年来，人们的环保意识逐渐增强，河北省在环境污染的预防和控制方面采取了很多措施，生态环境得到了明显的改善。但总体而言，河北省环境问题仍然很多，形势依然严峻。

一、大气环境

（一）大气污染现状

废气是指由于人类不合理的社会生产和生活活动而产生的对人身体健康有害的气体污染物。大气污染绝大部分来自于人类生产生活中废气的排放，大气污染来源包括企业生产过程中排出的烟尘和废气、燃料的燃烧、汽车尾气、建筑粉尘等，而工业废气是大气污染最主要的来源。

随着河北省工业化进程的加快以及经济的高速发展，河北省废气排放量迅速增加（见图 10-4），河北省工业废气从 2002 年的 12743 亿标立方米到 2012 年的 61429 标立方米，年平均增长率约为 38.2%。虽在 2008 年为了迎接北京奥运会，北京周边污染性企业搬迁或者暂停生产，河北省工业废气排放量明显减少，但 2009 年又出现迅猛增加的态势，2010 年以后工业废气增长率基本上维持在 10%以内。

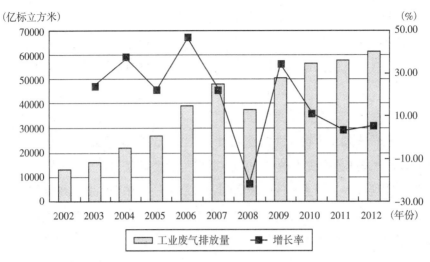

图 10-4　河北省工业废气排放变化

2002~2013 年，河北省二氧化硫和烟粉尘排放量变化趋势基本一致，都呈现先升后降再上升的趋势。2013 年河北省二氧化硫排放量为 128.47 万吨，居全国第三位；烟尘排放量为 131.33 万吨，居全国第一位（见表 10-5）。

表 10-5　河北省二氧化硫和烟粉尘排放量

年份	SO₂ 排放量（万吨）			烟尘排放量（万吨）		工业粉尘排放量（万吨）	烟（粉）尘总计（万吨）
	总计	工业	生活	工业	生活		
2002	127.90	105.30	22.60	54.50	19.30	63.00	136.80
2003	142.90	120.20	22.70	53.90	16.00	65.90	135.80
2004	142.80	121.50	21.30	54.20	18.10	72.40	144.70
2005	149.50	21.40	128.10	56.00	17.30	71.30	144.60
2006	154.55	132.57	21.98	55.31	17.01	64.58	136.90
2007	149.25	129.44	19.81	46.42	15.89	53.21	115.52
2008	134.51	115.87	18.64	39.64	17.18	50.74	107.56
2009	125.35	104.27	21.08	32.98	18.88	42.70	94.56
2010	123.38	99.42	23.96	32.26	17.71	32.09	82.06
2011	141.21	—	—	—	—	—	132.25
2012	134.12	—	—	—	—	—	123.59
2013	128.47	—	—	—	—	—	131.33

资料来源：《中国统计年鉴》（2003~2014）。

从各地区二氧化硫和烟粉尘排放情况来看，河北省二氧化硫和烟粉尘污染非常严重。2013 年，河北省二氧化硫和烟粉尘排放总量在全国 31 个省份中排第一位，达 259.80 万吨，氮氧化物排放量为 165.23 万吨，其中机动车排放量为 52.34 万吨，大量的气体污染物不仅对环境造成严重危害，而且也会危及人类的生命安全（见图 10-5）。

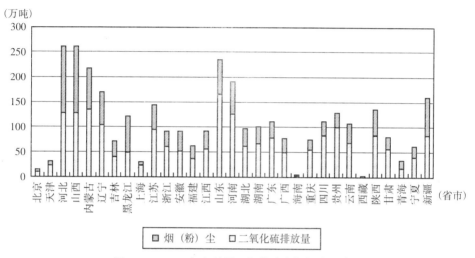

图 10-5 2013 年各地区二氧化硫和烟粉尘排放量

河北省大气污染日益严重，2013 年全省 PM2.5 年均值为 108 微克/立方米，而国家年均值二级标准为 35 微克/立方米，超标达 2.1 倍。PM2.5 最低的张家口市也超过了国家均值二级标准，该市的 PM2.5 为 40 微克/立方米，超标 0.1 倍。河北省 PM10 年均浓度为 190 微克/立方米，对照国家年均值 II 级标准 70 微克/立方米，超标 1.7 倍，PM10 最低的张家口市也超标 0.3 倍，为 91 微克/立方米。

2013 年全省设区市达到或优于 II 级的优良天数平均为 129 天，占全年总天数的 35.34%，重度污染以上天数平均为 80 天，占全年总天数的 21.92%。张家口、承德和秦皇岛 3 个设区市的优良天数在 200 天以上，其余各设区市全年优良天数均在 140 天以下（见图 10-6）。超标天数中各市以 PM2.5 和 PM10 为首的污染物较多，其日均值全省平均超标率分别为 55.7% 和 3.2%，除张家口、承德和秦皇岛之外，其他各设市区达标率都较低；臭氧的全省平均达标率为 82.2%，唐山、邯郸、保定、承德和衡水 5 个设市区达标率均低于 80%；二氧化氮的全省平均日均值达标率为 85.7%，石家庄、唐山和邢台达标率均低于 80%；二氧化硫的全省日均值达标率为87.6%，邢台、石家庄和唐山达标率低于80%；一氧化碳的全省平均日均值达标率为91.8%，邯郸、邢台、石家庄、保定和唐山均值低于90%。

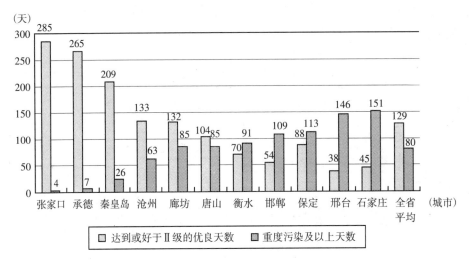

图10-6 2013年河北省城市空气质量

（二）大气污染治理

近年来，河北省空气污染问题越发严重和备受关注，尤其是雾霾问题成为各方关注的焦点。为此，"十二五"以来，河北省淘汰压缩炼铁产能、炼钢产能、水泥产能、平板玻璃产能分别占全国"十二五"计划淘汰任务总量的48%、53%、30%和46.6%。2013年11月国务院提出的五年内压缩8000万吨的钢铁产能任务，其中6000万吨的任务落在了河北，涉及省内60多万直接和间接的就业人员，直接、间接减少税收达500多亿元人民币。为了进一步加大京津冀空气污染治理力度，河北省实施了"6643"工程，即到2017年压减6000万吨钢铁、6000万吨水泥、4000万吨煤、3000万重量箱玻璃。尤其在APEC会议期间，河北省11个地级城市中的8个启动最高级别重污染天气应急减排措施，8000多家企业停产限产，5000多家工地停产。

同时，2013年河北省确定了25个重点大气污染控制区，推进重点区域大气污染综合治理，省环保厅为此制定了《河北省环境保护立体监测、监管建设实施方案》。目前，已完成除尘治理项目119个，脱硫和脱硝项目分别为291个和172个，完成燃煤锅炉能源置换和烟尘治理1800多台，淘汰黄标车65.9万辆，完成储煤场综合整治2262家，约谈13个县级政府，向社会公开了414个环境问题及查处情况。2013 年河北省出台了大气污染专项治理十条措施，包括拆除一批燃煤锅炉，实施一批煤改气工程，治理一批扬尘污染，创建一批重点大气污染控制，上一批脱硫、脱硝、除尘项目，实现大气污染自动监测全覆盖，办好一批在线监测，扩大一批排污单位监测，曝光处罚一批违法排污单位。建立一支环保警察队伍。2014 年 7 月，河北省编制完成了《河北省 2014 年大气污染防治工作实施计划》，实施减排项目 1810 个，年底淘汰 600 台以上燃煤锅炉，推广新能源公交车 1395 辆，集中供热锅炉煤改气改造面积 0.3 亿平方米。2015 年 4 月，河北省公布了《河北省大气污染深入治理三年（2015~2017 年）行动方案》，明确治理目标：到 2017 年，全省 PM2.5 浓度比 2015 年下降 25%；煤炭消耗量比 2012 年净消减 4000 万吨；二氧化硫、氮氧化物、一次 PM2.5 和挥发性有机物排放量比 2013 年分别下降 40%、25%、40% 和 20%。2016 年底，完成 66 家焦化企业综合治理。到 2015 年底，实现水泥企业、钢铁企业排放全面达标。

河北省大气污染治理初见成效。2013 年河北省大气污染物二氧化硫、氮氧化物的排放量分别为 128.47 万吨、165.23 万吨，与 2012 年相比分别削减了 4.20% 和 6.17%，完成了年度目标任务。2014 年 1~5 月，河北全省细颗粒物平均浓度同比下降 7.4%，可吸入颗粒物下降 6.1%，二氧化硫下降 26.0%，一氧化氮下降 19.0%，臭氧下降 14.4%。随着河北省深入落实大气污染防治行动计划，河北省的空气质量将会得到明显好转。

二、水质量环境

（一）水污染现状

1. 地表水质量状况

地表水质量包括河流的水质、近海域水质、湖库水质和省界断面水质等几个方面。

河流水质。2013 年河北省河流水质总体为中度污染，Ⅰ~Ⅲ类水质比例为 48.57%，劣Ⅴ类水质比例超过 30%（见图 10-7）。2013 年河北省七大水系中，氨氮浓度比 2012 年提高了 20.25%，化学需氧量浓度则降低了 8.22%。[①] 中度污染程

---

① 新华网. 河北七大水系水质总体为中度污染 ［EB/OL］. http：//news. xinhuanet. com/2014-06-06/c_1111011382. htm，2014-06-06/2015-03-31.

度以上的水系为大清河水系、北三河水、漳卫南运河水系、子牙河水系和黑龙港运东水系。

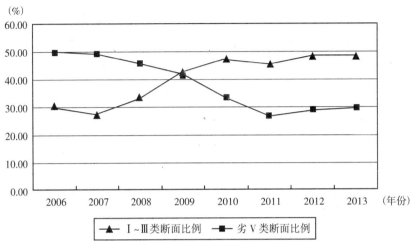

图 10-7　2006~2013 年全省河流水质类别比例变化情况

　　近海域水质。2013 年河北省近海岸海域海水环境质量较 2012 年有所好转，以 Ⅰ 类、Ⅱ 类水质为主。2013 年全省未达到 Ⅰ 类海水水质标准的海域面积为 4489 平方公里，比 2012 年（5139 平方公里）减少 650 平方公里。

　　湖库水质。2013 年全省对 15 座水库和白洋淀、衡水湖进行了监测。较之 2012 年龙门水库和东武仕水库的 Ⅱ 类水质，2013 年仅达到了 Ⅲ 类水质标准，呈现恶化趋势。其余 13 座水库水质均达到了 Ⅱ 类水质标准；衡水湖水质仍为 Ⅲ 类。2013 年白洋淀水质为 V 类，比 2012 年水质劣 V 类有所改善。

　　省界断面水质。河北省共有 36 个省界断面，其中包括 17 个入境断面和 19 个出境断面。2013 年共监测 29 个断面，出境断面水质好于入境断面水质，14 个入境断面中北京、山东和河南来水水质较差，山西和辽宁来水水质较好；15 个出境断面中入北京的水质较好。

　　2. 地下水水质状况

　　地下水水质同样令人担忧。2011 年，在河北省 10 个省辖市中 4 个城市地下水水质超标，其中石家庄、邯郸、沧州和承德水质较差是由于地质原因造成的。石家庄总硬度超标，超标率为 75.8%；邯郸总硬度和溶解性总固体超标，超标率分别为 68.4% 和 31.6%；沧州氟化物超标，超标率为 100%；承德氨氮、总硬度和总大肠菌群超标,超标率分别为 22.0%、75.6% 和 29.3%。

由于华北平原企业直排,污染河水补给、工业园和垃圾填埋渗漏造成华北平原浅层地下水污染较为严重,未受污染的地下水仅占采样点的 55.87%,较重污染以上占到了近 18%;深层地下水污染相对较轻,虽然未受污染的地下水占 87.14%,但中污染程度以上比例达到近 2.5%,形势不容乐观(见表 10-6)。河北省的石家庄、唐山、邢台和邯郸地区地下水的重金属和有机物超标严重(见图 10-8)。

表 10-6 华北地下水污染综合评价

分类	未污染	轻污染	中污染	较重污染	严重污染	极度污染
浅层地下水受污染比例	55.87	20.11	6.68	2.69	2.1	12.54
深层地下水受污染比例	87.14	10.42	1.49	0.48	0.24	0.24

资料来源:张兆吉,费宇红.华北平原地区地下水污染评价 [J].吉林大学学报(地球科学版),2012,42(5):1456~1461.

图 10-8 河北省重金属和有机物超标分布

资料来源:《四部委:2015 年初步遏制华北地下水水质恶化》。

随着经济社会的快速发展,华北平原部分城市和企业周边地下水污染呈现恶化趋势,严重影响地下饮用水源安全。地下水污染治理和修复难度大、周期长、成本高,形势严峻,着力开展地下水污染防治工作势在必行。

3. 废水排放状况分析

2003~2013 年,河北省废水排放量从 181230 万吨增加到 310920 万吨,年平均增长率约为 7.16%(见图 10-9)。河北省废水排放量的不断增加,加大了环境治理压力,严重制约了全省经济社会健康和可持续发展。此外,由于在农业生产过程中存在化肥、农药的大量不合理使用，造成地下水污染以及地表水体富营养化，农业生产过程中落后的科技设备、不完善的基础设施、乡镇企业以及城市污染工业"下乡"的废水排放，缺乏必要污染防治措施的集约化养殖场的迅速发展等使农村的水污染越来越严重。

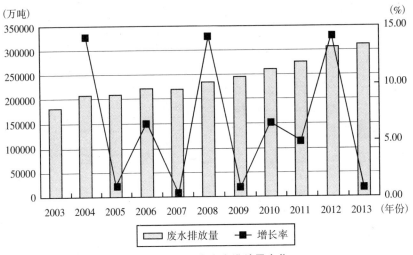

图 10-9　河北省废水排放量变化

由于河北省企业污染物排放浓度值高于规定污染物排放限值，导致河北省废水排放量中化学需氧量污染非常严重。2013 年，河北省废水中化学需氧量污染物在全国 31 个省份中排第五位，达 130.99 万吨，大量污染物会对水生生物造成持久的毒害作用，若使用含有高浓度的污染物进行灌溉会造成植物、农作物生长不良，人食用后，常有致癌、致畸、致突变的危害（见图 10-10）。

（二）水污染治理

为了治理、改善水环境质量，2011 年河北省出台了《河北省海河流域水污染防治计划（2011~2015 年）》，切实加快推进重点区域环境基础设施建设，全省 44 个省级工业园区内涉水排污企业均建成独立污水处理设施，全省所有县级以上城市、县城都建有污水处理厂。同时，积极推进县城所在地集中式饮水水源保护区的划定，加大了对饮用水源地的监测频次。另外还出台了《北戴河及近岸海域污染防治与生态修复实施方案》，明确了重点区域、行业和企业，大大削减了入海污染物。[1]

---

① 高飞. 河北省经济与环境协调发展研究 [D]. 石家庄：石家庄经济学院硕士学位论文，2014：17-20.

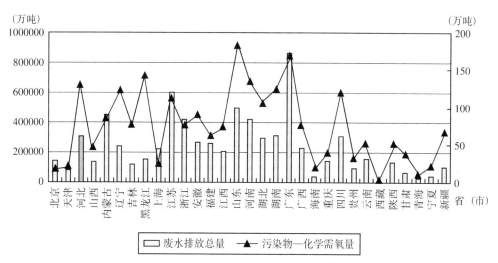

图 10-10　2013 年各地区废水和化学需氧量排放总量

2013 年河北省公布了 6 家污染地下水企业（见表 10-7），对违法企业采取了责令停止违法行为、停产整治、行政处罚等措施，并将结合河北省"三查"行动，严厉打击利用渗井、渗坑排污的行为。

表 10-7　河北省 6 家违法排污企业名单

序号	区域	企业名称	企业地址	存在的环境违法问题	处理处罚情况
1	保定	保定市满城富康纸业有限责任公司	满城县大庄村	渗坑排放	停产治理，满城县环保局立案处罚
2		满城县海昌造纸厂	满城县小庄村	渗坑排放	停产整治，满城县环保局立案处罚
3	沧州	河间市燕中电料厂	河间瀛洲镇门庄	渗坑排放	责令停止违法行为，河间市环保局立案处罚
4		河间市韩进宅热镀厂	河间瀛洲镇吴庙	渗坑排放	责令停止违法行为，河间市环保局立案处罚
5	石家庄	行唐县河北迈尔斯通电子材料有限公司	行唐县科技工业园区	渗坑排放	停产整治，立案处罚
6		石家庄同心致远化工有限公司	赵县新寨店工业区	渗井排放	停产、处罚 50 万元、土壤修复、法人刑事拘留

资料来源：《环保部检查华北地下水污染：河北 6 家违法企业名单公布》。

2014 年 5 月河北省发出《关于进一步加强地下水污染防治工作通知》，要求对重点行业、重点涉水污染源进行排查，尤其是针对污水"零排放"、废水排放量与理论产生量不一致的企业开展重点排查，严厉查处利用渗井、渗坑、裂隙和溶洞等排放、倾倒废水等违法行为。

2014 年 7 月研究起草了《河北省水污染防治行动计划实施方案》，力争用 5~7 年的时间，使全省饮用水安全得到有效保障，以重污染河流治理攻坚为抓手，确保七大水系干流及主要支流水体基本上消除劣 V 类，突出对重点污染源、重点行业、重点领域的治理，基本消除全省城市水体黑臭现象。2015 年，河北省城市污水处理率达到 90%，全省城镇污水再生利用率达到 30%，县城污水处理率达到 80%。

三、固体废弃物状况

（一）固体废弃物污染现状

根据固体废弃物排放来源，将其分为生活废弃物、工业废弃物和农业废弃物三类（见表 10-8）。

表 10-8 固体废弃物来源及分类

生活废弃物	生活垃圾	厨余垃圾、包装废物、粪渣、灰烬、绿化垃圾、特殊废弃物
	商业垃圾	扫集物（枝叶、泥土、泥沙、动物尸骸、水浮莲）、绿化垃圾、特殊废弃物
	保洁垃圾	餐厨垃圾、包装废物、动物尸骸、灰烬、建筑废弃物、绿化垃圾、特殊废弃物
	市政垃圾	污泥、积雪
工业废弃物		建筑废弃物、废渣、废屑、废塑胶、废弃化学品、污泥、尾矿、包装废物、绿化垃圾、特殊废弃物
农业废弃物		农资废弃物、农作物废弃物、粪渣、动物尸骸、绿化垃圾、特殊废弃物

资料来源：马腾飞.河北省经济发展与环境质量关系实证分析研究［D］.秦皇岛：燕山大学硕士学位论文，2013：24-25.

生活废弃物主要指日常生活中或者为日常生活提供服务的活动中产生的固体废弃物，即生活垃圾、商业垃圾、保洁垃圾和市政垃圾；工业废弃物是指在工业生产活动中产生的建筑废弃物、废渣、废屑等固体废物；农业废弃物是指在农业生产、农产品加工以及农村居民生活中产生的废物。

随着工业生产的发展，河北省工业废弃物产生的数量日益增加，且种类繁多、成分复杂、处理困难。河北省铁矿石资源丰富，能源结构以煤炭为主导，随着河北省经济的发展，河北省固体废弃物的产生量急剧增加。1995~2013 年，河北省固体废弃物产生的总量基本保持在一个较高的水平。1995~2013 年，河北省工业固体废弃物量从 6186 万吨增加到 43288.78 万吨，年均增长率约为 33.32%（见图 10-11）。

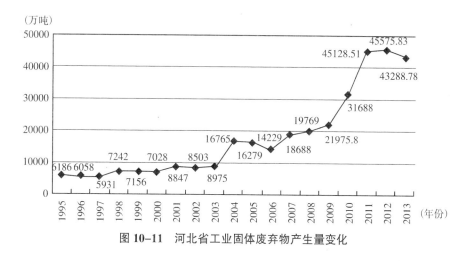

图 10-11　河北省工业固体废弃物产生量变化

与北京、天津相比，河北省工业固体废弃物产生量远高于京津，而且增长速度最快，但工业固体废弃物的综合利用率和城市垃圾无害化处理率远低于京津。2013 年，河北省工业固体废弃物产生量为 43288.78 万吨，危险废物产生量为 64.50 万吨，工业固体废弃物综合利用率仅为 42.40%（见表 10-9）。

表 10-9　2013 年京津冀三地工业固体排放量状况

省（市）	河北省	北京市	天津市
工业固体废弃物产生量（万吨）	43288.78	1044.12	1592.11
"十一五"期间年均产生量上升速度	22.20%	-1.60%	9.60%
每亿元 GDP 工业固体废弃物产生量（亿吨/亿元）	1.53	0.05	0.11
综合利用率（%）	42.40%	86.60%	99.40%

资料来源：《中国统计年鉴》（2014）。

从全国情况分析，河北省固体废弃物污染非常严重（见图 10-12）。2013 年，河北省一般工业固体废弃物在全国 31 个省份中排第一位，达 4.3 亿吨，综合利用率排倒数第二位，固体废弃物在自然环境中的长期大量累积不但污染水源、大气和土壤，而且必然危及国家的长期生态安全。

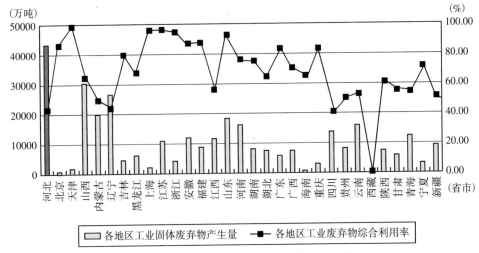

图 10-12　各地区工业固体废弃物综合利用率

图例：
- 各地区工业固体废弃物产生量
- 各地区工业废弃物综合利用率

图 10-12　各地区工业固体废弃物综合利用率

(二)　固体废弃物治理

为切实加强河北省固体废弃物污染防治工作，全面提高固体废弃物监管水平，保障公众健康，维护生态安全，2013 年，河北省出台《河北省危险废物污染防治实施方案（2013~2017 年）》，方案提出：到 2015 年，基本上摸清危险废物底数，年利用处置总量比 2010 年增加 75%以上，焚烧设施负荷率达到 75%以上。到 2017 年，全省危险废物实现动态化、信息化管理，危险废物规范化管理抽查合格率达到 95%以上。

2013 年，河北省认真落实《关于切实做好 2013 年度改善生态环境工作的意见》，建立全省危险废物信息管理系统，逐步实现危险废物网上申报登记，推进危险废物规范化管理。

2013 年，河北省对石家庄、保定、廊坊、沧州、唐山、邯郸六市开展进口固体废物专项综合整治，防止进口废料二次污染，保障国家环境安全。

2015 年 3 月，《河北省固体废物污染环境防治条例》表决通过，该条例明确规定县级以上人民政府有关部门应当建立固体废物污染环境不良记录制度，并将不良记录向社会公布。对产生、收集、贮存、运输、利用、处置固体废物污染环境的行为，可以依照有关法律的规定提起公益诉讼。该《条例》强化了政府在固体废物污染环境防治中的主导作用，明确了政府责任，对于没有明确责任人或者责任人不复存在的固体废物污染，由所在地县级以上人民政府承担污染防治责任。

第三节　京津冀生态共建共享

京津冀协同发展需要进行体制和机制的创新，涉及我国全面深化改革的许多方面，对加快生态文明建设具有重要的意义。京津冀作为人口集聚带，快速城镇化对整个区域资源、环境和生态的影响逐渐增加，造成的水土流失、土地沙化、草场退化以及雾霾侵袭等问题日益严重。京津冀协同发展，有利于破解人口增长、环境恶化、资源压力大、交通基础设施消费过快的难题，实现三地经济和生态的可持续发展。

一、京津冀环境治理协作进展

2006 年 10 月京冀合作进入一个新阶段，京冀两地政府签署《北京市人民政府河北省人民政府关于加强经济与社会发展合作备忘录》，内容包括：北京安排资金支持河北省张承地区治理水环境污染；北京支持河北四县营造生态水源防护林；北京对河北省张承地区农民"稻改旱"给予补偿；河北省将增加年出境水量；河北要为北京奥运应急供水 4 亿立方米创造条件。该项备忘录为深化区域合作和发展奠定了良好的基础。

2008 年北京奥运会期间，环境保护部和北京、天津、河北、山西、内蒙古、山东 6 省区市成立了奥运空气质量保障工作协调小组，共同制定了奥运会空气质量保障措施。这是京津冀环境治理协作的开始。

2009 年 9 月京津冀规划建设部门共同签署了《关于建立京津冀两市一省城乡规划协调机制框架协议》，提出了建立三方规划联席会议制度，主要研究生态环境保护、水资源综合开发利用、海岸线资源保护与利用等跨区域重要的城乡规划，协商推进区域一体化发展和规划协作的有关重大事宜，并提出规划意见和措施。

在 2011 年 3 月举行的十一届全国人大四次会议上，"打造首都经济圈"被明确写入国家"十二五"规划纲要，首都经济圈的规划和编制工作随之被提上议事日程，从此环首都经济圈的地域范围和功能规划成为学术界和决策者争论的热点，京津冀的环境治理总体方向开始明确。京津冀地区呈地理嵌套结构，山水相连、大气一体，"环境治理的联防联控、形成治污合力"才是根本解决之道。

2013年9月，为落实国务院同月公布的《大气污染防治行动计划》，环境保护部、国家发展改革委、工业和信息化部、财政部、住房城乡建设部和能源局联合向北京市、天津市、河北省、山西省、内蒙古自治区、山东省下发《京津冀及周边地区落实大气污染防治行动计划实施细则》，制定了6省市区大气污染防治的短期目标和主要任务。具体规定：2017年底，北京市调整退出高污染企业1200家；天津市钢铁产能、水泥（熟料）产能、燃煤机组装机容量分别控制在2000万吨、500万吨、1400万千瓦以内；河北省钢铁产能压缩淘汰6000万吨以上。全部淘汰10万千瓦以下非热电联产燃煤机组，启动淘汰20万千瓦以下的非热电联产燃煤机组。"十二五"期间淘汰水泥（熟料及磨机）落后产能6100万吨以上，淘汰平板玻璃产能3600万重量箱。

2013年10月，京津冀及周边地区大气污染防治协作小组成立，建立了"责任共担、信息共享、协商统筹、联防联控"的工作原则，确定了重污染应急、监测预警、信息共享等工作制度。这意味着以京津冀环境治理为核心的政府协商平台和协作机制正式成立，大大推进了京津冀环境治理工作。

2014年2月26日，习近平总书记主持召开座谈会听取了京津冀协同发展工作汇报，会上就推进京津冀协同发展提出七点要求，其中的重要一条是：着力扩大环境容量生态空间，加强生态环境保护合作。该项要求是京津冀环境治理的顶层设计，明确了京津冀环境的长期工作思路和指导思想。

2014年6月，京津冀及周边地区大气污染防治协作小组办公室近日印发《京津冀及周边地区大气污染联防联控2014年重点工作》，提出成立区域大气污染防治专家委员会，加强联动，同步应对解决区域共性问题。各方还将制定公共政策，促进区域空气质量改善。研究新的排污收费标准，推进企业自觉治污，在京津冀地区率先实施国家大气污染物特别排放限值。启动区域空气质量达标规划编制，明确大气环境承载能力红线。同时，力争在2015年实现京津冀全面供应符合国五标准的汽柴油。

2014年7月，京津冀及周边地区大气污染防治协作小组召开会议，听取了六省区市2014年APEC会议空气质量保障方案制定情况，审议通过了《京津冀及周边地区大气污染防治专家委员会成员名单》，通报了《京津冀及周边地区大气污染联防联控工作进展及下一步工作建议》，明确了"加快建设区域信息共享平台、尽快完善区域重污染预警会商和应急联动机制、启动区域空气质量达标规划编制、加大区域机动车污染防治力度和加快制定促进区域空气质量改善有关政策"等工作建议。

2014年7月31日，北京与河北两地政府正式签署七项协议，《共同加快张承地区生态环境建设协议》是重要内容。

2014年8月6日，为落实习近平总书记2014年2月26日在京津冀协同发展工作汇报中的讲话，京津政府在北京签署六项区域合作协议及备忘录，其中重要一项是《关于进一步加强环境保护合作的协议》。

2014年8月26日，天津市与河北签订五项协议，《加强生态环境建设合作框架协议》是重要一项。

2014年9月，京津冀及周边地区大气污染防治专家委员会正式成立，专家委员会由成因与转化规律、遥感与大气监测、污染防治技术、能源与环境经济等研究方向的专家共30人组成。其主要任务是：确定区域大气污染防治研究方向；指导编制区域大气污染防治规划，组织开展区域大气污染成因溯源、传输转化、来源解析等基础性研究；筛选推荐先进适用的、工程化的大气污染治理技术；提出大气污染治理的指导性建议等，为区域大气污染治理提供科技支撑。

2014年9月，水利部组织有关司局和单位，在专题调研基础上，结合已有工作成果，编制完成了《京津冀协同发展水利专项规划》，提出了2020年、2030年京津冀水利建设目标与控制性指标，制定了节约用水与水资源配置、水资源保护与水生态修复、防洪排涝减灾体系建设、水利管理体制改革与机制创新等方面的建设任务。

2014年10月11日，北京市环保局组织召开京津冀水污染突发事件联防联控机制第一次联席会议，三省（市）环保部门主管领导共同签署了《京津冀水污染突发事件联防联控机制合作协议》，并对2015年联防联控工作方案进行了讨论。会议明确，按照"五个第一时间"（第一时间报告、第一时间赶赴现场、第一时间开展监测、第一时间向社会发布信息、第一时间组织开展调查）要求，做到应急指挥一盘棋、应急监测一张图、应急物资一体化、稳定社会一条心；畅通信息联络，强化资源共享，完善规章制度，及时通报有关情况。强化地市间、区县间基层环保部门联系沟通；研究制定2015年联防联控工作计划，将京津冀联防联控机制逐步落到实处。

2014 年 10 月 24 日，中共中央政治局常委、国务院副总理张高丽出席在北京召开的京津冀及周边地区大气污染防治协作小组第三次会议，强调 APEC 会议期间空气质量保障和今冬明春区域大气污染防治工作。

2014 年 11 月初，针对北京在 APEC 会议期间可能出现空气重污染的情况，京津冀及周边地区大气污染防治协作小组启动 APEC 会议空气质量保障应急减排措施。经研究决定，北京、天津、河北、山东四省市分区域、分时段组织实施应急减排措施：一是自 11 月 3 日起，北京市及河北省的廊坊、保定、石家庄、邢台、邯郸等太行山一线城市实施最高一级重污染应急减排措施；二是自 11 月 6 日起，除上述城市继续采取应急减排措施外，天津市、河北省的唐山、衡水、沧州，以及山东省的济南、淄博、东营、德州、聊城、滨州，实施最高一级空气重污染应急减排措施，特别应严格控制高架源，确保达标排放，并尽可能采取限、停产措施。

二、河北省的生态环境与综合承载力

河北省地处环首都经济圈和环渤海经济圈腹地，经济地位突出。经过多年高速增长，河北省经济渐遇发展瓶颈，以钢铁、石化、制药为主体的传统产业为经济注入生机和活力的同时，也在逐步侵蚀其资源、能源储备和环境容量。科学评估河北省综合承载力，明确经济转型的环境约束，实现河北经济可持续发展，已经到了关键时刻。根据笔者相关研究显示，河北省综合承载力渐趋脆弱；相对于京津，除土地和交通设施承载力略具优势外，水资源、环境、市政设施、社会承载力明显不足。

在土地承载力方面，河北省有较大利用空间。河北省土地承载力总体好于京津。首先，河北省土地储备丰富（河北省未利用土地占总土地的 21.05%，北京为 12.64%，天津为 10.98%），产业布局比京津有更大的回旋余地，但人均土地面积和土地产出效率不如京津，农用地面积所占比重远超建设用地，城镇化水平低。其次，增量土地情况复杂多样。未利用土地中可开发为耕地的仅 16.25 万公顷，且还主要分布在山区、滨海地区、黑龙港低平原和坝上地区。土地复垦仅占农用地总面积的 1%，复耕速度较慢。最后，土地需求有增加有减少。经济增长对土地的依赖度在降低，土地的产出效率在提高，促进土地的集约使用；农村人口的自然增长对土地的压力在减少，近期的城镇化对土地需求的增加不会很快显现；农产品增产计划，耕地需求的压力增加。

在交通设施承载力方面，交通设施承载力较强。2012 年河北省公路通车里程增速为 11.54%，接近全国平均水平 11.89%，但铁路营运里程增速为 2.76%，低于全国平均水平 3.75%，显示河北省运输投入增速与全国相当，但河北省更注重公路尤其是高速公路的投入。2012 年河北省总运输量增速为 11.4%，与全国增速 10.6%基本持平，但客运量高于全国，货运量增速与全国相当；铁路运输量和公路客运量增长率低于全国，港口货运量和民航客运量的运力增长率高于全国水平，但由于河北机场的航站楼总面积仅占京津冀机场航站楼总面积的 10%，因此民航虽然增速快，但规模太小，由此看来，港口货运将是河北物流的发展方向。从运力的需求角度进行比较，河北省单位 GDP 铁路客运量（0.30 人/万元）、公路客运量（3.76 人/万元）和民航旅客吞吐量（0.03 人/万元）均低于全国水平（分别为 0.40 人/万元、7.0 人/万元和 0.07 人/万元）；单位 GDP 铁路货运量（0.82 吨/万元）、公路货运量（6.80 吨/万元）和港口货物吞吐量（2.89 吨/万元）均等于或高于全国平均水平（分别为 0.82 吨/万元、5.96 吨/万元和 1.30 吨/万元）。总体而言，河北基础设施的供求处于相对平衡的状态，当期的承载力较强，但客货运能力结构与客货运需求结构存在错位。

在水资源承载力方面，河北省不具优势。河北省的水资源承载力相对于京津也不具优势。除 2006 年外，2005~2009 年京津冀三地的水资源承载力相同，2010 年和 2011 年河北省水资源承载力均略高于北京但低于天津。具体而言，河北省的优势在于人均水资源量较高，供水安全性和自给率高，但是人均用水量和每单位 GDP 用水量较高，用水效率低，人均缺水量大，缺水严重。天津和北京用水效率较高，但人均水资源量偏低，人均用水量偏大，供水安全性差。实际上，京津冀都严重依赖近年将要完工的南水北调工程。据预测，在强化节水条件下，河北省支撑经济社会发展目标的年总需水量为 220 亿立方米，输入南水北调、引黄等工程的水源，水资源缺口仍为 27 亿立方米，仍需超采地下水解决。同时南水北调无法彻底缓解京津地区的用水困局，区域性供需矛盾仍十分突出。

在环境承载力方面，河北省总体上不容乐观。2005~2011 年，河北省的环境承载力相当或低于京津，环境对经济发展和社会生活改善的承载力较为低下，在水环境、固体废物和大气环境三个方面不尽相同。

在水环境承载力方面，津冀两地的地表水水质不容乐观，亟待大规模增加治污投资。北京的Ⅰ类和Ⅱ类河流河长百分比高于河北省，河北省高于天津，且津冀两地均低于全国平均水平；从Ⅴ类和劣Ⅴ类河流河长进行比较，北京最低，其次为河北省和天津，且两地均高于全国平均水平。造成这些现象的首要原因是废水的过量排放，河北省每亿元GDP废水排放量、化学需氧量排放量和氨氮排放量以及污染物增速均大于京津。从废水来源来看，河北省的工业废水减排压力高于生活污水减排压力。

在固体废物排放方面，河北省工业固体废弃物产生量远高于京津，而且增长速度最快。这主要源于生产方式比较落后，河北省的单位GDP工业固体废弃物产生量高于京津；河北省工业固体废弃物的综合利用率远低于京津。过低的综合利用率和过高的废物储存率意味着固体废弃物被过度留置在土壤中，会严重污染水源、土壤和空气。即使河北省环境保护达到"十二五"规划的目标，也只和北京相当，仍然远低于天津。在生活固体废弃物排放方面，河北省人均城市生活垃圾清运量和清运量增速均低于京津。垃圾处理不善是城市污染的主要原因，河北省垃圾处理技术落后于京津，有毒垃圾长期滞留在环境中，降低了环境承载力。

在大气环境承载力方面，河北省单位GDP的各类大气污染物排放量均远高于京津，以工业为主体的产业结构和相对落后的生产技术方式是河北省大气污染的根源。同时，河北省的GDP增速超过北京，较快的经济增长率将迅速消耗河北省的大气环境容量，快速降低环境承载力。京津两地大气污染物的主要来源不是工业生产而是生活污染物排放，主要是汽车尾气排放。2007~2011年，河北省与天津大气质量逐年上升，但北京逐年下降，意味着首都大气环境存在恶化趋势。但由于大气污染物的流动性，津冀在区域发展中并不能独善其身，近期在华北地区频发的雾霾就是最好的例证。

在市政设施承载力方面，2006~2012年河北省市政设施承载力指数趋升，并于2008年后跨过1，最高升至2012年的1.75，说明该项承载力趋于下降，市政设施已难以满足经济社会发展的需求。河北省基础市政设施服务能力明显不足，河北省供热能力高于全国水平，但低于气候与河北相似、年人均GDP水平逊于河北省的山西省，社会承载力较差。河北省2012年人均GDP与全国相当，但城市公共交通承载力未达到全国平均水平，城市设施不完备，不如全国平均水平，承载力不足。河北省2012年天然气供应能力还未达到全国平均水平。随着城市化水平的提高，不断增加的人口会对市政设施带来更大的需求，但城市市政的投资规模由于政府债务的增多而递减，未来河北省市政承载将呈现下降的趋势。

在社会承载力方面，河北省社会承载力指数较为平稳，始终低于1，说明社会承载力较高，但与全国其他省市相比，河北省教育和医疗水平普遍偏低，指数平稳只是弱平衡，随着民众对社会管理要求的提高和城镇化步伐的加快，社会承载力面临巨大的压力。2012年河北省人力资源投入高于全国，但教育经费投入低于全国水平，总体投入不足预示着教育质量难以达到全国平均水平；2012年河北省义务教育入学率与全国基本持平，但随着城市化的加快以及异地高考政策的出台，义务教育将面临前所未有的压力，承载力会逐步下降。2012年河北省医疗卫生资源水平与全国平均水平基本相当，但财政支出中的人均财政卫生医疗费用远低于全国平均水平，且城乡医保率低于全国平均水平，尽管医保人均筹资额两者相当，但也在一定程度上反映出河北省医疗保障能力不足的问题。随着未来城市化的快速发展，农村教育和医疗需求开始向城市教育和医疗资源转移，这将会进一步加大城市社会各项事业的压力，导致城乡冲突和城市教育医疗服务的持续短缺，降低社会整体承载力。

三、建立京津冀生态共建共享和补偿机制的思考

（一）建立行政协调组织，制定区域统一法规

京津冀地区生态补偿机制的建立涉及多个不同利益诉求的行政主体，在生态环境共建共享中权利、义务划分不甚明确，仅靠各行政主体之间的无约束性协商很难达成统一，更谈不上形成机制，因此必须要有一个高于三方的行政组织来对三方进行协调。一是在国务院层面设立由国家环保部、林业局、发改委、财政部、国土资源部等部门联合组成的"国家生态补偿管理办公室"，办公室除了履行中央政府层面的生态补偿职能外，也对区域生态补偿进行协调、管理和监督。二是尽快出台京津冀环境共享和生态补偿发展规划，同时将京津冀地区环境共享和补偿机制的建立列入国家重点发展计划，坚持"规划先行，政策导向"。三是将生态补偿机制的建立上升到法律层面，建立起一套自然资源利用与生态环境保护相统一的环境资源法律体系，并充分考虑京津冀尤其是河北省的发展阶段与现状，因时制宜、因地制宜发展。

（二）构建协同治理机制，引导区域产业升级

构建水污染联防联控机制。开展水资源保护区共建和强化流域综合管理，以水功能区规划、重点流域水污染防治规划、海河流域水资源综合规划等为依据，明确京津冀区域内水质及生态水量目标，合理制定河流纳污总量控制方案、生态流量控制方案、水生态修复治理方案，构建突发性水污染事件应急体系，全面提高海河流域应对突发性水污染事件的能力。推进京津冀水源涵养区建设，协调北京市、河北省完善燕山山地丘陵水源涵养生态维护区建设，在天津市境内的蓟北山地丘陵区保护与建设水源涵养林，建设清洁型小流域，加强采矿迹地生态和景观恢复，综合治理荒山荒坡及沟壑。尽早对流域综合管理立法，从流域角度统一进行规划，保护水资源。

构建大气污染联防联控机制。建立统一的区域空气质量检测体系，将重点污染城市全部纳入区域大气监控网，制定实施区域空气质量标准，建立煤炭消费总量预测预警机制，开展煤炭消费总量控制试点，协同开展"高污染燃料禁燃区"划定工作，逐步扩大禁燃区范围。

构建碳交易市场的发展机制。由于京津冀三地发展的不平衡，在技术、经济、政治方面存在巨大差异，所以北京和天津这两个相对发达的直辖市与河北省相对落后的省份进行碳排放合作过程中，难免会有难以协调的利益冲突。应借鉴运用《京都议定书》的清洁发展机制，在发展悬殊的省份之间进行项目合作，发达省份通过提供资金支持或技术援助等形式与相对落后的省份开展减少温室气体项目的开发与合作，具体合作机制是：承担减排义务的北京、天津在河北省投资能够减少排放量的项目或者为其提供减排技术支持，那么减少的排放数额就可返还北京、天津，来冲抵其本身的减排义务。这个机制的主要目的是要协助河北省实现可持续发展，并协助北京、天津达到减排的目标，因此对于发达城市和落后地区来说，这是一种双方都获利的交易机制。此外，由于公私部门可以共同参与这一交易，协调各方的利益，因此被认为是最有潜力与最有机会的机制。

在京津冀三地经济发展中，应该摒弃传统粗放、高能耗的经济增长方式，通过技术创新等手段提升京津冀发展质量。京津应主动将环境友好型、高品质、高附加值、高新技术的产业有限转移到河北，推动河北地区的产业升级，防止京津将污染转出本地和通过大气、水源等方式使污染重新流回本地，一次性从根本上改善污染。

（三）建立区域合作基金，完善环境税收机制

生态目标是一种公益目标，投资者利益诉求往往得不到满足，因此生态环境建设的投资主体必然是政府。京津冀三地需联合成立生态建设专项资金，专项资金应根据城市综合承载力、GIS 技术、生态足迹成分法等专业运算方法计算出生态补偿的金额，专项资金由京津冀三方政府财政资金拨付形成，拨付比例应在综合考虑京津冀三地人口规模、GDP 总值、财力状况、生态效益外溢程度等因素的基础上来确定，并将财政资金存入生态基金，保证按此比例及时进行补充。针对区域合作专项资金的建立，应扩大资金来源，多渠道、多方法引导民间资本投资环保基金，可考虑联合发行生态补偿基金彩票或中长期环保债券，或者提供各种优惠政策鼓励更多的环保企业上市，在股票市场中形成环保板块，以筹集更多的生态补偿和环保资金。在环境税模式具体运行中，要全面考虑课税对象、税基、税率与征收范围，进一步加强环境税对生态环境保护作用，提高所得税与消费税对环境保护的调节强度，在此基础上保持总税负标准，实现税收中性。①

（四）成立科研攻关小组，确定生态补偿标准

补偿标准是生态补偿的核心，关系到补偿的效果和补偿者的承受能力。补偿标准也是京津冀三方争论的核心问题，目前的关键是要采取切实可行的措施，对京津冀地区生态资源做出正确、科学、合理的评估，确定合理的生态补偿标准。在具体实施上，京津冀三方需各派出相应数量的科研人员组成科研攻关联合小组，研究建立自然资源和生态环境统计监测指标体系，探索定量化的自然资源和生态环境价值评价方法，并着手研究河北环京津地区资源、环境实物量的统计，开展资源耗减、环境损失估价方法等课题的研究工作，尽早为确立科学的生态补偿标准提供依据。②

参考文献

［1］河北人民网. 河北缺水严重　南水北调引黄工程也不能根本解决 ［EB/OL］. http：//he. people.com.cn/n/ 2014/1210/c200202-23174469.html，2014-12-10/2015-03-02.

［2］河北人民网. 河北年缺水 50 亿吨　到 2030 年仍将缺 10 亿吨左右 ［EB/OL］. http：//he.

---

① 李明达. 论京津冀生态环境的共建共享[J]. 燕山大学学报（哲学社会科学版），2014，15（4）：135-137.

② 边继云. 京津冀地区建立环境共享与补偿机制的思考 [J]. 经济论坛，2009（5）：54-55.

people.com.cn/gb/n/2014/1211/c192235-23184215.html，2014-12-11/2015-03-04.

　　［3］冯思军.京津冀协同发展战略背景下引滦水源保护工作思路初探［J］.中国水利，2014（17）.

　　［4］河北省资源网.河北省土地利用总体规划.（1997~2010年）2009-12-20.

　　［5］中国土地整网.摸清土地资源家底　夯实土地管理基础［EB/OL］.http：//www.lcrc.org.cn/publish/portal0/tab38 /info38203.htm，2014-06-26/2015-03-27.

　　［6］河北省环境保护厅.2013年河北省环境状况公报.2014-06-06.

　　［7］王保民.改善河北海洋生态环境的策略与实践［J］.海洋开发与管理，2013，30（4）.

　　［8］高飞.河北省经济与环境协调发展研究［D］.石家庄：石家庄经济学院硕士学位论文，2014.

　　［9］新华网.河北七大水系水质总体为中度污染［EB/OL］.http：//news.xinhuanet.com/2014-06/06/ c_1111011382.htm，2014-06-06/2015-03-31.

　　［10］张兆吉，费宇红.华北平原地区地下水污染评价［J］.吉林大学学报（地球科学版），2012，42（5）.

　　［11］马腾飞.河北省经济发展与环境质量关系实证分析研究［D］.秦皇岛：燕山大学硕士学位论文，2013.

　　［12］王健，王军，杨向辉.构建京津冀地区经济发展与生态保护利益协调体系［C］.第九届中国软科学学术年会论文集（上册），2013.

　　［13］李孟颖.京津冀区域发展与生态环境控制［J］.北京规划建设，2012（4）.

　　［14］赵玉山，朱桂香.国外流域生态补偿的实践模式及对中国的借鉴意义［J］.世界农业，2008（4）.

　　［15］李明达.论京津冀生态环境的共建共享［J］.燕山大学学报（哲学社会科学版），2014，15（4）.

　　［16］边继云.京津冀地区建立环境共享与补偿机制的思考［J］.经济论坛，2009（5）.

第十一章　发展战略与部署

第一节　发展目标与战略定位

一、发展目标

目前，河北省处于全面建成小康社会最后冲刺时期、全面深化改革取得决定性成果时期、转变经济发展方式取得实质性进展时期。同时，京津冀协同发展、长江经济带和长江中游城市群、"一带一路"等新战略正在大范围展开，国内区域发展新格局正在逐步构建，国内"南资北移"趋势加速，河北省应主动适应经济发展新常态，以创新发展、转型升级为主线，坚定不移地走绿色崛起之路，大力推动京津冀协同发展以提升综合实力，全面深化改革开放以释放发展活力，深入实施创新驱动战略以增强发展动力。着力构筑环首都经济圈，壮大沿海经济隆起带，打造冀中南经济区，计划培育一批千亿元级工业聚集区、开发区以及大型企业集团，以新型工业化、信息化、新型城镇化以及农业现代化"四化"互动加速推进，推动经济结构调整，着力保障、改善生态环境，提高创新能力，深化改革，加速推进科学发展、富民强省进程，进而保持经济社会平稳较快发展，努力实现从经济大省向经济强省转变，从文化资源大省向文化强省跨越，努力建成全面小康的河北、富裕殷实的河北、山清水秀的河北。

二、战略定位

2014年3月，河北省委、省政府召开全省推进京津冀协同发展工作会议，指出河北在京津冀协同发展中的战略定位是从城市、产业、交通、生态四方面切入，着力打造"四个支撑区"。[①]2015年4月中共中央政治局审议通过了《京津冀协同发展规划纲要》，进一步明确了河北省的战略定位，要尽快建成全国现代商贸物流重要基地、产业转型升级试验区、新型城镇化与城乡统筹示范区、京津冀生态环境支撑区。

（一）建设全国现代商贸物流重要基地

交通一体化是京津冀协同发展的骨骼系统，是商贸物流的基础支撑。有了这个系统，就有了协同发展的基础和条件，实现人流、物流、信息流一体化也就更容易。近年来京津冀地区交通一体化已打下一定基础，比如京津客专的开通使两地的距离拉近，京沪高铁、京广高铁的相继运行，又将石家庄、保定等城市与长三角、珠三角等经济圈的距离拉近。目前，北京到沈阳的客专已经开建，张家口到北京的客专也开工在即，这些线路建成运营后，北京与河北省北部的联系会更加紧密。当前，区域交通发展呈现以北京为中心、向四周延伸的单中心放射状，而作为京津冀区域综合交通网络的支撑区，河北省在推进现代交通网络体系建设时，则更要着眼大局。不仅要从自身发展考虑推动与京津地区的全面对接，还应当打破城市封闭交通体系，在高铁、高速公路、城际、地铁、港口、航空等方面，形成便捷高效、互通互联的综合交通体系，分担北京的交通压力；同时发挥区位和交通网络比较优势，主动承担京津现代商贸、电子商务、跨区分拨、城际配送功能，培育壮大网络化、专业化、智能化的现代商贸和物流产业体系。

（二）打造产业转型升级试验区

产业一体化是京津冀协同发展的实体内容和关键支撑，但当前需要正视的现实却是，京津冀产业存在较大梯度差。河北省应发挥地理区位、资源禀赋、产业基础、设施条件等比较优势，积极承接京津的产业转移和要素外溢，顺应新科技创新与发展，改造提升传统产业，培育壮大战略性新兴产业，加快发展生产性服务业，大力发展现代农业，为构建京津冀区域绿色、循环、低碳的现代产业体系

---

① 边慧. 解读河北省推进京津冀协同发展工作会议 [N]. 河北日报，2014-03-31.

做出贡献。

（三）优化新型城镇化与城乡统筹示范区

京津两地区的城镇化水平已达到发达国家水平，而 2014 年河北省的城镇人口比率仅为 49.3%，尚处在城镇化中期阶段，这表明京津冀城市群内部城镇化发展不平衡。如果不改变京津冀城市群中失衡的层级结构，也就使河北的城市建设水平搞不上去，不仅难以实现京津地区人口向河北省转移，而且河北省人口的就地城镇化也成问题，河北省 7300 多万人口中，还会有一部分人继续流入京津地区，加剧京津地区的人口压力。从国内外区域经济圈发展来看，超大城市周边都有一批布局合理、层次鲜明、功能互补、规模适度的重要节点城市。河北省的责任是通过优化城市布局和提高建设水平，建设与世界级城市群相适应的次级中心城市、大城市、中小卫星城市，一方面提高对本地人口的吸纳能力，另一方面逐步形成对京津地区人口的"反磁力"。

（四）构筑京津冀生态环境支撑区

河北省与京津地区是一个唇齿相依的生态系统，这决定了河北省的崛起和发展增长都只能是绿色的。河北省对京津冀城市群的贡献、对京津的服务，在很大程度上体现在生态支撑上。当前，京津冀地区已开始联动部署大气污染防治工作。这表明，一座城市、一个地方生态环境的改善，仅从点上抓起是很难见效的。因此，河北省必须在更大的区域内构筑生态涵养空间，在防治大气污染的同时，对山、水、林、田、湖、海进行综合治理，再现蓝天白云、碧水清流、青山如黛、碧海金沙。推进京津冀协同发展，河北省必须让自身的生态环境足以支撑起京津冀这个世界级城市群的发展。

第二节　空间发展思路与重大任务

为实现河北经济社会持续健康发展，应抓住关系全局的重大战略问题，顺势而为，有所为有所不为。

一、发展思路

河北省既要统筹谋划、协调推进，又要突出重点、抓好关键。特别是要积极融入京津冀协同发展这个重大国家战略，主动参与"以首都为核心的世界级城市群、区域整体协同发展改革引领区、全国创新驱动经济增长新引擎、生态修复环境改善示范区"建设。按照国家对京津冀区域的空间布局，着力打造四个战略功能区，即沿海率先发展区、环京津核心功能区、冀中南功能拓展区和冀西北生态涵养区，构建区域特色鲜明、重点突出、功能合理、协调发展的区域发展新格局。

（一）全力打造沿海地区率先发展的增长极

抓住河北沿海地区发展上升为国家战略的契机，培育壮大沿海地区城市，力争把沿海地区建设成为环渤海地区的重要战略增长极、全国重要的新型工业化基地、科学发展示范区、生态宜居地以及经济社会协调发展的国内沿海经济新高地。依托三港（秦皇岛港、唐山港、黄骅港）、四区（山海关临港产业园区、曹妃甸循环经济示范区、乐亭临港产业聚集区、沧州渤海新区）的区位优势，带动港口、港区、港城"三位一体"发展，促进临港产业的集聚；畅通"天津—冀中南物流通道"，促进北京机场、天津滨海机场、石家庄空港联运等，加强沿海地区与京津及中西部腹地的合作，形成滨海型产业集聚带和城镇发展区，以唐山为龙头，带动冀东北地区加快发展，把沧州建成环渤海地区重要港口城市，把秦皇岛打造成为绿色发展的国际名片；加大曹妃甸区、渤海新区、北戴河新区开发建设力度，形成河北开放型经济发展的引领区、支撑全省发展的战略增长极。

（二）大力培育环京津地区新的发展增长极

紧抓京津功能疏解、京津冀协同发展的历史机遇，积极整合环京津地区的资源，借力京津，培育环京津地区经济发展的增长极。以重点卫星城市和园区的建设为切入点，整合环京津地区的产业园区，搞好承接产业转移的平台建设，坚持绿色崛起，建设一批要素吸附能力强、科技成果转化速度快、产业对接水平高的宜居宜业型中小城市，形成"四心"（承德、张家口、廊坊、保定中心城市）、"三区"（京东产业协作服务区、京南产业协作服务区、新机场临空产业区）、"一片"（怀来、涿鹿、赤城、丰宁、滦平、兴隆等地区形成的首都生态涵养、高端旅游及特色产业功能片，重点是京北生态新区）、"六轴"（京津、京唐、京石、京张、京承、京沧6条交通沿线）、"多点"（14个环首都县、市、区城镇节点）的空间布局，重点与京津打造京津保核心区，京津廊科技走廊，共同建设白洋淀科技城、北京新机场临空经济区等产业发展平台，加快形成全省创新发展先行区，成为引领河北发展的新增长极。

（三）优化发展冀中南经济区

石家庄、邯郸、邢台、衡水地区发展基础良好、自然资源丰富、发展潜力较大，是推动京津冀协同发展的战略腹地，重点承担新型城镇化、科技成果产业化和高新技术产业发展、农副产品供给功能。发挥省会石家庄为京津冀区域次中心的作用，强化科技创新和文化引领，促进高端要素集聚，带动冀中南地区加快发展，发挥邯郸为四省接壤地区重要中心城市作用，促进邯邢一体化发展；以综合配套改革为动力，加快推进正定新区、冀南新区、太行新区和滨湖新区建设，加快交通沿线主要城镇发展、提高综合承载和辐射带动能力，促进城乡一体化发展，成为全省转型升级的重要引擎。

（四）加快建设冀西北生态涵养区

张家口、承德及保定西部山区，生态系统较为完善，环境质量相对较好，水资源比较丰富，是支撑京津冀协同发展的生态功能区域，要重点发挥生态保障、水源涵养、旅游休闲、绿色产品供给、低碳绿色产业发展等功能。建设坝上草原生态防护区，打造北部防风固沙生态屏障，建设燕山、太行山生态涵养区，打造京津冀生态安全屏障，建成全国生态文明先行示范区。

按照2015年4月30日中央政治局会议审议通过的《京津冀协同发展规划纲要》规定，京津冀将以"一核、双城、三轴、四区、多节点"为骨架进行空间布局，构建以重要城市为支点，以战略性功能区平台为载体，以交通干线、生态廊道为纽带的立体网络。"一核"是指京津廊保组成的核心功能区；"双城"即为北京和天津；"三轴"为京津发展轴主要推动北京、廊坊、天津交通沿线主要城市加快发展，辐射张家口、承德；京保石发展轴推动北京、保定、石家庄、邢台、邯郸交通沿线主要城镇加快发展；京唐秦发展轴推动北京、宝坻、唐山、秦皇岛交通沿线主要城镇加快发展，辐射沧州；"四区"分别为东部滨海发展区、南部功能拓展区、西北部生态涵养区和中部核心功能区；同时将一些非区域性中心的城市纳入形成多节点发展的空间格局。

二、重大任务

(一) 实现沿海经济发展

河北省沿海经济带是指在秦唐沧沿海 487 公里的海岸线上选择的近海临港、区位优越、基础较好、潜力较大的 11 个县 (市、区)，通过实施"11 县 8 区 1 路 1 带"重点推进计划，实现沿海与腹地优势互补、协调发展。[①] 11 个县 (市、区) 包括：秦皇岛市山海关区、海港区、北戴河区、抚宁县、昌黎县，唐山市乐亭县、滦南县、唐海县、丰南区，黄骅市、海兴县；8 区包括：秦皇岛北戴河新区、唐山曹妃甸新区、乐亭新区、丰南沿海工业区、芦汉新区、沧州渤海新区，以及在沧州沿海和唐山曹妃甸分别设立的冀中南、冀东北工业集聚区；1 路为滨海公路沿线，途经秦、唐、沧 3 市 11 个县 (市、区)，形成沿滨海公路的经济带；1 带为沿海经济带，努力打造临海产业带、沿海城市带和滨海旅游带。

河北沿海发展已经正式上升为国家战略，打造沿海经济带是河北省沿海战略的关键。壮大沿海经济带，实施产业战略东移，将为河北省经济拓展更大的发展空间，打造旅游、化工、电子信息、现代物流、船舶修造、装备制造和新能源七大产业带以及 "1+3" 区域枢纽港口群 (以天津港为核心，以秦皇岛港、唐山港、黄骅港为主要支线港)，推进港口、港区和港城互动，实现港口群内部与其周边港口群的有序竞争与合作，加快建设沿海经济带成为新经济增长极。

(二) 新型城镇化与县域经济发展

"县积而郡，郡积而天下；郡县治，天下无不治"。河北省县域全部财政收入占全省的近 50%，县域规模以上工业总产值占全省的 63%，县域 GDP 占全省的近 70%，县域总人口占全省的 83%，全省县域总面积占全省的 94%。因此，加快发展县域经济对于河北省来说，是时代所需、大势所趋、希望所在、人民所盼。全面建成小康社会，重点在县域、难点在县域、根本在县域。没有县域的全面小康，就没有全省的全面小康。县域兴则全省兴，县域稳则全省稳，县域活则全省活。

新型城镇化将是下一轮河北省经济发展的主要着力点，新型城镇化具有城乡

---

① 文魁，祝尔娟. 京津冀区域一体化发展报告 (2012) [M]. 北京：社会科学文献出版社，2012.

统筹、城乡一体、产城互动、节约集约、生态宜居、和谐发展的基本特征。进而要求县域经济实现"科学发展",即坚持绿色发展,突出特色发展,实现"产城一体化"发展。在此过程中河北省应坚持"两群一带"(环首都城市群、冀中南城市群、沿海城市带)的战略思路,坚持生态文明理念的绿色发展、因地制宜的特色发展,重视民营经济的发展,改造提升传统产业,大力发展新技术产业,加强环境资源集约利用,强化"人产城"融合发展理念,处理好产业发展与人口聚集、县城建设、环境保护、土地利用等方面的关系,推动县城扩容升级,选择区位优势明显、经济实力强、城区基础设施较好的县城(县级市)向高标准的中等城市和小城市发展。

(三)优化城镇体系与布局

优化河北省城镇空间布局,构建起以"两群一带"为主体的发展形态。促进环首都城市群进一步壮大,成为京津城市功能拓展和产业转移的重要承接地,融入首都经济圈,为北京世界城市建设提供支撑;冀中南城市群基本成型,以传统产业转型升级为突破口,成为全省经济的重要增长极;加大"小县大县城"建设,形成多个凸显河北特色的小城镇布局;沿海城市带加快崛起,形成滨海休闲旅游胜地和沿海重化工业基地,成为我国北方地区与世界交流的新窗口。

环首都城市群为承德、张家口、廊坊、保定,包括其涿州市、涞水县、涿鹿县、怀来县、赤城县、丰宁满族自治县、滦平县、三河市、大厂回族自治县、香河县、广阳区、安次区、固安县、兴隆县14个县(市、区)。以打造新区、县城扩容升级作为对接首都的切入点,形成"四心"、"三区"、"一片"、"六轴"、"多点"的空间发展布局。

沿海城市带以秦皇岛、唐山、沧州为主,重点是唐山曹妃甸新区、沧州渤海新区,以及秦皇岛港、黄骅港、唐山港(京唐港和曹妃甸港)三大港口。以建设成环渤海地区新兴增长区域、全国重要的新型工业化基地、我国开放合作的新高地和北方沿海生态良好的宜居区为目标,打造对外开放发展新平台。提升唐山、秦皇岛、沧州中心城市功能,重点推动曹妃甸新区和渤海新区建设,推进港口、港区和港城互动,打造唐山湾生态城、北戴河新区、黄骅新城三大临港产业聚集区,有序扩大县城和中心镇规模,形成由以中心城市和滨海建设为重点的"一带(滨海开发带)三组团(唐山、秦皇岛、沧州)"空间布局。

冀中南城市群以石家庄、邯郸、邢台、衡水为主体,重点是沿京九、京广、石黄、邯黄等交通沿线的中小城市和小城镇。以建设重要的新能源、现代服务业、高新技术产业和现代农业示范基地，形成区域性物流、商贸流通、金融服务和科教文化中心城市为目标，借助交通和资源优势，形成"一核"（石家庄）、"三心"（邯郸、邢台、衡水）、"三轴"（京九、京广、石黄交通沿线）、"多区"（空港工业园区、东部产业新城、冀南新区、衡水滨湖新区、邢台新区等特色产业园区）的空间布局。

（四）创新驱动与产业结构优化调整

河北作为新型工业化、产业升级与优化和先进制造的战略支撑区，处于产业创新的最前线，推动整个区域创新生态系统运行。在此过程中，河北省要鼓励企业跨地区组建大型企业集团，提高企业规模和质量，增强跨区域的创新要素配置和集聚能力，联动其他创新节点形成产业带。以若干创新骨干企业为核心，组建跨区域产业联盟，以产业联盟为纽带，进行产业技术联合攻关和重大产业项目合作。河北省目前已经拥有石家庄电子信息产业、石家庄生物产业、冀东重大装备制造产业、冀南新材料等十大特色产业基地，有燕大科技园、唐山高新技术产业园区、白洋淀科技城、燕郊高新技术产业园区等高新技术产业园区。河北省应以此为基础，以京津创新共同体为主带，顺着产业链流向，形成保定中关村科技产业创新带、京津廊唐秦电子信息产业创新带、津唐高端装备产业创新带、京唐高科技创新带、京张云计算与数据中心产业创新带等，沿着产业链条逐步扩展至石家庄、邢台、邯郸。进而使不同产业间创新节点、创新链相互交织、相互作用，实现技术、产品、市场融合，最终实现产业层面的融合，实现产业升级。

（五）环境保护与综合承载力提升

经济社会和谐可持续发展需要产业的成长和公共服务水平的提高，这将对资源、环境、社会服务承载能力提出更高的要求，河北省的产业转型升级必须充分考虑资源、环境和社会服务承载力现状，实现承载力管理一体化，即经济、教育、医疗、社会保障、基础设施、城市交通等社会事业的全方位协作。目前，河北省综合承载力不强，除交通设施承载力、土地承载力略具优势外，土地和水资源、环境容量、能源、市政设施和社会等承载力均面临严峻挑战。[1] 为了提高河

---

[1] 马树强，金浩，张贵. 河北省经济发展发展报告（2014）［M］. 北京：社会科学文献出版社，2014：208.

北省可持续发展能力，要大力实施绿色攻坚工程，以地下水超采综合治理工程（主要是指黑龙港流域）、河流生态水网和污染治理工程、湖泊湿地保护工程（白洋淀、衡水湖等）、绿色河北攻坚工程、山体修复工程、清洁能源（风能、核能）替代工程六大工程为抓手，做好京津冀地区可持续发展的生态支撑。通过制定实施工业控制排放的鼓励政策，引导企业主动采用先进技术和设备节能减排，抓好"6643"工程，坚定不移地完成压减 1500 万吨粗钢、1000 万吨水泥、1500 万吨煤、1800 万标准重量箱平板玻璃的任务，落实联网联控机制，坚决打好大气污染防治的攻坚战。坚持走新型工业化道路，立足"有中生新"，改造传统优势产业，积极引导传统企业通过上新项目实现转型升级，加快向高端、高质、高效迈进；加快"无中生有"，发展战略性新兴产业，促进新能源、新材料、生物医药、高端装备制造、海洋经济的快速增长。

第三节　重点发展的经济核心区

目前，河北省借助京津冀协同发展的重大国家战略机遇期，将以建设环首都、沿渤海、冀中南城市群为载体，充分发挥保定和廊坊首都功能疏解及首都核心区生态支撑的战略性地位，进一步强化石家庄、唐山在京津冀区域中的两翼辐射带动作用，增强区域中心城市及新兴中心城市多节点网络支撑作用，以京保石、京唐秦、京津廊保三大经济发展带为主线，强化核心城市功能拓展，重点发展曹妃甸新区、渤海新区以及白洋淀科技城三大经济增长点，将河北打造成先进制造业生产基地、科技成果转化基地以及生态涵养支撑区。

一、经济发展带

（一）京保石发展带

覆盖地区包含北京、天津、保定、石家庄、沧州、邯郸、衡水及邢台。石家庄和保定作为京保石发展带上的两个重要节点，要充分发挥自己的优势，明确发展目标，打造京津冀协同发展中的增长新亮点。石家庄作为华北南部的商贸物流、区域经济中心，要强化在冀中南经济区的主导地位，优化中心城区，提升城市功能和综合竞争力，向繁华舒适、现代一流的省会城市迈进。以建设区域性的先进制造业基地和商贸物流金融服务中心为目标，进一步强化金融、科技、人才、资本等方面的聚集效应；依托机场、高速铁路和高速公路的综合交通优势，整合中心城区和藁城、鹿泉、正定、栾城区域一体化发展，构建经济新格局。

保定市素有"京畿重地"之称，作为华北腹地经济发展的"领头羊"，承担着首都部分行政事业单位、高等院校、科研院所和医疗养老等功能的疏解，凭借其浓厚的历史文化氛围，以白洋淀科技城、京南现代产业基地、首都服务功能承接区为载体，以建设历史文化名城、新能源基地、京津功能疏解服务区以及休闲度假旅游基地为目标，最终成为高端装备制造业、现代物流业、节能环保产业、新能源产业以及电子信息产业的生产基地。

沧州市应发挥沿海临港优势，充分利用本地油气资源，做大做强石油化工、装备制造等重型工业，培育发展生物医药、电子信息等新兴产业，以建设环渤海重要的工业城市、港口城市、重化工业基地为目标，做大做强中心城区，重点整合沧县、青县资源，协调黄骅市发展。

邯郸市应发挥省际区位、历史文化和矿产资源优势，打造冀中南重要经济增长极，建设晋冀鲁豫四省交界的中心城市，整合峰峰矿区、磁县、邯郸县、永年县、成安县、肥乡县6县区资源，形成放射状组团式发展格局。

邢台市和衡水市应利用交通优势，建设邢台新区和滨湖新区。将基础条件好、发展潜力大、区位优越的武安、辛集、南宫等小城市建设成高品质的中等城市。大力发展县域经济，推动特色产业、优势项目向城区集聚，带动城区改造扩容升级，打造环境舒适、宜居宜业、宜商宜游的小城市。

（二）京唐秦发展带

主要覆盖地区为北京、天津、唐山、秦皇岛。唐山市要发挥省域中心城市功能，提升区域经济、文化、金融和交通枢纽地位，以建设环渤海地区重要的国际港口城市和东北亚地区的合作窗口为目标，利用曹妃甸的天然优势，建设北方深水大港，发挥曹妃甸工业园区的带头作用，使唐山成为京津保核心构架的北部一翼。

秦皇岛市应凭借旅游资源和已有产业基础的优势，积极发展装备制造、电子信息、休闲旅游、港口物流、文化创意等产业，以建设国际知名的滨海休闲度假旅游地和先进制造业基地为目标，连接唐山乐亭、天津滨海地区，共同打造秦皇岛—乐亭—天津东疆港滨海度假带，将其建设成为环渤海地区首个国家级旅游度假区。

（三）京津廊保核心区

以京津科技新干线为轴线，积极发挥廊坊市在科技新干线建设中的桥梁和纽带作用，着力发展电子信息产业、现代物流产业与休闲商务旅游业，连接保定，打造区域内最大的新增长空间，将廊坊打造成京津高科技产业带上的重要节点。保定作为京保石发展带与京津廊保核心区的交叉区域，承担着支撑环首都经济带、连接冀中南核心区的重要任务。

坚持以京津科技新干线为轴线，串联保定、廊坊等地区，通过产业对接、资源共享，探索形成"研发—转化—生产"、"高端制造—高端服务"等发展模式，打造区域内最大的新增长空间，探索形成"研发—转化—生产"、"高端制造—高端服务"等发展模式，努力筑造世界级城市群和世界级创新中心。

二、经济发展的新增长点

（一）曹妃甸新区

曹妃甸新区是于 2008 年 10 月由河北省委、省政府批准成立的。该区位于河北省唐山市南部沿海，现管辖"两区一县一城"（见图 11-1），即曹妃甸工业区、南堡经济开发区、唐海县和曹妃甸新城，规划面积 1943.72 平方公里，陆域海岸线约 80 公里，常住人口约 20 万。全区定位为中国能源矿石等大宗货物的集疏港、新型工业化基地、商业性能源储备基地、国家级循环经济示范区、中国北方商务休闲之都和生态宜居的滨海新城。

曹妃甸工业区是曹妃甸区的经济中心、发展龙头和产业聚集核心区，规划面积 380 平方公里（其中陆域 310 平方公里，水域 70 平方公里），由港口物流园区、钢铁电力园区、化学工业园区、装备制造园区、综合保税区、新兴产业园区、高新技术产业园区、再生资源园区、台湾产业园和临港商务区组成。

南堡经济开发区位于环渤海经济圈中心地带，成立于 1991 年，是津唐曹"半小时经济圈"的核心区域，是环渤海地区最具潜力的开发区之一。南堡开发区充分发挥自身的区位优势，围绕盐碱化工产业，目前已经形成了上游海盐生产，中游"两碱一化"（纯碱、烧碱、化纤），下游氯气利用的"三大板块"，基本构筑了海洋化工循环产业体系，初步建立了"盐—碱—氯气—四氯化钛—海绵

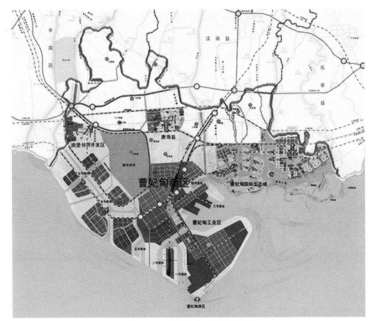

图 11-1　曹妃甸新区规划

资料来源：曹妃甸信息港. 唐山曹妃甸新区——黄金宝地耀眼明珠 ［N］. 河北日报，2009-09-29.

钛"、"盐—烧碱—粘胶短纤维"、"氢氧化钾—三氯氢硅—气相白炭黑"、"氯气—有机硅—有机硅下游产品" 4 条主导产品链，海洋化工循环产业经济总量占工业总产值的 80% 以上。2013 年，全区地区生产总值完成 86 亿元，全部财政收入完成 9.3 亿元，公共预算收入 4.4 亿元，全社会固定资产投资完成 53.4 亿元。

　　唐海县位于曹妃甸新区北部，是曹妃甸工业区产业辐射的承接区，建有曹妃甸新区临港产业园区。其陆域面积约 732 平方公里，拥有 81 万亩的湿地保护区。年产优质稻米 30 余万吨，是驰名中外的 "小站米" 主产地；年产河蟹 3000 吨，是著名的 "中国河蟹之乡"；建有亚洲最大的海水养殖场和国内最大的红鳍东方鲀养殖基地，年产各类海产品 3 万余吨。

　　曹妃甸新城位于渤海之滨的唐山市南部沿海，曹妃甸区东部，唐山港曹妃甸港区和京唐港区之间，距唐山主城区 80 公里、距北京 220 公里、距天津 120 公里、距秦皇岛 170 公里，远期规划建成面积 150 平方公里、人口 100 万的生态城市。城市建设充分体现不占耕地、内湖外海、清洁能源、生态循环、绿色交通、知识经济六个特点，重点发展低碳环保产业、滨海旅游产业、生活文化产业、国际教育产业、医疗健康产业 "五大产业"。积极推进 "一线一带"（"一线" 通海路、"一带"即滨湖景观带），超前谋划"四区"（国际大学城、青龙湖湿地度假区、中日生态合作区、曹妃甸滨海旅游休闲度假区），按照国际化、现代化和生态型目标，致力于打造一座文明开放、产业协调、环境创新的生态宜居城市。

（二）渤海新区

沧州渤海新区位于河北省东南沿海，北依京津，南连齐鲁，是首都经济圈的重要节点，成立于 2007 年 7 月，总面积 2400 平方公里，人口 60 万，海岸线1300 公里，是国务院批复的《河北沿海地区发展规划》的重要组成部分。处于环京津、沿渤海的中心地带，区域战略地位突出，成为近年来承接京津产业转移和优势资源外溢最多的重点地区，是京津冀协同发展中新的增长极。

渤海新区按照"以港促产、以产兴城、港产城一体化发展"的思路，以港口为依托，以产业为支撑，把沿海优势真正挖掘出来、发挥出来，形成自身的特色优势，完善功能分区，优化空间布局，促进港产城协调发展，打造"一港一城三组团九园区"的沿海城市集群。其中，"一港"是指黄骅港，是综合性、现代化深水枢纽大港，已建成煤炭、矿石、集装箱、液体化工等专业化及通用泊位 31个，2013 年完成吞吐量 1.7 亿吨，同比增长 35.5%，增速领跑全国主要港口，集装箱航线已实现国内港口全覆盖，是中西部和京津冀地区的重要出海口；"一城"是指黄骅新城，作为渤海新区的主城区，正在打造功能完备的科教之城、开放之城、宜居之城；"三组团"是指临港近园三个副城区，即临港商务城区、南大港生态城区、南排河滨海新区；"九园区"是指国家循环经济示范试点园区、临港物流产业园区、石化产业园区、黄骅汽车产业园区、南大港生态产业园区、中捷高新技术产业园区、海洋产业园区、中欧产业园区、黄骅港综合保税区（见图11–2）。九大功能园区已聚集形成了以石油化工、冶金装备、商贸物流等主导产业为支撑，以新材料、海洋生物、海洋工程装备等战略性新兴产业为重点的现代临港产业体系。

（三）白洋淀科技城

2013 年 11 月河北省谋划建立保定白洋淀科技城，并于 2014 年 5 月获得科技部支持，被列为河北省与科技部公建项目。白洋淀科技城西起保定市区东二环和京广铁路，南至保新公路，东至白洋淀西岸，北至漕河生态走廊，规划面积300 平方公里，涉及北市区、涿州、涞水、涞源、高碑店、高新区、安新 7 个县（市、区），其中核心区面积 35 平方公里，借鉴台湾新竹工业园、美国硅谷、中

图 11-2　渤海新区区域规划功能布局

资料来源：袁伟华. 风好正是扬帆时，渤海新区"港产城"联动发展异军突起 [N]. 燕赵都市报，2012-03-08.

关村等发展经验，重点建设"两区五镇"（自主创新示范区、白洋淀生态区和 5 个特色科技小镇），打造融科技研发、产业发展和城市服务等多功能于一体的现代化科技产业新城。

　　科技城将依托驻保定的高校资源、高铁交通优势和白洋淀生态品牌，通过与首都高等学府、中关村科技资源以及国内外科技型企业进行战略合作，借助京津地区的人才、科研优势，构筑集产学研于一体化的示范基地和创新驱动的新引擎。在管理机制上，科技城将探索产业园区跨区域共建模式，通过"飞地经济"模式与京津共建产业园区，共同组建企业化运营管理主体。科技城与北京中关村签署战略合作协议，将建立"保定中关村科技产业化基地"，将其打造成承接北京科技成果转化和产业化的科技新城，成为京津冀地区继中关村、滨海新区后的又一个协同创新载体，以及具有国际影响力的、国内一流的区域协调创新增长极。

参考文献

[1] 马树强，金浩，张贵. 河北省经济发展发展报告（2014）[M]. 北京：社会科学文献出

版社，2014：208.

［2］张贵，齐晓丽.河北省沿海经济带：拓展区域发展新格局［A］.文魁，祝尔娟.京津冀蓝皮书［C］.北京：社会科学文献出版社，2012.

［3］袁伟华.风好正是扬帆时，渤海新区"港产城"联动发展异军突起［N］.燕赵都市报，2012-03-08（6）.

［4］边慧.解读河北少推进京津冀协同发展工作会议［N］.河北日报，2014-03-31.

［5］京津冀协同发展领导小组办公室负责人答记者问［EB/OL］.新华网，http://newsxin-huanet.com/2015-08/23/c_1116342156.htm.

第十二章　展望

　　京津冀协同发展是河北省 21 世纪初期最大的机遇、最宝贵的机遇、最现实的机遇，对优化国家发展区域布局、优化社会生产力空间结构、打造新的经济增长极、形成新的经济发展方式的影响是全方位的、深层次的。河北省要牢固树立全局理念，明确自身战略定位，全方位融入到协同发展中去，努力使河北形成新的经济增长极。

　　从地理区位上看，河北省环京津，沿渤海。这种独特的区位构成了河北省发展战略的独特性。首先，资源丰富是发展的坚实的物质基础。支撑河北省城市建设的自然资源主要有土地资源、矿产资源、旅游资源。河北省地势西北高、东南低，依次形成坝上草原、燕山和太行山地、河北平原三大地貌单元。其中坝上草原约为 13%，以丘陵为主，可适当发展城镇，不适宜密集分布；燕山和太行山约为 55%，因条件限制，不适合城镇分布；中部及东南部地带的河北平原约为 32%，地势平坦，气候适宜，适合发展大城市或城市群。全省境内矿产资源丰富，探明有储量的矿产 78 种，煤、铁、石油、天然气、金以及各种石灰岩等大宗矿产储量居全国首位。从区域分布上看，固体矿产主要分布在山区，油气资源主要分布在平原和沿海，推动了内陆和沿海两种类型城市的发展。经勘查，3/4以上的煤炭储存于保定、邯郸、邢台、张家口煤田中，而且临近铁矿资源产地和交通干线，为内陆资源型城市建设工业基地提供了优良条件。石油、天然气资源主要分布在冀中、大港和冀东地区，累计石油探明储量 17 亿吨，天然气储量约420 亿立方米，为秦皇岛、唐山、沧州等沿海城市发展提供动力，再加上沿海"钻石级"的曹妃甸港口，不需开挖航道和港池即可建设 30 万吨级大型泊位，以及秦皇岛、黄骅深水港，进一步奠定了沿海地区重化工业的发展基础。全省旅游资源丰富，包括张家口的坝上草原风光，承德的避暑胜地，秦皇岛的沙滩海岸，邯郸、保定的历史文化古迹，石家庄、唐山、廊坊的现代都市气息等，推动了特色城市建设。

其次，交通发达是快速发展的战略资源。交通是连接区域城市的轴线，是支撑城市交流的重要纽带。河北省是华东、华南和西南连接东北、西北、华北地区的核心地带和商品流通中转站，是北京联系全国各省市的必经之地，也是秦皇岛港、唐山港、黄骅港等重要港口的物资集散地。优越的地理位置，加上经济发展的需要，促使全省交通条件不断提升，已经初步形成了以沿海港口和中心城市为龙头，以铁路、高速公路、干线公路为基础，陆运、海运、航空和管道运输相互配合的综合交通运输网络体系。2013 年，全省境内公路网密度达到 86.02公里/百平方公里，高速公路达到 5587 公里，高速公路密度为 2.67 公里/百平方公里，铁路密度为 2.97 公里/百平方公里；港口码头泊位达到 168 个，全年实现货物吞吐量超过 9 亿吨，稳居全国第五位。全省建成石家庄、唐山、秦皇岛、邯郸民用机场 4 个。在京津冀协同发展大背景下，2014 年 12 月北京首都机场、天津滨海国际机场和河北机场签署战略合作框架协议，将石家庄机场纳入首都机场集团统一管理，实行一体化运营，将其培育为枢纽机场，发展航空快件集散及低成本航空。

再次，京津冀协同发展成为河北战略的重要支点。从世界城市的发展规律看，国际化大都市的形成有赖于城市区域发展体系的支撑，而不是孤立发展。伦敦、巴黎、东京等首都城市是公认的世界城市，也形成了发达都市圈。如伦敦都市圈以伦敦为中心，包括了伯明翰、曼彻斯特、谢菲尔德、利物浦等大城市和众多中小城市，拥有全国 60% 的人口和 80% 的经济产值。北京自身已基本具备了建设世界城市的经济实力，然而周边地区的发展成为其实现目标的"短板"。2011年，为推动北京与周边融为一体，共同发展，国家"十二五"规划把"首都经济圈"列入区域总体战略。2014 年提出京津冀协同发展重大国家战略，2015 年 4月 30 日中央政治局会议审议通过《京津冀协同发展规划纲要》，强调其战略的核心是有序疏解北京非首都功能，促进区域协调发展，形成新增长极。河北省作为京津冀协同发展战略的重要组成部分，迎来了千载难逢的历史机遇。

最后，沿海强省建设是必由之路。河北省沿海地区北接辽宁沿海经济带，中嵌天津滨海新区，南连山东黄河三角洲高效生态经济区，包括秦皇岛、唐山、沧州三市，陆域面积 3.57 万平方公里，海岸线 487 公里。区域内资源禀赋优良，集中了全国 10%的铁矿、10%的油气和 10%的海盐产能，焦煤、非金属矿资源丰富，有可供开发利用的滩涂和盐碱荒地 3000 多平方公里，宜港深水岸线 80.7 公里，海洋生物丰富多样，战略资源组合条件良好。交通体系发达，拥有 12 条高速公路、11 条铁路、数十条航线，以及秦皇岛、唐山、黄骅港口相互交织的海陆空立体交通网络。近年来，沿海地区凭借资源和交通优势已经形成了一定的工业基础。钢铁产能规模较大，已成为全国重要的钢铁生产基地，石化、装备制造、建材产业在全国占有重要地位，电子信息、新材料等产业基础良好，能够为城市提供强大动力。2011 年，河北沿海地区发展规划上升为国家战略，为河北沿海发展带来了新的生机。2013 年，沿海地区成为河北省全力打造、率先发展的增长极，将是经济强省建设的重要战略支撑地。丰富的资源、雄厚的产业、便捷的交通再加上国家政策的支持，必将推动沿海城市率先发展。

京津冀正在成为我国经济板块中最具创新活力地之一，正在重塑经济增长的动力源泉，而制约协同发展"短板"之一就是河北与京津的"断崖式"差距，这种"差"表现在人才、科技、资本、产业、教育、民生和政策等多个方面，河北省既要主动承接对接京津，又要靠自身努力来补齐短板，"打铁还得自身硬"。在未来发展中，一是河北要强调优化空间布局，建设与世界级城市群相适应的次级中心城市、大城市、中小卫星城市，着重打造做强现有大中城市（如石家庄、保定的撤县设区），即提高对本地人口就地城镇化的吸纳能力，逐步形成对京津人口的反磁力；发展一批中等城市（张家口、承德、沧州、衡水、邯郸、邢台等）；大量培育建设集中承载地和一批"微中心"（河北的新机场临空经济区、曹妃甸生态城、渤海新区、正定新区、北戴河新区、白洋淀科技城、冀南新区等），探索人口经济密集地区优化开发模式。二是河北要强调调整经济结构，转型升级钢铁化工等传统产业，发展壮大现代装备制造等一批新兴产业，既要传统产业"优化升级"，做精做优；又要新兴产业"培育发展"，做大做强，探索内涵集约发展模式。要向创新、开放和改革要红利，"经济强省，美丽河北"。

后 记

　　《河北经济地理》经过近两年的调研和撰写，终于以飨读者。本书得到了国家社科基金重点项目（项目编号：14AJY006）、河北省教育厅人文社会科学研究重大课题攻关项目（项目编号：ZD201410）和河北省高校百名优秀创新人才支持计划项目（2013），以及河北省软科学研究基地"河北工业大学京津冀发展研究中心"、河北省高等学校人文社会科学重点研究基地"京津冀区域治理协同创新中心"资助。

　　本书编写的目的在于厘清河北省当前自然、经济和社会基本情况，以便按照经济和自然规律要求，优化河北省的生产力空间布局和组合，改变当前经济要素分布不尽合理和不够完善之处；以便为"十三五"期间坚持"创新、协调、绿色、开放、共享"的发展理念，建设经济强省、美丽河北提供科学的决策依据。

　　本书由张贵教授负责框架设计，具体分工为第一章：刘雪芹、梁莹；第二章：刘雪芹、梁莹；第三章：刘雪芹、徐扬扬；第四章：张贵、刘沙；第五章：刘雪芹、池佳伟；第六章：张贵、吕瑞祥；第七章：张贵、原慧华、王硕；第八章：张贵、郭婷婷、王硕；第九章：张贵、贾尚建；第十章：张贵、尹金宝；第十一章：张贵；第十二章：张贵；张贵审定第一章到第四章、第九章到第十二章内容；刘雪芹审定第五章到第八章的内容。参与本书前期调研和资料收集的人员有温科、宋新平、李涛、李佳钰、刘洋、刘帅、王燕、石海洋、苑佳佳、孔月辉、孙凯辉、吕长青、刘泽阳、程林林、刘霄、王岩、杨洋和薛伊冰等博士生、硕士生。

　　在本书付梓之际，特别要感谢安虎森教授、孙久文教授、付晓东教授、覃成林教授、郑长德教授等给予的建设性意见。记得2015年1月，在广西大学召开的《中国经济地理》丛书编写第二次会议上，各位经济地理的大咖们就丛书是偏经济学还是偏地理学争论不休。本书的整体设计也受这次会议影响，会后编写组做了较大调整，整体内容由原来的偏区域经济转向经济地理。本书稿最早成于2015年9月，所有数据、资料和结论的截止时间都早于此。但囿于整套丛书的出版计划安排，当本书面对读者时，有些情况时移世易，谨请用历史眼光做评价。此外，由于专业方向和长期学术训练的"锁定"，这种转变是否成功，我们也是怀着一个惴惴不安的心理，不过编写组是倾尽全力，几易其稿，多次讨论，最终呈现给读者。还要感谢经济管理出版社申桂萍主任在本书出版过程中给予的大力支持和协调工作，使得本书能够顺利出版；必须感谢的是出版社的编辑及其校对人员，他们的无私付出和出色工作为本书增色不少；最后要感谢的是在调研过程中河北省各市区提供给我们第一手的相关资料和数据，以及调研个人、单位和企业的帮助和配合，正是在这些热心人的帮助下，我们的研究成果才得以很快面世。当然，由于编写组能力和时间所限，有不妥之处敬请读者批评指正！